重版此书纪念朱纯逝世十六周年

**初版**(《过去的学校》,湖南教育出版社·1982.11)

再版（《过去的大学》，长江文艺出版社·2005.12）

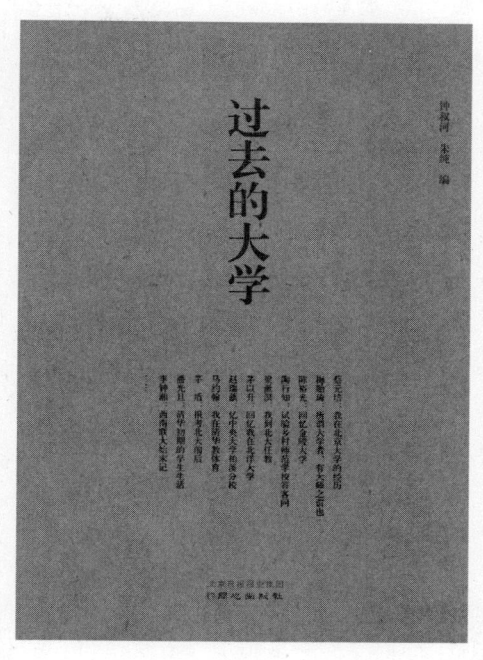

三版（《过去的大学》，同心出版社·2011.12）

# 过去的大学
### 1898—1949

锺叔河
朱纯 —— 编

湖南教育出版社
·长沙·

# 序文四篇　钟叔河

## 序一

  人从小就要进学校,到学校里学习知识,从小学到大学,起码得十五六年。大学毕业,已经是成年了,很快又要为儿女进学校操心,这操心又得十五六年。老年人呢?家里总不会没有学生,还是得关心学校里头的事情。——且不必说千千万万终生在学校服务的男男女女,就是我们这些普通人,一生跟学校的关系也就够密切了。

  历史是发展的,文化是延续的。一页一页的历史,要由一代一代的人来创造;一代一代的人,又得从一所一所的学校里教育出来。从这个意义上说,学校确实担负着对于历史和文化，也就是对于国家和民族的巨大的责任。

中华民族是有悠久历史文化的伟大民族，我们的学校也有悠久的历史。中国第一部通史《史记》写道："三代之道，乡里有教；夏曰校，殷曰序，周曰庠。"庠序，也就是古代中国学校的称呼。当苏格拉底、柏拉图、亚里士多德在雅典和亚历山大城跟学生对话的时候，孔墨荀孟等人在齐鲁等地也有"从属弥众，弟子弥丰，充满天下"的盛况。北宋初年建立在江南的岳麓书院、石鼓书院和白鹿洞书院，论起资格来，并不比不列颠三大学（牛津、剑桥、爱丁堡）逊色。

诚然，过去的学校，不可能不带有"历史的局限"。但是，难道我们的祖宗就没有干过一点好事？难道他们留下的就只有债务而没有遗产？欧几里得给普多勒迈一世讲授的几何学，今天仍然可以作为教材。当这位威权赫赫的国王问欧几里得有没有办法将假设和求证弄得更容易一些时，欧几里得的回答是："大王！通往几何学是没有御道的。"而我们的孔子也实行过"有教无类"的方针，他最器重的学生颜回在陋巷过着"一箪食、一瓢饮"的生活，不大像一个奴隶主，可见孔夫子办教育也"没有御道"。

《过去的学校》的"过去"，并没有追溯到那么远，大体上是从清末维新变法、初设新式学堂的时候起。写这些"过去的学校"的老先生们,像蔡元培、沈尹默、刘仙洲、茅盾……也多是五四时代的人。他们或者是五四时代的校长、教师,或者是五四时代的学生。也有晚于五四时代的,二十年代的,三十年代的,抗战时期的,都有。下限则断在一九四九年,一九四九年以后,那就只能说是"现在",不能叫"过去"了。

这一段"过去"是刚刚成为过去的时光。它隔我们还不很远,也就是一代人、两代人以前的事情吧。这是现代学校(讲授现代自然科学,用现代方法研习传统文化,同时注意到德育、体育和美育的学校)在中国草创的阶段,是共产党得天下以前的阶段。除了解放区和地下党主办的为数不多的几所大学(学院)外,共产党的领导在这些学校里还没有成为事实。正因为如此,因为是草创阶段,因为没有共产党的领导,这些"过去的学校"当然不会是革命的,不能成为今天办学校的样板。但是,它们毕竟是父辈和祖辈们努力的成果,是中国教育现代化的前驱。看一看这些文章,看一看过去的校长是怎样当的,过去的教师是怎样教的,过去的学生们是怎样学的,他们有过哪些失败的教训,又有哪些可取的经验,这对于今天的校长、今天的教师、今天的学生,以及一切关心学校教育的人们,难道不是既有兴味又有益处的吗?

蔡元培先生逝世时，毛泽东称他为"学界泰斗，人世楷模"。张伯苓先生逝世时，周恩来专程到天津张宅吊唁，叹息"先生死得太早了！"毛和周等共产党领导人，也曾经是这样看待创办"过去的大学"的前辈的。

没有过去就没有现在，当然也就不会有将来。回忆过去，正是为了将来，为了现在。今年是一九八二年，张伯苓逝世已经三十多年，周恩来去世也已经六年多了。对于新中国的建设和教育，我们这些中年人、老年人和青年人都是有责任的。编辑这本《过去的学校》，也就是想来略尽一份责任。区区此意，读者鉴之。

一九八二年七月十五日于长沙。

# 序二

"过去的大学",是蔡元培、蒋梦麟、胡适当校长的北京大学,是梅贻琦当校长的清华大学,是罗家伦当校长的中央大学,是竺可桢当校长的浙江大学……

"过去的大学",不是现代人在做总结,谈经验,作评论,而是当时的校长、当时的教师、当时的学生亲身经历的回忆。是茅盾讲他考大学,林语堂讲他读大学,钱穆讲他从教小学到教大学的经过……

二十三年前我们编了这本书,二十三年后还有人要读这本书,还有出版社要印这本书;这就说明,"过去的大学"是有人愿意了解的,是有人不能忘怀的。

二十三年前,我们还看不到蒋梦麟、梅贻琦他们的著作,还不大敢把林语堂、罗家伦他们的作品编到书里去,这就是"历史的局限"。这种局限,在有些过去的校长、过去的教师、过去的学生写回忆文章的时候,也是不同程度地存在着的。但是,我们相信,这并不影响这些回忆文章的价值。因为尽管天时阴晴不定,气候冷暖无常,人们有时不能不穿风衣戴帽子,但冬天过后总是春天,地球总是照样地转,该肯定的终归会得到肯定,不会磨灭的终归不会磨灭。

此次重印,内容增为四十篇,其中二十三篇为一九八二年湖南教育出版社旧版所有,一十七篇为新增。这四十篇多是讲大学(包括专科)的,故将书名《过去的学校》改为《过去的大学》了。

二〇〇五年六月二十四日于长沙念楼。

# 序三

本书最初由湖南教育出版社于一九八二年出版，名《过去的学校》，我写过一篇序，现在仍予保留，标题为"序一"。

二〇〇五年，长江文艺出版社二次印行，改名《过去的大学》。我从书中删去了牟小东、苏润之等人和清华、北洋两校校史编写组撰写的十七篇，增收了胡适、蒋梦麟、张申府、罗家伦等人的作品十八篇并写了新序。这篇序亦予保留，题为"序二"。

此次交由北京同心出版社第三次印行，本书作了更多的修订：一是将四十篇文章按内容编为"过去的校长"、"过去的教授"、"过去的学生"三辑，使眉目清楚，更便阅览；二是删去了内容稍嫌空泛或笼统的四篇，还有写中学的三篇，换上了介绍燕京大学的三篇和李济、萧公权等名学者写清华大学的四篇；三是将梅贻琦作的《所谓大学者，有大师之谓也》，换下了他由别人代笔的《工业教育与工业人才》。

从一九八二到二〇一一，三十年来，我三编《过去的大学》,"木犹如此,人何以堪"。唯愿现今的大学校长、大学教授和大学生,赶快用事实来证明,他们以后也是值得载诸笔墨的,这样才好。

本书是由朱纯起意,我二人合作编成的;书在人亡,感伤何极。

二〇一一年十一月一日,时年八十。

# 序四

书是有生命的，和人一样，又不一样。

一样的是：所有的生命载体，纸张竹帛也好，血肉之躯也好，都会"年寿有时而尽"。

不一样的是：人的"生年不满百"，书却只要一直有人读，不断有人印，便不会"身与名俱灭"，而会再生。

本书一九八二年在湖南初版，二〇〇五年在湖北再版，二〇一一年在北京三版，今年回湖南四版，四十一年后还乡了。

四十一年，二十几岁的大学毕业生也退休了，书还在印。

它真是一本值得活下来的书吗？只能等待读者和时间来检验了。

二〇二三年四月二十日作于念楼，时年九十三岁，朱纯去世十六年矣。

# 目录

001 **第一辑　过去的校长**

003　我在北京大学的经历……………蔡元培
016　北京大学和学生运动……………蒋梦麟
034　北京大学五十周年………………胡　适
040　蔡元培先生与北京大学…………罗家伦
054　蔡元培先生与五四运动…………顾颉刚
066　我们建设新清华…………………罗家伦
075　所谓大学者，有大师之谓也……梅贻琦
080　燕京大学创校的艰辛……………徐兆镛
105　李登辉办复旦大学………………朱仲华　陈于德
136　罗家伦重建中大…………………王运来
151　我父张伯苓办南开………………张锡祚
188　回忆金陵大学……………………陈裕光
220　陈嘉庚厦门办学…………………余　纲　王增炳
233　立信会计学校的创办和发展……潘序伦
254　试验乡村师范学校答客问………陶行知

## 263　第二辑　过去的教授

- 265　我和北大……………沈尹默
- 285　我到北大任教的经过……………梁漱溟
- 291　北京大学杂忆……………钱　穆
- 317　张、梅两校长印象记……………柳无忌
- 333　五四后的清华……………冯友兰
- 344　我在清华教体育……………马约翰
- 357　刘仙洲与清华……………黎诣远
- 376　闲话燕大老师……………沈　膺
- 390　回忆我在北洋大学……………茅以升
- 399　忆中央大学柏溪分校……………赵瑞蕻
- 418　无锡国专杂忆……………杨廷福　陈左高
- 434　抗战期间的浙江大学……………祝文白

445　第三辑　过去的学生

447　蔡元培时代的北京大学……………罗家伦

462　圣约翰大学……………林语堂

469　报考北大前后……………茅　盾

482　回想北大当年……………张申府

496　北大与北大人……………朱海涛

542　燕大学生生活……………李　素

562　清华初期的学生生活……………潘光旦

601　六十年前的清华……………李　济

607　问学清华……………萧公权

621　忆清华……………梁实秋

639　西南联大始末记……………李钟湘

682　纪念西南联大六十周年……………赵瑞蕻

719　北洋大学回忆片断……………张含英

731　北洋的学风……………魏寿昆

739　后记

# 第一辑　过去的校长

我到校后第一次演说，就说明"大学学生，当以研究学术为天职，不当以大学为升官发财之阶梯"。然而要打破这些习惯，只有从聘请积学而热心的教员着手。

(蔡元培)

我们要共同努力，为国家民族，树立一个学术独立的基础。在这优美的"水木清华"环境里，我们造成一个新学风以建设新清华。

(罗家伦)

一个大学之所以为大学，全在于有没有好教授。孟子说："所谓故国者，非谓有乔木之谓也，有世臣之谓也。"我现在可以仿照说："所谓大学者，非谓有大楼之谓也，有大师之谓也。"

(梅贻琦)

## 蔡元培　1868—1940

字鹤卿,又字仲申、民友、孑民,浙江山阴(今绍兴)人。一九一六年至一九二七年任北京大学校长,革新北大,开"学术"与"自由"之风。

# 我在北京大学的经历　　文 / 蔡元培

北京大学的名称,是从民国元年起的。民元以前,名为京师大学堂,包括师范馆、仕学馆等,而译学馆亦为其一部。我在民元前六年,曾任译学馆教员,讲授国文及西洋史,是为我在北大服务之第一次。

民国元年,我长教育部,对于大学有特别注意的几点:一、大学设法、商等科的,必设文科;设医农工等科的,必设理科;二、大学应设大学院(即今研究院),为教授、留学的毕业生与高级学生研究的机关;三、暂定国立大学五所,于北京大学外,再筹办大学各一所于南京、汉口、四川、广州等处(尔时想不到后来各省均有办大学的能力);四、因各省的高等学堂,本仿日本制,为大学预备科,但程度不齐,于入大学时发生困难。乃废止高等学堂,于大学中设预科(此点后来为胡适先生等所非难,因各省既不设高等学堂,就没有一个荟萃较高学者的机关,文化不免落后。但自各省竞设大学后,就不必顾虑了)。

是年,政府任严又陵君为北京大学校长。两年后,严君辞职,改任马相伯君。不久,马君又辞,改任何锡侯君;不久又辞,乃以工科学长胡次珊君代理。民国五年冬,我在法国,接教育部电,促回国任北大校长。我回来,初到上海,友人中劝不必就职的颇多,说北大太腐败,进去了,若不能整顿,反于自己的声名有碍。这当然是出于爱我的意思。但也有少数的人说,既然知道他腐败,更应进去整顿,就是失败,也算尽了心。这也是"爱人以德"的说法。我到底服从后说,进北京。

我到京后,先访医专校长汤尔和君,问北大情形。他说:"文科预科的情形,可问沈尹默君;理工科的情形,可问夏浮筠君。"汤君又说:"文科学长如未定,可请陈仲甫君;陈君现改名独秀,主编《新青年》杂志,确可为青年的指导者。"因取《新青年》十余本示我。我对于陈君,本来有一种不忘的印象，就是我与刘申叔君同在《警钟日报》服务时，刘君语我："有一种在芜湖发行之白话报，发起的若干人，都因困苦及危险而散去了，陈仲甫一个人又支持了好几个月。"现在听汤君的话，又翻阅了《新青年》，决意聘他。从汤君处探知陈君寓在前门外一旅馆，我即往访，与之订定。于是陈君来北大任文科学长，而夏君原任理科学长，沈君亦原任教授，一仍旧贯。乃相与商定整顿北大的办法，次第执行。

我们第一要改革的，是学生的观念。我在译学馆的时候，就知道北京学生的习惯。他们平日对于学问上并没有什么兴会，只要年限满后，可以得到一张毕业文凭。教员是自己不用功的，把第一次的讲义，照样印出来，按期分散给学生，在讲坛上读一遍。学生觉得没有趣味，或瞌睡，或看看杂书；下课时，把讲义带回去，堆在书架上。等到学期、学年或毕业的考试，教员认真的，学生就拼命地连夜阅读讲义，只要把考试对付过去，就永远不再去翻一翻了。要是教员通融一点，学生就先期要求教员告知他要出的题目，至少要求表示一个出题目的范围；教员为避免学生的怀恨与顾全自身的体面起见，往往把题目范围告知他们了。于是他们不用功的习惯，得了一种保障了。

尤其北京大学的学生，是从京师大学堂"老爷"式学生嬗继下来（初办时所收学生，都是京官，所以学生都被称为老爷，而监督及教员都被称为"中堂"或"大人"）。他们的目的，不但在毕业，而尤注重在毕业以后的出路。所以专门研究学术的教员，他们不见得欢迎；要是点名时认真一点，考试时严格一点，他们就借个话头反对他，虽罢课也在所不惜。若是一位在政府有地位的人来兼课，虽时时请假，他们还是欢迎得很，因为毕业后可以有阔老师做靠山。这种科举时代遗留下来的劣根性，是于求学上很有妨碍的。所以我到校后第一次演说，就说明"大学学生，当以研究学术为天职，不当以大学为升官发财之阶梯"。然而要打破这些习惯，只有从聘请积学而热心的教员着手。

那时候因《新青年》上文学革命的鼓吹，而我得认识留美的胡适之君。他回国后，即请到北大任教授。胡君真是"旧学邃密"而且"新知深沉"的一个人，所以，一方面与沈尹默兼士兄弟、钱玄同、马幼渔、刘半农诸君以新方法整理国故，一方面整理英文系。因胡君之介绍而请到的好教员，颇不少。

我素信学术上的派别，是相对的，不是绝对。所以每一种学科的教员，即使主张不同，若都是"言之成理、持之有故"的，就让他们并存，令学生有自由选择的余地。最明白的，是胡适之君与钱玄同君等绝对地提倡白话文学,而刘申叔、黄季刚诸君仍极端维护文言的文学——那时候就让他们并存。我相信为应用起见,白话文必要盛行,我也常常作白话文,也替白话文鼓吹。然而我也声明:作美术文,用白话也好,用文言也好。例如我们写字,为应用起见,自然要写行楷,若如江艮庭君的用篆隶写药方,当然不可;若是为人写斗方或屏联,作装饰品,即写篆隶章草,有何不可?

那时候各科都有几个外国教员,都是托中国驻外使馆或外国驻华使馆介绍的,学问未必都好,而来校既久,看了中国教员的阑珊,也跟了阑珊起来。我们斟酌了一番,辞退几人,都按着合同上的条件办的。有一法国教员要控告我,有一英国教习竟要求英国驻华公使朱尔典来同我谈判,我不答应。朱尔典出去后,说:"蔡元培是不要再做校长的了。"我也一笑置之。

我从前在教育部时,为了各省高等学堂程度不齐,故改为各大学直接的预科。不意北大的预科,因历年校长的放任与预科学长的误会,竟演成独立的状态。那时候预科中受了教会学校的影响,完全偏重英语及体育两方面;其他科学比较的落后,毕业后若直升本科,发生困难。预科中竟自设了一个预科大学的名义,信笺上亦写此等字样,于是不能不加以改革,使预科直接受本科学长的管理,不再设预科学长。预科中主要的教课,均由本科教员兼任。

我没有本校与他校的界线,常常为通盘打算,求其合理化。是时北大设文、理、工、法、商五科,而北洋大学亦有工、法两科;北京又有一工业专门学校,都是国立的。我以为无此重复的必要,主张以北大的工科并入北洋,而北洋之法科,刻期停办。得北洋大学校长同意,及教育部核准,把土木工与矿冶工并到北洋去了。把工科省下来的经费,用在理科上。我本来想把法科与法专并成一科,专授法律,但是没有成功。我觉得那时候的商科,毫无设备,仅有一种普通商业学教课,于是并入法科,使已有的学生毕业后停止。

我那时候有一个理想,以为文、理两科,是农、工、医、药、法、商等应用科学的基础,而这些应用科学的研究时期,仍然要归到文理两科来。所以文理两科,必须设各种的研究所。而此两科的教员与毕业生必有若干人是终身在研究所工作,兼任教员,而不愿往别种机关去的。所以完全的大学,当然各科并设,有互相关联的便利。若无此能力,则不妨有一大学专办文理两科,名为本科,而其他应用各科,可办专科的高等学校,如德、法等国的成例,以表示学与术的区别。因为北大的校舍与经费,绝没有兼办各种应用科学的可能,所以想把法律分出去,而编为本科大学，然没有达到目的。

那时候我又有一个理想，以为文理是不能分科的，例如文科的哲学，必植基于自然科学，而理科学者最后的假定，亦往往牵涉哲学。从前心理学附入哲学，而现在用实验法，应列入理科；教育学与美学，也渐用实验法，有同一趋势。地理学的人文方面，应属文科，而地质地文等方面属理科。历史学自有史以来，属文科，而推原于地质学的冰期与宇宙生成论，则属于理科。所以把北大的三科界限撤去而列为十四系，废学长，设系主任。

我素来不赞成董仲舒罢黜百家独尊孔氏的主张。清代教育宗旨有"尊孔"一款，已于民元在教育部宣布教育方针时说它不合用了。到北大后，凡是主张文学革命的人，没有不同时主张思想自由的，因而为外间守旧者所反对。适有赵体孟君以编印明遗老刘应秋先生遗集，贻我一函，属约梁任公、章太炎、林琴南诸君品题。我为分别发函后，林君复函，列举彼对于北大怀疑诸点。我复一函，与他辩。这两函颇可窥见那时候两种不同的见解……

这两函虽仅为文化一方面之攻击与辩护，然北大已成为众矢之的，是无可疑了。越四十余日，而有五四运动。我对于学生运动，素有一种成见，以为学生在学校里面，应以求学为最大目的，不应有何等政治的组织。其有年在二十岁以上，对于政治有特殊兴趣者，可以个人资格参加政治团体，不必牵涉学校。所以民国七年夏间，北京各校学生，曾为外交问题，结队游行，向总统府请愿。当北大学生出发时，我曾力阻他们。他们一定要参与，我因此引咎辞职，经慰留而罢。到八年五月四日，学生又有不签字于《巴黎和约》与罢免亲日派曹、陆、章的主张，仍以结队游行为表示，我也就不去阻止他们了。他们因愤激的缘故，遂有焚曹汝霖住宅及攒殴章宗祥的事。学生被警厅逮捕者数十人，各校皆有，而北大学生居多数。我与各专门学校的校长向警厅力保，始释放。但被拘的虽已保释，而学生尚抱再接再厉的决心，政府亦且持不做不休的态度。都中喧传政府将明令免我职而以马其昶君任北大校长，我恐若因此增加学生对于政府的纠纷，我个人且将有运动学生保持地位的嫌疑，不可以不速去。乃一面呈政府引咎辞职，一面秘密出京，时为五月九日。

那时候学生仍每日分队出去演讲，政府逐队逮捕，因人数太多，就把学生都监禁在北大第三院。北京学生受了这样大的压迫，于是引起全国学生的罢课，而且引起各大都会工商界的同情与公愤，将以罢工罢市为同样之要求。政府知势不可侮，乃释放被逮诸生，决定不签和约，罢免曹、陆、章，于是五四运动之目的完全达到了。

五四运动之目的既达，北京各校的秩序均恢复。独北大因校长辞职问题，又起了多少纠纷。政府曾一度任命胡次珊君继任，而为学生所反对，不能到校。各方面都要我复职。我离校时本预定决不回去，不但为校务的困难，实因校务以外，常常有许多不相干的缠绕，度一种劳而无功的生活，所以启事上有"杀君马者道旁儿；民亦劳止，汔可小休；我欲小休矣"等语。但是隔了几个月，校中的纠纷，仍在非我回校不能解决的状态中。我不得已，乃允回校。回校以前，先发表一文，告北京大学学生及全国学生联合会，告以学生救国，重在专研学术，不可常为救国运动而牺牲（全文见《蔡孑民先生言行录》下册三三七至三四一页）。到校后，在全体学生欢迎会演说，说明德国大学学长、校长均每年一换，由教授会公举；校长且由神学、医学、法学、哲学四科之教授轮值，从未生过纠纷，完全是教授治校的成绩。北大此后亦当组成健全的教授会，使学校决不因校长一人的去留而起恐慌（全文见《蔡孑民先生言行录》三四一至三四四页）。

那时候蒋梦麟君已允来北大共事，请他通盘计划，设立教务、总务两处，及聘任财务等委员会，均以教授为委员。请蒋君任总务长，而顾孟余君任教务长。

北大关于文学、哲学等学系，本来有若干基本教员；

自从胡适之君到校后，声应气求，又引进了多数的同志，所以兴会较高一点。预定的自然科学、社会科学、文学、国学四种研究所，只有国学研究所先办起来了。在自然科学与社会科学方面，比较的困难一点。自民国九年起，自然科学诸系，请到了丁巽甫、颜任光、李润章诸君主持物理系；李仲揆君主持地质系；在化学系本有王抚五、陈聘丞、丁庶为诸君，而这时候又增聘程寰西、石蘅青诸君；在生物学系本已有钟宪鬯君在东南、西南各省搜罗动植物标本，有李石曾君讲授学理，而这时候又增聘谭仲逵君。于是整理各系的实验室与图书室，使学生在教员指导之下，切实用功；改造第二院礼堂与庭园，使合于讲演之用。在社会科学方面，请到王雪艇（世杰）、周鲠生、皮皓白诸君；一面诚意指导提起学生好学的精神，一面广购图书杂志，给学生以自由考索的工具。丁巽甫君以物理学教授兼预科主任，提高预科程度。于是北大始达到各系平均发展的境界。

我是素来主张男女平等的。九年，有女学生要求进校，以考期已过，姑录为旁听生。及暑假招考，就正式招收女生。有人问我："兼收女生是新法，为什么不先请教育部核准？"我说："教育部的大学令，并没有专收男生的规定。从前女生不来要求，所以没有女生。现在女生来要求,而程度又够得上,大学就没有拒绝的理。"这是男女同校的开始,后来各大学都兼收女生了。

我是佩服章实斋先生的。那时候国史馆附设在北大,我定了一个计划,分征集、纂辑两股;纂辑股又分通史、民国史两类;均从长编入手,并编历史辞典。聘屠敬山、张蔚西、薛阆仙、童亦韩、徐贻孙诸君分任征集编纂等务。后来政府忽又有国史馆独立一案,别行组织。于是张君所编的民国史,薛、童、徐诸君所编的辞典,均因篇帙无多,视同废纸;只有屠君在馆中仍编他的蒙兀儿史,躬自保存,没有散失。

我本来很注意于美育的。北大有美学及美术史教课,除中国美术史由叶浩吾君讲授外,没有人肯讲美学。十年,我讲了十余次,因足疾进医院停止。至于美育的设备,曾设书法研究会,请沈尹默、马叔平诸君主持。设画法研究会,请贺履之、汤定之诸君教授国画;比国楷次君教授油画。设音乐研究会,请萧友梅君主持。均听学生自由选习。

我在"爱国学社"时,曾断发而习兵操。对于北大学生之愿受军事训练的,常特别助成。曾集这些学生,编成学生军,聘白雄远君任教练之责,亦请蒋百里、黄膺白诸君到场演讲。白君勤恳而有恒,历十年如一日,

1921年8月,蔡元培(中坐者)与中国教育代表团成员合影,美国夏威夷檀香山

图 / FOTOE

实为难得的军人。

我在九年的冬季，曾往欧美考察高等教育状况，历一年回来。这期间的校长任务，是由总务长蒋君代理的。回国以后，看北京政府的情形，日坏一日。我处在与政府常有接触的地位，日想脱离。十一年冬，财政总长罗钧任君忽以金佛朗问题被逮，释放后，又因教育总长彭允彝君提议，重复收禁。我对于彭君此举，在公议上，认为是蹂躏人权献媚军阀的勾当；在私情上，罗君是我在北大的同事，而且于考察教育时为最密切的同伴，他的操守，为我所深信。我不免大抱不平，与汤尔和、邵飘萍、蒋梦麟诸君会商，均认有表示的必要。我于是一面递辞呈，一面离京。隔了几个月，贿选总统的布置，渐渐地实现。而要求我回校的代表，还是不绝。我遂于十二年七月间重往欧洲，表示决心；至十五年，始回国。那时候，京津间适有战争，不能回校一看。十六年，国民政府成立，我在大学院，试行大学区制，以北大划入北平大学区范围，于是我的北京大学校长的名义，始得取消。

综计我居北京大学校长的名义，十年有半，而实际在校办事，不过五年有半。一经回忆，不胜惭悚。

（一九三四年一月一日）

蒋梦麟 1886—1964

字兆贤,号孟邻,浙江余姚人。美国哥伦比亚大学教育学博士,曾任国民政府第一任教育部长、行政院秘书长。长期担任北京大学校长,自一九一九年至一九四五年,在北大工作了二十余年,他是到目前为止北大校史上任职时间最长的校长。

# 北京大学和学生运动　　文 / 蒋梦麟

如果你丢一块石子在一池止水的中央,一圈又一圈的微波就会从中荡漾开来,而且愈漾愈远,愈漾愈大。北京曾为五朝京城,历时一千余年,因此成为保守势力的中心,慈禧太后就在这里的龙座上统治着全中国。光绪皇帝在一八九八年变法维新,结果有如昙花一现,所留下的唯一痕迹只是国立北京大学,当时称为京师大学堂或直呼为大学堂。维新运动短暂的潮水已经消退而成为历史陈迹,只留下一些贝壳,星散在这恬静的古都里,供人凭吊。但是在北京大学里，却结集着好些蕴蓄珍珠的活贝——由于命运之神的摆布，北京大学终于在短短三十年历史之内对中国文化与思想提供了重大的贡献。

在静水中投下知识革命之石的是蔡孑民先生（元培）。蔡先生在一九一六年（民国五年）出任北京大学校长，他是中国文化所孕育出来的著名学者，但是充满了西洋学人的精神，尤其是古希腊文化的自由研究精神。他的"为学问而学问"的信仰，植根于对古希腊文化的透彻了解，这种信仰与中国"学以致用"的思想适成强烈的对照。蔡先生对学问的看法，基本上是与中山先生的看法一致的，不过孙先生的见解来自自然科学，蔡先生的见解则导源于希腊哲学。

这位著名的学者认为美的欣赏比宗教信仰更重要。这是希腊文化交融的一个耐人寻味的实例。蔡先生的思想中融合着中国学者对自然的传统爱好和希腊人对美的敏感，结果产生对西洋雕塑和中国雕刻的爱好。他喜爱中国的山水画，也喜爱西洋油画，对中西建筑和中西音乐都一样喜欢。他对宗教的看法基本上是中国人的传统见解，认为宗教不过是道德的一部分。他希望以爱美的习惯来提高青年的道德观念。这也就是古语所谓"移风易俗莫大于乐"的传统信念。高尚的道德基于七情调和，要做到七情调和则必须透过艺术和音乐或与音乐有密切关系的诗歌。

蔡先生崇信自然科学。他不但相信科学可以产生发明、机器,以及其他实益。他并且相信科学可以培养有系统的思想和研究的心理习惯,有了系统的思想和研究,才有定理定则的发现,定理定则则是一切真知灼见的基础。

蔡先生年轻时锋芒很露。他在绍兴中西学堂当校长时,有一天晚上参加一个宴会,酒过三巡之后,他推杯而起,高声批评康有为、梁启超维新运动的不彻底,因为他们主张保存满清皇室来领导维新。说到激烈时,他高举右臂大喊道:"我蔡元培可不这样。除非你推翻满清,否则任何改革都不可能!"

蔡先生在早年写过许多才华横溢、见解精辟的文章,与当时四平八稳、言之无物的科举八股适成强烈的对照。有一位浙江省老举人曾经告诉我,蔡元培写过一篇怪文,一开头就引用《礼记》里的"饮食男女,人之大欲存焉"一句。缴卷时间到时,他就把这篇文章缴给考官。蔡先生就在这场乡试里中了举人。后来他又考取进士,当时他不过三十岁左右。以后就成为翰林。

蔡先生晚年表现了中国文人的一切优点,同时虚怀若谷,乐于接受西洋观念。他那从眼镜上面望出来的两只眼睛,机警而沉着。他的语调虽然平板,但是从容、清晰、流利而恳挚。他从来不疾言厉色对人，但是在气愤时，他的话也会变得非常快捷、严厉、扼要——像法官宣判一样的简单明了，也像绒布下面冒出来的匕首那样的尖锐。

他的身材矮小，但是行动沉稳。他读书时，伸出纤细的手指迅速地翻着书页，似乎是一目十行地读，而且有过目不忘之称。他对自然和艺术的爱好使他的心境平静，思想崇高，趣味雅洁，态度恳切而平和，生活朴素而谦抑。他虚怀若谷，对于任何意见、批评或建议都欣然接纳。

当时的总统黎元洪选派了这位杰出的学者出任北京大学校长。北大在蔡校长主持之下，开始一连串的重大改革。自古以来，中国的知识领域一直是由文学独霸的，现在，北京大学却使科学与文学分庭抗礼了。历史、哲学和四书五经也要根据现代的科学方法来研究。为学问而学问的精神蓬勃一时。保守派、维新派和激进派都同样有机会争一日之短长。背后拖着长辫，心里眷恋帝制的老先生与思想激进的新人物并坐讨论，同席笑谑。教室里，座谈会上，社交场合里，到处讨论着知识、文化、家庭、社会关系和政治制度，等等问题。

这情形很像中国先秦时代，或者古希腊苏格拉底和亚里士多德时代的重演。蔡先生就是中国的老哲人苏格拉底，同时，如果不是全国到处有同情他的人，蔡先生也很可能遭遇苏格拉底同样的命运。在南方建有坚强根据地的国民党党员中，同情蔡先生的人尤其多。但是中国的和外国的保守人士却一直指责北京大学鼓吹"三无主义"——无宗教、无政府、无家庭——与苏格拉底被古希腊人指责戕害青年心灵的情形如出一辙。争辩不足以消除这些毫无根据的猜疑，只有历史才能证明它们的虚妄。历史不是已经证明了苏格拉底的清白无罪吗？

我已经提到蔡先生提倡美学以替代宗教，提倡自由研究以追求真理。北大文学院院长陈仲甫（独秀）则提倡"赛"先生和"德"先生，认为那是使中国现代化的两种武器。自由研究导致思想自由，科学破坏了旧信仰，民主则确立了民权的主张。同时，哲学教授胡适之（适）那时正在进行文学革命，主张以白话文代替文言作表情达意的工具。白话比较接近中国的口语，因此比较易学、易懂。它是表达思想的比较良好也比较容易的工具。在过去，知识原是士大夫阶级的专利品，推行白话的目的就是普及知识。白话运动推行的结果，全国各地产生了无数的青年作家。几年之后，教育部并下令全国小学校一律采用白话为教学工具。

北大是北京知识沙漠上的绿洲。知识革命的种籽在这块小小的绿洲上很快地就发育滋长。三年之中，知识革命的风气已经遍布整个北京大学。

这里让我们追述一些往事。一个运动的发生，绝不是偶然的，必有其前因与后果。在知识活动的蓬勃气氛下，一种思想上和道德上的不安迅即在学生中发展开来。我曾经谈过学生如何因细故而闹学潮的情形，那主要是受了十八世纪以"自由、平等、博爱"为口号的法国政治思想的影响，同时青年们认为中国的迟迟没有进步，并且因而招致外国侵略应由清廷负其咎，因此掀起学潮表示反抗。

第一次学潮于一九〇二年发生于上海南洋公学，即所谓"罢学风潮"。我在前篇已经讲过。几年之后，这种学生反抗运动终至变质而流为对付学校厨子的"饭厅风潮"。最后学校当局想出"请君入瓮"的办法，把伙食交由学生自己办理。不过零星的风潮仍旧持续了十五六年之久。有一次，"饭厅风潮"甚至导致惨剧。杭州的一所中学，学生与厨子发生纠纷，厨子愤而在饭里下了毒药，结果十多位学生中毒而死。我在惨案发生后去过这所中学，发现许多学生正在卧床呻吟，另有十多具棺木停放在操场上，等待死者家属前来认领葬殓。

表现于学潮的反抗情绪固然渐成过去，反抗力量却转移到革命思想上的发展，而且在学校之外获得广大的支持，终至发为政治革命而于一九一一年推翻满清。

第二度的学生反抗运动突然在一九一九年（民国八年）五月四日在北京爆发。此即所谓五四运动。事情经过是这样的：消息从巴黎和会传到中国，说欧战中的战胜国已经决定把山东半岛上的青岛送给日本。青岛原是由中国租借给德国的海港，欧战期间，日本从德国手中夺取青岛。中国已经对德宣战，战后这块租地自然毫无疑问地应该归还中国。消息传来，举国骚然。北京学生在一群北大学生领导下举行示威，反对签订《凡尔赛和约》。三千学生举行群众大会，并在街头游行示威，反对接受丧权辱国的条件，高喊"还我青岛"、"抵制日货"、"打倒卖国贼"！写着同样标语的旗帜满街飘扬。

当时的北京政府仍旧在军人的掌握之下，仅有民主政体和议会政治的外表，在广州的中山先生的国民党以及其余各地的拥护者，虽然努力设法维护辛亥革命所艰辛缔造的民主政制，却未著实效。北京政府的要员中有三位敢犯众怒的亲日分子，他们的政治立场是尽人皆知的。这三位亲日分子——交通总长曹汝霖，驻日公使陆宗舆和另一位要员章宗祥——结果就成为学生愤恨的对象，群众蜂拥到曹宅，因为传说那里正在举行秘密会议。学生破门而入，满屋子搜索这三位"卖国贼"。曹汝霖和陆宗舆从后门溜走了，章宗祥则被群众抓到打伤。学生们以为已经把他打死了，于是一哄而散，离去前把所有的东西砸得稀烂，并且在屋子里放了一把火。

这时武装警察和宪兵已经赶到，把屋子围得水泄不通。他们逮捕了近六十位学生带往司令部，其余的一千多名学生跟在后面不肯散，各人自承应对这次事件负责，要求入狱。结果全体被关到北京大学第三院（法学院），外面由宪警严密驻守。

有关这次游行示威的消息，遭到严密地检查与封锁。但是有几个学生终于蒙过政府的耳目，透过天津租界的一个外国机构发出一通电报。这电报就是五号上海各报新闻的唯一来源。

五号早晨报纸到达我手里时，我正在吃早餐。各报的首页都用大字标题刊登这条新闻，内容大致如下：

北京学生游行示威反对签订《凡尔赛和约》。三亲日要员曹汝霖、陆宗舆、章宗祥遭学生围殴。曹汝霖住宅被焚，数千人于大队宪警监视下拘留于北京大学第三院。群众领袖被捕，下落不明。

除此简短新闻外，别无其他报道。

这消息震动了整个上海市。当天下午，公共团体如教育会、商会、职业工会等纷纷致电北京政府,要求把那三位大员撤职,同时释放被捕或被扣的学生。第二天一整天,全上海都焦急地等待政府的答复,但是杳无消息。于是全市学生开始罢课,提出与各团体相同的要求,同时开始进行街头演说。

第二天早晨,各校男女学生成群结队沿南京路挨户访问,劝告店家罢市。各商店有的出于同情、有的出于惧怕,就把店门关起来了。许多人则仿照左邻右舍的榜样,也纷纷关门歇市。不到一个钟头,南京路上的所有店户都关上了大门了,警察干涉无效。

罢市风声迅即蔓延开来,到了中午时,全上海的店都关了。成千成万的人在街头聚谈观望,交通几乎阻塞。租界巡捕束手无策。男、女童子军代替巡捕在街头维持秩序,指挥交通。由剪了短发的女童子军来维持人潮汹涌的大街的秩序,在上海公共租界倒真是一件新鲜的事。中国人和外国人同样觉得奇怪,为什么群众这么乐意接受这些小孩子的指挥,而对巡捕们却大发脾气。

几天之内,罢市成为全国性的风潮,上海附近各城市的商店和商业机构全都关了门。上海是长江流域下游的商业中心,这个大都市的心脏停止跳动以后,附近各城市也就随着瘫痪,停止活动,倒不一定对学生表同情。

租界当局听说自来水厂和电灯厂的雇员要参加罢工，大起惊慌。后来经过商会和学生代表的调停，这些人才算被劝住没有罢工。各方压力继续了一个多星期，北京政府终于屈服，亲日三官员辞职，全体学生释放。

各地学生既然得到全国人士的同情与支持，不免因这次胜利而骄矜自喜。各学府与政府也从此无有宁日。北京学生获得这次胜利以后，继续煽动群众，攻击政府的腐败以及他们认为束缚青年思想的旧传统。学生们因为得到全国舆情的支持，已经战胜了政府。参加游行示威，反对签订《凡尔赛和约》，是每一个中国人都愿意做的事。学生们因为有较好的组织，比较敢言，比较冲动，顾虑比较少，所以打了头阵，并且因此拨动了全国人民的心弦。

亲日官员辞职，被捕学生释放，上海和其他各地的全面罢课罢市风潮歇止以后，大家以为五四事件就此结束，至少暂时如此。但是北京大学本身却成了问题。蔡校长显然因为事情闹大而感到意外，这时已经辞职而悄然离开北京。临行在报上登了一个广告引《白虎通》里的几句话说："杀君马者道旁儿；民亦劳止，汔可小休。"他先到天津，然后到上海，最后悄然到了杭州，住在一个朋友的家里。住处就在著名的西湖旁边，临湖依山，环境非常优美，他希望能像传统的文人雅士，就此息隐山林。虽然大家一再敦劝，他仍旧不肯回到北大。他说，他从来无意鼓励学生闹学潮，但是学生们示威游行，反对接受《凡尔赛和约》有关山东问题的条款，那是出乎爱国热情，实在无可厚非。至于北京大学，他认为今后将不容易维持纪律，因为学生们很可能为胜利而陶醉。他们既然尝到权力的滋味，以后他们的欲望恐怕难以满足了。这就是他对学生运动的态度。有人说他随时准备鼓励学生闹风潮，那是太歪曲事实了。

他最后同意由我前往北京大学代理他的职务。我因情势所迫，只好勉强同意担负起这副重担，我于是在七月间偕学生会代表张国焘乘了火车，前赴北京。到了北京大学，初次遇见了当时北大学生，以后任台大校长的傅孟真（斯年），现在台湾任国史馆长的罗志希（家伦）。两位是北大五四的健将，不但善于谋略，而且各自舞着犀利的一支笔，好比公孙大娘舞剑似的，光芒四照。他们约好了好多同学，组织了一个新潮社，出版了一种杂志，叫作《新潮》，向旧思想进攻。我现在写《西潮》，实在自从五四以后，中国本土，已卷起了汹涌澎湃的新潮，而影响了中国将来的命运。然而五四之起因，实为第一次世界大战后，欧洲帝国主义之崩溃，以及日本帝国主义的猖狂，所以毕竟还是与西潮有关。

我到学校以后,学生团体开了一个欢迎大会。当时的演说中,有如下一段:

……故诸君当以学问为莫大的任务。西洋文化先进国家到今日之地位,系累世文化积聚而成,非旦夕可见。千百年来,经多少学问家累世不断地劳苦工作而始成今日之文化。故救国之要道,在从事增进文化之基础工作,而以自己的学问功夫为立脚点,此岂摇旗呐喊之运动所可见?当法国之围困德国时,有德国学者费希德在围城中之大学讲演,而作致国民书曰:"增进德国之文化,以救德国。"国人行之,遂树普鲁士败法之基础。故救国当谋文化之增进,而负此增进文化之责者,惟有青年学生。……

暴风雨过去以后,乌云渐散,霁日重现,蔡先生也于九月间重回北大复职视事。

北大再度改组,基础益臻健全。新设总务处,由总务长处理校中庶务。原有处室也有所调整,使成为一个系统化的有机体。教务长负责教务。校中最高立法机构是评议会,会员由教授互选,教务长、总务长,以及各院院长为当然会员。评议会有权制定各项规程,授予学位,并维持学生风纪。各行政委员会则负责行政工作。北大于是走上教授治校的道路。学术自由、教授治校，以及无畏地追求真理，成为治校的准则。学生自治会受到鼓励，以实现民主精神。

此后七年中，虽然政治上狂风暴雨迭起，北大却在有勇气、有远见的人士主持下，引满帆篷，安稳前进。图书馆的藏书大量增加，实验设备也大见改善。国际知名学者如杜威和罗素，相继应邀来校担任客座教授。

这两位西方的哲学家，对中国的文化运动各有贡献。杜威引导中国青年，根据个人和社会的需要，来研究教育和社会问题。毋庸讳言的，以这样的方式来考虑问题，自然要引起许多其他的问题，在当时变化比较迟钝的中国实际社会中自然会产生许多纠纷。国民党的一位领袖胡汉民先生有一次对我说，各校风潮迭起，就是受了杜威学说的影响。此可以代表一部分人士，对于杜威影响的估计。他的学说使学生对社会问题发生兴趣也是事实，这种情绪对后来的反军阀运动却有很大的贡献。

罗素则使青年人开始对社会进化的原理发生兴趣。研究这些进化的原理的结果，使青年人同时反对宗教和帝国主义。传教士和英国使馆都不欢迎罗素。他住在一个中国旅馆里，拒绝接见他本国使馆的官员。我曾经听到一位英国使馆的官员表示，他们很后悔让罗素先生来华访问。罗素教授曾在北京染患严重的肺炎，医生们一度认为已经无可救药。他病愈后，我听到一位女传教士说："他好了么？那是很可惜的。"我转告罗素先生，他听了哈哈大笑。

第一次世界大战后，中国的思想界，自由风气非常浓厚，无论是研究社会问题或社会原理，总使惯于思索的人们难于安枕，使感情奔放的人们趋向行动。战后欧洲的西洋思想就是在这种气氛下介绍进来的。各式各样的"主义"都在中国活跃一时。大体而论，知识分子大都循着西方民主途径前进，但是其中也有一部分人受到一九一七年俄国革命的鼓励而向往马克思主义。《新青年》的主编陈独秀辞去北大文学院院长的职务，成为中国共产运动的领袖。反对日本帝国主义的运动也促使知识分子普遍同情俄国革命。第三国际于一九二三年派越飞到北京与中国知识分子接触。某晚，北京撷英饭店有一次欢迎越飞的宴会。蔡校长于席中致欢迎词说："俄国革命已经予中国的革命运动极大的鼓励。"

俄国曾经一再宣布，准备把北满的中东铁路归还中国，并且希望中国能够顺利扫除军阀，驱除侵略中国的帝国主义。苏俄对中国的这番好意，受到所有知识分子以及一般老百姓的欢迎。这种表面上友好表示的后果之一，就是为苏俄式的共产主义在中国铺了一条路。

在这同时,许多留学欧美大学的杰出科学家也纷纷回国领导学生,从事科学研究。教员与学生都出了许多刊物。音乐协会、美术协会、体育协会、图书馆协会纷纷成立,多如雨后春笋。教授李守常(大钊)领导组织了一个马克思主义研究会。当时北京报纸附栏,称这研究会为"马神庙某大学之牛克斯研究会",不过作为嘲笑之对象而已。马神庙者,北京大学所在地也。此时北大已经敞开大门招收女生。北大是中国教育史上第一所给男女学生同等待遇的高等学府。教员和学生在学术自由和自由研究的空气里,工作得非常和谐而愉快。

北大所发生的影响非常深远。北京古都静水中所投下的每一颗知识之石,余波都会到达全国的每一角落。甚至各地的中学也沿袭了北大的组织制度,提倡思想自由,开始招收女生。北大发起任何运动,进步的报纸、杂志和政党无不纷起响应。国民革命的势力,就在这种氛围中日渐扩展,同时中国共产党也在这环境中渐具雏形。

军阀之间的冲突正在这古都的附近间歇进行着。在这些时断时续的战事中,北京各城门有一次关闭几达一星期之久。枪炮声通常在薄暮时开始,一直持续到第二天早晨。有一次,我们曾经跑到北京饭店的屋顶去眺望炮火,那真叫作隔岸观火,你可以欣赏夜空中交织的火网,但是绝无被火花灼伤的危险。炮弹拖着长长的火光，在空中飞驰，像是千万条彩虹互相交织。"隆隆"的炮声震得屋顶摇摇晃晃，像是遭到轻微的地震。从黄昏到清晨，炮火一直不停。我回家上床时，根本不能把耳朵贴着枕头睡，因为这样炮声显得特别响亮。因此我只能仰天躺着睡，让耳朵朝着天花板，同时注意到电灯罩子在微微摇晃，玻璃窗也嘎嘎作响。我有一只德国种的狼犬，名叫狼儿，它被炮声吵得无法再在地板上安睡，一直哼个不停。它的耳朵一贴到地板，它就惊跳起来，哼唧几声之后，它冲到房门旁，拼命在门上抓，它一定以为怪声是我卧房的地板下面发出来的。第二天早上，我骂它一顿，说它前一晚不该那么捣乱。它似乎自知理屈，只用两只眼睛怯生生地望着我。早餐时我到处找不到狼儿，从此再不见它的踪影。大概它跑出去想找块安静地，夜里不会有恶作剧的魔鬼在地下大敲大擂，好让它安安稳稳地睡觉。不过，我想它大概是很失望的。

有一天，我和一位朋友在围城中沿着顺城门大街散步。老百姓还是照常操作，毫无紧张的样子。拉黄包车和坐黄包车的也与平常毫无异样。我们从西单牌楼转到西长安街，然后又转到中央公园。皇宫前午门谯楼上的黄色琉璃瓦，在夕阳下映着澄碧的秋空闪闪发亮。我们在一棵古柏的浓荫下选了一个地方坐下。这些古老的柏树是几百年前清朝的开国皇帝种植的,有的排成长列,有的围成方形。空气中充塞着柏树的芳香,微风带着这些醉人的香味吹拂着我们的面庞。我们围坐在桌子旁,静听着邻座酒客的议论。大家都在议论战事,猜测着谁会胜利,谁将入据北京。谁胜谁败,大家好像都不在乎。操心又怎么样?北京已经见过不少的战事,饱经沧桑之后,北京还不是依然故我?沉默的午门谯楼就是最好的见证。

"城门都关了,不知道我们能不能叫个鱼吃吃。"我的朋友说。

堂倌拿了一条活生生的鱼来问我们:"先生们喜欢怎么个烧法?"

"一鱼两吃。一半儿醋溜,一半儿红烧。"

鱼烧好端上来了,有一碟似乎不大新鲜。

"这是怎么回事?这一半儿是死鱼呀!"我的朋友质问堂倌,堂倌鞠了一躬,只是嘻嘻地笑。

"哦,我知道了!这条鱼一定是从城墙外跳进来的,碰到地的一边碰死了,另一边却仍然活着。"我代为解释。堂倌再度跑过来时,我的朋友从桌上抓起一把空酒壶,翻过来给他看。"怎么!你给我们一把空酒壶呀!"

"对不起,"堂倌笑嘻嘻地说:"酒烫跑了!"他马上给我们重新拿了一壶。当然，两壶酒都记在我们账上。

我们在黄昏时回家。那天晚上，战斗停止了，我又想起狼儿。这一晚，它大概可以在城里找个地方，安静地睡一觉了。第二天早上，我们发现政府已经易手。皇宫依然无恙。老百姓照常过活。各城门大开，成千成万的人从乡下挑着蔬菜、肉类、鸡蛋、鱼虾涌进北京城。小孩子们在战场上捡起废弹壳，以几块钱的代价在街头出售。许多人拿这些炮弹壳制花瓶。

城外有些人家破人亡，我亦失掉了我的狼儿。

一般而论，在这些漫长痛苦的日子里，因战事而丧失的生命财产并不严重。使中国陷于瘫痪而成为邻邦侵略之目标的，实为人心之动荡，交通之破坏，经济之崩溃，以及国民安定生活之遭破坏。国家陷于四分五裂，全国性的建设计划几乎成为不可能。中国当务之急就是统一。

蔡校长赴欧旅行时，我又再度代理北大校长。这时我接到中山先生一封信，对北大的各种运动大加奖誉，最后并勉励我"率领三千子弟，参加革命"。

孙中山可惜未能在有生之年看到他的希望实现……

（编者注：本文原载于《西潮》杂志，转引自同名图书《西潮》，昆明：云南人民出版社，2016年版）

## 胡 适 1891—1962

原名洪骍,字适之,安徽绩溪人。从一九一七年(二十五岁)夏回国担任北大教授。抗日战争胜利后,于一九四六年任北京大学校长。

# 北京大学五十周年 文/胡 适

北京大学今年整五十岁了。在世界的大学之中,这个五十岁的大学只能算一个小孩子。欧洲最古的大学,如意大利的萨劳诺(Salerno)大学是一千年前创立的;如意大利的波罗那(Bologna)大学是九百年前创立的;如法国的巴黎大学是八百多年前一两位大师创始的;如英国的牛津大学也有八百年的历史了,康桥(剑桥)大学也有七百多年的历史了。今年四月中,捷克都城的加罗林大学庆祝六百年纪念。再过十六年,波兰的克拉可(Cracow)大学,奥国的维也纳大学都要庆祝六百年纪念了。全欧洲大概至少有五十个大学是五百年前创立的。

在十二年前,我曾参加美国哈佛大学的三百年纪念;八年前,我曾参加美国彭州(宾夕法尼亚)大学(University of Pennsylvania)的二百年纪念。去年到今年,普林斯敦(Princeton)大学补祝二百年纪念,清华北大都有代表参加。再过三年,耶尔(耶鲁)大学要庆祝二百五十年纪念了。美国独立建国不过是一百六七十年前的事,可是这个新国家里满二百年的大学已有好几个。

所以在世界大学的发达史上,刚满五十岁的北京大学真是一个小弟弟,怎么配发帖子做生日,惊动朋友赶来道喜呢?

我曾说过,北京大学是历代的"太学"的正式继承者,如北大真想用年岁来压倒人,他可以追溯"太学"起于汉武帝元朔五年(西历纪元前一二四年)公孙弘奏请为博士设弟子员五十人。那是历史上可信的"太学"的起源,到今年是两千零七十二年了。这就比世界上任何大学都年高了!

但北京大学向来不愿意承认是汉武帝以来的"太学"的继承人,不愿意卖弄那两千多年的高寿。自从我到了北大之后,我记得民国十二年(一九二三)北大纪念二十五

1947年4月27日，北平（今北京），清华大学三十六年校庆，原西南联大校务委员会主席兼清华大学校长梅贻琦（左三）与北京大学校长胡适（左二）、原西南联大训导长兼昆明师范学院院长查良钊（左一）、南开大学秘书长黄钰生合影

图 / FOTOE

周年，廿七年纪念四十周年，都是承认戊戌年是创立之年（北大也可以追溯到同治初年同文馆的设立，那也可以把校史拉长二十多年。但北大好像有个坚定的遗规，只承认戊戌年"大学堂"的设立是北大历史的开始）。

这个小弟弟年纪虽不大，着实有点志气！他在这区区五十年之中，已经过了许多次的大灾难，吃过了不少的苦头。他是"戊戌新政"的产儿，但他还没生下地，那百日的新政早已短命死了，他就成了"新政"的遗腹子。他还不满两周岁，就遇着义和拳的大乱，牺牲了两年的生命。辛亥革命起来时，他还只是一个十三岁的小孩子。民国成立的初期，他也受了政治波浪的影响，换了许多次校长。直到蔡元培、蒋梦麟两位先生相继主持北大的三十年之中，北大才开始养成一点持续性，才开始造成一个继续发展的学术中心。可是在这三十年之中，北大也经过不少的灾难。北大的三十周年（民国十七年，一九二八）纪念时，他也变成北平大学的一个学院了。他的四十周年（民国廿七年，一九三八）纪念是在昆明流离时期举行的。

我今天要特别叙说北大遭遇的最大的一次危机，并且要叙述北大应付那次危机的态度。

话说民国二十年一月，蒋梦麟先生受了政府的新任命，回到北大来做校长。他有中兴北大的决心，又得到了中华教育文化基金董事会的研究合作费国币一百万圆的援助,所以他能放手做去,向全国去挑选教授与研究的人才。他是一个理想的校长,有魄力,有担当,他对我们三个院长说:"辞退旧人,我去做;选聘新人,你们去做。"

蒋校长和他的同事们费了整整八个月的工夫筹备北大的革新。我们准备九月十七日开学,全国教育界也颇注意北大的中兴,都预料九月十七日北大的新阵容确可以"旌旗变色",建立一个"新北大"的底子。

民国二十年(一九三一)九月十七日,"新北大"开学了。蒋校长和全校师生都很高兴。可怜第二天就是"九一八"!那晚上日本的军人在沈阳闹出了一件震惊全世界的事件,造成了第二次世界大战的序幕!

我们北大同人只享受了两天的高兴。九月十九早晨我们知道了沈阳的大祸,我们都知道空前的国难已到了我们的头上,我们的敌人决不容许我们从容努力建设一个新的国家。我们那八个月辛苦筹备的"新北大",不久也就要被摧毁了!

但我们在那个时候,都感觉一种新的兴奋,都打定主意,不顾一切,要努力把这个学校办好,努力给北大打下一个坚实可靠的基础。所以北大在那最初六年的国难之中,工作最勤,从没有间断。现在的地质馆、图书馆、女生宿舍都是那个时期里建筑的。现在北大的许多白发教授，都是那个时期埋头苦干的少壮教授。

我讲这段故事，是要说明北大这个多灾多难的孩子实在有点志气，能够在很危险、很艰苦的情形之下努力做工，努力奋斗。我觉得这个"国难六年中继续苦干"的故事在今日是值得我们北大全体师生记忆回念的——也许比五四、"六三"等等故事还更有意味。

现在我们又在很危险、很艰苦的环境里给北大做五十岁生日，我用很沉重的心情叙述他多灾多难的历史，祝福他长寿康强，祝他能安全地渡过眼前的危难正如同他渡过五十年中许多次危难一样！

（编者注：本文系胡适为纪念北京大学成立五十周年而作，原载于一九四八年十二月出版的《北京大学五十周年纪念特刊》）

罗家伦 1897—1969

字志希，浙江绍兴人。一九二八年，任清华大学校长，使清华大学由教会学校转为国立大学。一九三〇年后，任武汉大学历史系教授、南京中央政治学院教育长、中央大学校长等职。

# 蔡元培先生与北京大学　　文 / 罗家伦

· 我以为一个大学的精神，最好让后代的教育文化史家来写。但是有人以为，当时的人尚且不留纪录，那后代的史家更缺少相当的凭藉。又有人说，当时人的观察虽不能和"明镜台"那般的晶莹，然当时人的心灵，也不见得就如顽石般的毫无认识和反想。我是劝人注重近代史的人，对于这番话自然无法来否认，也无须来争辩。我是治历史的人，愿意忠实地写我对于北大精神的认识和反想。我不愿意夸张，也无所用其回护，然而这些认识和反想，终究是从我的观察体会中得来。强人相同，则吾岂敢！

一个大学的精神，可以说是它的学风，也可以说是它在特殊的表现中所凝成的风格。这种风格的凝成不是突如其来的，更不是凭空想象的。它造就的因素，第一是它本身历史的演进，第二是它教职员学生组合的成分，第三是它教育理想的建立和实施。这三项各有不同，但互为因果，以致不能严格划分。即以北京大学的精神而论，又安能独为例外。

北京大学的历史，我不必细说，因为毛子水先生在《国立北京大学的创办和历年的经过》（见《国立北京大学成立六十周年纪念特刊》篇里），已经考据精详。我们不愿意攀附以前历代首都的太学、国学，但是在首都要建立一座类似近代的大学，则自以光绪二十四年（一八九八年）创立京师大学堂的诏书开始。而其内部的建置，主体是仕学院，收翰林院编修、检讨、六部中进士举人出身的员司和都察院的御史等等做学生，并把官书局和译书局并入。这是最初时期的第一阶段。中经庚子之变而停顿，到一九〇一年才恢复。嗣后把同文馆并入，以严复为译书局总办。次年取消仕学院而分设仕学馆和师范馆，并设英、法、俄、德、日五国语文专科，此系译学馆的前身。这是最初时期的第二阶段。一九〇二年七月张之洞等会奏《重订学堂章程》以后，大学中分为八科，上设通儒院（即现在大学研究院），下设预科，附设进士馆、译学馆和医学实业馆。毕业后，分授科举时代进士的头衔，并将成绩优异的进而授予翰林院编修、检讨等官职。这是最初时期的三阶段。综观这最初时期的三个段落，我们可以看出京师大学堂的几种特点。

第一、承受当时维新图强的潮流，想要把中西学术融合在一炉。吴汝纶、严复诸先生同在一校担任重要教职，就是象征。但是旧学的势力当然比新的深厚。

第二、是要把"仕而优则学，学而优则仕"的观念，在此实行。当时学生半途出家的情形，演出了许多有趣的故事。如上课时，学生的听差，进房屈一膝打千，口称"请大人上课"。除译学馆学生较洋化而外，仕学馆和以后的进士馆则官气弥漫。

第三、因为学生的学识和资历均高，所以养成了师弟之间，互相讨论、坐而论道的风气。这点对后来却留下了很好的影响。就在这里，让我写一段学术界的逸事。清季象山陈汉章（字伯弢）先生是名举人，以博学闻于当世，于是京师大学堂请他来当教习。他到校后见一时人才之盛，又因为京师大学堂毕业以后可以得翰林（当时科举已废），于是他决定不就教习而做学生，在马神庙四公主府梳妆楼上的大学藏书楼里,苦苦用功六年。等到临毕业可以得翰林的一年,忽然革命了,他的翰林没有得到,可是他的学问大进,成为朴学的权威。

一九一一年,蔡元培先生任教育总长,特别选学通中西的严复先生为大学堂总监督,不久改为国立北京大学,仍以严先生继续担任。这正是着重在融会中国文化与西洋学术的传统精神。

一九一六年底,蔡元培先生自己被任为北京大学校长。蔡先生本来在清季就不顾他翰林院编修清高的地位和很好的出路,而从事革命,加入同盟会。当时党内同志有两种意见,一种赞成他北上就职,一种不赞成。国父孙中山先生认为北方当有革命思想的传播,像蔡元培先生这样的老同志应当去那历代帝王和官僚气氛笼罩下的北京,主持全国性的教育,所以主张他去。蔡先生自己又不承认做大学校长是做官,于是决定前往。他在北京大学就职的一天,发表演说,主张学生进大学不当"仍抱科举时代思想,以大学为取得官吏资格之机关"。大学学生应当有新的"世界观与人生观","当以研究学术为天责,不当以大学为升官发财之阶梯"。他又主张"发扬学生自动之精神,而引起其服务社会之习惯"。他又本其在教育总长时代的主张,认为任何挽救时弊的教育,"不可不以公民道德为中坚"。这种精辟、勇敢、诚挚而富于感动性的呼声,震开了当年北京八表同昏的乌烟瘴气,不但给北京大学一个灵魂,而且给全国青年一个新启示。

蔡先生对于北京大学及当时学术界的影响如此其深,所以我们不能不把他的思想和态度,重新平静和客观地认识一下。

第一、他是一位中国学问很深、民族意识极强,于中年以后再到欧洲留学多年的人,所以他对于中西文化,取融会贯通的态度。他提倡新的科学研究,但当时他为北京大学集合的国学大师,实极一时之盛。他对于双方文化的内涵,是主张首先经过选择而后加以保留或吸收。

第二、他研究哲学而又受希腊美术精神的影响很深,所以主张发展人生的修养,尤其当以美育来涵养性灵;以优美代替粗俗,化残暴而为慈祥。

第三、他在法国的时候,受到两种思想的感应:一种是启明时代一般思想家对文艺和科学的态度,以后他并赞成孔德(A. Comte)的实证主义;一种是法国大革命时代"自由、平等、博爱"的号召,所以他主张民主。

第四、他对于大学的观念,深深无疑义的是受了十九世纪初建立柏林大学的冯波德(Wilhelm Von Humboldt)和柏林大学那时代若干大学者的影响。英国著名史学家谷趣（G. P. Gooch）称，当时柏林大学的建立，是十九世纪一件大事。蔡先生和他们一样主张学术研究自由，可是并不主张假借学术的名义，做任何违背真理的宣传；不但不主张，而且反对。有如马克思的思想，他以为在大学里是可以研究的；不过在五四时代，北京大学并未开过马克思主义研究的课程。经学教授中有新帝制派的刘师培先生，为一代大师，而刘教的是"三礼"、《尚书》和训诂，绝未讲过一句帝制。英文教授中有名震海外的辜鸿铭先生，是老复辟派，他教的是英诗（他把英诗分为"外国大雅"、"外国小雅"、"外国国风"、"洋离骚"等类，我在教室里想笑而不敢笑，却是十分欣赏），也从来不曾讲过一声复辟。

第五、他认为大学的学术基础，应当建立在文、哲和纯粹的自然科学上面。在学术史上，许多学术思想的大运动、大贡献，常是发源于文理学院研究的对象和结果里。所以大学从学术贡献的基础来看，应以文理学院为重心。其他学院可在大学设置，但不设文理两院者，不得称大学。这个见解里面，确是含有了解学术思想全景及其进化的眼光。

第六、他是主张学术界的互助与合作，而极端反对妒忌和排挤的。他提倡克鲁泡特金（Kropotkin）的互助论。

他认为学术的研究,要有集体的合作:就是校与校之间,也应当有互助与合作,一个学校不必包揽一切。所以他曾经把北京大学的工学院,送给北洋大学。

第七、根据同样的理由,他极力反对学校内或校际间有派系。他认为只能有学说的宗师,不能有门户的领袖。他认为"泱泱大风"、"休休有容",为民族发扬学术文化的光辉,才是大学应有的风度。

第八、他幼年服膺明季刘宗周先生的学说,对于宋明理学的修养很深,所以他律己严而待人宽。他有内心的刚强,同时有温良恭俭让的美德,所以他能实行身教,不但许多学生,而且有许多教授,"中心悦而诚服"。

在他主持北大的时候,发生了三个比较大的运动:

第一是国语文学运动,也常被称为白话文运动或新文学运动。这是一种有意识的文学解放运动,以现代人的语言文字,表现现代人的思想感情,不必披枷戴锁,转弯抹角,还要穿前人制就的小脚鞋子,才能走过狭长的过道,并且就可把这种"国语的文学"来形成"文学的国语",使全民的思想意识都能自由地交流,而巩固中华民族的团结。英、德、意各国能形成为现代的国家,它们都经过这种文学革命的过程。这种运动,当年受过许多猛烈的攻击,到现在也还不免,但其成效具在,不必费辞。就是当今总统和政府重要的文告，都用国语，已足证明。至于多年来节省亿万小学生、中学生和一般青年的脑力和心血，使他们用在科学和有益的学问知识上，实在是全民族一种最大的收获。到现在新文学中还不曾有，或是有而不曾见到伟大的作品，是件遗憾。同时我们也知道，从马丁·路德于一五二一年在华特堡（Wartburg）开始用德国民间的白话翻成《新约全书》以后，一直等到十八世纪初叶，才有歌德和席勒两大文学家出现，产生出最成熟的现代德国文学。我们正热烈地欢迎和等待中国新文学里的歌德和席勒出现。至于当年北京大学的工作，只是"但开风气不为师"而已。

第二是新文化运动。它只是从新文学运动范围的扩大而产生的。当时，不想到现在，还不免有人对他谈虎色变，其实它一点也不可怕。简单扼要地说，它只是主张"以科学的方法来整理国故"。也就是以科学的方法，来整理中国固有的文化，分门别类地按照现代生存的需要来重新估定其价值。无论什么民族文化都是为保持这民族的生存，它自身也附丽在这民族的生存上。"处今之世而无变古之俗，殆矣！"若是国粹，自然应当保留；若是国糟，自然应当扬弃。文化是交流的，必须有外来的刺激，才能有新的反应；必须吸收外来的成分，才能孳乳、增长和新生。我国在汉、唐时代，不知道吸收了多少外来的文化。到今天吸收西洋文化是当然的事,是不可避免的事。科学方法最忌笼统,所以"全盘中化"、"全盘西化"这种名词,最为不通。我不曾听到当年发动新文化运动的人说过,尤其不曾听到蔡先生和胡适之先生说过。就以五四以前傅斯年先生和我编辑的《新潮》月刊来说。《新潮》的英文译名,印在封面上的是"The Renaissance",乃是西洋历史上"文艺复兴"这个名词。当然这新文化运动的工作,至今还未完成。以前它曾收到许多澄清的效果,也产生了很多学术上有价值的著作。当年大陆上北平图书馆收集这种刊物,质量均颇有可观。近二十五年来中国学者在外国科学定期刊物上发表的贡献,为数不少,而且有些是相当重要的,断不容轻视和抹煞。只是新文化建设性的成绩,仍然还不足以适应国家当前的需要,这是大家应当反省和努力的。至于北京大学的任务,也还只适用于上节所引的龚定庵(自珍)那一句诗。

第三是五四运动。五四运动也很简单,它是为"山东问题"中国在巴黎和会里失败了。国际间没有正义,北京军阀官僚的政府又亲日、恐日,辱国丧权,于是广大的热血青年,发生这爱国运动。这运动最初的起源是在北京大学,但一转瞬就普及到全北京大中学生,弥漫到全国。不久全国工商界也就很快地加入,这是中国第一次广大的青年运动,也是全国性的民众运动。所以这运动不是北京大学可得而私,更不是少数身预其事的人所敢得而私。就北京大学而论,学生从军阀的高压和官僚的引诱中,不顾艰险,奔向一条救国的道路,实在是蔡先生转移学风的结果。蔡先生一面在校提倡大学生的气节,一面于第一次大战停后在中央公园接连三天的讲演大会,以国际间的公理正义来号召。嗣后不过数月,巴黎和会竟有违背公理正义的决定(因为英国与日本在战争后期成立密约,把德国在山东的权利让与日本,以交换它种权利。美国当时不是不知道,乃是有意缄默和优容,等到在和会中威尔逊总统竟公开的让步,牺牲其《十四条》中有关山东一条的主张。此事与雅尔达会议中同盟国和俄帝订定违害我东北主权密约的经过,有若干相似之处)。当时北京军阀官僚误国、卖国的逆迹,又复昭彰,于是五四运动遂在这适当时机而爆发。还有一点,就是中国历史上汉朝和宋朝太学生抗议朝政的举动,也给大家不少的暗示。五四那天发表的宣言,也是那天唯一的印刷品,原文如下:

现在日本在国际和会,要求并吞青岛,管理山东一切权利,就要成功了。他们的外交,大胜利了。我们的外交,大失败了。山东大势一去,就是破坏中国的领土。中国的领土破坏，中国就要亡了。所以我们学界，今天排队到各公使馆去，要求各国出来维持公理，务望全国农工商各界，一律起来，设法开国民大会，外争主权，内除国贼。中国存亡，在此一举。今与全国同胞立下两个信条：

（一）中国的土地，可以征服，而不可以断送。

（二）中国的人民，可以杀戮，而不可以低头。

国亡了，同胞起来呀！

这宣言明白标出"外争主权，内除国贼"八个字的口号。这是最显著的爱国目标。诚然五四运动以后发生过一些不好的副作用，但是五四当年的精神是爱国的。五四是青年在北方军阀的根据地站起来对抗反动势力的第一次。受到五四的激发以后，青年们纷纷南下，到广东去参加国民革命的工作，有如风起云涌。蔡先生常说"官可以不做，国不可以不救"。到五四以后学生运动发现流弊的时候，他又发表"读书不忘救国，救国不忘读书"的名言。

但是，北京大学始终认为学术文化的贡献是大学应当着重的任务。因为时代的剧变，更觉得灌溉新知，融会中西文化工作的迫切。以前外国人到中国来教书的，大都以此为传教等项工作的副业，所以很是平庸，而无第一流的学者肯来讲学。就在五四这时候，北京大学请大哲学家杜威（John Dewey）来讲学一年有余，实开西洋第一流学者来华讲学的风气。以后如罗素（Bertrand Russell）、杜里舒（Hans Driesch）、泰戈尔（R. Tagore）均源源而来。地质学家葛利普（Grabau）长期留在中国，尤其能领导中国地质学界不断作有价值的科学贡献。

当然一个大学的学风，是各种因素构成的。如师生间问难质疑、坐而论道的学风，一部分是京师大学堂的遗留，但到一九一八至一九一九年间而更甚。我尤其身受这种好处。即教授之中，如胡适之先生就屡次在公开演讲中，盛称他初到北大教书时受到和傅斯年、毛子水诸位先生（当时的学生）相互讨论之益。以后集体合作从事学术研究的风气，一部分也是从这样演变而来的。除了国语文学运动是胡先生开始提倡，和他对于新文化运动有特殊贡献，为大家所知道的而外；他对于提倡用科学的方法和精神，并且开始实地的用近代科学方法来治国学，其结果的重大，远超过大家所说的考据学的范围。

从一九二九年蒋梦麟先生继长北大以后，北京大学更有意识地向着近代式的大学方面走。那时候文史和自然科学的研究工作，沉着地加强，大学实在安定进步之中。到一九三四至一九三五年以后，日本帝国主义者和亲日派（以后许多在"七七事变"前后公开成为汉奸的）狼狈为

杜威夫妇来华讲学时与中国学者合影（1920年5月） 图 / FOTOE

1924年，林徽因（右二）与泰戈尔来华时合影 图 / FOTOE

奸，横行无忌。北平空气，混沌异常，反日的人们常感觉到生命的威胁。那时候北京大学的教授，尤其是胡适之先生和傅斯年先生坚决反对"华北特殊化"，面斥亲日分子，并联合其他大专学校的教授，公开宣称要形成文化战线，坚守北平的文化阵地，决不撤退。在日本决定大规模作战以前，北平的教育界俨然是华北局势的安定力量。这仍然是表现着爱国运动的传统精神。

等到抗战胜利以后，胡适之先生被任为校长，而先以傅斯年先生代理。傅先生除了他个人的学术造诣而外，还有两件特长：第一是他懂得集体学术研究工作的重要，而且有组织能力来实现这种工作，如中央研究院的历史语言研究所的坚实的学术成就，就是一个显著的例子。第二是他懂得现代的大学是什么，而且应该怎样办。他把北京大学遗留下来的十九世纪初叶德国大学式的观念，扩大而为二十世纪中叶欧美大学式的观念。他又大气磅礴，能笼罩一切。于是把北京大学，扩大到文、理、法、工、农、医六学院，计三十二系，为北方最大规模的大学。

（编者注：本文写于一九六八年，系罗家伦为纪念先师蔡孑民先生百年诞辰而作，转引自《我的父亲罗家伦》，北京：商务印书馆，2013年版）

## 顾颉刚  1893—1980

原名诵坤,字铭坚,江苏吴县(今苏州市)人,著名学者。一九一三年考入北京大学预科,一九二〇年北京大学哲学系本科毕业。

# 蔡元培先生与五四运动　文 / 顾颉刚

我一九一三年考入北京大学预科,一九一四年又考入本科中国哲学系,中间因为生病及家中人死亡等原因,屡次休学,直到一九二〇年才毕业。一九一九年五月四日,我正在家乡养病,不在北京,因此没有参加那天的游行。但五四运动前后我都在北京大学读书,参加过新文化运动,因此,对那一时期北京大学的情况,多少了解一些。我的亲身经历使我深信:北大一九一九年成为五四运动的发源地和指挥部,同蔡元培先生的办学方针有密切关系。

我考入北大的时候，听说教育部曾请严复来当校长，他怕事烦不干；继请章士钊当校长，他又因自己年轻，怕对付不了一班老教授，也不干。后来请了浙江的数学家何燏时来当校长，他干了不到一年，就被风潮赶跑了。此后一直由工科学长（相当于后来的工学院院长）胡仁源代理校长，沙滩的红楼就是由他计划建造起来的。一九一六年冬，北洋政府教育总长范源濂聘请蔡元培先生回国任北京大学校长。一九一七年初，蔡元培正式到任。他满心想把法、德两国的大学学风移到中国来。他办校的最大一个愿望就是学术自由、百家争鸣。

北京大学原名"京师大学堂"，辛亥革命后才改名北京大学。蔡元培先生来之前，校名改了，本质并无什么变化，封建主义仍然占统治地位。一九一三年我考入北大预科时，学校像个衙门，没有多少学术气氛。有的教师不学无术，一心只想当官；有的教师本身就是北洋政府的官僚，学问不大，架子却不小；有的教师死守本分，不容许有新思想；当然也有好的，如教音韵学、文学批评（《文心雕龙》）的黄侃先生，教法律史的程树德先生（他著有《九朝律考》），但不多见。学生们则多是官僚和大地主子弟。有的学生一年要花五千银元；当然，这样的富豪子弟数量不多，大约不过两三人。至于一年花千把银元的人就

1911年，叶圣陶与王伯祥（右）、顾颉刚（左）合影　　　　图 / FOTOE

多了，少说也有好几十。像我这样一年从家里只能拿二、三百银元来上学的，就是穷学生了，在学校里简直没有地位。一些有钱的学生，带听差、打麻将、吃花酒、捧名角，对读书毫无兴趣。那时的北大有一种坏现象：一些有钱的教师和学生，吃过晚饭后就坐洋车奔"八大胡同"（和平门外韩家潭一带）。所以，妓院中称"两院一堂"是最好的主顾（"两院"指参议院、众议院，"一堂"指京师大学堂）。这种坏现象是从清末保留下来的。那时在学生中还流行一种坏风气，就是"结十兄弟"。何谓"结十兄弟"？就是十个气味相投的学生结拜做兄弟，毕业后大家钻营做官，谁的官大，其他九人就到他手下当科长、当秘书，捞个一官半职，"有福同享"。这个官如果是向军阀或大官僚花钱买来的，那么钻营费由十人分摊。这样的学校哪能出人才？只能培养出一批贪官污吏！蔡元培先生来长校之前，北大搞得乌烟瘴气，哪里像个什么"最高学府"？我当时比较注意读书，暇时看看京戏，就算是好学生了。

一九一七年初，蔡元培先生来北大，逐步使北大发生了巨大的、质的变化。他到校第一天，校工们排队在门口恭恭敬敬地向他行礼，他一反以前历任校长目中无人、不予理睬的惯例，脱下自己头上的礼帽，郑重其事地向校工们回鞠了一躬，这就使校工和学生们大为惊讶。他到校不久,就向全校发表演说,倡导教育救国论,号召学生们踏踏实实地研究学问,不要追求当官。蔡先生自己虽然在前清中过举人、进士,点过翰林,但他后来到欧洲德、法两国留学,接受了西方资产阶级自由、平等、博爱的思想。他一到任,就着手采用西方资本主义国家大学的教育方针和制度,来代替北京大学那一套封建主义的腐朽东西。他最注意的是文科,认为文科的任务是该用新思想代替旧思想的。他到校之后就断然聘请《新青年》主编陈独秀当文科学长(相当于文学院院长),以后还陆续聘请了一批有真才实学和有新思想、希望改变旧社会的人来任教。

我在一九一七年的日记中曾经记叙当时的蔡先生:

其一:"蔡子民先生来长吾校,锐意图新,将以农、工、商三科与原有的专科学校合并,大学本干,独留文、理、法三科,文科在沙滩,理科在景山东街,法科在北河沿,对于哲学门尤为注重。文科学长自夏仲彝去,改聘《新青年》杂志主编陈独秀。"(二月)

其二:"先生之为人,诚实恳挚,无丝毫虚伪。……其言讷讷也,如不能出诸口;然至讨论学理之时,则又滔滔不绝。"(八月)

蔡先生的办学方针是"思想自由,兼容并包"。他提倡学术民主,主张不论什么学派,只要持之有故,言之成理,就应允许其存在;不同主张的教员,无分新旧,应允许其自由讲学,让学生自由进行鉴别和选择。五四运动前夕,蔡元培和林琴南曾经发生过一次有名的公开辩论,轰动了全国。林写信给蔡,攻击蔡主办北京大学以来"覆孔孟,铲伦常","尽废古书,引用土语为文学"。蔡于一九一九年三月十八日写了一封公开信答复林琴南,阐明了自己的办学方针:

"对于学说,仿世界各大学通例,循'思想自由'原则,取兼容并包主义。……无论有何种学派,苟其言之成理,持之有故,尚不达自然淘汰之命运者,虽彼此相反,而悉听其自由发展。"

"对于教员,以学诣为主。……例如复辟主义,民国所排斥也,本校教员中,有拖长辫而持复辟论者,以其所授为英国文学,与政治无涉,则听之。筹安会之发起人,清议所指为罪人者,本校教员中有其人,以其所授为古代文学,与政治无涉,则听之。嫖赌娶妾等事,本校进德会所戒也,教员中间有喜作侧艳之诗词,以纳妾挟妓为韵事,以赌为消遣者,苟其功课不荒,并不诱学生而与之堕落，则姑听之。夫人才至为难得，若求全责备，则学校殆难成立。且公私之间，自有天然界限。比如：公曾译有《茶花女》、《迦茵小传》等小说，而亦曾在各学校讲授古文及伦理学。使有人诋公为以此事小学体裁讲文学，以挟妓奸通争有夫之妇讲伦理者，宁值一笑欤？"

在蔡先生这种办学方针指引下，那时北大不但聘请左派和激进派人士李大钊、陈独秀当教授，请西服革履的章士钊、胡适当教授，还聘身穿马褂、拖着一条长辫的复辟派人物辜鸿铭来教英国文学，甚至连赞助袁世凯称帝的筹安会发起人之一的刘师培，也登上了北大教坛。蔡先生主校以后，许多学者名流来到北大，一时人才云集，面目一新。像鲁迅（周树人，教中国小说史）、钱玄同（教音韵学）、吴梅（教戏曲史）、刘半农（教新文学）等，都来到北大教学。李大钊、陈独秀和他们一起，高举科学与民主的旗帜，与封建主义思想文化展开斗争，为轰轰烈烈的五四运动开拓了前进的道路。

蔡元培为了贯彻自己的办学方针，还采取了一系列的有力措施。例如，在他的提倡下，学校成立了各种学会（最有名的有"少年中国学会"，由李大钊、邓中夏主持）、社团（如"新潮社"等）、研究会（如"马克思主义研究会"、"新闻研究会"、"书法研究会"、"画法研究会"等），还有"静坐会"等体育组织。蔡先生还亲自主持成立了一个"进德会"，师生都可入会，条件是：不嫖、不赌、不娶妾。学校还开音乐会，办体育运动会，允许成立学生自治会。总之，是要努力把学生的注意力引导到研究学问、研究大事上来，让学生有正当的文体活动，有健康的、高尚的爱好和情操。因为各类学术政治团体纷纷成立，校内经常举办讲演会、辩论会，思考和讨论之风盛行，师生都活跃了起来。无论在教师还是学生中，都有左、中、右，有共产主义者、三民主义者、国家主义者、无政府主义者，有立宪派，甚至有帝制派、复古派（如中文系里的"国故派"），真是五花八门，无奇不有。从那以后，学生们打麻将、吃花酒的越来越少，研究学问和关心国家前途命运的越来越多。在蔡先生的主持下，北大名副其实地成了国内首屈一指的高等学府了。

蔡先生当时声望很高，但不轻视青年人。记得我当时作为一名学生，曾经向蔡提出：北大"中国哲学系"应改为"哲学系"，以便包括世界各国的哲学。蔡先生不因人废言，接受了我这个青年人的建议，后来就在北大成立了"哲学系"，讲授中国以及世界各国的哲学史和哲学流派。另一个例子：梁漱溟比我小半岁，投考北大未被录取，他在《东方杂志》发表了一篇讲佛教哲学的文章，蔡先生看了认为是"一家之言"，就破格请梁漱溟来北大任教，讲印度哲学。

蔡先生当校长期间做的最骇人听闻的事是开放女禁。那时有一个勇敢的女生王兰（王昆仑的姐姐）向蔡先生请求入学，蔡就让她到北大当了旁听生。这件触动了封建主义神经末梢的小事，当时轰动了全北大、全北京。此后招生时，就允许女生和男生一样地应考了。

那时，由陈独秀等主编的《新青年》办得非常吸引人，畅销全国，李大钊同志等在《新青年》上发表了许多文章，为五四运动作了思想准备。我们学生组织了"新潮社"，由"新潮社"办了一个杂志，名叫《新潮》，与《新青年》相呼应。《新潮》的影响也很大，一出版即是一星期内销完，以致再版和三版。那年头，办杂志要赔钱，我们通过文科学长陈独秀向蔡元培先生请求帮助，蔡就决定由教育经费拨款支持办了这个刊物。我参加了《新潮》的发起和编辑工作。创刊时，主编是傅斯年。一九一九年底，傅斯年出国留学，由罗家伦主编。第二年，罗出国，由我接编。我办了三期，因为北洋军阀政府不发学校经费，学校便不能再给补赔，经费不足；再加上印了不少《新潮丛书》一时卖不出去，积压了资金，才办不下去，停了刊。先后参加过《新潮》编辑工作的还有孙伏园、俞平伯、周作人、康白情、何思源等。《新潮》停刊后，当时主管行政财务的干事李小峰，把《新潮丛书》摆在家门口的地摊上卖，大概卖了不少钱。后来他开了一家书店，取北京大学和《新潮》杂志的前一个字，叫"北新书店"。

北京大学的变化影响到了北京其他一些高等院校。如北高师、女师、法政专门、俄文专修、高工、高农等，也仿效北大的样子，成立了一些社团组织，有时还和北大合搞一些活动。

一九一九年五月四日，北京各校五千名学生游行示威，有三十二名学生被捕，关在北河沿，其中北京大学就有二十名。蔡元培先生本人虽然在五四当天没有参加游行，但他的同情是在学生一边的。他曾经以北大校长的名义营救被捕者，以身家作保要求北洋反动政府释放被捕的学生。五四运动得到广大的工人、商人、学生的拥护，他们举行罢工、罢市、罢课以示支持。北洋军阀的头头们害怕弄得不可收拾，过几天就把抓去的学生释放了。

蔡元培先生在当时的情况下能有这样开明的态度，是有一定的思想基础的。一九一九年二月，他曾经发表过一篇题为《劳工神圣》的讲演（载《新潮》第一卷第二号），这篇演讲颇能代表他的思想，特抄录于下：

"诸君！此次世界大战争，协约国竟得最后胜利，可

五四运动时期,北京大学"新潮社"成员合影
前排右起为汪敬熙、康白情,后排右起为周炳琳、段锡朋、罗家伦

"新潮社"是中国现代文学史上的重要社团,20世纪初在特殊的历史背景下,一些学者怀着挽救"国粹"的想法掀起了"整理国故"运动。在这一影响下,1919年初,在北京大学校园里,成立了相互对立的两大阵营"新潮社"和"国故社","新潮社"以《新潮》杂志为阵地,提倡民主与科学,旨在为中国新文明的建设打下基础。新潮社是一个学生社团。其圈中人主要是文学、哲学两门的学生。

图 / FOTOE

以消灭种种黑暗的主义,发展种种光明的主义。我昨日曾经说过,可见此次战争的价值了。但是我们四万万同胞,直接加入的,除了在法国的十五万华工,还有什么人?"

"这不算怪事。此后的世界,全是劳工的世界啊!"

"我说的劳工,不但是金工、木工等等。凡用自己的劳力,作成有益他人的事业,不管他用的是体力,是智力,都是劳工。所以农是种植的工;商是转运的工;学校教员、著作家、发明家是教育的工。我们都是劳工。我们要自己认识劳工的价值!劳工神圣!我们不要羡慕那凭借遗产的纨绔儿,不要羡慕那领干修的咨议顾问,不要羡慕那出售选举票的议员。他们虽然奢侈点,但是良心上不及我们的平安多了。我们要认识我们的价值!劳工神圣!"

固然蔡先生有勇气,同学们也有勇气,可是北洋军阀的势力也很大。五月四日学生游行示威之后,段祺瑞的有力助手、陆军次长徐树铮就命令他的部队把大炮架在景山上,炮口对准北大示威。在这样严酷的压迫下,蔡先生只好剃掉了留长的胡子,混上了火车,又到了欧洲,校务由他的秘书长蒋梦麟维持了下去。

(编者注:本文转引自《顾颉刚全集》,北京:中华书局,2010年版)

# 我们建设新清华 文/罗家伦

在中国近代史上,革命的潮流常是发源于珠江流域,再澎湃到长江流域。但是辛亥革命的时候,革命的力量到长江流域就停顿了,黄河以北不曾经它涤荡过,以致北平仍为旧日帝制官僚军阀的势力所盘踞,障碍了统一的局面十几年。这回国民革命军收复北平,是国民革命力量彻底打到黄河流域的第一次,这是中国历史上一个新的纪元。国民政府于收复旧京之后,首先把清华学校改为国立清华大学,正是要在北方为国家添树一个新的文化力量!

国民革命的目的是要为中国在国际间求独立、自由、平等。要国家在国际间有独立、自由、平等的地位,必须中国学术在国际间也有独立、自由、平等的地位。在美国"庚款"兴办的清华学校正式改为国立清华大学,正有这个深意。我今天在就职宣誓的誓词中,特别提到"学术独立"四个字,也正是认清这个深意。

我今天在这庄严的礼堂里，正式代表政府宣布国立清华大学在这明丽的清华园中成立。从今天起，清华已往留美预科学校的生命，转变而为国家完整大学的生命。

我们停止旧制全部毕业生派遣留学的办法，而且要以纯粹学术的标准，重行选聘外籍教授，这不是我们对于友邦好意不重视，反过来说，我们倒是特别重视。我们既是国立大学，自然要研究发扬我国优美的文化，但是我们同时也以充分的热忱，接受西洋的科学文化。不过我们接受的方法不同：不是站在美国的方面，叫中国的学生"来学"——虽然我还要以公开考试的办法，选拔少数成绩优良的学生到美国去深造——乃是站在中国的方面，请西方著名的、一流的不是第四五流的学者"来教"。请一班真正有造就的学者，尤其是科学家，来辅助我们科学教育的独立，把科学的根苗移植在清华园里，不，在整个的中国的土壤上，使他开花结果，枝干扶疏。

我动身来以前，便和大学院院长蔡先生商量好如何调整和组织清华的院系。我们决定先成立文、理、法三个学院。文学院分中国文学、外国文学、哲学、历史、社会人类学五系。理学院分数学、物理、化学、生物、心理五系。我到北平以后，又深深地觉得以中国土地之广，地理知识之缺乏，拟添设地理一系，为科学的地理学树一基础。我们不要从文史上谈论地理，我们要在科学上把握地理。至于工程方面，则以现在的人才设备论，现成立土木工程系，而注重在水利，因为华北的水利问题太忽视了，在我们附近的永定河，还依然是无定河。等到将来人才储备够了，再行扩充成院。法学院则开设政治经济两系，法律系不拟添设，因为北平的法律学校太多了，我们不用叠床架屋。我们的发展，应先以文理为中心，再把文理的成就，滋长其他的部门。文理两学院，本应当是大学的中心。文、哲是人类心灵能发挥得最激动、最弥漫的部分。社会科学都受他们的影响。纯粹科学是一切应用科学的基础，也是源泉。断没有一个大学里，理学院办不好而工学院能单独办得好的道理。况且清华优美的环境，对于文、哲的修养，纯粹科学的研究，也最为相宜。

要大学好，必先要师资好。为青年择师，必须破除一切情面，一切顾虑，以至公至正之心。凭着学术的标准去执行。经改组以后，留下的十八位教授，都是学问与教学经验很丰富而很有成绩的。新聘的各位教授，也都是积学之士。科学是西洋的，科学是进步的，所以我希望能吸收大量青年中最有前途的学者，加入我们的教学集团来工作。只要各位能从"尽心教学、努力研究"八个字上做，一切设备，我当尽力添置。我想只要大家很尽心努力，又有设备，则在这比较生活安定的环境之中，经过相当年限，一定能为中国学术界放一光彩。若是本国人材不够，我们还当不分国籍的借材异地。一面请他们教学，一面帮助我们研究。我认为罗致良好的教师，是大学校长第一个责任！

至于学生，我们今年应当添招。我希望此后要做到没有一个不经过严格考试而进清华的学生；也没有一个不经过充分训练，不经过严格考试，而在清华毕业的学生。各位现在做了大学生，便应当有大学生的风度。体魄康强，精神活泼，举止端庄，人格健全，便是大学生的风度。不倦地寻求真理，热烈地爱护国家，积极地造福人类，才是大学生的职志。有学问的人，要有"振衣千仞岗，濯足万里流"的心胸，要有"珠藏川自媚，玉韫山含辉"的仪容，处人接物，才能受人尊敬。

关于学生，我今天还有一句话要说，就是从今年起，我决定招收女生。男女教育是要平等的。我想不出理由，清华的师资设备，不能嘉惠于女生。我更不愿意看见清华的大门，偏对女生关了！

研究是大学的灵魂。专教书而不研究，那所教的必定毫无进步。不但没进步，而且会退步。清华以前国学研究院，经过几位大师的启迪，已经很有成绩。但是我以为

1929年至1930年间罗家伦与清华大学同事留影
前排左起：叶企孙、潘光旦、罗家伦、梅贻琦、冯友兰、朱自清
后排左起：刘崇鋐、浦薛凤、陈岱孙、顾毓琇、沈履

罗久芳 / 供图

光国学还不够，应该把他扩大起来，先后成立各科研究院，让各院系毕业生都有在国内深造的机会。尤其在科学研究方面，应当积极地提倡。这种研究，是外国大学里的毕业院的性质。我说先后成立，因为我不敢好高骛远，大事铺张。这必须先视师资和设备而后定。二者不全，那研究院便是空话。我上面指出来要借材异地，主要还是指研究院方面。老实说，像我们在国外多读几年书的人，回国以后，不见得都有单独研究的能力。叫一个研究实验室给他，不见得主持得好；不见得他的学问，都能追踪本科在世界学术上最近的进步；不见得他的经验和眼光，能把握得住本科的核心问题。所以借材异地是必要的。不过借材异地的方法，不能像前几年请几位外国最享盛名的人来一短期，而是请几位造诣已深，还在继续工作，日进未已，而又有热忱的学者，多来"为师"几年。在这期间，我们应予以充分设备上和生活上的便利，使他安心留着，不但训练我们的学生，而且辅导我们的教员。三五年后，再让他们回国。他们经营的研究室和实验室，我们便可以顺利地接收过来。我认为这是把科学移植到中国来的最好的办法。但是这需要不断的接洽，适当的机会，不是一下可以成功的。假以时日，我一定在这方面努力进行。

一切近代的研究工作，需要设备。清华现有的弱点是房子太华丽，设备太稀少。设备最重要的是两方面：一方面是仪器，一方面是图书。我以后的政策是极力减少行政的费用，每年在大学总预算里规定比例数，我想至少百分之二十，为购置图书仪器之用。呈准大学院，垂为定法，作清华设备上永久的基础。我想有若干年下去，清华的设备，一定颇为可观。积极设备，是我的职责；但是我希望各院系动用设备费的时候，要格外小心。我们不能学美国大学阔绰的模样。我们的设备当然不是买来摆架子的。我们不能把设备弄得"得心应手"以后，才来动用做研究。我们要看英国剑桥大学克文的煦（卡文迪什，编者注）物理实验室的典型。这个实验室在一八九六年方得到一次四千镑的英金，扩充他狭小的房屋及设备；一九零八年才另得一项较大的数目，七千一百三十五镑英金，来作设备的用途。当一九一九年大物理家卢斯佛德教授主持该实验室的时候，每个部门的研究费每年不过五十镑，而好几位教授争这一点小小的款子，来做研究。但是这个实验室对于世界科学的贡献太大了！

我站在华丽的礼堂里，觉得有点不安；但是我到美丽的图书馆里，并不觉得不安。我只嫌他如此讲究的地方，合宜阅书的地方如此之少，所以非积极扩充不可。细问专门的书籍太少，中国书籍尤其少得可怜，这更非积极增加不可。我以为图书馆不厌舒适，不厌便利，不厌书籍丰富，才可以维系读者。我希望图书馆和实验室成为教员学生的家庭。我希望学生不在运动场就在实验室和图书馆，我只希望学生除晚上睡觉外不在宿舍！

至于行政方面人员的紧缩，费用的裁剪，我已定有办法。行政效率不一定是和人员之多寡成比例的。我们要做到廉洁化的地步。我们要把奢侈浪费的习惯，赶出清华园去！

还有一件事我不能不稍提一下，就是清华基金问题。几个月前我担任战地政务委员主管教育处来到北平的时候，知道一点内幕。我现在不便详说。其中四百多万元的存款，已化为二百多万元。有第一天把基金存进银行去，第二天银行就倒闭的事实。这不是爱护清华的人所忍见的。我当沉着进行，务必使他达到安全的地步，这才使清华经济基础得到稳定。各位暂且不问，这是我的责任所在。我希望清华改为国立大学以后，将来行政隶属上，更能纳入大学的正轨系统，使清华能有蒸蒸日上的机会。

总之，我既然来担任清华大学的校长，我自当以充分的勇气和热忱，要来把清华办好。我职权所在的地方，决不推诿。我们既然从事国民革命，就不应该有所顾忌。我们要共同努力，为国家民族，树立一个学术独立的基础。

在这优美的"水木清华"环境里,我们造成一个新学风以建设新清华。

(编者注:本文为罗家伦一九二八年任国立清华大学校长就职典礼时的演讲,原载于一九二八年的《清华周刊》)

## 梅贻琦 1889—1962

字月涵,天津人。清华第一批直接赴美的留学生。一九一四年起历任清华大学物理系首席教授、教务长等,一九三一年起任清华大学校长,一九五五年在台湾创办新竹清华大学并任校长。直到去世,他一直服务于清华,因此被誉为清华的"终身校长"。

# 所谓大学者,有大师之谓也 文 / 梅贻琦

离开清华,已有三年多的时期。今天在场的诸位,恐怕只有很少数的人认识我吧。我今天看出诸位里面,有许多女同学,这是从前我在清华的时候所没有的。我还记得我从前在清华负责的时候,就有许多同学向我请求,开放女禁,招收女生。我当时的回复说,招收女生这件事,在原则上我是赞成的,不过在事实上,我认为尚需有待。因为男女的性别不同,有许多方面,必须有特别的准备,所以必须经过相当的筹备,方能举办。现在在我出国的三年

内，当然准备齐全，所以今天有许多女同学在内，这是本人所深以为慰的。

本人能够回到清华，当然是极高兴、极快慰的事。可是想到责任之重大，诚恐不能胜任，所以一再请辞。无奈政府方面，不能邀准，而且本人与清华已有十余年的关系，又享受过清华留学的利益，则为清华服务，乃是应尽的义务，所以只得勉力去做。但求能够尽自己的心力，为清华谋相当的发展，将来可告无罪于清华足矣。

清华这些年来，在发展上可算已有了相当的规模。本人因为出国已逾三年，最近的情形，不很熟悉，所以现在也没有什么具体的意见可说。现在姑且把我对于今后的清华所抱的希望，略为说一说。

一、我先谈一谈清华的经济问题。清华的经济，在国内总算是特别的好，特别的幸运。如果拿外国大学的情形比起来，当然相差甚远，譬如哥伦比亚大学本年的预算，共有三千六百万美金，较之清华，相差不知多少。但比较国内的其他大学，清华的经济，总不能算少，而且比较稳定了。我们对于经济问题，有两个方针，就是基金的增加和保存。我们总希望清华的基金能够日渐增多，并且十分安全，不至动摇清华的前途。然而我们对于目前的必需，也不能因为求基金的增加而忽视，应当用的我们也还得要用,不过用的时候总要力图撙节与经济罢了。

二、我希望清华今后仍然保持它的特殊地位,不使坠落。我所谓特殊地位,并不是说清华要享受什么特殊的权利,我的意思是要清华在学术的研究上,应该有特殊的成就,我希望清华在学术方面应向高深专精的方面去做。办学校,特别是办大学,应有两种目的:一是研究学术,二是造就人材。清华的经济和环境,很可以实现这两种目的,所以我们要向这方面努力。有人往往拿量的发展,来估定教育费的经济与否,这是很有商量的余地的。因为学术的造诣,是不能以数量计较的。我们要向高深研究的方向去做,必须有两个必备的条件,其一是设备,其二是教授。设备这一层,比较容易办到,我们只要有钱而且肯把钱用在这方面,就不难办到。可是教授就难了。一个大学之所以为大学,全在于有没有好教授。孟子说:"所谓故国者,非谓有乔木之谓也,有世臣之谓也。"我现在可以仿照说:"所谓大学者,非谓有大楼之谓也,有大师之谓也。"我们的知识,固有赖于教授的教导指点,就是我们的精神修养,亦全赖有教授的 Inspiration。但是这样的好教授,决不是一朝一夕所可罗致的。我们只有随时随地留意延揽而已。同时对于在校的教授,我们应该尊敬,这也是招致的一法。

三、我们固然要造就人材，但是我们同时也要注意到利用人材。就拿清华说吧，清华的旧同学，其中有很多人材，而且还有不少的杰出人材，但是回国之后，很少能够适当利用的。多半是用非所学，甚且有学而不用的，这是多么浪费——人材浪费——的一件事。我们今后对于本校的毕业生，应该在这方面多加注意。

四、清华向来有一种俭朴好学的风气，这种良好的校风，我希望今后仍然保持着。清华从前在外间有一个贵族学校的名声，但是这是外界不明真相的结果，实际的清华，是非常俭朴的。从前清华的学生，只有少数的学生，是富家子弟，而大多数的学生，却都是非常俭朴的。平日在校，多是布衣、布服、棉布鞋，毫无纨绔习气。我希望清华今后仍然保持这种良好的校风。

五、最后我不能不谈一谈国事。中国现在的确是到了紧急关头，凡是国民一份子，不能不关心的。不过我们要知道救国的方法极多，救国又不是一天的事。我们只要看日本对于图谋中国的情形，就可以知道了。日本田中的奏策，诸位都看过了，你看他们那种处心积虑，就该知道我们救国事业的困难了。我们现在，只要谨记国家这种危急的情势，刻刻不忘了救国的重责，各人在自己的地位上，尽自己的力，则若干时期之后，自能达到救国的目的了。

我们做教师做学生的,最好最切实的救国方法,就是致力学术,造成有用人材,将来为国家服务。

今天所说的,就只这几点,将来对于学校进行事项,日后再与诸君商榷。

(编者注:本文为一九三一年梅贻琦就职国立清华大学校长的演说,原载于一九三一年十二月四日《国立清华大学校刊》第三四一号)

### 徐兆镛　生卒年不详

台湾著名学者,二战时期中央通讯社巴黎分社主任,民国中央社记者。

## 燕京大学创校的艰辛　　文 / 徐兆镛

### ·校名建立的曲折·

一九二四年我入盔甲厂燕大当"新人"（Freshman）的时候,看见学校的名称,中英文不同,很是诧异,中文是燕京大学,而信笺上印着的英文,却是 Peking University（北京大学）;而当时北京城里就有一间国立北京大学,人们平常都将"国立"二字省掉,只叫她北京大学,于是有了双胞胎,难以分别。

燕京大学这个校名,是怎样建立的,其间有曲折的历史,让我从头说起。一八七〇年北京美以美教会开了一间小学,只有一间课堂,三个学生。这三个学生是学校答应每日供给午膳,才肯来入学的。后来改为住宿学校,一八七六年又改为中学,一八八五年为纪念维理牧师(Bishop. W. Wiley),定名为维理学院(Wiley Institute)。一八八六年增设医科;一八八八年和几间教会学校合并,成为一间大学,英文名叫 Peking University(北京大学),而中文却称汇文书院。一八八九年六月廿五日向美国纽约州申请立案,次年获得批准。一九二〇年后,又有四间教会学校,包括通州华北协和书院(男院)(Union College [for men])、北京华北协和女子书院(North China Union Women's College)、华北协和神学院(North China Union Theological College)、女子艺术学院(Women's Art College)加入,分男女两校,男校在盔甲厂,女校在灯市口佟府。原教会设立的北京大学是美以美会创办,而后来加入的四间学校,则由美国教会(American Board Mission)、长老会(Presbyterian Mission)、伦敦教会(London Mission)及美以美教会妇女国外传道会(Women's Foreign Missionary Society of the Methodist Church)分别设立的。教会既多,意见就不免分歧。美以美教会认为其他四间教会加入了，自然应该承认学校的名称英文 Peking University，中文汇文书院。但是这四间教会说：他们不能承认中文汇文书院这个名称，因为学校在纽约州立案的特许证，没有这个名称，而他们的学校极不愿意承认汇文书院的学生。如上所述，一九一八年教会设立的北京大学，邀请司徒雷登做校长，他没有立刻答应，次年年初他到北京来看看学校的情形，他一到北京，便有汇文书院的毕业生来见他，说不论学校的英文名称是什么，假如更改了中文名称汇文书院的话，他们将坚决否认那新名称的学校为母校。跟着就来了原在通州华北协和书院的学生代表团，说假如毕业文凭上有汇文书院的字样，他们将对不起，点起火烧掉。原校长劳牧师也严重地对司徒雷登声明：学校的名称绝不容更改。司徒雷登见他们双方水火不容，和理事会初次见面时，便说："贵校现在因为学校名称问题，发生争执，在此种情形之下，我怎能做校长呢？请你们先解决校名问题，我再考虑是否接受校长位置。"理事们觉得司徒雷登说得很有理，于是组织一个廿人委员会，由每方选出十个人，其中五个是华人，五个是西人，请司徒雷登做主席，讨论解决校名问题，足足讨论了三天。有一天从早晨讨论起，过了午餐时间很久，后来又继续到午夜，辩论得面红耳赤，还是没有结果。于是选出北京城里有名望中西人士，组织仲裁委员会，解决这个问题。仲裁委员会宣称："本委员会全体决议：关于大学中文名称，基于联合之精神，将包括汇文二字，而学校当局有权另外加字，使成为联合大学之中文校名。"根据仲裁委员会的建议，理事会遂采用"北京协和汇文大学"。这个新名称拖泥带水，宣布后立刻遭人抨击，两星期后理事会自动取消。重新设立一个五人委员会，由五位名学者（蔡元培、傅增湘、吴雷川、胡适、王厚斋）提出建议，在未提出之前，暂用"汇文大学"这个名称。

后来全国基督教会诚静治提议名叫"燕京大学"。燕京是北京的旧名称，提起来有无限历史上光荣的回忆，校名委员会和学校全体师生立刻接受了。因此从一九一九年起，大学的中文名称就是燕京大学，但是英文名称 Peking University 在纽约州已立案，一时更改不方便，同时在美国用 Peking University 名义，已开始募捐，美国人知道北京，对燕京则非常陌生，假如忽然改了学校名称，对募捐大为不利，所以暂时还是用 Peking University。这是我于一九二四年夏末秋初入学的时候，发现中英文校名歧异的原因。英文 Peking University 一直用到一九二八年，其时北伐成功，北京政府解散，国民政府迁都南京，燕京大学向教育部登记，统一中英文名称，同为燕京大学（Yenching University)。同时,纽约州也认可 Yenching University 这个名称。

一九一九年秋天,司徒雷登就任校长后几个月内,便和两个教职员博晨光(Lucius C. Porter)、郭毕(Charles H. Corbett)研究订定校训。他们三个基督徒都在中国出生,曾受中国文化的熏陶,明瞭在中国办大学的目的和需要,同时也有美国民主平等自由的观念和基督教博爱的精神。司徒雷登记忆美国开国元勋杰弗逊(Thomas Jefferson)在他创办的维吉尼亚大学(University of Virginia)门前,用希腊文刻了《圣经》上一句话,译成英文是:"You shall know the Truth and the Truth shall make you free"(汝须知真理,因为真理可令汝自由)。一八九三年芝加哥博览会入门处,也刻了这句话。三人当中,另一人想起耶稣基督一句话"Not to be Ministered unto but to minister"(汝不应受人服务,而应服务他人)。三人于是研究将这两句名言联合起来,成为一个有意义的校训。后来拟定的校训是"Freedom through Truth for Service"(因真理得自由以服务)。

我在燕大读书时,看见校训,觉得它的大意无非是:追求真理,争取自由,为人群服务。而对于"真理、自由、服务"三者之间的微妙而密切的关系,不甚了然。毕业后，在社会上阅历较深，又经过多次混乱和战争，才深深地了解其中真义。

这校训成为全校师生的基本精神，影响他们的思想与生活，历经内忧外患的考验，都有不屈不挠的表现。现在学校已不存在了，但是这校训仍然存在每个同学的心里，依然遵照实行，而且向后辈解说。校友捐款在香港创办的燕京书院，举行开幕典礼时，也高悬"因真理得自由以服务"。这校训得以延续，从而发扬光大。


· 世界上最美丽的校园何由而来 ·

司徒雷登在他的《旅华五十年》回忆录里说："燕大新校址建筑完成后，很多年来，凡是来参观的人，都夸赞燕园是世界上最美丽的校园。因为他们异口同声地说，后来我们自己也几乎相信了。"燕园是世界上最美丽的校园，这句话是否夸大？燕园如与国内各大学比较，历年从各省到燕大读书的同学可以见证：燕园之美，是不是全国大学中，首屈一指？至于在世界上也堪称翘楚，我曾因做记者的便利，到过欧美亚各洲，参观不少大学，包括英国伦敦大学、伦敦经济学院、牛津大学，法国巴黎（大学）、里昂大学，瑞士日内瓦（大学）、沮利克大学，意大利罗马大学，澳洲雪梨（即悉尼）（大学）、坎伯拉（堪培拉）大学，美国哈佛、耶鲁、史丹佛（斯坦福）、柏克莱（伯克利）加州、洛杉矶加州、南加州、旧金山、金门、哥伦比亚、纽约、纽约州立、波士顿、菲列得尔菲亚、麻省工科、芝加哥、俄亥俄、密西根州立、伊里诺、明尼苏达、华盛顿、玛利兰（马里兰）、科罗拉多、但维尔、底特律、匹都等大学，中美墨西哥大学，缅甸仰光大学，印度加尔各答、孟买大学，中国香港大学，新加坡西洋大学。这些大学多数是一片房屋，其中有些因为不是建校时便都盖起，而是后来逐渐加筑扩充，形式各异，参差不齐。有些大学的建筑，东一座西一座，门临大街，行人熙来攘往，汽车络绎不绝，全不是学校的环境。更有些大学，年代久远，校舍陈旧。其中亦有些校址，设计得颇有条理，房屋也簇新整齐，地方也布置得干净，但是和燕园比美，如同小巫见大巫。

燕大校园具有天然美丽，加上人工建造，假如只有天然美丽，不加人工修饰，便近于"野"。反之，假如完全人工修饰，没有天然美丽，便近于"俗"。燕园的美，在有湖光山色，配上美轮美奂宫殿式的建筑，宏伟雅致。园里春夏秋冬四季都有佳景，无论晴、阴、雨、雪，也有乐趣,绝不单调。这样美的环境,令人陶醉。在这里读书,可以心旷神怡,怡养性情。

燕大有这样美丽的校园,要归功于校长司徒雷登。一九一九年他接任校长的一个条件,就是另觅校址,重建校舍。燕大的前身,即教会设立的"北京大学",经费支绌,哪有钱买地造屋。司徒雷登就任时,两手空空,但他有眼光,有理想,敢说出这句大话。他就任不久,就开始一方面募捐校款,一方面觅新校址。他步行、骑驴、骑脚踏车到各处找。他原先计划在北京城外一英里内,找一处合适的地方作校址,岂知数百年来,在京城的王侯将相、达官贵人在城外购地,建立坟场,成为他们世世代代葬身之所。近郊一带坟墓垒垒,没有一块空旷平坦的地可以建筑学校。我们中国人传统的思想,是尊祖敬宗,祖宗的坟墓,绝不可任便迁移,转让坟地,那是荒唐之极,司徒雷登碰了一鼻子的灰。

有一天司徒雷登的友人请他去清华学校参观,在路上将到圆明园荒墟,看见一个园子,风景幽雅。友人对他说:"你为什么不买这块地方建筑学校呢?"司徒雷登下车观察一番,湖光荡漾,树木婆娑,草色芊芊,红荷绿叶,着实不错。事后他托人调查得悉,是陕西督军陈树藩的别墅。司徒雷登特意去西安拜访陈督军,洽购园地。陈

民国时期,燕京大学俯瞰　　　　　　　　　　　　　　　图 / FOTOE

督军听说是为建筑大学用的，极表赞成，只索价国币六万元，而且应允捐二万元作奖学金。那园子的面积，原只有四十英亩，后来又购买四周的荒地，共达四倍原有面积，建筑燕园。

后来据教务长历史学家洪煨莲考证：燕园北部原为乾隆宠臣和珅的产业，名淑春园。和坤于乾隆卅七年为三等侍卫，为人机警，应付得体，四十年擢副都统，不数年而为相，子尚公主，图形紫光阁，晋公爵，炙手可热。嘉庆四年正月三日高宗崩，仁宗即位，降谕数和珅罪状二十条，捕之下狱，不数日赐死，产业珍宝，没归官有。洪教授据称："《史料旬刊》第十四期中，有查抄和珅海甸赐园中金银器皿房间清单。此园地址，即燕大校园之北部也。和珅名之为十笏园。"见礼亲王昭梿《啸亭杂录》(商务印书馆铅印本，一六三页)。"然其普通名称，则为淑春园。未赐和居之先，已有其名。"见《会典事例》(商务印书馆石印小字本卷，一千一百九十四页二)。乾隆二十八年，内务府"奏准圆明园所交淑春园并北楼开外等处水田……"云云。"和既死后，亦尚以淑春园称。"见《延禧堂诗集》(末首)，又见嘉庆万寿庆典汇总画样(燕大图书馆藏)。"和珅败后，园之西部仍赐十公主及丰绅殷德居住，东部则赐成哲亲王永理。均见《史料旬刊》所载上谕中"。成哲亲王及和孝公主均卒于道光三年中，见《王公章京袭次全表》及《清朝野史大观》册（一页四十三），"淑春园遂归内务府管理。时已颇荒废，故内府工筑，辄于园中取瓦木。又其后乃以赐睿亲王云"。后屡经易手而归陈树藩督军。

燕大购得园地兴工建筑，最初设计，即采取宫殿式，琉璃瓦背，飞檐雕梁，彩色窗槛，窗上不糊纸而嵌以玻璃，楼前石阶石栏。内部则钢骨水泥，室内光线充足，电灯电话齐全，新式卫生设备，冬天有暖气，大礼堂课室内，桌椅全新；物理化学生物试验室，仪器齐备。朱红色大门，门前石狮一对，门内草坪上，华表一双，高矗入云。湖边十三层水塔，高竖云端，倒影湖中，随水波荡漾。环湖建筑，富丽宏伟，垂杨扬拂，树木蓊蔚，芳草萋萋。

新校址建筑师是亨利·麦斐（Henry K. Murphy），他对于中国宫殿亭园极为欣赏，所以他的建筑设计，都采用这种形式，而另外加以新式设备，更切实用。他在福州南京已有建筑校舍的经验，为燕大建筑，凭以往经验，更加以多方面的改进；后来他还设计建造南京紫金山上九层革命烈士纪念塔和铁道部。麦斐建筑师初次到海甸新校址观察，站在一个小山上，四面瞭望，说建筑楼宇，不能东一座西一座，散漫凌乱，需有一条轴心线。他忽然望见玉泉山塔，很高兴地说："那边就是我想找的端点。我们的轴心线应指向玉泉山上那座塔。"这是由东往西的一条线，所以燕园的建筑，大致由东门起，有电厂水塔，越过未名湖到贝公楼，坐东朝西，望出校门外，右有穆楼、宁德楼，左有图书馆生物楼拱卫。至于女校的大楼，则成为由北往南的一条轴心线，两条轴心线成T字形。由此可见燕园的建筑，是很有系统的。

· 募捐校长变成乞丐 ·

一九一八年将近年尾的时侯，燕京大学的前身，即教会设立的"北京大学"理事会邀请司徒雷登做校长，那时司徒雷登在南京神学院任教，对于他的工作很有兴趣，并不想更换，同时他的亲友也劝他不必就北京大学校长的职位，因为学校的问题复杂，不容易处理。只有他的朋友哈莱·鲁斯（Harry W. Luce）认为他可以考虑，而最需要考虑的是经济问题。他迟疑了很久，理事会催他决定，他于是应允先到北京看看情形，然后决定。一九一九年一月卅一日他初次到北京，那天正刮大西北风，迎面吹来，他

1931年—1932年，燕京大学博雅塔　　图 / FOTOE

1931年—1932年，燕京大学的入口　　　　　　　　　　　　图 / FOTOE

坐了一辆人力车，先到北城长老会，后来到盔甲厂校址参观，一看房屋破旧，东一座，西一座，四周尘土飞扬，风沙弥漫，像在沙漠里办学校。同时听说几个参加建校的教会，对校名，英文 Peking University，中文汇文学校，争执得不可开交，而学校的经费也不充裕，他看见这情形，身上凉了半截。他初次会见理事们时，提出请他们先解决学校的名称问题，经过长时间的争辩，决定改称"燕京大学"后（见后文），他再提出两个条件：一是校址问题，他提议另觅地点，重新建校。其次他假如担任校长，不负财务责任，换句话说，就是他不负责为学校去筹款。他举荐鲁斯任副校长，让他注意财务问题，因为鲁斯曾替齐鲁大学募得一笔款，对募款有经验。鲁斯就是后来美国《时代》《生活》等杂志创办人亨利·鲁斯（Henry Luce）的父亲。司徒雷登以为自己很聪明，要理事会接受这两个条件，他才肯做校长，岂知他戴上校长这顶大帽子，哪里可能不理这两个重大问题呢？而且"建校"和"募捐"是有连带关系的，没款何从建校？其实他提出两个条件，等于给他自己出了两个大难题，这两个大难题不解决，校长怎能做下去？理事会接受了他的建议和举荐，让鲁斯做副校长，岂知纽约托事部不通过鲁斯的任命。司徒雷登初任校长便遭遇这场波折，愤然向托事部提出辞呈，同时召集理

1931年—1932年，燕京大学园林中的小径、凉亭和假山　　　　　　图 / FOTOE

1931年—1932年，燕京大学校舍建筑　　　　　　图 / FOTOE

事，宣读和托事部来往函件，理事会去函托事部交涉，这才通过了鲁斯任副校长。鲁斯接了委任，立刻赶回美国，活动募捐，东奔西跑，但是各处遭遇困难。他写信给司徒雷登说：美国人对我们这间大学毫无印象，而且还没有新校址，请人捐款建筑校舍，岂不是空中楼阁，人家哪敢信是真还是假。他在美活动了差不多两年，虽然各方联络，为募捐前途建立基础，但是实际上捐款很少。

一九二二年司徒雷登亲自回美国一趟，为募捐想办法，到了纽约一看人海茫茫，从何下手？他看见坐了汽车来来往往，以及在各高楼大厦出出入入的，都是口含雪茄烟的银行家、公司经理、机关首长等一流人物，谁看得起一个从国外回来的传教士。一天晚上，司徒雷登在友人威廉·亚当·布朗博士（Dr. William Adam Brown）的家里，听见他的儿子约翰（在土耳其君士坦丁堡女子学院教书）说：可以托专替人家募捐的公司募捐校款。他在回家的路上思前想后，觉得这办法或可一试。于是他向托事部提出，托事部对这办法深表怀疑，而且雇用公司这笔款也没有着落。有一位托事竟公开反对，认为不应该把教会事业弄成商业化，而且恐怕没有一家公司，曾替在国外的事业募捐过，没有这种经验。几经讨论，谁也想不出更好的办法，只好冒险试试，跟潭莲布朗公司（Tambyn

1931年—1932年，燕京大学二层高楼　　　　　　　　　　　　图 / FOTOE

1931年—1932年，燕京大学内建筑　　　　　　　　　　　　　图 / FOTOE

and Brown）订了合约，要他们代表募捐。公司提出一个条件：要司徒雷登亲自出面，因为依照他们的经验，捐款人喜欢和校长本人见面接洽。于是司徒雷登只好在纽约和北京之间来往奔走，仆仆风尘。那家公司的捐款办法，是在各城市里开招待会，或是利用别的集会，请司徒雷登、鲁斯及与燕大有关的人，出席演说。事后公司提出听讲后有可能捐款的人，要司徒雷登、鲁斯等亲自去访问，请他们捐款。这个募捐办法，初期结果还算不错，捐了些款，但不能达到预定的数目。后来换了一家公司，协助募捐。这家公司采取另外一种手段，派了一个职员随同司徒雷登，到波斯顿会见婆罗门教徒，个别登门造访。这个职员美国名称是 Go-getter，难有适当的翻译，姑译作"抢手"，他口若悬河，有他说没你说的，用高度的售货手段（High-pressure Salesmanship）将对方说服，立刻签名认捐。司徒雷登是一个虔诚的基督教徒，在旁听得目瞪口呆，觉得这募捐方法，有流氓气味，离开波士顿的时候，认为虽然建校急需款项，但不能用这种流氓方式，决意不再请教那家公司。以后司徒雷登还是自己想出办法，广阔交游，多方联络，规定了两项原则。第一，凡是认识的人，不论捐得到或捐不到款，也保持友好的关系，使他们成为燕大和中国的友人，因为当时或许他们不愿意或无

司徒雷登（1876—1962） 图 / FOTOE

力捐助，但经过相当时间的联络，他们可能心回意转，或手上充裕了，就乐于捐助了。第二项原则是不去查问捐款人款项的来源，譬如他是个暴发户，你若查问他款项的来源，岂不刺激了他？不过捐款人却不能干涉捐款的用途，捐款怎样支配，学校应有自由。以后几年，司徒雷登为募捐校款，奔奔波波，艰苦备尝。他的捐款经验，有时辛酸的成分，难以对人述说，眼泪只有往肚子里流；有时却很高兴，认识了热心人士，捐得大笔款。

司徒雷登有一项捐款经验，值得载述，俄亥俄州奥柏林学院（Oberlin College, Ohio）一位化学教授告诉他的学生：他指导他们做的试验极可能发现一种极轻的金属品。其中一人查理士·赫尔（Charles M. Hall）后来果然发现了铝，这极轻的金属品在实业上有极大的价值，所以他获得了一大笔款。去世后，他的遗嘱里规定：除去了他分配给亲属的遗产之外，剩余的款项三分之一给奥柏林学院，三分之一给美国南部各学校，三分之一给美国人在亚洲或巴尔干半岛创办的高级学校。他的遗嘱委托人：一位是美国铝业公司总经理亚萨尔·戴维斯（Arthur V. Davis），另一位是那家公司的法律顾问约翰逊（Mr. Johnson）。因为他们处理一大笔遗产，所以找他们捐款的人，像是过江之鲫那么多，但是他们避不见面，极难找着他们。司徒雷登费了九牛二虎之力才找到约翰逊，他答应捐助燕大五十万元，不过须要戴维斯同意。副校长鲁斯于是展开活动，千方百计认识了戴维斯，约了戴维斯在纽约一间餐馆吃饭，介绍司徒雷登见他。戴维斯见了司徒雷登，未等他开口提约翰逊应允捐五十万元，便发出一连串的问题，查问他在中国建筑大学的理由、目的、计划、现状、筹款、用途等等，像是检察官在法庭上审问犯人一般，把司徒雷登问得一身冷汗。他又如同一个饿了半个月以上的人，戴维斯在他面前摆下一块肥肉，却是不准他动手拿来吃，慢慢地问他饥饿的情形。戴维斯问完了，却对司徒雷登说："我今天下午便要去巴黎，我赞成约翰逊的意见，不过请你不要派人来和我们啰嗦。你回去建筑一间值得捐助的大学，到时候我们自然会帮助。再见！"天啊，这番话不是等于一张空头支票？能否兑现，大有问题。幸亏过了约莫一年，司徒雷登又会见了约翰逊。约翰逊对他说："我们一直在仔细地观察你，已经决定加倍捐款，给你整整一百万元。"司徒雷登看见他们对燕大的印象很好，同时遗产还剩了很多，于是提出新的需要，请求捐助。这是打铁趁热的方法，不可错过时机。又经过一番磋商，连同以前的一百万元，共捐得一百五十万元。这是一笔巨大的收获。

司徒雷登还有一项募捐的经验：托事部的会计穆拜亚（E. M. Mc Brier）身兼数职，是个忙人，对于燕大筹款建校，并不热心。司徒雷登到他的寓所拜候他。他一见司徒雷登便开口问："我想你来是要我替你借一笔款？"司徒雷登答道："不。借款的事情我请托事部全权办理。我此来目的是为你个人的问题，我想请你辞掉托事部的职位。"穆拜亚听得大吃一惊，好像丈二和尚摸不着头脑。司徒雷登继续说道："让我解释一番，你的兼职太多了，对于燕大筹款建校计划，我看你全没兴趣。为什么不辞掉托事部的职务，不是对筹款没有责任，轻松得多了吗？"穆拜亚悻悻地问："你有什么证据说我对筹款建校计划不感兴趣呢？"司徒雷登答道："你囊中饱满，有力量捐款给你认为值得帮助的计划，但是你除了出二百六十元给鲁斯副校长买了一张火车票之外，对燕大一文钱也没掏过。你明知燕大多么需款建校，却并无表示，所以我觉得你漠不关心。我并不责备你，不过请你辞掉托事部职务，我们好另找一位没有这么多兼职的人来干会计。"穆拜亚怒气冲冲，坐在椅子上好像热锅里的蚂蚁，最后他说："我可以答应你一点：假如我不能做出一桩事情，证明我对筹款建校是关心的，我便接受你的请求，辞掉托事部职务。"司徒雷登的"激将"法果然生效，过了不久，他接到穆拜亚一封信说：愿捐十万元建筑一座楼，而且请赶快兴工，以明心愿。这便是后来名叫穆楼（MC Brier Hall）的那座楼。

司徒雷登从一九二二年起至一九三七年中日战争爆发时止，前后经过十五年的努力，先在美国，其后也在中国，共募得二百五十万美元，为建筑校舍、增加设备、应付开支，并作基金之用。司徒雷登在他的回忆录里说：他在美国所募捐的款，全是美国人自愿捐助，没有一元钱是美国政府给的。他总结他的募捐经验说："我每次在街头遇见一个乞丐，总觉得我和他是同行。"

· 黄国安开车乱闯争取捐款 ·

谁到过燕大海甸新校址，刚进校友门便看见迎面一座大楼，巍峨庄皇，气象万千，这就是贝公楼（Bashford Administration Building），燕园里最大的楼，是一座办公楼，这里有校长室、教务长室、注册部等办公室，楼上有大礼堂，遇有师生大会就在这里举行。贝公楼是纪念Bishop J. W. Bashford而建筑的，建筑费共需美金十六万元，当时争取这笔捐款，紧张惊险，且听我慢慢道来。

一八九三年十一月教会设立的北京大学第一任校长毕且尔（Leander W. Pitcher）逝世，次年一月理事会选举美国俄亥俄维斯理大学校长贝牧师做第二任校长，劳牧师（Rev. Hiram H. Lawry）为副校长，但当时贝牧师不能离开俄亥俄维斯理大学，没有到北京就任，劳牧师升为校长。贝牧师直至十年后，一九〇四年五月美以美教会派他到北京做牧师，他才到了首都。那时有几间教会学校，有意和"北京大学"合并，但因种种问题未能实现，贝牧师尽了最大的努力，居中调停，才实现合并的计划，后来更名燕京大学。一九二二年司徒雷登亲自到美国募捐，建筑校舍，那时贝牧师已作古，贝牧师所属的美国美以美教会为庆祝一百周年纪念筹款，筹得巨额的款项，超过原定的用途。美以美教会规定，捐款最多的教区，可以规定额余的用途。美以美海外传道会提议用额余的款，在燕大新校址建筑贝八世纪念堂（后名贝公楼），不过须要教区的牧师同意，于是发出通知，请赞成的牧师签名。这时期俄亥俄维斯理大学有一个青年华侨毕业生，名叫黄国安（K. A. Wee），原是新加坡华侨子弟，到美国来读书，毕了业入潭莲布朗公司服务。司徒雷登听说他的来历，觉得他可以协助争取这笔额余。黄国安见是为他的母校已故校长建筑纪念堂，而且又是在他的祖国首都建筑，非常兴奋，愿意拿美以美教会的通知，去寻找各区牧师签名。牧师人数很多，散居各城镇，假使坐火车去很费时间，而且建筑贝公纪念堂这项建议，美以美教会规定牧师投票期限，因此公司给黄国安一辆汽车用。他开了汽车到各地拜访牧师，这些牧师对燕京大学毫无印象，他费尽唇舌，对他们解释。他不久跑坏了那辆汽车，公司很生气，但是他得到赞助牧师的人数很多，成绩极好，于是司徒雷登替他调停，请公司再给他一辆汽车用，不过吩咐他用得小心些。他又开了汽车各处奔跑。后来因为期限迫切，他训练另外一个中国青年和一位很能干的女生，帮着分头拜访各区牧师。柯蒂斯出版公司（Curtis Publishing Co.）的一位经理，让他们用他的私家汽车到各处去。黄国安为争取时间，也就是为争取捐款，开快车常常作出惊险的镜头，有五次开车超过速度，给警察巡逻车呜呜声地追上。警察命令他将车停在路边，狠狠地问他为什么开车超过速度，不守驾驶规则，拿出罚款簿子，要抄他的姓名、住址、驾驶执照号数罚款，他哭丧着脸回答说：为访问各地牧师，争取捐款建筑中国一间大学，捐款时间有限，他不得不快点开车。警察见他是一个中国青年，这么热心祖国教育，收起罚款簿子，将他放行。由此可见当时创校的艰辛。

## 朱仲华 1897—1988

名承洵，字仲华，浙江绍兴人。一九二〇年毕业于复旦大学文学系，积极参加五四运动，担任复旦大学学生自治会会长、上海学联总会计兼总干事、全国学联评议员。

## 陈于德 生卒年不详

浙江绍兴人，一九二九年毕业于复旦大学，曾任复旦通讯社主编、《复旦旬刊》编辑、复旦义校教师。

# 李登辉办复旦大学  文 / 朱仲华 陈于德

李登辉（一八七三——一九四七），字腾飞，福建同安人，出生于荷属爪哇岛（今印尼），印尼第七代华裔。一九一三年至一九三六年担任复旦大学校长，被世人誉为"人伦师表"，为维持和发展复旦大学作出了巨大贡献。

李登辉（腾飞）祖籍福建同安，父母为南洋群岛华侨。他在一八七三年夏诞生于爪哇，一八八七年转往新加坡读书，一八九一年赴美国留学，一八九七年于美国耶鲁大学毕业后，回到南洋群岛，从事华侨教育事业，并参加孙中山先生在海外倡导革命的宣传工作。受到孙先生的帮助和鼓舞，他更加热爱祖国，于一九〇五年回国，与留美同学颜惠庆等在上海创办"寰球中国学生会"，并参加曾少卿发起为反对美帝虐待华侨、华工而斗争的抵制美货运动，从事国际宣传工作。时曾少卿又把他介绍给复旦公学创办人马良（**相伯**），担任复旦总教习（**即今教务长**），兼课中国公学。一九〇七年清政府招收江南留学生，曾聘他兼任主试。一九一一年辛亥革命时，他兼任英文《共和报》主笔，作国际宣传。辛亥革命军兴，武汉军政府都督黎元洪邀他为外交部长，他以"不会做官"而婉拒之，仍在沪主持复旦教务。一九一三年，复旦监督（**相当于今日之校长**）马相伯年老退休，校董会董事长孙中山先生推他继任。一九一七年复旦公学扩充为复旦大学。

李登辉从一九〇五年回国后从事教育，主持复旦，直到抗日战争胜利前夕，达四十年之久。他中年时儿女殇亡，后又丧偶，乃以校为家。国民党政府一再邀他为立法委员，他始终不就，而专心教育。一九四七年十一月，病逝沪寓,时年七十五岁。

以上是李登辉简单的史略。朱仲华在五十年以前,陈于德在四十年以前,都是复旦学生。仲华毕业后,在一九三二年至一九四三年任过校董;于德在一九二六年到一九二八年间办过"复旦通讯社",关于李登辉生平事迹,亲身见闻甚多,现合作本文,以供参考。

## ·创办寰球中国学生会·

一九〇五年一月,李登辉从南洋回国即创寰球中国学生会于上海,据曾任复旦校长室秘书四十余年的老校友季英伯说,一九〇五年一月间,他接到上海基督教青年会分发会友的通知书说:我们首获美国耶鲁大学文学士学位的李登辉先生近自南洋返国,已商请他于某日莅会讲演,欢迎会友听讲云云。届期往听,见李年仅三十许,黑须玄鬓,穿着朴素的西装,令人注目。因这时大家还垂着辫子,穿着清朝袍褂。由于他生长海外,还不会用中国语演讲,说的是满口英语,却讲了许多动听的话。他说:"外国人办得好的事业,我们中国人也可以办,不一定要外国人来办。但我们要吸收外国人的长处,发挥中国人的智慧。"记得他讲道:"现在基督教青年会规模虽大,但非中国人自办。我们应立即迎头赶上世界新潮流,自己站起来创办一个既像个学会又像个福利团体的组织,研究科学技术,与国际互通声气,吸收国际间先进文化,力求走改革自新之道,并须提倡高尚有益的娱乐,锻炼身心,以图改造社会,贡献祖国。"他说他"生长南洋,留学美国,目睹侨胞常受外人欺侮,又受到中山先生的教益,所以回到祖国来提醒国人,重视教育,提倡科学,以期革命自救"云云。不久,李登辉就在上海创立寰球中国学生会。当时同道发起人有留美同学宋耀如、颜惠庆(骏人)、王正廷(儒堂)等多人,与李都担任董事。李兼任会长,后因主持复旦,教务繁忙,邀朱少屏为总干事。季英伯本人,曾充驻会书记有年。

寰球中国学生会于一九〇五年春创设于上海,为海内外中国青年服务,辅导留学生。例如代办出国及入境护照,指点报考的手续等。该会经常办理文教界和青年界福利事业,随时与国外侨胞互通音讯,征集各国科技资料,并举办讲座,聘请名人学者演讲。孙中山先生曾到会演说民族革命。又出版刊物,为中英文合编的《寰球中国学生会月刊》,附设日夜班补习学校、职业介绍部、文娱活动室和图书馆等等。在各国主要城市分设联络处,以资联系。

当时上海跑马厅及外滩公园等处，均为美英帝国主义势力霸占。帝国主义分子蔑视中国人，不许入内。李登辉一再联合寰球中国学生会各董事，以该会全体董事名义向"租界工部局"提出书面抗议，但因清王朝国势陵夷，抗议未获效果。而该会再接再厉，终于在所谓英租界南京路"市政厅"公演了新剧（即今话剧）《十年后之中国》，其剧情为推翻帝制，改建民国。由该会董事曹雪赓饰大总统，上海名医唐乃安饰内阁总理。观众大为轰动。

一九一七年，复旦由公学扩充为大学后，"寰球中国学生会"由总干事朱少屏代理会长职务，会务不像辛亥革命前后那样有声有色了。后来附设日校夜校收费较贵，其他代办福利和文娱工作等也往往带收费用，就有些营业性质的趋向了。


· 就任复旦大学校长的经过 ·

一九〇五年李登辉和颜惠庆等创办寰球中国学生会后，上海爱国人士曾少卿等以美帝国主义到处在压迫华侨，虐待华工，发动了抵制美货的爱国运动。李登辉擅长英文，参与对外和对华侨的宣传工作。这是中国人民首次反对美帝国主义的正义斗争。当时马良（相伯）为反对帝国主义天主教会侵入震旦学院，正另办复旦公学，也参加抵制美货的爱国运动。曾少卿就介绍李登辉于马相伯，由马聘任他为复旦公学总教习，主持教务。

就在这一年的秋季，复旦公学诞生于抵制美货和反对帝国主义教会文化侵略的两大风暴之中。李登辉是实际负责人之一，编制教程，聘请教师，在帝国主义和清王朝压迫之下，披荆斩棘，克服种种困难，建设复旦。从此，李登辉毕生尽瘁于教育事业。

一九一一年辛亥革命时，复旦师生于右任、邵力子等数十人去参加革命，学校停课。武汉军政府都督黎元洪两次电请李登辉去担任外交部长，他复电"不会做官"，婉言谢绝。到了南北议和时，南方总代表伍廷芳（秩庸）聘他为临时顾问，他曾代表南方革命派意见，向伍建议。在这以前，复旦吴淞校舍，为辛亥革命军兴时毁损，事后李登辉力谋恢复，获得革命领导人孙中山先生和黄兴先生的关怀照顾。南京临时政府指定上海徐家汇李鸿章祠堂为复旦校舍，并特给临时补助费银元一万元。复旦即于一九一二年迁至徐家汇开学。后由李登辉与马相伯商议决定，为使学校稳固发展，聘请孙中山先生为董事长，聘请伍廷芳、程德全、颜惠庆、萨镇冰等十余人及复旦第一期老同学于右任、邵力子为校董，组织校董会，举行成立会议，研讨发展校务等事宜。半年后，马因年老（时已七十二岁）要求退休。即经中山先生领导的校董会同意，改请教务长李登辉继任校长，马仍为校董，帮助复旦。

一九一三年二月，笔者（仲华）考入复旦修业。三月一日举行春季开学式时，亲见校董于右任和邵力子先生等陪同李校长到大礼堂台上，宣告就职。李向高等班及附中全体学生宣布的办学方针：第一点，为培养民治的能力，注重学生自治，反对封建专制；第二点，为复兴祖国民族，重视世界大势，提倡体育军训；第三点，为培植科教技术人才，以中学为体，西学为用，展开学术研究；第四点，为改革社会，须从个人做起，必须提倡德育，即人格教育云云。这是当时国人自办的一所私立高等学校。


· 革命党人荟萃复旦 ·


到了五四运动前夕（当时笔者仲华正在复旦修业），不少革命党人，由于北洋军阀重重压迫，不得不退处上海一隅，继续进行革命工作。这时，中山先生正在起草他的"实业计划",他的重要干部胡汉民、戴天仇和王宠惠等也到上海出版《建设杂志》和《星期评论》;邵力子和叶楚伧办了《民国日报》,宣传革命,都在艰苦奋斗之中。李登辉不怕南北军阀的嫌怨,社会绅富的指责,邀请他们来复旦教课。当时,胡汉民教伦理学,王宠惠教名学和法学,戴天仇(季陶)教经济学,叶楚伧和邵力子教国文。还有曾任欧洲中国同盟会干部的薛仙舟教财政学和合作等课。复旦在李登辉主持之下,就像是革命党人的讲学会和逋逃薮一样。当时,中山先生的战友廖仲恺和朱执信等正在上海。李登辉也常请他们来校演讲,鼓吹革命,勉励青年。笔者还记得廖先生莅校演讲时,全校大、中两部的师生齐集听讲,人数虽挤,肃静无哗,倾听他充满着革命的乐观主义的讲话。他教导我们必须反对帝国主义、反对封建主义,争取国家和民族的独立和自由。他讲完时,掌声雷动,人们对他十分钦仰。

复旦有这样多的革命人物讲学,实为当时华东各大学所少有。记得那时上海有些老辈人,认为这些教授是"过激党",是"可怕人物",不愿让子弟投考复旦。尤其是那些买办资产阶级的人物,更不赞成李登辉的做法。五四运动时,复旦学生代表上海学联向上海总商会要求动员商店罢市,会长朱葆三避而不见。代表们赶到他住宅时,他竟打电话邀军队来恐吓。他曾对人说,李登辉教育出来的学生大都是"过激党"。五四以后,南洋兄弟烟草公司简照南、申新纱厂荣德生等民族资产阶级人物则对李登辉办学予以资助。华侨领袖陈嘉庚等亦应李邀请,与简照南等同任复旦校董。

· 一面编英文课本,一面读高小国文 ·

辛亥革命前后,李登辉应上海中华书局之聘,兼任该书局英文编辑有年,编著了《中华中学英文教科书》、《英语会话》、《文化英文读本》等书。还著有《中国问题之重要因素》,也是用英文写的,曾引起研究中国问题的中外人士的重视。从五四到北伐革命战争时期,他还编过《李氏英语文范》、《李氏英文修辞学》等书。他早期编著的《中华中学英文教科书》第三册第一课为(Doctor Sun Yatsen,《孙逸仙博士》)。袁世凯非法镇压癸丑二次革命后,认为李登辉仍与革命党有关系,敢在教科书里宣传孙中山"造反",于是通令各省,不准各学校采用这部英文教科书。那时国人自编的英文教本还少得很,中华书局以该书销路很好,但在袁世凯残暴的压迫之下,只得在该书

李登辉（1873—1947） 复旦大学校史馆/供图

再版时把这一篇文章删去。但李登辉本人及各校教师授课时,则另印讲义,补充宣讲,并作说明,使青年学子对袁世凯更起反感。不久,袁终于失败,一命呜呼。中华书局将该书重印发行时,又恢复第三册第一课原文。

当年,李登辉回国时,还不大懂祖国的语言文字,也不大了解祖国的实际情况。那时清政府正在考试"洋进士"(指留洋生回国,经考试后,赐称进士)。他以为考"洋进士"就是考"博士",取得政府的承认(承认他在国外学术上的成就),乃盲目赶到北京应试。凡是用英文和法文写答的各科试卷,成绩都好,而国文课却交了白卷。清政府的考试官认为这位"洋进士"太洋了,但还是留名存记,预备派他用场。李在拉丁文、英文、法文和学术方面很有些功夫,成绩超群。因此一九〇七年清政府送官费留学生时,派他为江南留学生考试官。一九〇九年又为浙江省派赴美留学生的主试官。

著名科学家竺可桢早年也曾在复旦读过短时期,清末考选留学生时,竺去应试,李是主考,所以一九四七年李登辉病逝后,在杭州复旦同学开追悼会时,竺尊李为老师。

李登辉为复旦校长兼任教课时,曾述及他回国时北上应试时的感想。他说,一到北方,就看见"满坑满谷"都是官,打官话,装官腔;重虚伪,轻实际;上下贪污,贿赂成风。他看得头痛极了,下定决心"教育救国"。同时,他立志发愤学习祖国语言文字。一九一三年间,他每天早上与夫人汤佩琳(上海清心女学堂毕业)坐着马车来校时,还抓紧时间要夫人教他国文。笔者(仲华)很想知道他们俩在教学什么书本,有一天清早特去探看。在门房扶他下车时,笔者也挨上去,只见他手执《高等小学国文教科书》一本!到一九二〇年笔者毕业时,他已能用祖国语文讲演和写作了。后来他不但能用汉语作长篇大论演说,而且还能引证"四书"了。当时有几个大学生的国文程度还不及他呢!他继续攻读古文,并把一些有教育意义的古典文学作品译成英文,编入讲义,或发表于西报。他这位大学校长先生,比小伙子学习还起劲。他经常对学生说"学无止境"。


· 主张民治的民主作风 ·


据抗日战争前上海会计师余裴山(一九〇五年复旦老同学)说,母校(复旦公学)第一次招考在静安寺路张园楼上,投考学生约在五百人以上。校长马相伯当时年已六十六。入学后,知总务主任为袁观澜(希涛),教务长即李登辉。李对学生,一如家人父子,很有民主化的精神和作风。他规定每日每餐,轮邀学生四五人与他在膳厅里同桌共餐。那时同学还不太多,第一、第二学期,各班诸生一一轮到。他利用这时间了解学生的情况,并听取各人对学校的意见。在清代光绪末年,办学者有这种作风,确是很少见的。他曾叫学生组织过"临时自治法庭",由学生自己审理同学中发生的"案件"。为了提倡民治,他对学生"临时自治法庭"的审理结果,还真的照办。

## ·反抗帝国主义的凌辱·

据抗日胜利后曾任上海常德路复旦实验中学主任教师的汪云史说,他岳父曾告诉他一件李登辉痛打美国水兵的事。清代末年,李主持吴淞复旦公学教务时,经常搭火车往来吴淞与上海之间。有一天,他坐在火车上看报,听见另一车厢里有女人叫喊的声音。跑过去一瞧,见有几个美国水兵正在调戏中国妇女。他愤怒了,用手杖指着那美国兵厉声说:"什么事?停止!停止!"美国兵听到他流利的英语,又看他是个上流人的样子,也就住了手。那妇女乘机逃走后，李又教训了那些美国兵。他们被训得面红耳赤。有一个悍然抢过他的手杖，掷到车窗外面去了。李奋勇奔上去，撕下了那个美国兵的肩章。这时火车刚停靠站头，李立即管自下去了。美国强盗用茶杯掷向他，想追打他而火车已开动。第二天，李到外滩去访问美国领事，对美国佬大讲道理，表示决不允许美军在中国胡闹云云。那时清政府崇美惧美，美国的军人在上海为非作歹，清政府不敢交涉。李登辉敢于斗争，并向美领事评理。当时《申报》等即略予报道。李事后在课堂里对学生说过："外国水兵常在上海调戏女同胞，侮辱中国人，为什么中国官厅置若罔闻？我撕了他的肩章对不对？你们有什么意见？"

记得他在辛亥革命光复后，住在上海北四川路时，有一次他来复旦授课之余，对我们学生说："外国人在我住处越界筑路，'租界'工部局还派人来征收'巡捕捐'。昨天我拒不交付。我对'征收员'说：外国各地纳税人有'代议士'代表居民说话，表达意见，上海'租界'里纳税的百分之九十九是中国人，为什么没有'代议士'？我说，我因此不愿意交付什么'巡捕捐'……你们同学们，认为对不对？"当场同学们齐声答："对。"那时英美等帝国主义霸占的"租界"里，由帝国主义主持的"工部局"，尚无华董及"纳税华人会"的设置。李登辉曾在西报上发表意见，以为有"代议士"可为广大纳税的同胞说话。后来英美帝国主义盘踞的租界"工部局"虽设置了几个华董和纳税中国人代表等，又何尝顾到中国人民应有的利益呢！

## ·支持参加爱国运动的学生·

一九一九年五四运动时，笔者（仲华）在上海为复旦学生代表之一，投入运动。上海第一届学联会长何葆仁，系复旦华侨生。会址附设李登辉创办的寰球中国学生会。当时"学联"的重要决策，多向李校长和邵力子教授请示。美国上海教会学校圣约翰大学校长卜舫济（美国人），不准该校学生参加五四运动，把带头行动的学生代表江一平（原名江亿平，浙江杭州人）、章益（友三，安徽滁县人）等多人开除。我们复旦同学将此事报告李校长。李当即召见并收容了他们，准予转入复旦，慰勉有加。叫他们仍当大胆为"学联"做事，继续为反帝反封建的五四运动奋斗。同时李以中国国民外交后援会会长名义，向海外发表通电，反对《巴黎和约》。

一九二五年上海"五卅"运动时，圣约翰校长卜舫济又开除爱国青年。李登辉仍应学生的要求，准予他们来复旦免试插班。他始终维护那些被教会大学无理开除的中国学生。笔者（于德）亲见程中行与裴复恒等多人从圣约翰转入复旦四年级。本来复旦四年级是不收插班生的。李登辉为此特予破例收容。

李信奉基督教，而且与卜舫济有旧交。据闻卜舫济曾对一些中国教徒说："清末李登辉回国后，圣约翰大学特赠予名誉博士，这对他声望上很有帮助；但在每次学生骚动，圣约翰整饬学风时，他总包庇那些野青年，一贯与圣约翰为敌。这不是违背教义，为基督徒所极不应有的行为吗？"李登辉闻知后，对教友们说："我爱宗教，我爱朋友，但我更爱祖国，更爱青年！"

· 仿美的教育 ·

李登辉办学最突出的缺点是把美国大学的那些方式方法，生搬硬套地搞到复旦里来。例如，在第一次大革命以前，文、理、工、商各科的必修课和选修课的课目，以及所用的教本和参考书，大都照搬美国大学的，并不结合中国的具体情况和实际需要。他的办学思想是崇美而仿美的。

当年的复旦,即使是文科,除了国文、中国哲学、中国文学史等极少数课程外,也全用美国教本或由教师用英文编著的课本和讲义,且都用英语讲授。学生问答,也须英语,绝少用中国语言。他出布告或写手条,亦系英文。早时毕业文凭,也全用英文书写,只有毕业证明书(中国旧式八行书)上才用中文打字或油印。其他如奖状之类,满纸英文。那时的复旦文科,极像个"美国文科"。部分师生对此十分不满,由于国文教授叶楚伧、邵力子、陈望道等几位先生向李登辉提出严正的要求,才在"文科"之外,添设了一个"中国文学科",这已经是很难得的新设施了。但即使是中国文学科学生,仍须必修许多英美教本的课目。例如社会学、政治学、心理学等,教学时还是满口英语。有关西洋文学的功课,更不必说。那时我们在复旦体育场上,一切运动术语,概用英语。在偶然发生争吵时,双方及第三者也讲英语。李登辉说,复旦教学必须优于英美人在中国开办的教会大学,并且必须与美国大学程度相衔接,使不能去外国留学的也能够进修高深的学术;如能去留学的可去进外国研究院云云。直到"五卅"反帝运动和北伐战争以后,他这套崇美仿美的教学设施,才渐有改变。

由于他把美国大学的方式方法搞到复旦里来约近二十年之久，许多学生受其影响很深。北洋军阀时代前半期的毕业生，陆续到美国去留学的很多。美国有些著名的大学亦准予复旦学生插入高级班或研究院，他们承认复旦的某些学分，不需要经过怎样繁复的考试。记得在那一些时期陆续赴美留学的有：刘慎德（即刘芦隐）、吴冕（即吴南轩）、陈萱、郭任远、何葆仁、黄华表、童逊瑷（伯蘧）、程学愉（即程天放）、余愉（即余井塘）、孙锡麒（即孙寒冰）、章益（友三）、伍蠡甫、温崇信、李炳焕、李安、寿勉成（原名寿裏）、黄季陆、曾养甫等百数人。同时尚有罗家伦（志希）等十余人，从复旦转学北大，毕业后也赴美留学。北伐前后复旦学生出洋的也不少。

· 拒不开放女禁 ·

一九二四年间，私立上海大学（校长于右任，实际负责人为校务主任陈望道），首开高校女禁。其他各大学负责人尚有种种顾虑，抱观望态度，看上大男女同学后究若如何？再定办法。一九二五年"五卅"运动时，上大第一次被封，迁到江湾新址，与复旦相距甚近。复旦学生与大部分教师认为必须开放女禁,以符合复旦精神,即由学生自治会干部等一再向李登辉提出要求。不料他拒不答应,甚至说:"除非校长不做了,由你们去男女同学……"

当时洪深、刘大白和陈望道等许多教授,都支持学生这一正当要求,反对李登辉的做法。陈望道教授等向他提出"特殊的建议",主张索性把校名改为"复旦男子大学",遥对北京女子大学和金陵女大等,"以正视听"……但我们这位李校长却抱着"笑骂由他笑骂,校长我自为之"的态度,不予理睬。

直到北伐革命战争打到上海,他才迫于形势,开放女禁。于是复旦大、中两部,实行男女同学。不久在江湾校旁建筑了一座洋房,作为女生宿舍。"四一二"蒋介石发动反革命政变后,江湾上大被封,许多女生和部分男生转入复旦。笔者(于德)办"复旦通讯社"时,曾问他当初为什么反对男女同学?他说那时他阅览外国报刊知道美国有许多大学男女同学后,打情骂俏呀,始乱终弃呀,女孩子怀孕堕胎呀……闹得学风败坏,不成体统,因而反对男女同学,是"爱护复旦"。……他还说开放女禁,设备上和管理上要添许多麻烦,还是专收男生,当可办得更好;并说美国大学开放女禁后,每况愈下。原来他以美国资产阶级大学生极其腐朽的生活方式来看中国,这与他几乎以美

复旦大学女学生(1931年) 图 / FOTOE

为师的思想作风又是分不开的。复旦男女同学后，极少发生乱搞男女关系的丑闻，更没有像美国大学那种伤风败俗的坏事发生。

· 聘任的校董 ·

国民党统治时期，原任复旦校董如伍廷芳等老人约有半数先后去世了，李登辉乃聘请孙科、吴铁城、陈立夫、张道藩等国民党头目为校董（陈立夫和张道藩两人是复旦早年毕业生余井塘拉来的，余井塘本人也充当了校董）。李登辉想利用他们，不愿被他们利用，自命为"无党无派"，主张"学术独立，思想自由"。他以为有了几位文教界和实业界的校董，再添聘孙科、陈立夫等人是"应时制宜"，这样充实校董会对复旦"有利"。他又以交通银行总裁钱永铭（新之）为主席校董，说是为便于筹募经费云云。但复旦教职员，与四大家族关系较密的却少得很，而有许多进步教师和民主人士，如洪深、郑振铎、张志让、陈望道、顾仲彝、王造时、丰子恺和费巩等（其间大部分都曾被国民党反动派列入黑名单，接到过恐吓信）。李登辉同情进步教授，有不少人长期被聘任。

据说当时杜月笙为中国银行董事、中国通商银行和上海中汇银行董事长。他以资助国人自办的私立大学为由，托钱新之出面，要李登辉聘他为"复旦大学校董"，李在学校缺少固定经费而力谋充实设备之际，也允许照聘了。

### ·授予孙科"法学博士"学位·

听说朱家骅想抓复旦，企图充任主席校董，以便把持这所历史悠久的私立大学。李登辉极不愿让复旦落在"党官老爷"之手。认为朱家骅决非真心办学之人，倘来主持校董会，那将使学校多事，前功尽弃，乃决计拒朱。他得知朱与陈立夫矛盾很深，于是他除邀陈为校董外，还进一步拉孙科为挡箭牌，以免朱暗中破坏复旦。

辛亥革命前，李在南洋群岛早与中山先生相识；辛亥革命后，中山先生曾为复旦第一任董事长（即主席校董），因此孙科对李比较尊敬。李即请孙科为复旦校董，又在一九三五年复旦三十周年纪念典礼时，仿效欧美大学举行重大典礼时赠送名流学者"荣誉学位"的办法，授予孙科、于右任、钱新之、江一平等四人"名誉法学博士"学位。

当时作者应邀赴沪,参加母校三十周年庆典。但见国民党京沪"要人"与文教界、工商界名流巨子,齐集江湾复旦,参加纪念大会。当时复旦操场上,鼓乐齐鸣,孙科与江一平等穿着"博士装"绕场一周,然后进入礼堂(于右任因事未到,电告李登辉祝贺母校三十周年纪念,并领谢"名誉学位")。李登辉在主席台上致词,宣读贺电,授予孙科、江一平等"法学博士"证书。

次日沪宁各报发表复旦三十周年典礼授孙科等名誉"法学博士"新闻后,国民党文教部门的权贵朱家骅,即对"中央社"记者发表谈话,对李登辉此举表示不满,说私立大学尤不应乱赠"名誉学位"。接着,《时事新报》对李登辉此举予以批评,说他"滥施国家名器",讥讽为"复旦博士"。

## · 蒋、宋夫妇的"外宾" ·

蒋介石与宋美龄在上海结婚时,用基督教仪式,请牧师余日章证婚。李登辉因为与宋父宋耀如及余日章均为旧友,曾应邀观礼。蒋宋结婚后,以宋父早年和李系海外旧识,而把李作为老长辈看待;并以李办学悠久,颇有声望,为表示"敬老亲贤",所以每次自宁到沪寓邀三五"社会耆老"叙会时,总请李也去一叙。宋美龄崇美、亲美,满口美音的英语,而李也照样用英语会话,甚至同蒋介石谈话,也得由宋美龄为之翻译。蒋非但不以为怪,而且礼貌有加。宋美龄接待他活像接待一个外宾。李登辉每次回来时,对亲近者叙述与蒋、宋夫妇茶叙情况,往往说"为了复旦,总算又去敷衍了一番"。后来蒋介石忙于反人民的内战,无暇再搞什么"敬老亲贤";而李登辉主张和平,反对内战,也不再与蒋、宋夫妇交往了。

· 拒聘朱家骅为校董·

李登辉对当时国民党头目多事敷衍,独对朱家骅十分讨厌。始终不聘他为校董。笔者(仲华)由复旦同学会按照校董会章程选任为校董之时,李曾谈及"朱家骅是地质学博士,为什么不好好从事研究,在为祖国建设上力谋发展,却喜欢做大官,争权夺利,还想来抓复旦校董会?大概他以为把私立大学当地盘,可一劳永逸吧?我们辛苦经营了三十年的学校,决不欢迎他这种人插手……"

一九四七年春,笔者(仲华)因事赴沪时,曾到华山路蕊村去看望李登辉老师。这时他已退休有年。师母和他的儿女都早已去世了。有一位跟他几十年的老校工徐福,在服侍他。徐福早就认识笔者,一见之下,就登楼去通报他:"朱仲华来看老校长。"他七五高龄,听觉已差,误听为"朱家骅",立即严词拒绝,说朱家骅还来搞什么?叫徐福回报:"有病不见。"徐福高声向他说明:"是绍兴人朱仲华,即老学生朱承洵,不是朱家骅!"他才下楼接见,并对笔者说:"刚才我听错了,以为那个讨厌的朱家骅又来找麻烦了。我说不见,哪晓得就是你老弟。哈哈……"我们相对大笑。

## ·全心全意为教育·

李登辉先生自一九〇七年在沪与教会学校清心女学堂毕业的汤佩琳结婚后,所生育的三男一女,先后死亡,至一九三一年汤夫人病故后,他孑然一身,晚景凄清。有些复旦师友常劝他续娶。他说,他寄托精神于宗教,专心事业于复旦,把学府当作家庭,以学生为儿女,也就是了。他生活俭朴,不置产业。文艺界著名剧作家顾仲彝在沪曾与李为贴邻,他在《李老校长给我的印象》中说:

穿的衣服，大半还是二十年的旧东西，衬衫上满是补丁，裤子短得袜统露出一段，大衣袖光得发亮。他在家的小菜只有一荤两素，有时外加一碟花生米。每月节余的钱，捐给孤儿院等慈善事业了。他说养成了节俭的习惯，就可以无求于人了……七月三十日，他起病前，早上我还去谈话。拙编《大学近代英文选》的李先生序言，就在那天他签的字。……他同我谈到时局，对现状很不满（笔者按：当时国民党反动派已掀起内战，特务横行，乱抓乱杀）。不过他要求我不要向外发表，不然，人家会套上一个帽子给他。……他鼓励我终身为教育事业努力。还说戏剧电影也是教育，说他看过我编的《三千金》，教育意义很大……

李登辉的思想和生活作风，确实如此。他重视教育而鄙视财产；热爱祖国而厌恶官禄。抗日战争胜利后，复旦实验中学主任教师汪云史陪一个大学部毕业的同学去请李写封信给校董于右任谋事。李不肯写，当面回复说："你在当教师，不愿当了，想去做官，我可不愿保荐你！复旦学生当什么部长、大使、委员、厅长的已经不少了。我依旧教我的书，终身教书很满意！你功课很好，还是回去教书，为国家培植人才。"

他主持私立复旦大学四十年。最后一次对复旦师生的讲话是在一九四七年七月复旦举行抗战胜利后第一次毕业典礼上。那时复旦已改为"国立",他也早已退职。复旦同学会在上海江湾母校建造了"登辉堂",以志纪念。那一次毕业典礼即在当时新落成的"登辉堂"楼上举行。校长章益请老校长莅会讲话。据那时服务于上海出版界的复旦校友何德鹤在《现实》周刊上发表的文章《一代师表李腾飞》说:"最后一次的公开演说是在今年七月五日复旦大学举行毕业典礼的时候,对同学说了这几句话:你们现在穿的Capandgown,中国名词叫做学士制服。你们穿过以后,应当是一个有学问道德的人了。更应当对国家有所贡献……Capandgown的来源,起于欧洲古代的传教士,是由传教士的服装改变而成的。以前欧洲的大学,起初只是研究神学的地方……一个传教士应当有服务的精神和牺牲的勇气……一个大学毕业生与传教士不同,但是,更加应当为社会服务,为人类牺牲……特别是在现在,我们还需要一致团结!全国人民团结起来,中国就有希望!……服务、牺牲、团结,是复旦的精神,更是你们的责任……"何德鹤这篇文章里还记述着:"李先生自奉俭约,不事资产……在他逝世的那一天,他的侄辈等打开他的保险箱一看,空无所有!"

李登辉一生培植出来的学生，数以万计，服务于各省各界的人才极多，仅就教育界而言，充任过大专校长的即有十三人之多，姓名如次：竺可桢、胡敦复、郭任远、罗家伦、何世桢、程天放、吴南轩、章益、黄季陆、黄华表、曹惠群、裴复恒、章渊若，其中极大多数是复旦毕业生，少数是肄业生，个别是清末李兼教中国公学时的学生。可是罗家伦、程天放、黄季陆等人都没有像李老师那样安于教育。

其中章益（安徽滁县人）复旦毕业后，由李登辉留任附中教员两年。一九二五年赴美留学时，向李请示告别。李问他："欲习哪一科？"答以"政治"。李不以为然，鼓励他改习教育，并说将来学成回国，可为母校发展教育系，为国家多培植师资；推进教育事业，实为重要使命云云。章谨遵师命，赴美后专攻教育与心理。一九二七年回国时，李即邀为复旦教育系教师，并加以培养，由副教授而教授而教务长（一九二七年章曾与南京上海各大学教授孙本文等联合发表《提倡中国本位文化宣言》。当时上海文教界称为《十教授宣言》。《大公报》、《申报》、《时事新报》均有记载）。抗日战争时期，复旦内迁重庆，两年后改为"国立"。章益由教务长继任校长。李年迈退休，致函说："得子继吾衣钵，吾无憾矣！"抗战胜利后，复旦迁回上海，章常趋李寓请示办理接收校产与复课等事宜。有时适有其他宾客在座，李就举当年鼓励他改习教育的往事，笑以语客，还叫他（章）也终身为祖国教育事业服务，当抱着牺牲的精神，不求利禄云云。章先后在复旦服务二十多年。解放后，党和政府关心他，照顾他，安排他继续高教工作，近在山东师范学院为专任教授，是民革成员。


·临终前犹望祖国统一与和平·

抗日战争胜利以后，国民党反动派发动了反人民的内战。一九四六到一九四七年间，教育经费只占国家预算的百分之三点五，以致各大学师生，生活非常困难。到了一九四七年五月，上海米价已涨到法币三十万元一担，而大学生每月公费却只有法币五万元。每日菜金合法币七百五十元，只可买两条半油条。当时交大、复旦等学生，忍无可忍，展开了"反饥饿反内战"运动。复旦与交大两校教师即举行罢教，支援学生的斗争。章益等告知李登辉，李表示同情支持，说学生和教员都干得对！当时，李双目已有些模糊，听觉也很差，但仍很关心学生运动。

一九四七年七月三十日晚上，李突然在华山路寓所中风，经医疗后，卧病三月余。其友好及复旦师生颜惠庆、邵力子、陈望道、张志让和章益等多往探视。他一再询问国事，反对反动派发动的反人民内战，希望和平。即时笔者（于德）在上海北四川路中联公司主办文书工作，例假日前往探望。他住在一楼一底的旧式房子里，陈设简朴，病榻呻吟之间，还垂询"国家还能统一与和平吗？"七五老人，在衰病中还这样关怀国事，热望祖国的和平统一，令人感动不已。

他的病迭经医疗，延至十一月十九日下午突变肺炎，终于与世长辞了。二十一日在上海万国殡仪馆大殓时，笔者等前往致祭。复旦老校董颜惠庆、王宠惠、钱新之、邵力子等及上海各大学校长都去参加殓典。"立法院长"孙科，"上海市长"吴国桢，"市参议会议长"潘公展等也纷纷赶到殡仪馆瞻仰遗容，表示"敬悼"。陆续前往吊唁者达五千余人。殓典时颜惠庆讲话。他说："李氏终身从事教育有三个原因：一是因为他是华侨，在国外深感华侨备受压迫的痛苦；二是百年前耶鲁大学第一个中国毕业生容闳回国后建议李鸿章'教育救国'，主张选派学生出国留学（中国第一批官费生一百二十名，就是由容闳率领出洋的）。李先生受他'教育救国论'的影响很大，但主张在国内多办大学，不必大批地出洋留学。三是李回国时严复在青年会讲《天演论》，南洋公学及爱国学社也都在主张维新改革。他受了时代环境的影响，就决心终身办学了。"继由邵力子先生讲话，略说："李先生爱国爱民，在清代主张赶办教育，提倡科学。当日本帝国主义侵略东北时，即主张团结牺牲，抗日救国，带头捐输整月的薪资支援东北义勇军。抗战胜利后，他老人家又主张和平，临终前还期望祖国和平统一，繁荣富强，这正是爱国家爱人民的时代精神的表现。李先生虽然离开了我们，但他的精神永不会离开我们的。"

（编者注：本文写于一九六四年，原标题为《复旦校长李登辉事迹述要》，转引自《文史资料选辑》第九十七辑，北京：文史资料出版社，1985年版）

王运来 1962—

山东嘉祥人,南京大学教育研究院教授,长期从事高等教育管理及高等教育史研究。

## 罗家伦重建中大　　文 / 王运来

一九三二年,罗家伦被国民政府任命为国立中央大学校长,至一九四一年去职,计达十年之久。这十年,是中央大学危难深重而又发达鼎盛的十年。罗家伦便是这一时期中央大学整顿和发展的总设计师。

## ·易长风潮·

罗家伦出任中央大学校长,可说是"受任于动乱之际,奉命于危难之间",因为此时的中央大学仍漂荡在"易长风潮"的余波之中。

一九三〇年十月,中央大学校长张乃燕由于经费等原因而辞职。是年底,中山大学校长朱家骅调任中央大学校长。朱家骅身为国民党中央执行委员,曾任广东省政府常务委员会代主席,禀承当局旨意行事,压制学生抗日爱国运动,为师生所反感。一九三一年"九·一八"事变后,因中大学生怒打对外无能、对内傲慢的外交部长王正廷,冲击首都卫戍司令部,围攻中央党部,要求出兵抗日,捣砸诋毁学生运动的《中央日报》馆,校长朱家骅引咎辞职(同月即被任命为教育部长)。一九三二年一月八日国民政府任命桂崇基为中大校长,为学生所反对,月底桂即辞职。于是政府改任原中国科学社社长任鸿隽为中大校长,任却坚辞不就,校务便由法学院院长刘光华代理。八月间刘光华又辞代理职务,以致校政无人,陷于混乱。此时中大全体教师因索欠薪,宣布"总请假",发生索薪事件。六月底,行政院委派教育部政务次长段锡朋为中大代理校长,学生因"反对政客式人物来当校长"而对段群起殴辱。最高当局甚为震怒，为此解散了中央大学；教育部派员接收中大，教员予以解聘，学生听候甄别。七月上旬，行政院议决蔡元培、李四光、钱天鹤、顾孟余、竺可桢、张道藩、罗家伦、周鲠生、谭伯羽、俞大维为中大整理委员会委员，整理期间由李四光代行校长职务。八月二十六日，国民政府正式任命罗家伦为中大校长。

　　罗家伦，字志希，浙江绍兴人，生于一八九七年。一九一七年考入北京大学文科，为北大《新潮》杂志社的发起人之一。一九一九年参加五四运动，起草了《北京学界全体宣言》这份五月四日当天北京唯一的印刷品传单，在该宣言中首次提出五四运动一词。还被游行队伍推选为代表，前往各国使馆递送说帖。一九二〇年赴美留学，先后在普林斯顿大学和哥伦比亚大学研习历史，又转往伦敦大学、柏林大学和巴黎大学深造，一九二五年回国，任东南大学教授。翌年参加北伐，历任国民革命军总司令部参议、编辑委员会委员长、中央党务学校代理教育长。一九二八年"五卅"济南惨案发生，蔡公时等十八名中国外交人员遭日军惨杀。罗家伦时任战地政务委员会教育处长（蔡为外交处长），受命与日军的师团长交涉，其胆识颇为国民党上层人物所称道。三个月后清华学校改为清华大学时，他被任命为首任校长，时年三十一岁。可见，罗家伦之所以能出任中央大学校长，固然是得到了蒋介石的信任与器重，可另一方面，也与他五四学生领袖的形象、"五卅"善后处理中的个人魅力乃至其独特的留学经历有关。这样的校长客观上易为学生所接受。于是，中大这场"易长风潮"，便以罗家伦的到任而告平息。

## ·"六字"治校方略与"四字"学风·

一九三二年九月五日，罗家伦到校视事。聘任孙本文、张广舆为教务长和总务长，以接替竺可桢和钱天鹤在整理期间所担任的职务。确定文学院院长汪东等人为甄别考试委员。接着，便公布了教育部批准的《学生甄别实施办法八条》。通过甄别考试：开除学生十九名，合格的学生于十月十一日全部返校，中大重新开始授课。是日，在全校大会上，罗家伦作了颇有影响的《中央大学之使命》的就职演说，陈述其出任校长的远大抱负和治校方略。

罗家伦认为当时中国的国难异常严重，中华民族已濒临死亡，作为设在首都的国立大学，当然对民族和国家，应尽到特殊的责任和使命。这个使命就是"为中国建立有机体的民族文化"。他认为，当时中国的危机不仅是政治

1932年，中央大学礼堂 图 / FOTOE

和社会的腐败，而最重要者却在于没有一种"足以振起整个的民族精神"的文化。罗家伦曾先后留学柏林大学、巴黎大学、伦敦大学等世界著名学府，在他心目中，这些大学都是各国民族精神的体现，代表了各自"民族的灵魂"。罗家伦志在要中大承担起"创立民族文化的使命"，"成为复兴民族大业的参谋本部"。否则，"便失掉大学存在的意义"，而要负起上述使命，他认为一是要具有复兴中华民族的共同意识，二是要使各方面的努力协调在这一共同意识之中。

在有了这样的意识之下，罗家伦宣布了他的六字治校方略："欲谋中央大学之重建，必循'安定'、'充实'、'发展'三时期以进。"这就是首先要创造一个"安定"的教学环境，再进行师资、课程、设备诸方面的"充实"，以求得学校的"发展"。他预计每个时期大约需要三年。同时他又辩证地提出："在安定的时期应当有所充实；充实时期应亟谋发展；就是到了发展时期，也还应当安定。"

而欲达上述之目的，罗家伦认为就必须养成新的学风。于是，提出了"诚、朴、雄、伟"四个字的新学风。"诚"，就是对学问要有诚意，不把学问当作升官发财的途径和获取文凭的工具；对于"使命"，更要有诚意，应向着认定的目标义无反顾地走去；"朴"，就是质朴和朴实的意思,不以学问当门面、作装饰,不能尚纤巧、重浮华,让青春光阴虚耗在时髦的小册子、短文章上面,而是要埋头用功,不计名利,在学问上作长期艰苦的努力,因为"惟崇实而用笨功,才能树立起朴厚的学术气象";"雄",是大无畏的雄,以纠中华民族自宋朝南渡以后的柔弱萎靡之风。而要挽转一切纤细文弱的颓风,就必须从善养吾浩然正气入手,以大雄无畏相尚,男子要有丈夫气,女亦须无病态;"伟",是伟大崇高的意思,要集中精力,放开眼界,努力做出几件大的事业来,既不可偏狭小巧,存门户之见,又不能固步自封,怡然自满。本着这样的思想,罗家伦在中央大学进行了一系列积极而卓有成效的改革。

· "聘人是我最留心的一件事" ·

罗家伦认为,大学校长的首要之举是聘人,因此,他一上任,整顿校务的第一步就是从延聘师资入手。一方面他极力挽留原有良好教师,一方面随时添聘专门学者。当时大学的教师分专任和兼任两种,而罗家伦则主张教师队伍以专任为主,其原则是"凡可请其专任者,莫不请其专"，以求其心无二用，专心在中大授课。数年之后，中大兼任教师即由一百一十人减至三十四人。而这些为数不多的兼任教员，均为某一学科的专家，为政府或其他学术机关所倚重，"本校所欲罗致而事实上又不可能者"。

若以所授课目而论，一九三四年时专任教授的课目就占到了四分之三，这就充分保证了师资队伍的稳定和质量。罗家伦曾经有过这样一段自白："聘人是我最留心最慎重的一件事。抚躬自问，不曾把教学地位做过一个人情，纵然因此得罪人也是不管的。"无怪乎教育部长王世杰在回复蒋介石的提问"罗志希很好，为什么有许多人批评他，攻击他"时，这样作答："政府中和党中许多人向他推荐教职员，倘若资格不合，不管是什么人，他都不接受。"这在当时的政治环境下，实属不易。罗家伦重视师资，不仅在于延聘，而且还体现在对教师切身利益的关心上。当时公教人员断薪是司空见惯的事。可罗家伦为了解除教职员的后顾之忧，在经费吃紧、时有短缺的情况下，总是极力维持定期发薪，绝不拖欠。即使挪用其他款项，他也毫不含糊。

罗家伦亲手修剪的中央大学这棵茂盛的"梧桐树"，引得天下"凤凰"竞相飞来。一九三三年中大仅理学院就新聘了十余位著名学者担任教授，如留美的数学博士孙光

约1936年,南京。中央大学美术教授张书旂的女弟子在观看他作画
张书旂(1900—1957),1922年考入上海美术专科学校,中国画名家

图 / FOTOE

远和曾远荣,化学博士庄长恭,生物博士孙宗彭;留日的物理博士罗宗洛;留学法国、受业于居里夫人的物理博士施士元,地理博士胡焕庸和王益崖等;以及前清华大学教授胡坤院,两广地质调查所所长朱庭祜和早在南高师就任过教授的张其昀等。另有德籍物理、化学教授各一人。此外,在此前后被罗家伦选聘为教授的还有:经济学家马寅初,艺术大师徐悲鸿,诗人、美学家宗白华,农学家梁希、金善宝,天文学家张钰哲,医学家蔡翘,建筑学家刘敦桢和杨廷宝等。在此期间,先后被聘任为"三长"和各院院长的著名教授有孙本文、张广舆、陈剑修、查谦、汪东、李善堂、李学清、庄长恭、孙光远、戴修骏、马洗繁、郑晓沧、艾伟、蔡无忌、邹树文、周仁、卢恩绪、戚寿南等。一时间,中央大学群英荟萃,学术景象一派繁荣。

· 学科建设与学术研究 ·

中央大学原有文、理、法、教育、工、农、医、商八个学院。由于一九三二年七月整理委员会将设于上海的商、医二学院划出(分别定名为国立上海商学院和国立上海医学院），因此，中大实设六个学院。罗家伦掌校后，根据国家需要和学科发展趋势，对中大的院系设置不断地进行调整和充实。

鉴于国难深重、国内航空事业近于空白这种状况，罗家伦电邀毕业于麻省理工学院机械科的罗荣安回国，来中大创办自动工程研究班（后改为机械特别研究班），培养了我国最早一批航空工业专门人才，并于一九三八年成立了国内第一个航空工程系。一九三五年，罗家伦考虑到当时中国亟须医务人才，同时为充实中大学科起见，于五月份再度创办了医学院。六月又主办国立牙科学校。从此奠定了中大七院的格局。

在罗家伦任期内，中央大学还先后添设或恢复了心理学系、化学工程组和畜牧兽医专修科等。尤其是一九三八年，教育学院改为师范学院的同时，又在该院增设了国文、英语、史地、数学、理化、体育和公民教育七系。中央大学这种七院四十余科的规模当时在我国是绝无仅有的。

罗家伦在扩充院系的同时，还致力于教学质量的提高。在课程开设方面，他制订了八条"整理学课大纲"，要求各院系据此拟订课程，以求课时数的集中，删除不必要的课目，明确划分必修课和选修课，使学生集中时间和精力从事专业课程的学习，建设若干核心课程，不因人因事而变更；修业年限至少须满四年，以免除争求速效所可能带来的弊端。这就从制度上保证了教学活动的稳定性，加之优秀教师的安心授课，就使得中央大学的教育质量不断得到提高。

为了繁荣学术和促进高深学问的研究，在罗家伦的倡导下，中大校务会议决定发行两种学术刊物，一种是"国立中央大学丛刊"，登载专门研究之著述，分为《文艺丛刊》、《社会科学丛刊》、《教育丛刊》和《农业丛刊》；另一种是"国立中央大学专篇"，对于特别有价值的著作，专印成册。同时，罗家伦从研究条件和社会需要来考虑，不遗余力地谋求中大与社会事业和学术机关的合作。如，与江宁要塞司令部合作要塞造林，与中央棉产改进研究所合作种棉实验，在江苏省推广纯良棉种，开办中等学校教职员暑期讲习班，与实业部合编《中国经济年史》，进行全国儿童问题咨询，主持高中英语和数理化测验，进行淮河流域土壤分析、四川石油调查和滇边地理考察，等等。这一系列研究活动，既对国计民生有所裨益，又拓宽了学校研究经费渠道，还增强了学生的实际工作能力。

为了确保教学和研究工作的顺利进行，罗家伦还制订了学校行政工作的三条原则：1. 厉行节约，缩减行政费；2. 力持廉洁，养成廉俭风气；3. 提高效能，少用人多做事。以把学校有限的经费，主要用于教学设施的改善。罗家伦上任后的前五年，用于校舍建筑方面的经费达八十七万元，先后建成或扩建了图书馆、体育馆、生物馆、东南院、南高院、牙医院、音乐教室、游泳池和学生宿舍等。至抗战前夕，中大已颇有最高学府的恢宏气势。图书杂志也大有增加。接受东南大学图书馆时中西文藏书共有四万八千册，而一九三七年中大图书馆收藏图书已达四十万七千册（中、西文各半）。一九三二年至一九三七年间所购中文书中善本极多，不胜枚举；西文书中也大多是较珍贵者，如 Geographical Journal，连续刊行一百三十四年。最贵的杂志达七千元一套，但为了研究的需要，罗家伦均不惜巨资，全部购齐。此外，由于院系学科众多，教学研究所需的仪器、设备、标本、模型等甚多，中央大学亦大量购进。

· 玫瑰色的甜梦 ·

经过几个春夏秋冬的努力，罗家伦使中大得到了"安定"和"充实"。一九三四年时，他认为"中大发展的时机到了"。因为：1."首都"大学在国家用人的时候，决不应只是上千人的大学；2. 中大地处市中，车马喧嚣，市气逼人，不适宜研讨学问，培养身心，养成"高尚纯朴"的特殊学风；3. 四牌楼校址不过三百余亩，湫隘逼窄，实无发展余地，而工学院又亟须扩大面积，添建实验室；4. 农学院与校本部分离，教学设备不经济；5. 师生食宿，杂处市井，身心不安，而且不能常相接触，问难质疑。所以，罗家伦打定主意：要在市郊另觅校址，建造一个能容纳五千至一万名学生的"首都大学"！他的这一设想得到了蒋介石的首肯。国民党四中全会通过了关于中大新校址的提案，建筑费暂定为二百四十万元，并训令行政院自一九三四年度，按月拨付迁校建筑费八万元。罗家伦量后选定南郊石子岗一带为新校址，因为那里气象宏大，山林起伏，布置曲折有致，非常时期宜于防空；离秦淮河上游不远，有一支流从此经过，不仅增加校景，而且还有工程和农业上的用处。此外，北面是龙盘虎踞的紫金山，南面是树木葱茏的牛首山，东面是天印式的方山，登高可见滔滔长江，于地质实习十分便利。罗家伦还特邀曾为苏联五年计划设计学校建筑的德国专家来南京察看，也认为地点很适宜。对于这个新址，罗家伦充满了美好的向往，认为"这二水三山的中间，正是理想的学术都城"！

一九三五年十一月，内政部颁发公告，征得石子岗八千亩土地为中大新校址，并由教育部聘请叶楚伧等九人为建筑设备委员会委员，罗家伦悬赏五千元，在全国进行图案设计招标。一九三七年一月，新校址正式凿井动工，深达二百余米。五月，工学院和农学院主要建筑着手兴工，预计次年秋季便可落成，二院即可先行迁入。孰料，新址刚刚动工，便发生了"卢沟桥事变"，数月之内，上海、南京相继陷落。罗家伦另建新址的蓝图被日军的魔爪撕得粉碎，中央大学也不得不举校西迁。那"二水三山"之间的学术都城，便永远地成为罗家伦的玫瑰色的甜梦。

（编者注：本文写于一九九八年，原载于双月刊《民国春秋》一九九八年第四期，原标题为《罗家伦主持中央大学》）

### 张锡祚 1908—1976

张伯苓三子,毕业于南开大学,曾任天津文教工业公司财务科科长,精于会计工作,1949年后在天津财务学校从事教学工作。

## 我父张伯苓办南开　文/张锡祚

我父伯苓公(以下简称先生)的一生,确实是不平凡的一生。他七十年来,为祖国的复兴,献身于教育事业,知交遍海内,桃李满门墙,毕生业绩,屈指难数。

光绪二十年甲午(一八九四),先生以优等第一的名次,毕业于北洋水师学堂。时值朝鲜东学党之变,清政府出兵平乱,日本也乘机出兵寻衅,遂引起中日甲午战争。战事既起,清政府的海陆军,全部被击溃,清政府又急调北洋水师增援,先生参与了这一战役。第一艘兵船才

张锡祜、张锡祚兄弟(从左至右)　　　　张伯苓研究会/供图

出海，就被日舰击沉。消息传来，我全家大惊，久庵公为此曾废寝忘食。后来听说议和了，先生也满怀激愤地返师归来，全家惊惧心情，虽得稍安，但先生的爱国赤诚，却受到第一次打击，时年方一十九岁。

光绪二十三年（一八九七），因甲午败绩，国事日颓，英、德、法、俄、日等帝国主义列强，纷纷染指亚洲大陆，妄想瓜分中国，于是德、法、俄等先后强租了我国的胶州湾、广州湾和旅顺大连，又割台湾、让朝鲜给日本。英帝国则藉口利益均沾，除强租我九龙之外，还要强租我威海卫。惟威海卫因甲午战败，已被日本占据，英帝乃约集其他各列强，强制日本先将威海卫交还中国，再由中国转租给英国。帝国主义强盗的协议既成，清廷乃派大员乘通济轮去山东，办理接收和转租手续，先生也随轮前往。船到威海卫的头一天，降下日本的太阳旗，升起中国的青龙旗；第二天，降下中国的青龙旗，升起英国的帝国旗。先生亲身参与了这一丧权辱国的接收和转让的仪式，真使他目击心伤，悲愤欲绝。于是，先生下定决心，毅然退役于海军，转而献身于教育事业，立下了兴办新学、复兴祖国的宏愿。

## 从塾馆到大学

那时,天津有一位严范孙先生,名修,是清末翰林,道德学问颇为时人所景仰。戊戌变法前,曾任贵州学政,政绩斐然,以奏请废科举,开经济特科,闻名于时。政变后,辞官退隐家居,素慕先生之名,特设塾馆,礼聘先生,以新学教授严家子弟,是为严馆。先生平素敬重严先生之为人,视严先生为师,严先生也待先生如友,宾主之间,志同道合。从此,为南开学校之创办奠定了基石。严馆自光绪二十四年(一八九八)起,到光绪三十年(一九〇四)南开学校成立,这六年的期间,是南开的胚胎时期。

次年,天津邑绅王奎章先生,也设馆延请先生教授他家子弟,是为王馆。王氏本为天津盐商,即所谓益德王家。这时,严、王两馆,共有学生十余人,先生分在上下午两处授课,这是南开中学的前身。

光绪二十九年(一九〇三),先生与严范孙先生东游日本,参观博览会,同时考察该国的教育发展情况。先生和严范孙先生回国后,一致认为:要想富强中国,必先兴办学校,推广新学,启发民智,建设国家。遂决心创办中学。

光绪三十年（一九〇四）秋，先生合并了严、王两馆，借用严宅偏院，辟住宅为教室，办起中学。当年招收学生七十余人，初名私立中学堂，后改敬业中学堂，次年又改称私立第一中学堂。经费由严、王两家拨助。中学之外，为培植师资人材，又设立师范班。两年以后，师范班学生毕业，学校从中挑选成绩优秀者四人，资送日本深造，为学校未来的发展作准备。

光绪三十二年（一九〇六），邑绅郑菊如先生捐助地名南开的空地（坐落天津城西南）十余亩，作为扩建中学之用。后由严、王二氏，及徐菊人（世昌）、卢木斋、严子均几位先生，共襄义举，集银二万六千两，建起新校舍，因地处南开，故改私立第一中学堂为南开中学。转年，复得严慰亭先生捐助，又修建了一座礼堂。到此，南开中学已初具规模。

南开中学建立后，以倡办新学，很有成效，一时社会上热心教育人士纷纷解囊捐助。因此，校舍得年年扩建，学生也年年增多。光绪三十四年（一九〇八），先生被推举为直隶（河北）省代表，去美国参观渔业博览会，同时参观美国教育兴办情况；后又便道赴欧，考察欧洲各国教育发展情况，次年回国。

宣统三年（一九一一），天津提学使傅沅叔（增湘）

饬令将天津客籍学堂和长卢中学堂,并入南开中学。原来两学堂的经费,每年白银八千两,也一并拨归南开中学支用,校名改为公立南开中学堂。同年,先生的好友范静生出任北京清华学校总办,约请先生兼任该校的教务长。先生到任后,对于清华学生的课业,多有改革,深为该校的一些外籍教师所敬佩。半年后,先生为专心致力于南开教育,乃辞职回津。是年九月间(阴历)武昌起义,学生纷纷请假回家,学校课业因此停顿。一九一二年,民国建立,颁布改元,采用公历,时乃旧历正月十三日,恰好是公历(阳历)三月一日,而三月二日,天津发生了兵变,到四月里,变乱平定后,南开才得开学。学校经费,月需银币一千零六十元,由学务公所补助,学校还规定了每年十月十七日,为南开中学的校庆日。

民国三年(一九一四),直隶省工业专门和北洋政法两校的附设中学班,同时并入了南开中学,于是学校经费又有增加,校舍又有扩建。是年,先生兼任北洋女子师范校长。民国六年(一九一七),先生鉴于中学既已建立,并且逐渐有所发展,遂下定决心,创办大学教育。以前曾试办过专科学校和高等师范班,均因种种困难而暂时停办。先生为进一步研究大学教育,乃第二次去美国,入哥伦比亚大学师范班。同时,遍游美国各地,考察美国各私立大学的设施。翌年冬,先生回国后,就开始筹备大学部。

民国八年(一九一九),北京各学校爱国师生,发起了五四运动,天津各校学生纷纷响应,其中以南开中学学生和先进的教职员为主干,组织请愿和游行示威。那时天津警察厅长杨以德,竟派军警围捕请愿的代表,拘捕示威的爱国群众。南开中学的学生周恩来、马骏等和教师时子周、马千里等四十余人被捕,后经先生设法营救,才获得释放。就在这年的秋天,南开中学校舍之旁,建起了一座楼房,随即聘请教授,招收学生百余人,设文、理、商三科,是为南开大学的雏形。那时,江苏督军李纯(字秀山,天津人),久慕故乡南开学校之名,后因病笃,遗嘱以家产之四分之一(折合当时银币五十万元)捐赠给南开大学。先生得此巨款,即在天津城南八里台附近,购地四百余亩,建造大学校舍,两年后落成,南开大学乃迁入八里台新校址。继李纯督军之后,响应捐款的社会名流,大有人在,李组绅先生捐助矿科常年经费,袁述之先生捐助建筑资金。即异邦人士,闻名捐款者也颇不乏人。秀山堂、思源堂等之命名,皆为纪念捐资助学的诸位先生。

民国十二年(一九二三),先生应社会人士之要求,增设南开中学女中部,在中学附近,租用民房一所,招收

1929年张伯苓夫人与四个儿子在火车站迎接张伯苓赴欧美考察归来,左一张希陆、左二张锡祚、右一张锡羊、右二张锡祜

张伯苓研究会/供图

女生七十余人。两年后,又经各方人士捐助,在男中部操场之南,购地十亩,建筑了女中部新校舍。

民国十六年(一九二七),先生鉴于东北各省蕴藏丰富,而东邻日本谋我甚急。于是在校内组织东北研究会,先生并亲去东北黑龙江考察,回来又组织东北考察团,到东北作实地调查,搜集资料,编写教材,作为中学部的地理课本。为此,深遭日本人的嫉恨。后来,一九三七年七月二十八日的"天津事变",南开学校惨遭日寇炮火轰击,被夷为废墟,实肇因于此。

民国十七年(一九二八),又成立了南开小学。同年冬,先生第三次出国考察教育,周游世界,环绕地球一周。所到之处,深受热烈欢迎,留学各国的南开校友,也都分别远道赶来,与先生欢聚,无论到哪里,都能看到南开的学生。先生最爱学生,爱青年人,他常说:"我看见了青年人,就忘记了自己的老了。"这一年,先生得卢木斋先生资助,修建了一幢规模宏大的图书馆,可供藏书三十万册,命名为木斋图书馆,以资纪念。

民国十九年(一九三○),在女中部对面,购地十亩,起建小学部校舍。到此,南开学校的大学部、男中部、女中部和小学部,全部建成,规模齐备。校舍绵延达一里,蔚然成为一片文化区。大学部自校门起,大道笔直,两旁绿树成荫，曲池芳荷，红楼相望，已成为津南的风景区了。先生平生殚精竭虑，为祖国之复兴，创办南开学校，培植人材，到此，已初见成效。平居时常对我们说："我死后，一定要葬在南开大学，我永远看着南开学校的存在和发展。"


· 教育思想 ·

先生见及清末国势之衰颓，原因在于五病：曰愚、曰弱、曰贫、曰散、曰私。他创办南开学校，在培植学生时，要力矫以上"五病"。其教育方法，着重在下述五个方面。

1. 培养新道德，力矫时弊。严禁吸食鸦片、酗酒、嫖妓、赌博和早婚。学生有违犯者，即予开除，决不宽贷。在教室楼门侧，立一面大镜子，镜铭曰："面必净、发必理、衣必整、纽必结。头容正、肩容平、胸容宽、背容直。气象勿傲、勿暴、勿怠。颜色宜和、宜静、宜庄。"是立镜以力矫当时颓靡不振之风，要求学生们随时精神饱满，生气勃勃。每星期三下午有修身课，给学生讲授读书爱国和做事做人之道，间或旁及国内外大事，有时也请些学者名流来校讲演，使学生接受新思想，增长新知识和提高新的道德观念。

2. 提倡科学知识，介绍西方科学，灌输新思想。在科学研究中，特别注重科学实践。南开中学创建一开始，就在国内外购置了大批实验仪器和教材，教给学生亲手做理化实验。这样的设备，颇受来校参观者的赞许。

3. 注重体育锻炼，培养健强的体魄。平时训练学生，首先在于加强课内课外的体育锻炼，有关各种体育设施、运动场地，都力求完善，在历年国内国际的各届运动会中，南开学生都有出色的成绩。在体育锻炼时，更重视体育道德的培养。南开中学初时每星期六下午，还有一次全校学生大会操，加强训练学生们的组织性和纪律性。

4. 培养组织能力。为了训练学生的组织能力和办事能力，多方面指导学生做课外组织活动，组织各种团体，如：各种学术研究会，演讲比赛会，出版刊物，创办新剧团，成立音乐研究会，组织体育队，等等，使学生在幼年时就能适应团体生活，加强团结思想。总之，要使每个学生，不但要会念书，也要会办事。

5. 灌输爱国思想。先生平日念念不忘图强雪耻（实际上是他爱国主义思想的具体实践），经常对学生们进行爱国主义思想教育，以便将来毕业离校做事时，不论什么事，都能联系到国家民族的利益。学生们从幼年就接受着这种教育，其爱国思想，就会终身不忘。

先生从幼年承久庵公教诲，办学重实践，贵启发，并且常以"干、干、干"三字训导学生。他常说："凡事必须亲自动手实干，才能懂，才能会，才能精。"先生还多次讲："我是学海军的，对教育本是外行，但我有志于办教育，所以才研究教育，办教育。我是干中再学，学了再干，尽毕生精力于干、干、干，今天我已经由一个外行，变成一个内行了。""又如我校的华午晴先生，他是严、王家馆的学生，没学过土木工程，但他能总管学校的建筑，连年修建，现在女中部的教室楼，就是他绘图设计的，该楼用地不多，楼上楼下，每一方寸之地，他都加以利用，虽一般的工程师，也不能过之。还有王九龄先生，他是师范班毕业生，没学过农林、园艺，但他管理学校的花木以来，经过处处向别人学艺，天天看书钻研，今天已成为一名花木专家了。"

先生又常说："正人者，必先正己，要教育学生，必先教育自己。"有一天，中学的修身课，先生看见一个学生食、中两指被烟薰得焦黄，先生指着他说道："看你，把手指薰得这么黄！吸烟对青年人的身体有害，你应该戒掉它。"学生回答说："你不是也吸烟吗？怎么说我呢？"

先生当时很受启发，深感欲教育学生，必先教育自己，凡事都要以身作则。于是立即唤校工，将自己所存的吕宋烟，全数取来，当众销毁。校工惜之，先生答道："不如此，不能表示我的决心，从今以后，我与诸同学共同戒烟。"此后，南开在校学生，再没有吸烟的了，先生也终身不再吸烟。

· 课外活动 ·

南开学校为了培养学生的组织能力和团结精神，由学校派有专人指导，成立各种各类的课外组织活动，同学们可根据各人的爱好，自由参加。每天下午散学后，学生们就各自去参加课外活动了。这些课外组织有：自治励学会、敬业乐群会、青年会、童子军、新剧团、国剧社以及各种体育组织、各种学术研究会、演讲比赛会和出版刊物，等等，其中以新剧团、体育会两个组织最为活跃。

南开的新剧团，成立于清宣统元年（一九〇九）。最初的目的是锻炼学生的演说能力，并利用剧情，针砭时弊。最早上演的剧目为《用非所学》，由先生主编和导演，剧本描写一个学而不化、到处碰壁的人，很富于幽默感。

先生对新剧团负责了启蒙第一课，以后即由师生共同创作，共同演出。剧本：集体创作有《仇大娘》、《一元钱》、《新少年》、《一念差》、《新村正》等。其后张仲述由美回国，他很喜欢研究西洋戏剧，编导了《人民公敌》、《娜拉》、《少奶奶的扇子》等。负责舞台布景的是华午晴，剧情报告则为章辑五。早期演员有时子周、马千里、周绍西、王祐辰、尹劭询、伉乃如等；继后有周恩来、马骏和万家宝（曹禺）。以后，随剧团之发展，服装、道具、灯光、效果以及化装等，也都渐具规模，各有专人管理。剧团每在校庆日，公开演出，一连两天，轰动一时。除校庆日之外，每周星期六或一般小的节日，也有演出。学生们花费一角钱，买上一张票附带一包糖果，又看、又吃、又玩，师生同乐。那时，万家宝正在中学部读书，受到不少的影响，他创作的名剧《日出》、《雷雨》等，都曾在南开新剧团上演过。戏剧公演之同时，还不断穿插些相声、魔术等小节目。特别有一位同学姓杨（忘其名），他在读中学时，就常表演魔术（变戏法），后来，他升入大学攻化学，利用物理、化学的实验，丰富了他的魔术内容，颇得观众的喝采。那时南开的新剧团，实已超过了一般剧团的技艺水平。

后来，南开又成立了京剧社，在学校的节日，也常常上演。每次演出时，先生总是坐在前排，聚精会神地观赏，直到剧终为止，不论台上演的好或不好，他都兴高采烈地为演员们打气。他常说："这是师生们在一起玩，不能要求太高嘛！"他平生的爱好，就是跟学生在一起玩。

南开的体育，也开展得最早。无论是田径，或是各种球类，包括篮球、足球、棒球、排球和网球等，以及武术会，都是很发达的。在历届华北或全国运动会上，南开是享有盛名的。那时，先生总是担任着总裁判。田径赛里出现过"大金刚"、"二金刚"；篮球队里出现过南开"五虎将"，即李国琛、刘建常、王锡良、唐宝堃和魏蓬云等。他五人曾代表中国，出席过远东运动会。当先生看到这些神采奕奕、生气勃勃的年青一代各显身手时，从他微笑的面容里，可以看出他的内心喜悦。后来，在重庆南渝中学时，先生不惜出大力，修建了一座运动场，叫学生们在里面跑跑跳跳。他常说："这些孩子们像一群野马，哪能关在笼子里？"又说："有了好身体，才能有坚强的意志，担起建设国家的重任；身体若不好，就失掉做事的本钱，什么也谈不到了。"先生不仅重视男学生的体育，同时也重视女学生的体育。一切运动项目，也有女学生参加。要求男、女学生都是文武全才，这就是他的体育方针。

1935年,南开大学与清华大学举行的校际女子篮球比赛 　　　图 / FOTOE

## ·抗战期间·

民国二十年(一九三一)九月十八日,日本侵略者在东北发动了事变,进占了沈阳,不久,日军又北上,攻陷了吉林,吞占了黑龙江。继而寇军占锦州,侵山海关,犯热河,于是我东北大好河山,全部沦为敌有。日寇掠夺东北得逞后,进而窥伺华北,经常在天津编组便衣队,用以滋事骚乱。那时,日本租界里的海光寺兵营,正处在南开大学部和中学部的中间,日本侵略者,常常以军事演习为名,越出租界,一直跑进南开学校来打靶,对准教室楼,架设机关枪,肆行寻衅,制造骚乱。南开师生,早已识破日寇的伎俩,置之不理,照常上课,日寇虽恨之入骨,也无可奈何?!

南开学校虽处在急风阵雨之中,但仍然在不遗余力地发展着。是年,大学设工科和化学工程、电机工程两系。为了进一步提高学术研究,又增设经济研究所和化学研究所。

民国二十四年(一九三五)冬天,先生到四川游历,见到蜀中真乃天府之国,人文荟萃,物产丰饶,于是先生有在川省建立南开分校之意。先生又看到当时的华北局势,日趋紧张,应早做准备,为未来后撤时留有回旋余地。

民国二十五年（一九三六）春，先生派中学部主任喻传鉴到四川，视察川省教育。四月间，在重庆沙坪坝购地八百亩，随即鸠工破土。八月间一部分校舍竣工，招录新生二百余人，九月间正式开学，定名为南渝中学。当时一般社会人士，莫不惊奇于建校之神速。到此时，南开学校由五名学生的严馆，经过四十年来的苦心经营，已发展到大、中、女、小、渝五部，在校学生三千多人。这一成绩，纯属时间的堆积而成，绝非一朝一夕之功。

民国二十六年（一九三七）七月七日，日本侵略者仍沿用其一贯的侵略伎俩，挑起了"卢沟桥事变"，七月二十八日，战祸延及天津。在前一天（即二十七日）下午，有日本军车一辆，满载日寇侵略军，自津南驶来，到八里台南大校门刹车，几个兽兵把校门外悬挂的抗日标语牌，用军刀砍下来拿走，临上车时又大声嗥叫，还有一个兽兵从车上扔到校内一支枪，然后狂傲地乘车散去。当时先生在南京，校内各部负责人见日本侵略兵来意不善，情势危急，时值暑假期间，校内仅少数住校生，还有部分教职员及其家属。学校紧急通知，限他们要在当晚前离开学校，迁往安全住处。学校虽已早在迁移，这时尚有部分图书仪器未及迁出，乃紧急转移。当夜即二十八日凌晨，日寇果然在津发动了事变，由二十八日午夜到二十九日，日寇从海光寺兵营，用密集的炮火，轰击南开大学彻夜未停。第二天寇机又来投掷大批炸弹，之后，有军车开进学校，把未炸平的楼房，泼油纵火烧毁。中学部也遭到同样厄运。事后查明：大学部的秀山堂、木斋图书馆、芝琴楼女生宿舍、单身教授的宿舍楼和大部平房，均被夷为平地。中学部的西楼、南楼和小学部的教室楼，也化为一片废墟。大学校有大钟寺赠送的一口大钟，重一万八千斤，钟面镌有全部金刚经，是罕见的一件历史文物，也被日寇拉走，熔作枪炮子弹，用来屠杀中国人民。当日，日本特务率领几个朝鲜浪人，还到先生家捉人，且幸家人已事先逃离，特务们只把未搬走的衣物抢掠而去。是时，先生适在南京，惊闻南开四部校舍被毁，异常愤怒，念及四十年来惨淡经营，一草一木，莫非亲手建树，今朝日寇入侵，一旦化为灰烬，不禁悲从中来。当时他坚毅地说："我深信中华民族是不会灭亡的。南开学校是为复兴祖国而产生，必定遭到日寇所嫉恨，其被炸、被烧，固意料中事耳，只要中华民族存在，南开也必存在！我们继续努力吧！"

先生的精诚感动了当时的社会人士，于是，大家都争先恐后地为重庆南渝中学捐款，在很短的时期内，添建了南渝校舍，学生名额迅速增加到一千五百多人。为了保存南开的传统精神，并符合各方人士和南开校友的心愿，把重庆南渝中学，改名重庆南开中学。这个南开中学，成了战争时期中国学校的典范，它是战后中国复兴的象征。那时，所有到重庆来的国外人士，都争先参观重庆南开，会会张伯苓校长这个人物。

民国二十七年（一九三八）南京国民党政府迁移汉口后，成立了国民参政会，公推先生为副议长。先生力举国难当头，同舟同济，消弥内争，团结抗战。

同年，国民党政府教育部命令，南开大学、北京大学和清华大学迁长沙，合并为临时大学，继又迁往昆明，定名为国立西南联合大学。北京大学校长蒋梦麟，系先生的老友，清华大学校长梅贻琦，是南开中学第一班毕业生。先生与蒋、梅二氏，共任西南联大常委，先生力举合作到底，直到抗战胜利，三校复校时，三常委始终是和衷共济的。

抗战期间，先生在重庆专心致力于南开中学的建设。几年的工夫，他把沙坪坝八百亩荒地建成为一座大花园。他修建的计有：教室楼二，图书馆一，男生宿舍三，女生宿舍一，其余如医院、饭厅、浴室，以及教职员工住宅，等等，样样齐备。另外，依山地起伏，开辟了一座雄伟宽阔的运动场，两旁砌有石看台，坡下凿有养鱼池，环绕池边，遍植蜡梅和栀子花，阵阵清香，薰人欲醉。图书馆前，一片青翠的柏树。外来参观的客人，无不惊奇道："沙坪坝变了，南开学校焕然新貌，张校长是一个魔术师啊！"先生听了微笑着说："不是魔术师，我是一个不倒翁，日本人把我打倒了，我随手又起来了，而且，今天我在建设一个雄伟壮丽的教育基地，准备建设新中国。"但是，日本侵略者对于这个民族教育基地，更加嫉恨，愈呈凶残，于民国二十九年（一九四〇）八月间，又以几十架寇机，围绕着这个毫无军事设施的教育基地，投下了大批巨型炸弹。日机撤离后，南开学校的损失虽很严重，但先生毫不在意，立刻派工整修，迅即复原，学校课业依然照常进行。当时，有人忧心如焚地说："机若再来轰炸，怎么办！"先生坚毅地说："再炸，再修！"先生的确是个不倒翁。

抗战时期，先生的家就住在津南村三号，那是一所四开间的小平房，设备简单而朴素，经常有南开校友、老朋友和慕名人士来看望和访问他，先生总是盛情接待。国共合作时期，周恩来、邓颖超二同志，就是先生家的座上客，周恩来同志与先生有师生谊；邓颖超同志五四时期，在北洋女子师范读书，当时先生兼任该校校长，故与先生也是师生关系,彼此间有着深刻的认识和深厚的情谊。后来毛主席到重庆时,周恩来同志陪同毛主席曾来拜望先生,会面后,相谈甚欢。次日,先生还带我们进城,到上清寺张治中宅回拜毛主席,适值主席外出,不遇而返。

· 南开校训 ·

在南开学校建立初期,先生为矫"五病",树新风,制定了五项教育方针。但由于时代的变化,半个世纪以来,世界已由蒸汽机时代,进入原子能时代了。时代在向前进展,先生的教育思想,也是随时代之进展而进展的,他的五项教育方针,现已进入"公能教育"时期了。他在重庆南开中学运动场坡地上,用绿色的冬青草植成两行标语,即"允公允能"、"日新月异"。这就是南开校训。

允公与自私是对立的,先生常着重指出:"允公是大公,而不是小公,小公只不过是本位主义而已,算不得什么公了。惟其允公,才能高瞻远瞩,正己教人,发扬集体的爱国思想,消灭自私的本位主义。""允能者,是要做到最能,要建设现代化国家,要有现代化的科学才能,而南开学校的教育目的,就在于培养具有现代化才能的学生,不仅要求具备现代化的理论才能,而且要具有实际工作的能力。"这就是南开校训"允公允能"的真实含义。

为了赶上时代和跨过时代,先生又在大学部成立了经济研究所和各种理工研究所,号召学生向世界科学文化新的高峰进军。所谓日新月异者,即要求学生一天天在变,一天天在长,使每个学生亲眼看到南开学校也在时时变,天天在向前发展。先生常教育学生们说:"所谓日新月异,不但每个人要能接受新事务,而且要能成为新事物的创始者;不但要能赶上新时代,而且要能走在时代的前列。"这就是南开精神。

先生极其重视环境教育,他认为清洁整齐,生活有规律,事事有条理,这些对学生都能收到潜移默化之功。在先生指导下,不论是在大中女小各部,也不论是在天津或重庆,学校里随时随地地保持着清洁整齐,秩序井然。因此,所有在校学生、教职员工们,都是精神勃勃的。南开学校是私立的,一切经费和建设维护,都依仗募捐来维持,所以平日对校舍的保护和维修特别注意,年年粉饰油刷,即或一块窗纱,一片玻璃,也是随破随修,地上永远看不到碎木板、烂砖瓦,使人踏入南开校门,便感到气象清新,生气盎然。

先生平日最注意于培植后进,选拔人才,不论谁有一点儿长处，他都要尽力奖掖，给以发展的机会。先生最能知人善任，他常说："各个人都有他的长处，也都有短处，世间没有十全的人，我们使用人才，要尽量使他发挥所长，避其所短，在他长处得到发展时，短处就会退缩不显了。如果我们处处吹毛求疵，世间将无可用之人了！"先生的一生，不论对人对事，都着眼在明朗面上，这是一个教育家特有的性格。人们见了他，总要亲热地叫一声"老校长"，这是人们乐于受教的表现。

· 曹禺和老舍的祝词 ·

民国三十四年（一九四五）八月，日本侵略者战败投降，我国宣布抗战胜利。先生闻讯后的喜悦心情，自不待说，更重要的是他早已预做准备的大事——南开复校工作到来了。先生立即召集在校的基干同仁，开会研究复校工作的安排、经费的筹措。大学部已改为国立，经费可由政府拨给，而中学部仍是私立，一切经费均需自筹。因此，这项复校工作，不是一件小事，既要人力和物力，更要紧的是财力。且幸先生凡事机先，他深知南开的建立，全仗社会人士的玉助，南开的复校，也离不开社会人士的支援，所以他早已尽力联络各方面人士，吁请支持。他更明白，南开校友遍布国内外，这是很大的力量，所以他平日极关注校友会的活动，经常把复校计划详细地告诉校友们。今日复校工作开始了，只需再作一番呼吁和号召就行了。

大学部是整个由昆明迁回天津，除整修残存的废旧校舍之外，又由国民党天津市政府在市内甘肃路，拨给一所日本学校，作为南大东院，招生开学。先生决定派喻传鉴、丁辅仁和王九龄三位老同仁先到天津，筹备中学部的复校，具体工作由丁辅仁负责。在他们行前，先生只简单地嘱咐说："你们只扛着南开这面大旗去干吧！"第二年（一九四六）夏初，我回到天津，丁辅仁先生笑着对我说："你看啊！校长给了我们这面大旗，我扛着它真是无路不通。刚回来，现在都修起来了，真是焕然一新，又在甘肃路接收了一所日本女学，作为女中部校舍。一切教学设备也全有了，大礼堂一排排的座椅，能容纳两千人，这些东西，单是有钱是买不来的，我们只是跑跑腿，动动嘴，全亏这些位社会人士们、校友们，有出钱的，有出力的，没费什么劲，就把工作全办好了，这不是奇迹吗？"这一段复校史很顺利，大学、男中和女中，都已恢复，只有小学部还没有恢复起来。

民国三十五年（一九四六）四月五日，是先生的七十诞辰，一些侨居美国的中国社会人士和南开校友相联合，为先生祝寿。席间，贺客联名题词志贺，内容丰富多彩，其中以作家老舍（南开老教师舒舍予）和剧作家曹禺（南开学生万家宝）二位先生的贺词，最能道出先生的生平业绩。原贺词记录如下：

## 张校长七十大庆

知道有个中国的
便知道有个南开。
这不是吹，也不是嗙，
真的，天下谁人不知，
南开有个张校长？！

不用胡吹，不要乱讲，
一提起我们的张校长，
就仿佛提到华盛顿，
或莎士比亚那个样。
虽然他并不稀罕作几任总统，
或写几部戏剧教人鼓掌，

可是他会把成千上万的小淘气儿,
用人格的熏陶,
与身心的教养,
造成华盛顿或不朽的写家,
把古老的中华,变得比英美还更棒!

在天津,他把臭水坑子,
变成天下闻名的学堂,
他不慌,也不忙,
骑驴看小说——走着瞧吧!
不久,他把八里台的荒凉一片,
也变成学府,带着绿柳与荷塘。

看这股子劲儿,
哼!这真是股子劲儿!
他永不悲观,永不绝望,
天大的困难,他不皱眉头,
而慢条斯理的横打鼻梁!

就是这点劲儿,
教小日本儿恨上了他,

哼！小鬼儿们说："有这个老头子，
我们吃天津萝卜也不消化！"
烧啊！毁啊！
小鬼儿们连烧带杀，
特别加劲儿祸害张校长的家！
他的家，他的家，
只是几条板凳，几件粗布大褂，
他们烧毁的是南开大学，
学生们是他的子女，
八里台才真是他的家！

可是他有准备！他才不怕，
你们把天津烧毁，
抹一抹鼻梁，
哼！咱老子还有昆明和沙坪坝！
什么话呢？
有一天中国，便有一天南开，
中国不会亡，南开也不会垮台！
沙坪坝，不久
又变成他的家，
也有荷塘，也有楼馆，

还有啊！红梅绿栀，
和那四时不谢之花。


人老，心可不老，
真的！可请别误会，
他并不求名，也不图利，
他只深信受教青年真对，
对，就干吧！干吧！
说句村话：
有本事不干，简直是装蒜！


胜利了，
他的雄心随着想象狂驰，
他要留着沙坪坝，
还要重建八里台，
另外，在东北，在上海，
到处都设立南开。
南开越大，中国就越强，
这并不只是他个人的主张，
而是大家的信念和希望！

他不吸烟，也不喝酒，
一辈子也不摸麻将和牌九。
他爱的是学生，
想念的是校友，
他的一颗永远不老的心，
只有时候听几句郝寿臣，
可永不高兴梅博士的《贵妃醉酒》。

张校长！
你今年才七十，
还小的很呢！
杜甫不是圣人，
所以才说："人生七十古来稀！"
我们，您的学生
和您的朋友，
都相信，您还小的很呢！
起码，还并费不了多大的劲，
您还有三四十年的好运！
您的好运！也就是中国的幸福。
因为只有您不撒手南开，
中国人才能不老那么糊涂。

张校长!

今天我们祝您健康,

祝您快乐!

在您的健康快乐中,

我们好追随着,

建设起和平的、幸福的新中国。

大中华民国三十五年三月九日<br>
学生　曹禺<br>
　　　　　　敬祝<br>
后生　老舍<br>
纽约城

这首贺词写得非常的妙,也非常真实。先生说:"这首诗写得很好,给我好好地保存着。"先生的一生事业,早已闻名国外,三十年前,先生曾在哥伦比亚大学研究过教育,今天该校为了表彰先生的事业成就,特赠名誉博士学位,以志荣誉。南开中学自从一八九八年的严馆时期,只有几个学生,两年后,合并严、王两馆,中学部成立,也只有学生七十三名,一直发展到全国解放前夕(一九四八年),前后五十年来,南开建成了大、中、女、小、渝五部,在校学生,计达四千余人,历年离校的校友,更不下数万人。中国自清王朝的覆没,到民国肇兴后的半个世纪以来,由于列强的入侵和军阀的割据,战乱频仍,南开就是处在这种风雨飘摇之中。后来又惨遭日寇的洗劫,天津南开虽全部被摧毁,而重庆的南开迅又开放出灿烂的鲜花。有全国人民都在爱护和支持南开,所以,她虽处在急风暴雨之中经受着种种困难,但她有着强烈的生命力,仍然是在成长、在壮大。先生常说:"南开学校的诞生和发展,这是中国人民的愿望,不过是借我的手来完成罢了。"事实的确是如此。

南开的基本干部,多是严、王家馆或南开早期毕业的老学生,师生间,情谊深厚,过于父子。所以,南开的一切工作,都能得心应手,同仁们是紧密地团结在一起的。即使是外地人,进入南开工作的,只要经过一个时期,他也会熔化在这座大熔炉里。五十年来,南开之所以冲破所有难关者,主要原因在于她有一个坚强的领导、一个勇敢顽强的组织和一个纯朴为公的校风。

民国十五年(一九二六),南开中学的董事长,先生的老友颜惠庆博士,在北京组织摄政内阁,约请先生担任教育总长,先生以与严范孙先生有约"终身办教育,不做官",婉言谢绝。同年,奉军进关,张学良氏又约先生出任天津市市长,先生也予辞谢。当时,舆论界有人评论说:"先生终身办教育,不做官,他不是革命家,而是一位事业家!"先生点点头说:"对的,救国之道万端,端在各行其志。所谓见仁见智者,各有千秋。"

· 盖棺论定 ·

一九五〇年六月,政务院总理周恩来同志,派飞机接先生和夫人由重庆来北京。同年秋回津,在大理道租了一所房子,与三子锡祚同住。这时,先生已是七十五岁的高龄,但对祖国大事,仍然很关心。天天要看几份报纸,接待些来访的客人,在每一个星期里,他以两天的时间,分别约请老校友和老同事,来家吃饭、欢聚和畅谈。

一九五一年二月十四日午后,有客人来访问,相谈甚欢,来客临走,他还送出门,回来已是六点多钟。晚饭后,他坐在椅子上,忽然一阵口角歪斜,左臂麻木,我们急把他扶到床上睡下,神智似还清醒,但嘴已不能说话了。经医生急救,据说是脑栓塞,恐怕希望不大了。因喉咙麻痹,已不能进饮食,虽经鼻饲法,也效果不大,延至二十三日午后六时半,先生溘然长逝。时年七十六岁。

周总理闻讯后,专程来津吊唁,叹息先生死得太早

张伯苓校长夫人王淑贞、三公子张锡祚、三儿媳瞿安贵、孙女张元良、孙子张元龙

张伯苓研究会 / 供图

了，日后新中国的伟大建设和伟大的教育计划，先生是看不到了。远近的知交和南开校友，函电飞来或亲临吊唁。国外各地，凡有南开校友的地方，都在集会吊唁先生的一生。三月四日发引，参加丧仪的宾客近千人。先葬吴家窑永安公墓，后移津东杨家台祖坟安葬。王氏夫人一九六一年冬去世。次年春清明节，与先生合葬于天津市北仓第一公墓。为先生和夫人立碑，由老同学吴玉如先生书文，铭曰：

故南开大学校长张公伯苓，讳寿春，生于公元一八七六年。毕业于北洋水师学堂。曾与中日甲午之战，慨国事之日非，痛民族之濒危，奋志以教育救国，毕生殚精力无渝。先后五十年，历考中外，不畏艰难，创立天津南开大学、中学、女中、小学及重庆南开中学。作育人才，力崇实践，始终以允公允能，日新月异为校训。自奉则绳检澹泊，待人惟和易笃诚。卒于公元一九五一年。夫人王氏，生于一八七三年，相夫教子，勤俭持家，公生平志业，亦赖于内顾无忧也。卒于一九六一年。

先生有教育家风度，直率而热情，最喜欢青年学生而又好客。在早期南开中学时，每到暑假，先生必邀请应届毕业学生，来家做客，王夫人亲自下厨，做好大碗炖鱼炖肉，大盆的米饭馒头。饭菜上桌，这些毕业同学们便一齐动手，又吃又喝。饭后还有游艺节目，务使大家玩个尽兴才散。通常每逢星期日也不断有同学们来玩。后来，四部成立，学生太多了，家里招待不下了，才改到大礼堂，去进行师生同乐的游艺晚会了。星期日之外，平日也有老朋友、老校友和慕名来访的生客人，不管客人多少，先生总是留住吃饭。若到每年清明日他的生日那天，更是门庭若市，家里有数不清的客人。客人们也不择饭菜粗细，宾主之间，总是笑声不绝。

先生一生不蓄私产，他常说："我用不着攒钱，那些学生们，就是我的子女，等我老了，他们会养活我。"王夫人打趣地说："你有学生养活，我呢？"先生答说："你有四个儿子养活，怕什么！"夫人说："你不给他们钱，他们怎能养活我？"先生说："我不能给孩子们留钱，他们钱多了，就不想做事，岂不是害了他们吗？我教他们一些德行，就够他们一生享用不尽的了。"南开中学成立后，董事会给他规定薪金一百八十元，他自己一文不用，悉数交给王夫人，作为家用。后来大学部成立时，董事会又给他定薪，他说："中学部已给我定了薪，我不能再兼薪了。"最后，严范孙先生给他强定了一百元。这笔款，先生从未往家里拿过,只存在学校里,作为给学生们作保的赔偿费。

抗战前,天津的电灯电车公司,聘先生为该公司的董事,月给车马费,先生便把这些钱给南开的老职员们。他说:"他们工资低、责任重,而又忠于职守,家庭困难,我要这钱没用,应该送给他们!"王夫人深明大义,对先生解囊助人之举,从未有过意见。

先生平易近人,笃实而直率,从不自炫高明,无论是说话、做事或待人,总是力求通俗化,他说的话,让人听得明白,道理让人容易懂,他本人也让人乐于接近。他认为教育的对象是群众,若离开了群众,他就办不成教育了。

(编者注:本文写于一九六四年,系张锡祚怀念父亲之作)

## 陈裕光 1893—1989

号景唐,浙江宁波人。一九一五年毕业于金陵大学化学系。一九二五至一九二七年任金陵大学教授。一九二七至一九五〇年任金陵大学校长。毕生致力于教育事业,他为金陵大学建立了优良的校风,使该校成为国内外知名的学府,根据当时的社会实际需求为国家培养了诸多治国之才。

# 回忆金陵大学  文/陈裕光

陈裕光早年留学美国,一九二二年毕业于美国纽约哥伦比亚大学研究生院,获有机化学博士学位。同年回国,任北京师范大学理化系主任,并两次代理校长职务。一九二五年,担任金陵大学化学系高级有机化学教授。一九二七年起任金陵大学校长,是全国第一位担任教会大学校长的中国人,任期达二十四年之久。一九三二年,中国化学会成立时,被选为首任会长,并连任第二、三、四届会长。新中国成立后曾担任轻工业研究所化学顾问、上海市政协委员、南京大学校务委员会顾问。

在我国近代教育史上具有一定影响的金陵大学,创办近一个世纪以来,培育了很多人才。金陵大学的许多校友分布于国内外,在各个领域内发挥所长,受到当地社会的重视。其中在南、北美洲,金大校友有三四百人;台湾也有四五百人,分布于政治、实业、文化、教育、农业等各个方面。比如,以"经济复兴"为号召的台湾农业界中的大部分骨干为金大农科毕业生。

旅居国外的金大历届校友,在不少地方有校友会组织。一九八二年夏天,我应在美校友的邀请,远涉重洋,前往访问,会见了美国各地不少的金大校友会同学,昔日莘莘学子,今已两鬓斑白。近年来,不少侨居国外的校友,出于热爱祖国,陆续回来讲学、访问,对我国的现代化建设起了积极的作用,对我这个老校长,也关切备至。

我青年时在金大前身汇文书院附中读书,后入金大直至毕业,前后达十年之久。一九二五年至一九五一年,我重返金大,由教授至校长,又历二十六个年头,与金大的

1916—1922 年留学美国时期的陈裕光
陈佩德 / 供图

历史渊源很深。现在回忆一些亲历目睹，作简略叙述，因时日久远，疏漏、片面之处在所难免，希识者匡正。

· 创办经过 ·

上世纪末，美国基督教会派到中国来的传教士甚多，他们一面传教布道，一面创办学校，先后在中国设立了十三所高等学校（即上海的圣约翰大学、沪江大学，苏州的东吴大学，杭州的之江大学，南京的金陵大学、金陵女子文理学院，广州的岭南大学，福州的协和大学、华南女子文理学院，成都的华西大学，北京的燕京大学，济南的齐鲁大学，武汉的华中大学）。金陵大学是美国教会在华最早开办的大学之一，也是规模较大的一所。在旧社会，是国内外知名的大学之一，向由美国教会选派美国人担任校长。

金陵大学由南京汇文书院等三所教会学校合并而成。先是美国教会中的美以美会、长老会、基督会相继派出传教士，在南京创办汇文书院、基督书院与益智书院。其中开办最早的是汇文书院，创建于一八八八年，距今已近一个世纪。院长就是后来在上海创办《新闻报》、《英文日报》及《亚洲文会》杂志的福开森（J. C. Ferguson），他与清末两江总督刘坤一，邮传部尚书、航政大臣盛宣怀及一些北洋官僚频有往来。此人来华不过二十岁左右，原是南京地区的一个传教士，操一口南京话，精通中文，活动能力很强。他很早脱离教育界的原因之一，据说是因为汇文书院院长待遇不高。去职后受盛宣怀之聘，为上海南洋公学监院。福开森居中国六十年，对东方，尤其是灿烂的中国古代文化，兴趣很浓，收集古代金石书画甚丰，后悉数捐赠金陵大学。一九四一年太平洋战争爆发，福开森被日人囚于集中营，后美日交换俘虏，返回美国。一九四五年病故。

我于一九〇五年入汇文书院附属中学。汇文书院是美国教会在南京创办的第一所高等学校，中学部又称"成美馆"，大学部设博物馆、医学馆、圣道馆。博物馆即文理科，一九二八年立案后改为文学院、理学院。医学馆即医科，曾办有鼓楼医院。

这一时期特别值得一提的，是不平凡的一九〇〇年，义和团起义，八国联军攻占北京。当时长江下游虽没有像直隶、山东那样处于风暴中心，也是风声鹤唳，南京的美国传教士同样受到了中国人民爱国运动的冲击。这时，美国传教士也开始对在华办学重新估计。为了适应中国的现实，从多方面改变中国人对美国教会的感情，教会学校必须提高教学质量及办学水平，而三个书院分设，既不利于管理，又不利于提高质量及扩大教会的影响，几经酝酿，一九〇七年，基督、益智两书院合并为宏育书院。一九一〇年，汇文书院与宏育书院又合并为一，定名为金陵大学。

合并计划的第一步是购置土地，扩充校舍。全部工程由美国芝加哥一家公司设计承包。建筑材料除屋顶的琉璃瓦和基本土木外，都从国外进口。新校舍从一九一〇年开始设计、动工，至一九一五年秋，长达五年始部分落成。建成后的金陵大学校舍，中西合璧，美轮美奂，十分宏伟，基地面积达二千多亩，与鼓楼巍然并峙，为当时南京最大之建筑。

## ·基督化教育·

金大的办校宗旨是培养学生的"基督化人格"，亦即培养"基督牺牲与服务精神"，以"造就健全国民，发展博爱精神，养成职业知能的根本"，实际上就是推行基督化教育。因此，宗教气息十分浓厚，宗教仪式十分严格，

金陵大学校门　　　　　　　　　　　　　　　　　　　图 / FOTOE

金陵大学大礼堂　　　　　　　　　　　　　　　　　　陈佩结 / 供图

宗教课为必修课。每逢礼拜，师生必须参加。后来，除本校师生外，不少校外教徒也加入了礼拜行列。基督教义为许多人所接受。

合并前，学校最高行政管理权操于美国传教士和美国差会干事之手。合并后，中国籍的教职员工人数虽有增加，但行政领导、各科主任、系主任及主要教职员仍为美国人。原来的文理科有所扩充，增加了几个系，医科停办。一九一四年成立农林科，后又增设农业专修科。

金陵大学的经费，开始时多仰赖美国教会拨给，学生不仅免收学费，甚至还另给津贴，但学生还是寥寥无几，因为当时社会上对"洋鬼子"办的洋学堂，心存疑虑，多不愿送子弟入学。后来，西风东渐，家长们开始改变看法，把子女送入教会学校求学的逐渐多起来，学校开始对部分学生收取学费，我就是在开始收费后进去的。

教会学校重视英语，这对教师、学生都一样。一年级新生入学考试，仅英文一项，就要过五道关：听力、读力、作文、语法、字量（常见字的字义及用法）。在课本方面，除去国文、中国经史等课程不能不用中文外，其他课程，包括文娱活动，全部采用英文，连助教指导实验、运动场上运动员的口语、学生助威的啦啦队，也无例外。我是学化学的，必须读英国文学史、英文修辞学、英国古

金大学生读南京《新华日报》(1951年10月) 图 / FOTOE

典文学。由于一系列的强制措施，金大学生的英语水平一般都比较高。三十年代华东四大学（金大、圣约翰、东吴、之江）一年一度的英语辩论会，金大常占优胜。除英语外，学生对其他学科也能勤奋学习。写到这里，使我想起辩论会上的特殊现象：其他学校师生都是西装革履，而平时既穿西装、也穿中装的金大学生，在辩论会上一律长袍马褂。满口流利英语，一身学究打扮，直到现在，我还印象很深。我这个校长，在金大二十多年，从未穿过西装，作为民族文化的表率和民族精神的体现，金大很多教授也穿中式服装。

金大教学用的教材、图书杂志、仪器设备乃至有些生活设施，有一时期也从美国运来。一句话，从行政到教学，很少与中国政府发生关系。这一现象至一九二八年向中国政府立案后才开始改变。教授当时皆为美国传教士，只有教中文和在人员不足的情况下，才聘请华籍人员。中美教职员的待遇有很大差别，等级高低也很明显。华籍教师中出过国的比未出国的高。

金大有"钟山之英"的美称。对学生要求不论学习上还是品德上一向从严。三十年代初，各省兴办大学，师资咸感不足，金大毕业生多为征聘对象。高等学府是这样，政府机关、金融界、实业界、科学机构，也有金大校友跻身其间。时至今日积极工作，以期为人类社会贡献力量的金大校友，国内、国外都不乏其人。

金大同时在美国纽约州教育局立案，毕业生可同时接受纽约大学的文凭与学位，并可直接升入纽约大学或任何美国大学的研究院而不受限制，与欧美大学享受同等待遇。

金大第一任校长为美国人包文（A. J. Bowen），教务主任兼社会经济学教授是美国人夏伟斯（G. W. Sarivis）。夏伟斯在金大推行一种美国式的计分制，即五等制，如一班十个学生，必须按照一等一人，二等二人，三等四人，四等二人，五等一人的比例计算成绩，并硬性规定五等生开除。结果很多学生不来了，教授们意见纷纭，有的公开进行抵制。后来被迫取消。如华籍哲学和中国文学教授刘伯明，对此即表反对。这位刘教授是一九〇九年金大文科毕业生，是中国学生中最早获得美国哲学博士学位的一位爱国学者。他在金大担任国文系主任，热爱祖国古典文学，试图把中国古代哲学思想和西方哲学思想结合起来研究，但未能实现。他的教育思想与某些美国传教士格格不入，又对外籍教师的一些生硬作风不以为然，遂愤而辞职，受聘去国立东南大学担任副校长。刘伯明不仅在国内，在国外也为人所熟知。此外，还有许多不知名的同学，他们来到金大，不仅为了学习外语、科技和书本知识，更怀有远大抱负和爱国思想，关心学校前途。所有这些都是随后由中国人当校长的精神准备。

由于当时金大的经济命脉掌握在美国教会手里，校长和主管财务人员，都直接由美国教会指派。主管财务人员初称司库，立案后改称会计主任。坐这把交椅的是美国女教士毕律斯。她来华时才二十岁左右，一九四九年离开南京时，已年逾花甲，是位有献身精神、精明能干的老小姐。一九二七年我当金大校长后，她是配备给我的英文秘书。

· 动乱中接任校长 ·

一九二七年，我国人民的反帝运动如火如荼，大革命风暴席卷全国，北伐军势如破竹，摧毁了北洋军阀吴佩孚、孙传芳的统治。"打倒列强"、"铲除军阀"的呼声震天动地，一向被称作"睡狮"的中国人民觉醒了。北伐军气壮山河，一举攻克南京，南京城内新旧交替，一时显得纷纷扰扰。市上盛传国共合作政府即将在北京成立，这使外国传教士心惊胆战，纷纷作离去的打算。校长美国人包文看到中国政府动荡，形势逼人，也产生了辞职返美的念头。那时，原文理科长美国人夏伟斯已回美国，我正暂时代理文理科长职务。包文耳闻目睹，感到外国人当中国大学的校长已不合时宜，认为校长一职，还是中国人出任为好。为此，他曾多次找我谈话。他认为我出身金大，留学美国，与金大源渊较深，对教会情况比较了解，而且在北京师范大学又有过行政领导的经验。我对行政领导素无兴趣，不善于应付人事，以前所以离开北师大来宁，就是因为怕挑行政领导的担子。因此，我婉言回绝了包文的邀请。后来，局势进一步变化，包文再次对我提起此事，我的态度一如既往。不久，金大所有的美国传教士全部撤离南京，包文正式辞职。七月，国民党在南京成立政府，规定教会大学必须由中国人担任校长，始准立案。于是，先由中国籍教授、职员组成临时校务委员会维持校务。至此，金大开始在名义上由中国人领导。校务会初设委员五人，由农林科长过探先、文理科长陈裕光、教授刘靖夫、刘国钧、李德毅担任，公推过探先为召集人。后来出于需要，委员名额增加到十一人。同年十一月，金大理事会在上海开会，突然作出决议，推选我为校长。电报发来，局面已成，难以推辞。就这样，我当上了金陵大学的第一任中国校长，直到新中国成立，高等院校全面调整，金大完成历史使命为止，前后共二十四年。

在我还未正式担任校长之前，我曾主动向即将成立的大学院（国民党仿照法国的大学院制，直属教育部）联系有关学校前途与立案等问题。担任校长后，我第一件事就是向政府呈请立案（当时具体立案条例尚未产生）。我认为在我国办校，理应尊重我国主权，立案是刻不容缓的事情。大多数中国教职员工及学生赞成我的看法，支持我的行动。次年即一九二八年获批准，是当时国内最先立案的第一所教会大学。继金大立案之后，其他教会学校先后呈请，其中最晚的是上海圣约翰大学，该校因圣公会主教、美国传教士持怀疑态度，一直拖到一九四七年涂羽卿担任校长后，始向中国教育部注册立案。

名义上中国人当了校长，实权，尤其是经济大权，依然掌握在美国教会手中。我这个中国校长，几乎很少过问。

立案后，我本着革新的精神对学校的行政管理及教学，进行了一些调整与改革，以适合我国国情。主要是贯彻科学精神，实行教学、研究、推广的"三一制"（即三结合）。重视发扬"共和"精神，如成立校务会常务委员会，十多位常委几乎每周有一两次集会，讨论、研究校务，并对各项重大措施制定决策。这种共和精神，体现在

1912年，金陵大学科学楼　　　　　　　　　　　图 / FOTOE

金陵大学"三院嵯峨"之一角　　　　　　　　陈佩结 / 供图

学校的各个方面，包括学生自己选课方面的学分制，它是金大师生长年累月积聚起来的一种精神力量，是推动金大不断前进的主要因素。概而言之，即爱国主义思想、学术自由思想。

立案后，理事会改为校董会，增加了中国籍校董的比例，使中国人占总数的三分之二，美国人占三分之一，又将各院院长、系主任及各级领导逐步改由中国人担任。教职员工中，中国人的比例也大大增加。实行这种措施，曾遇到不少困难，但在全校师生支持下还是完成了这一改革。这在当时的教会学校中，可以说开了风气之先。

## ·文、理、农三个学院·

金大原设文理、农林两科，立案后扩充成为文学院、理学院和农学院，以符合国家大学至少三院的规定。文学院设立历史、政治、经济、国文、英语、哲学、社会及社会福利行政等八个系，初以研究为主，后重应用及推广。如社会服务深入社会基层，为妇女、儿童服务，同时还关注南京人力车夫的福利；经济系以合作经济为主。到了抗日战争时期，在国际友好人士、新西兰人路易·艾黎领导下，文学院

中国化学会于1982年在南京举行成立50周年庆祝大会时,曾经担任第一至四届理事长的陈裕光(中)与我国第一辈化学家(由左至右)戴安邦院士、倪则埙教授、王箴教授、袁翰青院士合影

陈佩结/供图

许多师生参加了"工合"工作，到各地协助开展"工合"并开办"工合训练班"。我本人在成都时，也曾担任"工合"国际委员会副主席（名誉主席是宋庆龄）。一九四四年我去美国考察时，曾在华盛顿做过有关"工合"的报告，呼吁国际友人给"工合"以更多资助，以支援中国的抗日战争。

文学院成立了历史研究所，与中国文化研究所合作招收研究生。

理学院除原有课目外，加强了课程设备及师资力量，增设化学工程与电机工程课，后来又增设化学研究所。抗战期间，理学院鉴于公路交通之重要，汽车技术人才之缺乏，又添设汽车专修科，前后举办七年，直至抗战胜利复员返回南京始告停止。

理学院推行电化教育时间早、历史长。从一九二二年开始，一直间歇地延续到一九五二年院系调整。抗日战争时期，为适应客观需要，还办过二年制的电化教育专修科、三次电化教育人员训练班。电化教育内容包括教育电影的翻译、制作和幻灯片的制作、发行。电化教育摄制人员的足迹遍及上海、北京、江苏、安徽、河南、江西、山东、河北、绥远、福建、广东、湖南等省市，拍摄各种有关地理、工业、农业、手工业等方面的教育电影，到全国一百多个点巡回放映。有一年日全蚀，理学院院长曾偕同中国天文学家组成的观测队，前往西伯利亚、伯力和日本北海道，拍摄日全蚀电影，后又制成《日蚀》教学片一部，对群众进行科学普及教育。一九四三年到一九四五年，金大内迁成都时期，每周一次露天放映教学电影，经常有许多人观看。

除文、理学院外，原来的金陵神学院与金大脱钩，本着信仰自由的精神，宗教课由必修改为选修，宗教集会改为自愿参加。在此时期，教学方针强调学以致用、学用一致，亦即"研究高深学术，养成专门人才，适应社会需要"。我个人提倡学生思想自由，并鼓励学生组织各种团契、讨论会、读书会（有宗教的，也有非宗教的），旨在了解社会实际，接受进步思想，因此，学术空气十分活跃，呈现出一派欣欣向荣的新面貌。

金大农学院历史悠久，初创于一九一四年，开国内四年制农科的先河。它的主要特点也是教学、研究、推广"三一制"，重在联系中国农业实际，不尚空谈。其中对推广一项尤为重视，师生足迹遍及全国十多个省的农村，受到各地农民的欢迎。其他如教学、研究也卓有成效。金大校誉鹊起，闻名国内外，农科是一主要因素。

一九一二年，农科斐义理教授向在南京的临时大总统孙中山及黄兴、黎元洪等三十人，吁请赞助规模颇大的农义会，这是使遭受水灾的农民开植荒地、以工代赈、自谋生计的办法，深受孙中山先生等人之赞许。随后又请求提倡造林，经临时政府批准，并规定清明日为植树节（后改为三月十二日）。金大的林科就是在此基础上开始成立的。当时，北京农商部设立的林业学校已解散，青岛大学林科因第一次世界大战影响也告停办，国内大专院校设农林科者只金大。

农林科成立后，在南京、安徽等地购买土地，开辟农场，并在学校附近开办农事实验园，培育新品种，同时接受各省保送的官费生前来就学。山西阎锡山、南通张謇等都曾选送学生前来学农，金大也曾派人前往指导植棉。一九二二年，上海各纱厂为建立棉花原料的可靠来源，曾联合要求并资助金大农学院推广植棉。为此，金大开办了农业专修科、农业推广部，并在各地设立试验农场。二十年代初，美国教会曾派一位教授来金大，专教棉花育种试验，后培育成第一号优良棉种，称为"百万棉"，在江苏、安徽等省农村推广。继棉花之后，农科又培育成稻、麦新品种，从事推广，收效不小。

金大农林科立案后改为农学院，下设八个系和一个部：农业经济系、农艺学系、植物学系、动物学系、森林系、蚕桑系、园艺系、乡村教育系及农业推广部。另辟农场及试验场多处，其中农艺学系共有总场一所、分场四所、合作场八所、区域合作试验场五所、种子中心区四所。仅总场就有农地一千七百余亩,蚕桑系桑园有二百三十多亩,试验场面积一百多亩,种植桑树数万株,对改良中国蚕桑业起了一定的作用。

农业经济系曾对土地利用情况作过一次广泛调查。截至一九三一年止,调查范围包括辽宁、绥远、山西、陕西、河北、河南、山东、湖南、湖北、四川、安徽、浙江、广东等十五个省,还曾作过人口调查及水灾调查。对水灾调查的结果,曾细加分析,后交水利和赈济单位作预防水灾之参考。

一九三〇年,美国农业部出资,在金大教授美国人卜凯(J. L. Buck)支持下,农学院进行过一次大规模的全国农村经济调查。这次调查,动员了众多的师生参加,事后写了一份长达数千页的英文报告(后译成中文,名为《中国农家经济调查》,由商务印书馆出版)。这位卜凯,原为安徽宿县地区的传教士,熟悉中国农村情况,写过不少有关中国农村的报告,在美国被视为中国农业专家,担任过美国国务院的中国农业顾问。二次世界大战后,曾任联合国远东救济总署署长。在金大,他曾倡办"东方文物研究所",罗致不少名流学者,孜孜不倦地研究中国语言、语法、中国少数民族史、中国古籍等,前后达二十年之久。

卜凯的前妻就是曾获诺贝尔文学奖的美国女作家赛珍珠（Pearl S. Buck）。她自幼生长在中国，是一位"中国通"，先后写过五十几部作品，多取材于中国农村。她曾把中国古典小说《水浒》翻译成英文在国外发表，《大地》（*Good Earth*）是她的成名作，曾改编为电影。

赛珍珠和她丈夫卜凯同在金大任教。卜凯在农学院，赛珍珠在外语系。由于她上英文课时常常夸夸其谈，离题万里，引起学生不满，后来反映到校长室。我转告了学生对她的看法，希望她引起注意，她就被调走了。此事曾引起部分美国传教士对我的不满，他们说我不尊重赛珍珠，"使金大失去了一位朋友，殊属可惜"。我当时也深感不安，但无可奈何。

根据一九四〇年出版的《金大农学院研究设计一览》所载，农学院创办宗旨，在于"授与青年以科学知识和研究技能，并谋求我国农业作业的改良、农业经营之促进、与夫农民生活程度之提高"。金大农学院在这些方面，确实作出了一定的成绩。当然，有些属于社会的根本性问题，要改善、改革，就不属农学院的范围了。

金大农学院培养了大批农业科学方面的人才，在国内农业科学阵地上，金大校友居于举足轻重的地位，各地有关农业单位和大专院校，主要负责人也多系金大农科出

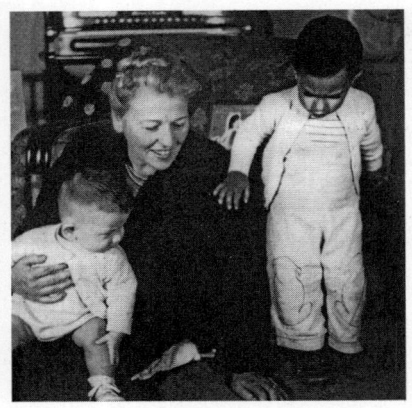

赛珍珠与大卫和里昂·洛德在一起（1948年）。大卫和里昂·洛德是赛珍珠通过国际领养机构欢迎之家领养计划抚养的第一批其他民族的儿童

图 / FOTOE

赛珍珠全家合影（1901年）。自左至右：赛珍珠，她的父亲阿布索伦（Absolom），妹妹格雷斯（Grace），母亲卡罗兰（Caroline），女仆王阿妈站在后排

图 / FOTOE

身。农学院历届毕业生，称得上是遍地开花。如在国外，著名的研究烟草的专家、美籍华裔学者左天觉，也出身于金大农学院。左天觉对吸烟及健康问题颇有研究，在减少烟草有害成分、生产无害或少害的安全烟草方面，作出了贡献，为此曾获一九七八年国际烟草协会的最高科学奖和美国政府授予的美国科学奖。目前，他主持美国安全烟的研究与生产，担任美国贝兹维尔农业研究中心的烟草部主任，也是中国农业科学研究院聘请的第一位外籍名誉研究员。一九八六年六月，他回国讲学时表示，要把世界各国办农业教育的长处，提供给中国参考。他说他要为中国的农学培养高水平的人才作出贡献。

## ·图书馆、中国文化研究所及博物室·

金大对图书馆一向重视，早在二十年代初，农业经济系即成立农业图书研究部，收集中国古今农业书籍及各种图册，编纂《先农集成》及《农业索引》，为搜集、整理我国农业文献，做了大量的工作。图书馆对地方志的收藏，更是不遗余力。金大中国文化研究所成立后，搜集工作抓得更紧。文化研究所附设的博物室藏有殷墟甲骨数百片，包括《老残游记》作者刘鹗陪嫁女儿的甲骨片。这里值得一提的是名画真迹，如海内仅存的南唐画家王齐翰（晋卿）所作的《挖耳图》，图上有北宋、南宋至清末各代名家的题跋。此图原为端方所有，福开森以巨金从端方手中购得，在福开森众多的收藏中，《挖耳图》是其中最有价值的一件。

金大图书馆的管理和图书的收藏、整理，是与图书馆学专家美国人克莱门斯、中国教授刘国钧、李小缘等人的努力分不开的。他们为丰富金大图书，鞠躬尽瘁，值得人们深深怀念。

图书馆建成后，在命名问题上曾出现过意见分歧。有人为了纪念在动乱中被流弹打死的金大副校长、美国人文怀恩（J. E. Williams），主张命名为"文怀恩图书馆"，并在馆前竖立文怀恩的铜像，考虑到金大师生的反帝爱国情绪，结果图书馆落成后，既没有写文怀恩的名字，也没有树立他的铜像。

· 西迁与复校 ·

一九三六年，我去美国考察，把已经辞职的原校长包文请回金大，当我的顾问，因当时金大美国教师人数不少，暴露出来的问题也不少，需要他来帮助解决。他们夫妇两个回来后，果然帮了我不少忙。但终因金大内部人事比较复杂，使我难以大刀阔斧地进行改革。虽然我一向对个人得失，特别是经济权益，无所萦怀，但对更好地开展工作，多少有些阻碍。记得有一次，美国教会派了一位年轻的哲学博士来金大担任教育系教授，此人业务平平，却一心想当作家，经常把他的作品寄往美国发表。有一天，他外出拍摄不雅观的街景，为我校同学所见，认为他选拍的镜头是对我国的有意侮辱，要他当众交出胶卷并赔理道歉。此事闹到校长室，我及时向包文谈了这一情况，包文写信给美国教会。不久，此人便奉命调离返美，但事后却有人批评我偏袒学生。诸如此类的矛盾，常常使我左右为难。

七七抗战之前，美国教会一度设想调整在华的教会大学，考虑把分布在江浙两省的教会大学圣约翰、东吴、之江、沪江、金大、金陵女子文理学院等六校合并成为一所"华东大学"。后因抗战爆发，不了了之，但酝酿、研究了很长时间，也开过不少次会。

当我第二次从美国回来不久，就爆发了"八一三"抗战。由于国民党消极抗日，日军长驱直入，淞沪很快弃守，南京岌岌可危，金大和其他许多单位一样，积极作内

金陵大学师生在华西坝露天吃饭　　　　　　　　　图 / FOTOE

抗战胜利后金陵大学师生分批复员南京，1946年1月，第一批复员回南京的金陵大学师生出发前在成都华西坝留影

图 / FOTOE

迁打算。经与另一教会大学——成都华西大学商洽，决定迁往四川。在迁校问题上，一部分美国传教士对局势估计不足，对迁校抱无所谓态度，显然他们认为一旦南京失守，有美国大使馆保护，不怕日本人干扰。教育部开始时态度暧昧，表示公立大学都迁了，你们教会大学不迁也无所谓。还说目前需要几个大中学校撑场面。在这种情况下，金大只得宣布开学。但二十多天后，局势更趋恶化，教育部突然通知闭校停课，却又表示无法帮助解决迁校所必需的交通工具。金大行政只好发动群众，依靠师生员工的力量，四处借车辆、船只，运送行李家具及人员。最后分三批从下关出发，经汉口抵成都，前后历时三个月，备尝艰辛，全体教工在西迁中表现得同心协力，十分团结。金大校本部迁成都华西坝，理学院迁重庆，次年三月，在四川开学。当时内迁成都的，除金大外，还有金陵女子文理学院、齐鲁大学，最后还有燕京大学，加上原来的华西大学，一共有五所教会大学集中一地，显得十分热闹融洽。

在迁校中，图书馆库藏的图书，因运输困难，未能全部装运，大约只运了总数的十分之一，共一百多只箱子。由南京到成都，路途遥远，沿途押运起卸，图书馆人员均躬亲其事，十分辛苦。

西迁不久，金大又恢复了蓬勃气象，但麻烦与困难还

20世纪50年代后期,黄贞芳(前排中)与留在大陆的长子陈裕光夫妇(前排左4、左5)、次子陈裕华夫妇(后排左2、左4)、三子陈裕康(后排左5)、长女陈圣婉夫妇(前排左1、左2)在家中合影

陈佩结/供图

是不少，如行政与经济无法统一，战时迁校单位分散。在这种情况下，要有一个综合性的推进计划是不容易的。

一九四四年，美国国务院邀请中国各大学推派教授赴美讲学并考察。校董会提出由我代表金大前往。出国期间，校长职务由农学院院长章之汶代理。我本人也颇想暂时卸去学校行政重担，到美国去换换空气。次年夏天，我重返金大，欣逢日军投降。八年艰苦抗战终于胜利结束，举国欢腾，金大师生得以重返家园，极为欢欣鼓舞。于是，计划迁回南京。

抗战八年，处境虽然困难，但金大科系仍有发展，学生人数年年增加，我心中感到十分快慰。

抗战胜利后，学校于一九四五年十一月组织了复校委员会，我于年底赴南京，接洽复员事项。事毕于一九四六年一月赶回成都，最后由复校委员会决定四月十五日提前放假，四月底开始复员。幸赖全体师生员工之努力，不仅圆满完成艰巨的迁返任务，还维持了教学的正常进行，使金大于该年九月得以在南京如期开学。经过八年动乱，人心思定，大家都埋首于做好本身工作。在复员后的头一年，金大的设备仪器大有补充，各学院所属科系也有所发展。

一九四七年至一九四九年四月，曾多次发生金大师生被捕事件，我对此是很不以为然的。这些被捕的师生，后来多由校方设法保出。记得有一天,蒋政府派车来接中央大学校长和我两人到蒋宅,蒋介石当面提出,学生频频闹事,要我们对学生严加管束。其实,学生的爱国行动,岂是强力所能阻挡。我们二人回答说:我们已经劝告,但要过于管束,可能会引起更大的反抗。

复校后,金陵大学接受了福开森捐赠的千余件文物,其中有不少名贵的铜器书画。早在抗战以前,我就得知福开森酷嗜中国古代艺术,研究并收藏大批我国古代书画、铜器、瓷器,听说考古学家商承祚还专门为此帮助福开森编写过一本小册子。大约在一九三〇年左右,校董会开会,我与福开森并肩而坐。谈话中,他不时吐露对我国古代文化的向往,并说不吝巨金收集珍藏。我当即表示,希望他对金大有所捐赠,以作纪念。他颔首允诺,后因抗战爆发,没有兑现。此前,我曾去北京福开森家中做客,亲眼目睹他那古色古香的书房中,不但字画、古籍多,历代瓷器也琳琅满目。福开森死后,他的女儿根据遗嘱,把乃父捐赠给金大的文物转给了金大。这批文物,前几年曾在内部陈列展出,现存南京大学。

解放前夕,关心我去留的海外众多校友、亲友希望我去大洋彼岸。但最后,经过深思熟虑,我还是决定留下。因为我当时的想法是,我过去的"科学救国"和"教育救国"理想在旧中国既未实现,那么在共产党领导下能否实现呢?这问题就促使我带着积极企望的心情留了下来。建国以来的事实告诉了我,祖国如旭日东升,各方面事业蒸蒸日上,欣欣向荣,科学教育事业有了巨大的发展和成就,使我能在有生之年亲眼目睹,深受鼓舞,深感祖国前程无比远大。

(编者注:本文定稿于一九八八年,系陈裕光先生为纪念金陵大学建校一百周年而作,由上海文史资料编写组商一仁同志整理,一九八七年经陈裕光先生亲自补充、修改后,原载于《金陵大学建校一百周年纪念册》,南京:南京大学出版社,1988年版)

## 余 纲 1930—2012

福建古田人，1950年考入厦门大学中文系，受业于虞愚。自幼爱好金石书法，各体兼擅，尤喜草、篆，结体多变，率真成趣，篆刻则意境清新，生动多姿。间作国画，喜吟咏，治学严谨，广泛涉猎美学、修辞学、文学等，多部专著问世。

## 王增炳 1933—2008

1955年中国人民大学研究生毕业。厦门大学高等教育研究所教授，曾任厦门大学教务处处长，高等教育研究所副所长等职。

# 陈嘉庚厦门办学　文/余 纲　王增炳

如果你站在厦门大学海滨广阔的运动场上，顺着可容数万人的花岗石看台仰视，一排似乎望不到头的碧绿琉璃白石栏杆之上，宏伟壮丽、可供五千人集会的大礼堂巍然耸立，两边簧舍连云，佳木青葱，令人心情开朗，精神振奋。

如果你驱车经过高集海堤，放眼东望，集美学村的崇楼宏宇鳞次栉比，高达十五层的集美中学校舍——南薰楼，和东头鳌园里与二十八米高的集美解放纪念碑相互辉映，其下波光潋滟，帆影参差，令人目不暇接，心旷神怡。

当你被这仙境般的美妙景色所陶醉的时候，你会为多少青少年能有这样优美的学习环境而感到欣慰。这时，你自然会缅怀起这些学校的创办人——"华侨旗帜"、爱国老人陈嘉庚先生。

陈嘉庚先生，一八七四年生于福建省同安县（今属厦门市）集美社（今为集美镇）的一个中等华侨商人家庭里。集美地僻民贫，文化落后，陈嘉庚到九岁时，才入南轩私塾读书。塾师每教了一个多月，照例要回家一月半月，对所教的《三字经》、四书等，又从不解说。这样，陈嘉庚虽然就学多年，还是识字甚少。后来，主要靠长期的刻苦自学才提高了文化水平。这使他对旧式教育的缺陷有了初步的认识。青年时代，他看到家乡广大儿童失学的严重情况，就开始产生了兴学的念头。他后来回忆说："当时政治腐败，国弱民贫，教育颓废，不可言状。乡村十余岁之儿童，因失学而结队成群，裸体游戏，那种情

1921年，陈嘉庚先生在建设中的福建厦门大学视察    图 / FOTOE

形,近则败坏风俗,远则贻误民族前途。每念及此,乃默许自己如力之能及,当以竭力兴学,以尽国民之天职。"

十七岁的时候,陈嘉庚先生首次到新加坡学习经商。当时华侨在国外直接遭受殖民主义的奴役压迫,欺凌轻视,十分渴望祖国强盛,因而热烈支持祖国的革命运动。孙中山先生曾亲往新加坡策划革命工作。陈嘉庚先生生活在这样的环境中,爱国思想非常强烈。他相信孙中山先生所领导的革命事业是必要的,并积极支持这一革命运动。一九一〇年,他毅然剪去发辫,表示与清朝政府决裂,并参加了中国革命同盟会。次年,辛亥革命爆发,福建也于十一月九日光复。陈嘉庚得悉,即召集闽侨开会,议决组织福建保安会,他被举为会长,陆续筹汇巨款到福建,给当时库空如洗的福建光复新政权以有力的支援。

在辛亥革命的鼓舞下,陈嘉庚先生决计回国兴办实业和学校。一九一二年,他从新加坡回到家乡,劝告集美陈姓各房停办私塾,联合筹办集美小学校。第二年春天,小学正式开学,定名为集美两等小学。这是他在国内办学的开始。

小学虽然办起来了,但聘请教师十分不容易。陈嘉庚亲自到福州参观了省立师范学堂,看到那里每年只收学生几十名,而且多半是官僚豪绅子弟。闽南学生因路途遥远，难得有入学的机会。他认为要解决师资问题，必须设立师范学校和其他中等学校。一九一八年三月，他创办的集美师范学校开学了，收师范生三班，中学生二班，附设男女小学，同时成立幼稚园。中学生只交膳费，免交学宿费；师范生各费全免。为供应经费，一九一九年，他把所有的不动产橡胶园七千英亩和店屋货栈地皮面积一百五十万平方尺定为集美学校基金。一九一九年至一九二二年，继续创办水产航海、商业等职业学校。一九二五年到一九三二年间增办了农林学校、国学专科、幼稚师范、乡村师范等学校（后来进行了一些合并）。此外，还设立科学馆、图书馆、农林试验场、医院，等等，形成了一个规模宏大的学校区，号称"集美学村"。

师范、商业等学校办起来之后，校长和大多数教师都要从外省聘来，于是又产生了中学师资问题。为了解决这个问题，也为了替祖国培养各方面的专门人才，陈嘉庚又立了创办大学的宏愿。当时我国，尤其是福建，高等教育是异常落后的。这一时期，陈嘉庚的企业发展顺利，盈利有所增加，他表示要把这些盈利，除留一部分扩大资本外，"尽数寄归祖国，以充教育费用"。一九一九年，他又从新加坡回到厦门，积极筹办厦门大学。这时他在一篇文章里写道：中国"门户洞开，强邻环伺，存亡绝续，迫于眉睫，吾人若袖手旁观，放弃责任，后患何堪设想"！我"久客南洋，心怀祖国，希图报效，已非一日"，拟"创办大学校附设高等师范于厦门"。"民心未死，国脉尚存，四万万人民的中华民族决无甘居人下之理！今日不达，尚有来日；及身不达，尚有子孙"。再一次表明了他的热心办学是和强烈的爱国思想分不开的。在发起人会议上，他当场认捐开办费一百万元，常年费分年付款总数达三百万元。一九二〇年，他邀请蔡元培、郭秉文、余日章、黄炎培、叶采真、邓萃英等人在上海开筹备委员会，举邓萃英为校长。一九二一年三月，设立师范、商学两部，在厦门及南洋各埠招收新生九十八名；四月六日，厦门大学暂借集美学校开学。次年二月，厦大由集美迁到新校址上课。不久就发展成为设有文、理、法、商、教育五个学院的各方面都相当完备的闽南最高学府。

此外，在闽南各地，陈嘉庚先生通过集美学校的教育推广部，从一九二四年到一九三二年，倡办和补助了两所中学和七十多所小学。这些小学都是当时比较完善的学校，在当地起了一定的模范作用。

陈嘉庚先生对于侨居地的华侨教育事业也很热心。当他初到新加坡的时候，海外侨胞子弟华文教育还只有落后的私塾。早在一九一〇年，他就在新加坡倡办道南小学，这是他致力于教育事业的开始，也是海外侨胞新式华文教育的先声。接着，他陆续兴办或支持兴办了崇福女学、爱同小学、水产航海学校、南侨师范、南侨女中等学校。一九一九年，他鉴于新加坡还没有一所完善的华侨中学，就邀集当地华侨人士，倡办规模较大的新加坡华侨中学，这也是全南洋的第一间华文中学。

陈嘉庚先生办学，纯粹出于他的强烈的爱国主义思想，既非利用办学作为营业上的宣传，也不是依靠学校进行政治上的活动。当然，陈嘉庚先生实际上是一位明辨大是大非、跟着时代不断前进的政治活动家。他的办学，完全是为了祖国的进步和富强，是顺应时代的潮流的。

陈嘉庚先生的办学过程，并非一帆风顺，而是经历了很多困难的。他的办学实践说明了他不愧是一位不畏艰难、百折不挠的教育事业家。

在开始办学的时候，如觅地建设校舍，延聘校长、教师，等等，遇到不少困难，陈嘉庚先生躬操力作，多方设法加以克服。在筹办厦门大学的时候，他亲自选择校址，参加校舍设计，多方物色聘请校长及主要教师等。现在三面环山，一面临海，风景优美，场地开阔，以郑成功演武场旧址为中心的有历史意义的校址，就是他亲自选定的。在校舍设计方面，现在仍然是全校中心的"群贤"、"集美"、"同安"、"囊萤"、"映雪"五座大楼采取"一"字形排列,就是他当时考虑到学校日后的发展,而修改了上海美国工程师设计的结果。此外,他还托人从国外买来许多图书仪器。甚至做家具用的木材也是他从南洋买来的红木,制成器具,结实耐用。

集美师范和其他各校开办的时候,师资十分缺乏,本省很难延聘。一九一七年兴建校舍时,陈嘉庚就函托上海江苏第二师范校长代聘校长和教师。一九一八年,又特地托江苏教育会副会长黄炎培代为物色各校校长和教师。一九一九年,水产航海学校成立,当时中国水产航海及渔捞师资奇缺,嘉庚先生亲自函请上海吴淞水产学校选派学生前往日本留学,一切费用都由他负责。当时嘉庚先生对学生说:"我国沿海线很长,国防及海产都很重要,希望你们认真学习。"由于他注意选择校长和教员,加上经费充足,几年内集美学校不断发展,在社会上渐渐有了名气,一九二三至一九二四年间,使得当时的南北政府都正式承认集美是"和平学村",争得了不驻扎军队和免纳田赋及各种苛捐杂税的待遇,为学校进一步发展提供有利条件。

学校初具规模后,正碰上一九二九年至一九三二年资本主义世界经济危机的风暴,在危机和日本帝国主义倾销的双重袭击下，陈嘉庚先生的企业一蹶不振，每况愈下，维持厦大和集美学校的经费日见困难。一九三〇年，一些亲友劝他停办学校或缩小学校规模，他坚决不肯，说："两校如关门，自己误青年之罪小，影响社会之罪大。一经停课关门，则恢复难望。"一九三二年，当他的企业陷于极度困难时，外国某垄断集团要把他的企业作为附庸公司而加以"照顾"，提出以停止维持厦集两校为条件。他断然拒绝，说："宁使企业收盘，绝不停办学校。"后来，他的企业因失败而收盘，他在一九三七年不得已把厦大移交给国民党政府接办，改为"国立"；但仍多方筹措经费，维持集美各校的原有规模。

抗日战争爆发，集美校舍遭日寇飞机大炮轰炸射击，毁塌大半，而南洋汇款又极度困难。一九四二年嘉庚先生逃难印尼，侨汇断绝，但仍没有使学校停办。一方面在逃难前通过各种办法继续汇入办学经费；另一方面各学校分别迁至安溪、南安、大田等地后，尽量节省开支。抗战时期教师更难请，为了能请到好教师，保证教学质量，学校仍然做到实际工资不低于公立学校，以保障教师的基本生活费用。教师们在嘉庚先生办学精神的感召下，为了帮助学校克服困难，自愿降低工资。这样，终于渡过了八年抗战的难关。

这里应该特别提到的是,抗战期间,陈嘉庚先生在政治思想和政治态度上获得了极大的进步。一九四○年,他率领南侨总会组织的"回国慰劳视察团"回祖国慰劳抗战军民,实地考察使他看清了蒋介石集团贪污腐败、祸国殃民的真相,对中国共产党和毛主席领导的解放区无限敬佩和向往。从此,他把中华民族的希望寄托在中国共产党身上,一直坚定地拥护共产党的领导。

抗战胜利后,各校迁回集美。这时校舍疮痍满目,破烂不堪,陈嘉庚先生又为筹款修复校舍煞费苦心。当时学校负责人要接受美国"救济物资"修复部分校舍,他严词拒绝。从一九四六年起,学校又经历了三年解放战争的艰苦时期。一九四九年解放前夕,国民党军队进驻集美,学校被迫延期开学,校舍及教学设备被破坏。尽管解放战争时期学校遭受严重摧残,但是一直没有停办。终于坚持到了解放。

陈嘉庚先生克服一切困难,坚毅顽强的办学精神,在社会上,尤其是广大华侨中产生了广泛而深刻的影响。不少华侨在他们各自的家乡也创办了许多学校,使华侨兴办教育事业蔚然成风。闽南一些规模较大的学校,如国光中学和小学、荷山中学和小学等,都是受陈嘉庚先生的鼓励和影响而建立起来的。

新中国成立了,伟大祖国开始走向繁荣富强,陈嘉庚先生梦寐以求的愿望实现了。他被选为中央人民政府委员和华侨事务委员会委员,决心定居祖国,以其晚年为祖国建设服务。

解放后,厦门大学回到了人民的怀抱,陈嘉庚庆幸厦大的新生,十分关心厦大的建设和发展。他认为厦大应该办成东南亚地区一所知名的大学,还要培养华侨学生。他拥护党的教育方针,对国家的教育措施和学校的校务都采取信任、支持的态度。他自己则专心考虑学校的建筑计划,请人绘制图样,亲自审查研究,并大量投资建筑校舍。从一九五一年到一九五四年,由他经手筹措建筑的就达五万九千零九十五平方米。这些建筑中有大礼堂、图书馆、生物馆、物理馆、化学馆、教工宿舍、学生宿舍、游泳池、大操场,等等。尤其是耸立在海滨大操场看台上方的以大礼堂为中心的五座大楼,构成了壮丽的景色和宏伟的气势。

至于集美学校,解放后,在人民政府的支持帮助下,经费问题不复存在。解放初期,政府各有关部门不但在教学上负责掌握全面的领导,而且对学校的经常费、仪器设备费,还给予部分补助,一九五六年开始实行全部负责。此外,还拨了七百九十八万余元,在嘉庚先生亲自主持下进行修建扩建。陈嘉庚先生以八十高龄，每天扶杖步行数华里，巡视各处工地。后来在北京卧病时，还通过书信、电报、电话来指导工程的进行。

嘉庚先生一心要把集美这个著名的学村建设成为美丽的适合于学习的文化区和风景区。解放前先后建立的电灯厂、自来水厂、科学馆、图书馆、医院等，解放后在党和人民政府的关怀、支持下，都有了很大的改进和发展，还新建了福南大会堂和自来水池、自来水塔等。一九五〇年，他在集美半岛南端一大片海滩上筑堤围垦，建成三个毗连的海水淡水鱼池，池边盖了各式各样的民族形式的凉亭。每年端午节，就在池中举行龙舟竞赛，平时则作为同学课余划船游览的场所。又在东南海滨开辟游泳池两个。东海滨原有鳌头小岛，建有集美解放纪念碑，嘉庚先生又把这里建成别具一格的鳌园，内有数百幅内容丰富多彩的精致的石刻浮雕。经过这些精心的规划建筑，集美学村出现了一幅如童话中仙境般美妙的图画。

陈嘉庚先生毕生致力于教育事业。他所创办的学校培养出来的人才，遍布在祖国各个角落，以至世界各地，尤其是东南亚、新马等地。嘉庚先生的家乡集美镇，从古老荒僻的小渔村，变成了令人神往的教育胜地。从这里毕业出去的学生，蜚声各界而有显著成就的，也已指不胜屈。

就以水产航海学校来说，多少年来，中国的大江、大河上以及远洋各种船舶的高级技术人才和管理人才，几乎大半是在这里培育的。至于今天已成为全国重点大学之一的厦门大学，近六十年来更孕育出了无数高级学术人才。举世闻名的数学家陈景润，就是厦大数学系解放后第一届毕业生。今天，耸立厦集海疆的一座座巍峨黉舍，在这里亲沾过教泽的一批批芬芳桃李，不仅是陈嘉庚先生办学精神结出的累累硕果，也是陈嘉庚先生办学业绩最好的历史见证。

（编者注：本文写于二十世纪七十年代末，转引自《陈嘉庚兴学记》，福州：福建教育出版社，1981年版）

潘序伦 1893—1985

江苏宜兴人。曾赴美留学,先后获哈佛大学工商管理硕士学位和哥伦比亚大学经济学博士学位。学成归国,在暨南大学、上海商科大学任教,致力于传播西方先进的会计知识和技术。后自设立信会计师事务所,创办立信会计专科学校,印行《立信会计丛书》,是我国发展会计事业和培养会计人才的先驱,被国外会计界誉为"中国会计之父"。

# 立信会计学校的创办和发展　　文/潘序伦

一九二八年春,我和立信会计师事务所的同事顾询、钱迺澂、李鸿寿、陈文麟等创办了立信会计学校。到一九五三年移交人民政府接管,历时二十五年。

我今年七十八岁,经历了满清王朝到新中国成立的各个历史时期,立信的其他创办人,年龄也都在六十以上。当年我们这些人创办立信会计学校,主要是为个人名利着想,但也不能排除在客观上对当时工商业的发展起了一些有益的推进作用。现在回忆一些情况,供有关方面参考。

· 适应社会需要 ·

辛亥革命以前，我国工商企业和国家机关的会计工作一直沿用古老的单式收付簿记，对于西式即双记式借贷簿记方法，除在殖民者设立的洋行里采用外，本国的账房先生们都不知为何物。到了本世纪二十年代，才由几位留学日本的商科学生引进了所谓"复式簿记"，初在银行界试用，后渐及于大型企业。随着生产的发展，新式会计的采用渐渐普及起来，可是熟习新式簿记的会计人才非常缺乏，因之新式会计的推行非常缓慢。我们立信会计师事务所的同仁以改良我国旧式会计，建立新式会计为己任，专门为许多工商企业担任会计制度的设计工作，但仍觉对于改良会计工作的贡献不大，因而立志兴办会计学校，广泛收录学生，传授西式会计知识。当时工商企业对于西式会计人才极度感到缺乏，因而在青年普遍失业声中，立信毕业学生往往比较容易觅取适当工作，对我国工商业采用科学管理方法也有所促进。

## ·以"建立信用"为目标·

我们立信同仁认为从事会计工作的人，必须首先在"立志、守身、处事、待人"这些方面，确立起信用来，坚定不移地守信重诺，严禁弄虚作假。因此，最初就选用了"立信"二字作为我们合伙性质的会计师事务所的名称，后来创办学校和书社也用这两个字命名。我们把这两个字定为学校的校训，并提出了"信以立志，信以守身，信以处事，信以待人，毋忘立信，当必有成"的口号，不仅经常对学生宣传，并且在同事中互勉互察。对于是否确实做到"建立信用"这一点，我们不敢肯定，但立信会计学校先后数以十万计的毕业生，在当时比较容易找到就业机会，同时立信会计师查账、顾问等业务，年年有所增加，却可说明当时社会上对我们的信任。

## ·从小到大的发展·

立信会计学校原以潘序伦会计师事务所附设会计补习班为名，是会计师事务所的一个附属单位。所谓校舍，只是在晚上占用事务所的半间写字间，教师和管理人员都由事务所的人员兼任，补习班的开支只有一些水电、文具、邮费等，而所收学生每月数元的学杂费，都作为事务所的什项收入。我们当时设立会计补习班的目的，是因当时委托我们代为设计西式簿记会计制度的单位纷至沓来，这些单位原来任用的会计人员，绝大多数是没有学过西式簿记会计的旧式账房先生，所以在委托我们改良会计工作的同时，要求我们代为训练这些账房先生学会西式簿记。我们认为对于这些人员加以个别训练，费时费力很多，不如把他们集成一班，同时训练，所以会计补习班就作为会计师业务的一部分而创立起来。

到第二期开学前，自动报名要求入学的人很多，于是我们决定把事务所附设的训练班改为独立的会计补习学校，先后设置初级、高级商业簿记、高等会计、银行会计、公司会计、成本会计、政府会计、审计学等课程。到一九三六年秋，学生已达一千数百人。后来又在重庆、北碚、桂林、广州、南京、兰州、天津、北京等地先后办起各级分校，学生人数，因案卷散失，无从确计，但据一九四八年出版的《立信会计学校概况》估计，毕业学生总数当在十万人以上。解放初期两三年内，学生人数还有大量增长。

后来我们认为补习学校学生肄业时间太短，缺少系统学习，难以成为高等会计专业人才，且补校毕业生按照当时政府规定，在学历方面不能取得正式资格，会妨碍他们广泛就业的机会，因此我们又陆续创立了立信会计专科学校一所、立信高级会计职业学校三所。这些都是正规学校，校舍、图书等费用极大，在经济上成为整个立信事业赔银贴本的重大负担。

在这种情况下，我们提出了"取之于社会，用之于社会；取之于会计，用之于会计；取之于学生，用之于学生"的口号，尽量把会计师业务收入，以及书社的营业收益捐给学校，并把个人或集体编著翻译的多种《立信会计丛书》的版权，捐给学校作为基金，推动学校的发展。

还有一点在学校的发展方面，也起了一定的作用，就是广收女性学生。本来重男轻女是我国几千年的传统，在旧社会各级学校中，女生所占比例很少，立信学校开办前期，女生也很少。而社会上对妇女就业仍有歧视，妇女求职困难，因之她们也想学习专门技术以便找到适当职业。我们认为妇女的性格一般适宜担任财务会计工作，因之录取学生时，一律以成绩为标准，不歧视妇女，这就使女生入学人数逐步上升，在后期，有些班级女生超过半数。例如一九四六年秋，北碚立信高级职校学生七十七人中，女生占四十一人；一九四八年春，上海立信专科学校

立信会计专修学校第四届毕业生合影,前排中为潘序伦,前排右二为李建模

图 / FOTOE

入学人数一百六十七人中,女生占七十九人;最突出的是一九四八年一月上海立信职训班毕业生七十一人中,女生竟占四十八人,为妇女就业创造了有利的条件。

除了以上这些以外,必须指出立信会计学校发展过程中的盲目性。立信原是私立学校,设在上海,并附设函授学校,面向全国及港澳、南洋群岛。由于抗日战争开始后,内迁厂商增加,学校随即向蒋管区的后方发展。抗战胜利后,许多工商企业向沿海复员,学校又开始向沿海城市发展。解放后发展更快,一九五一年仅上海一地,各校学生共约一万九千人(包括函授),仅补校就设有分校十所,入学学生一万五千多人,重庆、广州、北京、天津的各级学校也有三千人左右。解放后,有人批评立信学校"恶性发展",不无道理。按照现在的认识,我认为主要有两点:一、当时本校集中在沿海城市,这是和解放前的殖民地半殖民地经济首先在沿海发展有关,那时失学失业的人数众多,都希望学习会计技术,以谋职业;二、立信以会计为专业,学生众多,与其他技术学校培训人才的比例不能协调,以致形成一时一地会计人员过剩而其他技术人员不足的现象。

· 多样化的教学方式 ·

立信学校的发展,是用多样化的教育方式来适应普及和提高的不同要求的。

1. 补习夜校。这一教育方式基本上是为了适应业余人员的需要。学生都是各企业或机关的在职人员,年龄比较大,三四十岁的学生很多,甚至有五十九岁的老学生。其中一部分是旧会计人员为适应改账需要来学习的,一部分是适应社会对西式会计人员日益增长的需要而来学习的。

随着入学人数的增加,为了照顾交通便利和各区职工学习方便,上海补校,除在黄浦、卢湾区自有校舍可开日夜班外,曾在黄浦、静安、提篮桥、南市、虹口各区,租借其他学校教室开办夜校。在重庆也曾与工商企业、政府机关合办分校六处,其中与重庆市基督教青年会合办的时间最长,班数和人数也最多。

2. 函授学校。立信函授学生曾遍及全国各省市,乃至港、澳和南洋群岛,参加学习的人数很多,影响也较大。

3. 晨校、星期日校。这是为不能读夜校的在职职工,利用早晨和星期日的休息时间，研习会计而开办的。

4. 日校。主要对失学失业青年和外埠专程来沪求学的学生而设，一般经济比较困难，年龄比较大，要求短期速成，因此又称"速成科"，开办时规定三学期毕业。

5. 专科学校。这是正规的高等学校，入学程度为高中毕业，经过入学考试，择优录取。

6. 高级职业学校。也是正规学校，投考学生需有初中毕业或同等学力，三年毕业。

7. 训练班。这是依照解放前旧教育部《短期职业训练班办法》开办的，办法规定学习期限为一年以上。立信曾办高级会计职业训练班（高中毕业程度入学，一年毕业）、中级会计职业训练班（又称初级会计职业训练班，初中毕业程度入学，一年毕业）、会计职业训练班（初中毕业程度入学，三学期毕业）。抗战开始后，旧教育部曾委托各校设立各种中等技术短期训练班，并发给必需的经费，立信亦曾几次接受委托，因此立信训练班一度设有公费生。

8. 广播讲座。一九五〇年上海人民广播电台为普及簿记知识，曾和本校合办初高级簿记讲座。

## ·严格和实用的培训方针·

立信学校要求学生毕业后能胜任会计实务工作,因此,坚持严格和实用的培训方针。首先在学习时间上,保证每学期授课二十个星期,上课时一律点名,规定在一学期内学生缺课三分之一以上,不能参加期终考试,迟到早退三次作旷课一次。其次,在考核学习成绩方面,各类学校都严格实行考试,补习学校规定七十分为及格,不及格者不准毕业。

为了贯彻切合实用的方针,各项课程除讲授课文外,特别重视练习题。高级商业簿记等课程,平时加强练习题,最后并有实习题,印成"实习题应用文件",使学生通过实习,对整个簿记过程有一个模拟实践的机会。同时实行助教改卷制度,对各项习题编有详解,由助教掌握,认真改卷,对学生复看自己演算习题有无错误,如何纠正,比较有利。此外,还用簿记会计竞赛、增加习字课程、加强珠算练习等办法,使基础技能训练得到可靠保证。为了训练学生阅读英文书籍和担任英文会计工作或外贸会计工作的能力,学校曾设英文簿记会计课,或参用英文习题。设英文课程的班级,按程度进行分班教学,以便加强教学效果。

更重要的是在立信会计师事务所和同学会的配合下，经常组织学生去工商企业和政府机关参观、实习，派成绩优良的学生参加查账实习，后期学校还和立信会计师事务所附设会计职业咨询所，让学生参加。通过这些实践活动，不但使学生加深了对课本知识的理解，有利于实际运用，而且为他们扩大了就业的机会，使许多实习学生和查账员被机关、企业留用。同时学校（包括补习学校在内）也常留用一部分优秀学生为助教，有条件时，并培养为教师。

函授学校系用通讯教学，学生对课业容易自流。针对这一特点，我们对函授学生解答疑问，力求迅速，批卷力求详尽，并发行函授刊物，作为补充教材，使学生减少学习困难。规定修业期限为半年，可以请假延期，并规定学生至少每天阅读讲义一小时，练习及解答问题一小时，使学生能按时学完课程。对中途停学的学生，经常函催复学，尽量使学生能学完全部课程，并规定七十分及格，以保证毕业生的学习质量。

立信毕业生虽然大部分是补习学校学生，但由于在教学中注意照顾全面，因此不少毕业生在实际工作中逐步成为能够全面掌握企业管理的厂长、经理。这主要是学生自己的努力，但学校的严格训练也是有利条件之一。

· 精打细算，勤俭办学 ·

立信是一所私立学校，经费来源主要靠学生所缴的学费，再加收少许杂费。立信补习学校收取学费以各科每星期上课的时数为标准。初级班在一学期内每小时收学费一元五角至一元七角，中级、高级班每小时收二元至二元五角。这都是按没有贬值时的通用银圆或纸币计算的，后来"法币"迅速贬值，学费定额也按物价适当调整，但决赶不上货币贬值的速度。

为了严格要求学生练好基本功，开设珠算、习字、商业算术等科，收费都照初期班计算。这种收费标准，在解放前一般私立学校中，算是比较低的。另外学校还对无力缴付学费的学生订有减免费的办法，一般可减三分之一至三分之二，但全免的很少，因全免学费的学生，往往会对课业不加重视，半途而废，失去培植之意，所以限制较严。

补校每学期所收学费：大致足以支付专任职员和兼任教师的薪金。补校教师都是业余兼职的，每授课一小时支薪一元。专任职员，人数极少，所支薪金，在整个学期的工薪总额中，所占百分比很低，这是因学校职员大都由立信会计师事务所的会计师或会计员兼任，补校校长、教务主任、分校主任等，全是义务职，不支付兼薪。所收杂费，用来支付校工工资和文具、水电等费。至于扩充校舍、购置校具等基本建设经费，原则上由《立信会计丛书》向出版发行机关所收的版税负担。

事实上，上海立信补校在学生人数增至几千人时，总校的专职教务员只有二三人，校工只有一两人，分校都在晚间上课，主任都由教师兼任，每月略支数元补贴，分校校工，则由晚间出租教室的中小学原雇工友兼任，每月给予二三元补贴。总校、分校所用水电、文具、邮电、修理等费，都是精打细算，不使有少许浪费，至于少数专任职员的膳宿问题，都由立信会计师事务所负担。因此上海补校学生数虽年有增加，有几学期增至一万六千人，但学校的经常费，几乎可以全靠学什费收入支付，有时还可略有盈余贴补学校扩充的经费。重庆和其他各地补校、训练班，在经济方面精打细算，勤俭节约的情况，也大都如此。

立信会计专科学校和立信高级会计职业学校，是高、中级正规学校，也用这种作风力求达到自力更生。不过专校学生绝大部分是寄宿的，校舍规模较大，专任教授职工的人数也多，当然不能与补校相比，可是学校有书籍版税和书社投资盈利两项巨额收入，所以学校的经常费，只有小部分依靠学费收入,每年仍有积余。各地的立信高级会计职业学校,虽也是正规学校,但学生大都走读,仍能做到自给自足。至于扩展设备所需经费,则与专校同样由校董会筹补。因此,一九五二年起,立信各校陆续移交人民政府接收时,除交了几十座建筑物和大量校具、图书而外,上海专校还交了现金四万数千元,重庆高级职校交了五千元。

立信学校虽以自力更生为主,但在必要时也不能不争取"外援"。这里所谓"外援",可分人力、物力、财力三项来说。人力方面的外援首先表现在师资的征聘,其次是教材的编写;物力方面的"外援"则是图书的收集;财力方面则为校舍的大规模兴建,不得不向工商界募捐。

在立信最初建校的十二三年间,所用教本,都是由我和立信会计师事务所同仁顾询、钱逎澂、顾准、李鸿寿、陈文麟、钱素君、张蕙生、王澹如、施仁夫、唐文瑞、王成杰等编著的,图书室的图籍,都是我们把自有的书籍凑集而来的。至于财力则以学费收入为主,以立信会计师事务所收入为补充,没有向外募捐的需要。

可是年复一年,学校的规模迅速扩大,学生人数和班级迅速增加,完全依靠自己的力量难以应付。于是三四十年代,在人力方面,广泛征聘了数百位校外的会计专业人员和一般工作人员，担任日、夜校教职员工，又征求国内政治经济、工商管理等学科的专家，来为本校的出版机构立信会计书社编写各科教本。到五十年代，出版刊物多达二百数十种。在物力方面，由立信同学会数以万计的校友为本校新设的图书馆征募图书，在短短的一两年内就征集到中外图书五万余册，其中最大的捐赠人是校董会副董事长王云五，捐赠了两万册左右，其次是我的胞兄潘伯彦，捐赠了线装书三千数百册，我也把存书两千数百册全部捐赠。在财力方面，一九四二年迁往重庆以及抗战胜利复员回沪以后，因开始大量购建校舍，除我以会计师的大部分收入捐作建筑基金外，还靠立信同仁同学所募集的捐款和立信书店所给学校的版税开支，此外并扩充校董会，大量向工商界募捐，使学校规模进一步扩大。

## ·会计学术研究和教材编译·

立信会计师事务所同仁日间从事会计业务，晚上多兼在学校教课，因为对于会计理论和实务的研究、进修，具有迫切的需要，又因这种需要进一步引起了钻研的兴趣。

一九二八年立信补习学校开办后，由于国内会计读物非常缺乏，而外文书籍在文字上既多隔膜，在制度和习俗上亦多与国情不合，乃由同仁等结合实务，编写讲义在补校试讲，修正后付印出版。

随着学校的扩大，师生们在会计事务和会计教学中的成果需要交流探讨，乃由同学会在一九三一年至一九三二年间，以顾准为主编，出版《会计季刊》。一九三三至一九三四年，由立信会计师事务所接办，改称《立信会计季刊》，除登载会计论著外，并特约专家编写各业会计制度，为工商各业采用新式会计制度创造条件。这些制度，以后汇编成《各业会计制度》三册先后出版。

一九三三年后，立信事务所设立编辑科，《立信会计丛书》的编辑工作更有计划地进行，出版速度加快。截至一九三六年底编辑出版了初级商业簿记教科书、高级商业簿记教科书、会计学、银行会计、审计学等书，翻译了成本会计（劳氏）和成本会计原理及实务（陀氏等）等会计书刊，共计五十余种。

在编辑书籍过程中，深感我国会计名词不统一，译名无标准，对编译工作和广大读者都增加了不少困难，于是集合同仁进行讨论，积有成果，出版《会计名词汇译》一书，收集会计名词二千四百余条，每条之下，先录我国会计书刊中原用的各不相同的译名，再列我们选定、拟定或暂拟的译名，末备附注，加以说明。名词选译标准有三：一、含义恰当；二、习用普遍；三、用字简赅。此项工作，对便利翻译工作，减少学生阅读困难，有所帮助。

随着我国民族工商业的发展，在会计方面曾发生改良中式簿记和引进西式簿记的争论。在争论中，立信出版了《改良中式簿记之讨论》一书，汇集专家们关于改良中式簿记的研究和批评论文，对收付与借贷的比较、四柱结算法和账簿的分割等问题，讨论颇详，可算是我国会计技术发展史中的一篇实录。

《立信会计丛书》编辑之初，曾订立四项原则：（1）材料必须切实，各书所作学理和实务的讨论，都要按照我国实情，特别注意法律规定和商界习惯。其中备作教本者，对于课程标准、教材分配，均须详细研讨，书成以后，先用油印讲义，在立信补习学校试教一两次，若有不妥，不惜再三修改，待教师学生都满意才付印。（2）说理不厌详明，力求学者阅读以后，即可全部明了，而无模棱费解或一知半解之苦。（3）编制注重合理，务使巨纲细目，支节相承，组织系统，可合可分。（4）文笔力求畅达，一稿完成必须数度修饰，待全部顺妥而后定稿。这些努力未必都能如愿，但从效果检查，以后立信丛书获得畅销，与此不无关系。

一九四一年，随着立信高级会计职业学校、会计职业训练班的开办和立信会计专科学校的内迁，深感工商管理书籍不足，又约集专家编写《立信商业丛书》，以后又扩充到统计、法律等书籍，先后出版二百余种。

· 学校的出版机构 ·

立信学校所编的《立信会计丛书》，抗日战争开始前，主要的只有二十多种，都交由上海商务印书馆出版。抗战前期，商务印书馆总部迁至香港，在重庆设一规模很小的分馆，所售书籍大部分由香港运来，在重庆印刷的数量很少。当时东南各省的工商企业纷纷迁往西南，带动西南各省工商业蓬勃发展，非常需要会计人员，我们曾开办短期训练班为他们训练会计人才。可是当时要买到《立信会计丛书》，颇不容易，不仅使我校教学发生困难，而且商务印书馆不能大量出版《立信会计丛书》适应需要，也使我校的版税收入大大减少，影响扩充计划。经多次与商务印书馆重庆分馆经理交涉，他总以香港厂印刷力量有限，港渝间运输困难等语推诿。后来该馆总经理王云五来到重庆，我建议把该馆总部迁至重庆，他坚决不同意，再三商讨，始允立约把《立信会计丛书》全部版权交还我校，并由该馆把所存《立信会计丛书》的纸版作价出让，由我校自行印刷发行。

我校收回了《立信会计丛书》的版权，又拿到纸版，立即与当地印刷厂订立印书合同，印制新书，并委托立信会计师重庆分事务所代为发行。但当时重庆纸张来源不足，质量低劣，加之《立信会计丛书》发行量迅速扩大，会计师事务所无法继续担任发行工作。经立信同仁决定，另设出版机构，并与当时迁渝的生活书店经理徐伯昕商妥合作办法，由生活书店和立信各出资金三万元创设立信会计书社，经理由生活书店方面推荐原任该店副经理的诸度凝担任，副经理则由立信职员蒋春牧担任，我以不受薪金的社长名义，主持社务。

抗战胜利前后，书社营业蒸蒸日上，资本需要增加。生活书店方面因资金周转困难，把所有生活书店股权作价让与立信。从此立信书社的股份，就为立信会计学校和一部分立信会计师事务所的同仁所有。

立信书社成立后，鉴于当时各单位需用的西式账表，都要自己设计印制，能力较差的会计人员设计有困难，而各单位印制账表，时间长，费用大。我们就根据日常业务中所了解的情况，设计印制了各种账册、表单，供各单位选购,并赠送"使用说明",内附几种"簿记组织系统图",减少了会计人员设计和改进会计制度的困难,保证了各单位的需要,深受各界欢迎。这时,立信书社也就改名为"立信会计图书用品社"。

解放后,由于人民政府和社会各方面对于企业管理和会计技术的重视,会计书籍更为畅销,账册表单的销数大量增加,立信会计图书用品社的营业额和利润也相应增长,到一九五六年公私合营时,现金存款达三十六万元之多。

· 解放后的立信会计学校 ·

一九四九年五月,上海解放,一向以"专重业务,不问政治"为口号的立信会计学校,在政治形势和社会制度起了翻天覆地的变化之后,当然要经一番重大改革,首先像我这样在旧社会积习较深的人,不宜继续担任校长,因此我申请当时担任专科学校董事长的黎照寰先生,召开董事会,推选原任本校副校长的李鸿寿为校长。李校长任职以后,对于校务多所改革,使专校在一九五二年移交政府接收并入上海财经学院以前,仍能继续发展。所聘教职员大都是进步人士，学生人数继续增加，每学期在学学生近一千人，毕业后成为新社会工商企业的称职人员。

与此同时，在上海的会计补习学校校长，也改由原副校长陈文麟担任。并在解放后的两三年内，陆续扩充校舍，广设分校，增收学生，在一九五一至一九五二年间，学生人数竟多至一万五千六百余人。但这种无计划的发展，与当时工商业的需要很不适应，所以后来逐期收缩，于一九五二年移交上海市教育局，改组为几所中学。

在上海的立信高级会计职业学校，在校学生也有四百人，由我继续担任校长，但校务实际上交由副校长陈文麟、教务主任向江南、辅导主任王成杰等处理。一九五五年五月移交上海市教育局，改组为上海市会计学校。

在重庆北碚和广州的三所立信高级会计职业学校，原由庞怀陵、刘芷休、蔡经济三位立信老同学、老同事分任校长。重庆解放之初，学校经费支绌，来电告急，我曾以私款汇去接济。后由重庆市教育局接收，改组为其他学校。广州一校自行停办，并未移交当地教育局。

（编者注：本文写于一九七一年，原载于《立信史话》）

## 陶行知　1891—1946

安徽歙县人,早年留学美国,师从杜威。先后创办晓庄学校、生活教育社、山海工学团、育才学校和社会大学。提出了"生活即教育"、"社会即学校"、"教学做合一"三大主张,生活教育理论是陶行知教育思想的理论核心。一九二七年三月在南京北郊晓庄创办乡村师范学校晓庄学校,创办第一个乡村幼稚园燕子矶幼稚园。

# 试验乡村师范学校答客问　文 / 陶行知

乡村师范学校是什么?

乡村师范学校是依据乡村实际生活,造就乡村学校教师、校长、辅导员的地方。

为什么要加上试验两个字?

中国乡村教育走错了路,现在已到了山穷水尽,不得不另找生路。试验就是用科学的方法采用新的生路。我们在前面已经看着一线光明,不能说是十分有把握,但深愿"试他一试"。

这个学校是谁办的？

这个学校是中华教育改进社结合少数乡村教育同志办的。

中华教育改进社为什么要发这种宏愿？

中华教育改进社三年以来对于乡村教育素所注意，近来更觉得这件事是立国的根本大计。估计起来，中国有一百万个乡村，就须有一百万所学校，最少就须有一百万位教师。个个乡村里都应该有学校，更应当有好学校。要有好的学校先要有好的教师；有生成的，有学成的。生成的好教师如同凤毛麟角，不可多得，恐怕一百万位教师当中，九十九万九千九百位是要用特殊的训练把他们培养成功的。这是一件伟大的事业，要全国同志运用心力财力才能办到。本社不忍放弃国家一分子的责负，所以很情愿在万难中设立这个小小的试验乡村师范，为的是要造就好的乡村教师去办理好的乡村学校。

乡村教师要怎样才算好？

好的乡村教师，第一有农夫的身手，第二有科学的头脑，第三有改造社会的精神。他足迹所到的地方，一年能使学校气象生动，二年能使社会信仰教育，三年能使科学农业著效，四年能使乡村自治告成，五年能使活的教育普及，十年能使荒山成林，废人生利。这种教师就是改造乡村生活的灵魂。

乡村学校要怎样才算好？

有了这样好的教师，就算是好的乡村学校；好的乡村学校，就是改造乡村生活的中心。

现在中国有没有这种学校？

现在中国有少数乡村学校确是朝着这条路走。他们的精神确令人起敬，如同燕子矶小学、尧化门小学、开原小学都是著有成绩的乡村学校。最近改造的江宁县立师范学校、明陵小学、笆斗山小学成绩也有可观。别的地方一定也有这种学校，因为不晓得清楚，不能列举。这几个学校假使再给他五年或十年的时间，当能使这些乡村得到一种新生命，开创一个新纪元。

这些学校为什么办得这样好？

因为他们的教职员有办理乡村教育的天才，并且有虚心研究学问的精神。

这些学校与试验乡村师范要发生什么关系？

因为地点接近燕子矶小学和尧化门小学，已经特约为试验乡村师范学校的中心小学，其他学校就辅助分工研究关于乡村小学的种种问题。

何谓中心小学？

中心小学以乡村实际生活为中心，同时又为试验乡村师范的中心。平常师范学校的小学叫做附属小学，我们要打破附属品的观念，所以称他为中心小学。中心小学是师范学校的主脑，不是师范学校的附属品。中心小学是师范学校的母亲，不是师范学校的儿子。中心小学是太阳，师范学校是行星。师范学校的使命是要传布中心小学校的精神、方法和因地制宜的本领。

试验乡村师范学校依据中心小学办理已经听得明白，但究竟采用什么方法使他实现呢？

我们的一条鞭的方法就是教、学、做合一。

什么是教学做合一？

教、学、做合一是：教的法子根据学的法子；学的法子根据做的法子；事怎样做就怎样学，怎样学就怎样教。比如种田这件事，要在田里做，就要在田里学，也就要在田里教。教、学、做有一个共同的中心，这个中心是就"事"，就是实际生活；教、学、做都要在"必有事焉"上用功。

试验乡村师范的课程与平常学校有什么不同地方？

试验乡村师范的全部课程就是全部生活，我们没有课外的生活也没有生活外的课。约略的分起来，共有五门：一、中心小学生活教、学、做；二、中心小学行政教、学、做；三、师范学校第一院院务教、学、做；四、征服天然环境教、学、做；五、改造社会环境教、学、做。

什么是第一院？

我们的师范学校将来要分两院，第一院是招收他校末一年半学生及相等程度之在职人员，加以一年半的训练；第二院是完全师范制，一切训练，都由本校始终其事。因为第一种办法较为轻而易举，所以先办第一院。

什么是院务教学做？

我们第一院里面种种事务都是要学生分任去做的；什么文牍、会计、庶务、烧饭、种菜都是要学生轮流学习的。全校只用一个教工担任挑水一类的事，其余一切操作，都列为正课，由学生躬亲从事。

师范生要学习烧饭种菜，这是什么道理？

乡村里当教师，不会烹饪就要吃苦。我们晓得师范生初到乡间去充当教师，有的时候，不免饿得肚皮叫，就是因为他们不会炊事。从前科举时代文人因遇考需要，大多数都会烹饪。现在讲究洋八股反把这些实用的本领挥之门外，简直比科举还坏。所以我们这里的口号是"不会种菜不算学生"、"不会烧饭不得毕业"。

教师处于什么地位？

本校各科教师都称为指导员，不称为教员。他们指导学生教、学、做，他们与学生共教、共学、共生活。不但如此，高级程度学生对于低级程度学生也要负指导之责。

什么资格的学生可以进来呢？

初级中等学校、高级中等学校、专门大学末了一年半的学生和在职教职员有相等程度的都可以投考，但是他们必须有农事或土木工经验方才有考取的把握。这是项重要的资格，这两个条件完全没有的人，不必来考。凡是小名士、书呆子、文凭迷的都最好不来。如果有人想办乡村小学，为预储师资起见，保送合格学生来学，学成就去办学，这是我们最欢迎的。

考些什么功课？

我们所要考的有五样东西：一、农事或土木工操作一小时；二、智慧测验；三、常识测验；四、作国文一篇；五、三分钟演说。

收录多少学生呢？

我们现在暂定为二十名。倘使我们在这两个月当中经费可以多筹些，如果合格的学生很多，我们也可以多取几名。倘使合格学生很少，我们就少取几名。只要有一个合格的学生，我们都是要开办的。我们教一个学生和教一千个学生一样的起劲，因为如果这个学生是个人才，他对于乡村教育必有相当的贡献。一个人是千万人的出发点。倘使我们这次招生只能得到一个真学生，我们也就心满意足了。

毕业年限怎样？

我们的修业年限暂定为一年半，但不是一定不移的，可以按照实在情形酌量伸缩。不过修业后必须服务半年，经本校派员考查，确有精神表现，才发给各种毕业证书。

费用要多少呢？

本校学费一概不收，膳费每月暂以五元为最高额，由师生共同经管，杂费依最节省限度另订。学生种田，照佃户租田公允办法，每年赚多少，看自己运用心力的勤惰巧拙，统归本人所有，账目完全公开。

试验乡村师范学校设在何处？

这个学校设在南京神策门外迈高桥，离燕子矶、尧化门都很近。我们准备了田园二百亩，供师生耕种；荒山数座，供师生造林；最少数经费，供师生自造茅屋居住。

茅草屋怎样布置？

每个茅草屋住十一个人，十位学生，一位指导员。里面有阅书室、会客室、饭厅和盥洗室、厕所。屋外后面附一个小厨房。厨房后面，有一个小菜园。

茅屋没有造成住在何处？

住在帐篷里。谁的茅屋没有造好，谁就要住在帐篷里。十一个人都要受茅屋指导员的指导，按照图样建造一个优美的、卫生的、坚固的，合用的、省钱的茅屋。个个人都要参加都要动手。教师不但是教书，学生不但是读书，他们是到这里来共同创造一个学校。从院长起以及到学生，谁不造成茅屋，谁就永久住在帐篷里。

宿舍之外还有什么？

本校一切建设都是茅草屋。除宿舍外，我们要有图书馆、科学馆、教室、娱乐室、澡室、温室、陈列所、医院、动物园。指导员家属住宅都要逐渐使他们成立，但总是依据茅草屋的形式建筑。

简括些说起来，试验乡村师范的精神究竟何在？

本校的精神可以拿本校校旗之意义来代表。旗之中心有一个小圆圈，里面有个"活"字代表所要培养之生活力。圈外有个等边三角，代表教、学、做三者合一。三角上面有一个"心"放在当中，表示关心农民甘苦之意。左边有一支笔，右边有一把锄头。三角之外有一大圆圈放射光芒好比是太阳光。四面有一百个金色星布满全旗，代表一百万个学校，改造一百万个乡村，使个个乡村都得到光，合起来造成中华民国的伟大的光。

（编者注：本文写于一九二六年十二月二十八日，原载于一九二八年四月《中国教育改造》）

第二辑

# 过去的教授

我是在一九一三年进北京大学教书的,到一九二九年离开,前后凡十六年。其间所经历者,所见闻者,诸如新旧之争,内部倾轧,蔡元培之长校与离职,蒋梦麟之长校,五四运动之于北大,等等,有足述者。

(沈尹默)

在我以教学为职业的悠长的一生中,先后遇到与结交的大学校长,中国与美国的,为数实在不少,约在十人以上,在他们中间,与我会面次数较多而年代最长久的,要推南开校长张伯苓与清华校长梅贻琦。

(柳无忌)

在稿纸上写下了这个题目,我立刻沉入了遥远的战乱的年代中,心上浮起无限惆怅。我飞往五十五年前的春天,也是四月,我那时正在重庆国立中央大学分校,嘉陵江畔一个小山村里寂寞幽静的柏溪教大一英文(Freshman English)。

(赵瑞蕻)

### 沈尹默　1883—1971

原名君墨,号秋阳,浙江湖州人。早年二度游学日本,曾执教于北大、北京女子师范大学等校,与陈独秀、李大钊、鲁迅、胡适等同办《新青年》,为新文化运动的得力战士。后由蔡元培、李石曾推荐,出任河北教育厅厅长,北平大学校长等职。

# 我和北大　文 / 沈尹默

我是在一九一三年进北京大学教书的,到一九二九年离开,前后凡十六年。其间所经历者,所见闻者,诸如新旧之争,内部倾轧,蔡元培之长校与离职,蒋梦麟之长校,五四运动之于北大,等等,有足述者。惟北京大学自清末京师大学堂以来,迄今垂六十余年,人事沧桑,变化甚大,我在北大十六年间,仅为其中一片段,盖无可为系统之概述,因就记忆所及而掇拾之,谨作参考。

## ·我进北大之缘起·

我是浙江吴兴人，因父亲在陕西供职，我于一八八三年出生在陕西汉阴厅。一九〇五年（光绪三十一年），陕西藩台樊增祥选派五十名陕西籍学生到日本留学（张季鸾即在其内），我和三弟沈兼士因非陕籍，不能入选，乃自费和他们同往日本求学，由一位四川名流徐自休先生率领赴日。当时，有一位在江西出生的浙江吴兴人蔡宝善在陕西做候补县官，因同乡关系，蔡写信给在日本留学的许炳堃（也是浙江湖州府同乡），托其照顾我和兼士。抵日本时，炳堃特来迎迓，从此订交。

我们兄弟在日本九个月，因家庭经济不宽裕，无力供应继续求学，兼士考取了日本铁道学校，留日攻读，我则于一九〇六年返国。回陕西住了一年，即迁返浙江吴兴闲居。不久，到杭州做事，曾在杭州高等学校代过课，在幼级师范教过半年书，又在第一中学教过课。第一中学校长马幼渔和我弟弟兼士在日本同学，都是章太炎先生的门下弟子。其时，兼士也已从日本返国，在嘉兴教书。

大约在一九一二年春节，许炳堃来访，谈及京师大学堂已改名为北京大学，严复（又陵）校长去职，由工科学长何燏时代理校长，预科学长是胡仁源。胡也是浙江吴兴人，在日本仙台高等学校留过学。何、胡都是许炳堃的朋友。据许炳堃说，在那以前，中国留学生在日本正式大学毕业的只有两个人，其一即何燏时。那天闲谈时，许炳堃告诉我："何燏时和胡仁源最近都有信来，燏时对林琴南教书很不满意，说林在课堂上随便讲讲小说，也算是教课。"我笑着说："如果讲讲小说，那我也可以讲。"我当时不过是随便讲讲罢了，不料炳堃认起真来，他说："啊，你能讲，那很好，我介绍你去。"我还以为他也是随便讲讲的，就没有放在心上。过了一个多月，许炳堃忽来告诉我，何燏时、胡仁源电报来了，约我到北大预科去教书。我出乎意外，连忙说："我不能去，我不会讲话，教不了书。"炳堃着了急，他说："那不行！人家已经请了你，不能不去。"

何燏时、胡仁源为什么要请我到北大去呢？当时，太炎先生负重名，他的门生都已陆续从日本回国，由于我弟兼士是太炎门生，何、胡等以此推论我必然也是太炎门下。其实，我在日本九个月即回国，未从太炎先生受业，但何、胡并未明言此一道理，我当时也就无法否认，只好硬着头皮，挂了太炎先生门生的招牌到北京去了。同去的有太炎先生门生朱希祖，他是应吴稚晖的邀请，到北京去参加教育部召开的关于注音字母的会议。其时是一九一三年二月。

到北京后,一天早晨,我到北大去看何燏时。略谈后,燏时就请教务长姚叔节(桐城姚鼐之后,在北大教桐城派古文)来见面。姚叔节和我简单谈了几句,要我在预科教中国历史。姚三先生和我只会过这一次,以后就没有再见过面。

第二天,见到胡仁源,胡说:"我们已经晓得你来了。昨天浮筠对很多人说,现在好了,来了太炎先生的学生,三十岁,年纪轻。"言下之意,对北大的那些老先生可以不理会了。"浮筠"是北大理科学长夏元瑮的别号,从胡仁源的这句话里就可以意味到,北大在辛亥革命以后,新旧之争已经开始了。


· 新旧之争 ·


当时,北大分几科,每科设学长。理科学长夏元瑮,法科学长王建祖,工科学长何燏时,预科学长胡仁源,文科没有学长,由一个姓夏的(忘其名)负责,名义好像是文科教务长。

一九一二年蔡元培任教育总长,范源濂是次长,董恂士（鸿祎）大约是秘书长，颇专权，因严复抽鸦片，示其辞北大校长职，以何燏时代理校长，仍兼工科学长。这是新旧斗争之始。

严复之被赶，抽鸦片是表面理由，真正的原因是北京大学不服教育部管。严复之一向不服教育部管，也不仅仅是他的来头特别大，而是他有一个六万两存折在手中，这个存折是东清铁路股票，存在华俄道胜银行。这个存折相沿在京师大学堂校长手中（东清铁路和京师大学堂的关系，我就不知其详了），蔡元培、董恂士到教育部后，就要严复交出这个存折，被严拒绝，教育部则必得之而甘心，因此，示其辞职。

这个六万两的存折，其实是空的，一个钱也没有。我后来听道胜银行买办沈吉甫谈起这件事。他说："这笔存款可以说有，也可以说没有。当年清室曾投资六万两于东清铁路，这笔款子由某王公经手，但被那个王公吞没了，拿了道胜银行一个存折，钱并没有交。道胜银行碍于清室的面子，不好否认是空头存折，但要去取钱是取不到的。"虽然是空头存折，严复却可以凭他的面子去几家银行押款。北大在严长校期间，确也仗了这个存折解决了一些经费上的困难。这个存折的内幕，当时的教育部并不晓得。何燏时代理校长后，教育部也命其交出存折，而各科学长不同意,鼓动学生反对。以后,这个空头存折的下落就不得而知了。

北大第一次的新旧之争,是争领导权,当然,也包括思想斗争在内。下面就谈谈新旧之间的不相容等等情况吧。

和我同到北京的朱希祖,在参加过教育部召开的注音字母会议以后不久,也进了北大。接着,何燏时、胡仁源把太炎先生的弟子马裕藻(幼渔)、沈兼士、钱玄同都陆续聘请来了。最后,太炎先生的大弟子黄侃(季刚)也应邀到北大教课。我虽然不是太炎弟子,但和他们是站在一起的。

太炎先生的门下可分三派。一派是守旧派,代表人是嫡传弟子黄侃,这一派的特点是:凡旧皆以为然。第二派是开新派,代表人是钱玄同、沈兼士,玄同自称疑古玄同,其意可知。第三派姑名之曰中间派,以马裕藻为代表,对其他二派依违两可,都以为然。

虽然如此,但太炎先生门下大批涌进北大以后,对严复手下的旧人则采取一致立场,认为那些老朽应当让位,大学堂的阵地应当由我们来占领。我当时也是如此想的。

京师大学堂的怪人怪事不少。

我进北大预科教书的那一年,见到差一年就要毕业的一位大名鼎鼎的老学生陈汉章。此人那时约四五十岁，和陈石遗相仿，是一位经学大师，浙江象山人，读书甚多，颇为博杂。京师大学堂慕其名，请他去教书，他却宁愿去当学生。为什么呢？此人身体虽已入民国，脑袋却还在封建时代，平生有一大憾事，就是没有点翰林。清末废科举，兴学制，设立京师大学堂，然朝野之间，对科举记忆犹新，不少知识分子未能忘情，陈汉章就是其中之一。当时流行一种看法：京师大学堂毕业生，可称为洋翰林，是新学堂出来的，也是天子门生。陈汉章必欲得翰林以慰平生，因此宁愿做学生，从一年级读起。但是，不久辛亥革命起，清王朝被推翻，陈汉章洋翰林的梦也随之破灭。我进北大预科的第一年教历史，第二年，陈汉章毕业了，北大还是践前约，由他接我的手教历史，我则教国文去了。

预科还有一位教地理的桂蔚丞（邦杰）老先生。这位先生上课时，有一听差挟一地图，捧一壶茶和一只水烟袋跟随上讲堂，置之于讲台上，然后退出，下课时照送如仪。有一次，在教员休息室里，学生来向我借书，借之而去。桂蔚丞大为诧异，对我说："你怎么可以把书借给学生呢？那你怎么教书呢？"我回答说："这无从秘密的呀。书是公开的，学生可以买，也可以到图书馆借。"原来，这些老先生教了几十年的讲义和参考书都是保密的。这个风气一直到蔡元培先生到北大后,才稍稍改变。

还有一个宝贝,是当时教英文后来当预科学长的徐敬侯。他一开口就是"我们西国"如何如何。他在教务会议上都讲英语,大家都跟着讲。有一次,我说:"我固然不懂英语,但此时此地,到底是伦敦还是纽约?"我并且说:"以后你们如再讲英语,我就不出席了。"我放了这一炮,他们略为收敛了一点。但这种情况由来已久,相习成风,一直到蔡元培先生任校长后,才有所改变。我记得一九二八年女师大风潮,杨荫榆被赶,许寿裳去当校长,就职演说就用英语讲的,听说是练习了几天几夜,上台去还是结结巴巴。好像不用英语,就不足以压服学生。五四运动以后快十年了尚且如此,我初到北大时期那就可以想见了。


· 蔡元培长北大之来由 ·


蔡元培在一九一二年任教育总长,为时甚暂,即辞职,后去德国深造。大约在一九一六年,蔡到北京,其时,胡仁源正代理北大校长之职。

北大代理校长何燏时大约在一九一四至一九一五年

间，辞职回诸暨老家去了，辞职的原因不详，但不外也是内部人事之争，赶何，我疑胡仁源亦在内。何辞职后，即由预科学长胡仁源代理校长，预科学长由胡的好友、留美学生沈步洲继任。不久，沈步洲调任教育部专门教育司司长，是北大的顶头上司。蔡元培之长北大，盖出于沈步洲之策划。

天下事说来也怪。沈步洲为什么要作此策划呢？原来，沈和他的好友胡仁源发生了矛盾。据说，胡平日语言尖刻，在开玩笑时，得罪了沈步洲。沈也是一个睚眦必报的人，所以欲谋去胡而后快，他就抬出蔡元培来，通过教育总长范源濂、次长袁希涛向北洋政府推荐。蔡先生为海内外知名之士，沈抬出蔡来长北大，当然振振有词。北洋政府呢，对办什么大学并不感兴趣，但是大学之为物，外国都有的，中国也不能没有，且蔡元培这块名流招牌也还是有用的，范源濂一推荐，当局就首肯了。

那时我曾在北京医科专门学校兼课，医专的校长是汤尔和。有一天，我到医科学校上课，汤尔和对我说："我告诉你一件事。你看沈步洲这个人荒唐不荒唐，他要蔡先生来当北京大学校长。你看北大还能办吗？内部乱糟糟，简直无从办起。"我回答说："你认为胡次珊（仁源）在办学校吗？他是在敷衍，如果蔡先生来办，我看没有什么不可以。"汤说:"呀!你的话和夏浮筠一样,他也认为蔡先生可以来办北大,既然你们都认为如此,那我明天就去和蔡先生讲,要他同意来办北大。"

夏浮筠和蔡元培在德国同学,夏回国较早,严复长北大时即来北大教书,浮筠和尔和是同乡,极得尔和的信任。

果然,汤尔和去见蔡元培,极言北大之可办。蔡先生之同意出长北大是否即由汤之一言,我不得而知,但总之,蔡先生在一九一七年一月就到北大来当校长了。

· 我和蔡元培先生 ·

汤尔和对我谈蔡元培到北大当校长的时候,我和蔡先生尚无一面之雅。尔和对我谈话以后大约第三天,我在译学馆上课(北大预科当时不在马神庙,在北河沿译学馆旧址),忽然门房来通知我:"有一位蔡先生来看您。"我大吃一惊,一则是素昧平生,颇觉意外,二则是心中不免思索:社会上已轰传蔡先生将任北京大学校长,蔡先生已是中年以上的人了,阅历、世故应是很深的,可这次不大世故,既然要看我,大可到我家里去,何必到北大预科这个公开场所来呢。

蔡先生和我见面后，谈及尔和介绍，特来拜访。略谈片刻辞去，目的在于相识一下。

蔡先生出任北大校长后，在我心中就有一个念头，北京大学应当办好，蔡先生负重名，我们应当帮助他把北大办好。有一天，我去看蔡先生，和他作了一次长谈。

我说："蔡先生，这次北洋政府借您的招牌来办北大。到了有一天，您的主张和政府有所不同，他马上就会赶走您。所以，您现在对北大应进行改革，但有一点要注意，凡改革一件事，要拿得稳，不然的话，一个反复，比现在更坏。"

蔡说："你的话对，你的意见是怎么办呢？"

我说："我建议您向政府提出三点要求：第一，北大经费要有保障。第二，北大的章程上规定教师组织评议会，而教育部始终不许成立。中国有句古话：'百足之虫，死而不僵。'与其集大权于一身，不如把大权交给教授，教授治校，这样，将来即使您走了，学校也不会乱。因此我主张您力争根据章程，成立评议会。第三，规定每隔一定年限，派教员和学生到外国留学。"

我的建议，以成立评议会为最重要，蔡先生深以为然，完全采纳，向当局提出，果然达到了目的。

蔡先生和我的关系，自那时开始，事隔数十年，蔡已归道山，我至今思之，犹感慨系之。

蔡先生是旧中国一个道地的知识分子，对政治不感兴趣，无权位欲。我于蔡先生的学问无所窥，然观其到北大之初所持办学主张，有两点可资一谈。

（一）北大分工、理、文、法、预五科，蔡先生来后，力主将工科划归天津北洋大学，停办法科，使北大专办文理二科，预科照旧。蔡先生的教育思想似乎是以美学教育为中心，他来以后添设教育系（本来只有文学、哲学二系）；他一向反对学政治法律，因此主张不办法科（未获通过）；他不重视工科，似乎是受了"形而上者谓之道，形而下者谓之器"的影响。

（二）蔡先生到北大后，采取兼容并包的方针，辜鸿铭、王国维、胡适之、陈独秀等新的旧的，左的右的，同时并存。蔡先生云："夫大学者，囊括大典，网罗众家之学府也。"蔡先生的教育思想继承了中国封建教育的某些传统，又吸收了西方资产阶级自由主义的精神，这些教育思想今日当然已成陈迹，但在五四运动之前，对推动当时旧中国的教育事业，开社会风气，似有一定的作用。

蔡先生的书生气很重，一生受人包围，民元教育部时代受商务印书馆张元济（菊生）等人包围（这是因为商务印书馆出版教科书,得教育部批准,规定各学校通用,就此大发财),到北大初期受我们包围(我们,包括马幼渔、叔平兄弟,周树人、作人兄弟,沈尹默、兼士兄弟,钱玄同,刘半农等,亦即鲁迅先生作品中引所谓正人君子口中的某籍某系),以后直至中央研究院时代,受胡适之、傅斯年等人包围,死而后已。胡、傅诸人后来和我势同水火,我南迁后,蔡先生时在京沪间,但我每次拟去看蔡先生,均不果,即胡、傅等人包围蔡所致。

综观蔡先生一生,也只有在北大的那几年留下了成绩,蔡先生曾云:"自今以后,须负极重大之责任,使大学为全国文化之中心,立千百年之大计。"然而,在已沦为半殖民地的旧中国,爱国的知识分子努力学习西方,企图以新学救国,终于成了一场幻梦。五四运动以后,北大自蔡先生而下的知识分子,或左,或右,或独善其身,或趋炎附势,或依违两可、随世沉浮,其中种种,就不在本文记述之内了。

## ·我和陈独秀·

光绪末叶,陈独秀(那时名仲甫)从东北到杭州陆军小学教书，和同校教员刘三友善。刘三原名刘季平，松江人，是当时江南的一位著时望的文人，以刘三名，能诗善饮，同我和沈士远相识。有一次，刘三招饮我和士远，从上午十一时直喝到晚间九时，我因不嗜酒，辞归寓所，即兴写了一首五言古诗，翌日送请刘三指教。刘三张之于壁间，陈仲甫来访得见，因问沈尹默何许人。隔日，陈到我寓所来访，一进门，大声说："我叫陈仲甫，昨天在刘三家看到你写的诗，诗做得很好，字其俗入骨。"这件事情隔了半个多世纪，陈仲甫那一天的音容如在目前。当时，我听了颇觉刺耳，但转而一想，我的字确实不好，受南京仇涞之老先生的影响，用长锋羊毫，又不能提腕，所以写不好，有习气。也许是受了陈独秀当头一棒的刺激吧，从此我就发愤钻研书法了。

我和陈独秀从那时订交，在杭州的那段时期，我和刘三、陈独秀夫妇时相过从，徜徉于湖山之间，相得甚欢。

一九一七年，蔡先生来北大后，有一天，我从琉璃厂经过，忽遇陈独秀，故友重逢，大喜。我问他："你什么时候来的？"他说："我在上海办《新青年》杂志，又和亚东图书馆汪原放合编一部辞典，到北京募款来的。"我问了他住的旅馆地址后，要他暂时不要返沪，过天去拜访。

我回北大,即告诉蔡先生,陈独秀到北京来了,并向蔡推荐陈独秀任北大文科学长。蔡先生甚喜,要我去找陈独秀征其同意。不料,独秀拒绝,他说要回上海办《新青年》。我再告蔡先生,蔡云:"你和他说,要他把《新青年》杂志搬到北京来办吧。"我把蔡先生的殷勤之意告诉独秀,他慨然应允,就把《新青年》搬到北京,他自己就到北大来担任文科学长了。

我遇见陈独秀后,也即刻告诉了汤尔和,尔和很同意推荐独秀到北大,他大约也向蔡先生进过言。

《新青年》搬到北京后,成立了新的编辑委员会,编委七人:陈独秀、周树人、周作人、钱玄同、胡适、刘半农、沈尹默。并规定由七个编委轮流编辑,每期一人,周而复始。我因为眼睛有病,且自忖非所长,因此轮到我的时候,我请玄同、半农代我编。我也写过一些稿子在《新青年》发表,但编辑委员则仅负名义而已。

· 评议会的几件事 ·

评议会会员由全体教授互举,约每五人中举一人。当时教授共八十余人(讲师、助教一百五十余人不在内),

举评议员十七人，校长为评议长。凡校中章程规律（如开女禁），均须评议会通过。文、理、法、预四科教授都有代表参加评议会，大家都很兴奋。一九一七年七月，张勋复辟。有一天早上，我到学校，黄幼轩（蔡的郎舅，在北大当会计）跑来告诉我，蔡先生走了。我大惊，和幼渔、玄同、作人等计议。幼渔问："怎么办？"我说："这是蔡先生信任我们，他走了，学校要靠我们大家维持下去。"大家想想这话对，就开评议会商量，这时候评议会掌握了学校实权，对外行文。在这期间，夷初（马叙伦）有一天忽然单独请我吃鸭子，他说："你们在学校里这样做，为什么不让我知道？"我说："事情很仓猝，迫不及待，一个人一个人去找，来不及。夷初，你如愿意参加，我们欢迎，但要我们看法一致，一起合作才行。"我的意思是，北大内部有反对蔡先生的，拥蔡即所以拥护北大。夷初同意我的话。于是我们商量，组织教员会，推康宝忠（政治法律系教员，活跃分子）为主席，马叙伦为副主席，以夷初监督康，但我们也怕夷初出轨，又推陈大齐和沈士远跟他们一起。

评议会成立以后，我忘了是哪一年，提出设立教务长，胡适毛遂自荐，要做教务长，而为理科教员所反对。理科反对文科的人当教务长，主要是反对胡适。因为胡适到北大只一年多，神气十足，张牙舞爪，任何人都不在他眼中。当时反对胡适最力的是理科天文学教授秦景阳（秦汾）。我们和蔡先生商量，决定提名马寅初为候选人。当时，理科提出俞同奎，文科提出陈大齐，法科提出马寅初，这三个候选人势均力敌，在评议会选举时，主席蔡先生投马寅初一票，马得以当选为北大第一任教务长。为什么蔡先生同意以马寅初当教务长呢？一则是理科反对文科的人出来当教务长，我们为了免去无谓之争端，就提出以法科的人来担任；二则是马寅初本来是北大教员会的领导人。不知为什么，他得罪了北京中学界，中学教员很不满意他，而教员会和北京学界的关系密切，因此，我们商量，教员会改推康宝忠和马叙伦领导，马寅初则失之东隅，收之桑榆，当了第一任教务长。

评议会选出马寅初为教务长后，胡适找我说："我在什么地方都喜欢做第一人，这次第一任教务长我要做，是你们出了主意，不要我做，我很不满意。"我答曰："你不满意也只好算了，我有什么法子呢。"

### · 蔡元培的走和蒋梦麟的来 ·

蔡先生到北大后,尽管我们帮他的忙,但教育部袁希涛对蔡很不好,遇事掣肘。袁是江苏教育会系黄任之(炎培)的左右手,时蒋维乔亦在教育部,他们就派教育部的秘书、蔡元培的连襟陈任中,每天上午十一时挟着皮包坐在北大校长室监视蔡先生,遇事就横加干涉。蔡先生曾经很不痛快地对我说:"这真是岂有此理,连我派的管账的人(黄幼轩)他们都要干涉,并且派陈任中监视我,干涉学校行政。"

教育部对蔡先生掣肘的详细情况我不得而知。袁希涛对蔡不好,在我想来,是江苏教育会已隐然操纵当时学界,想包围蔡先生为江苏教育会所用,而蔡先生被我们包围了,因此他们就捣蛋。此在旧社会,亦系常有的事,在民初北京官场中更不足为奇。

蒋梦麟本是蔡元培的学生,后由黄任之送他去美国学教育,目的当然是为江苏教育会系统培养人才。蔡先生到北大后,增设教育系,在评议会提出,聘蒋梦麟为教育系主任,大家同意,就打电报到美国去,要蒋梦麟回来。

不料过了几天,蔡先生对我说:"不好了,黄任之大发脾气,说我抢他的人,那就算了吧。"其事遂寝。蒋梦麟由美归国后，我们也就不提此事了。

五四运动结束后，蔡先生离京，不知何往，北大评议会议决，派我和马裕藻（幼渔）、徐森玉（时任职北大图书馆）、狄膺（学生代表）到杭州去找汤尔和，目的是迎蔡先生回来。汤尔和因北京各学校在五四运动中罢课，即回杭州。我们不知蔡先生的行踪，但肯定汤尔和是一定知道的，因此，直诣杭州。

到杭州后，先由我一个人去找汤尔和。我一到门口，尔和就迎出来，说："我昨天就知道你来了，蒋竹庄（维乔）从北京来电报说：'某某阴谋家到杭州来了，你要注意！'"我听了也不答腔，先问他蔡先生在何处，他说："我明天陪你去看蔡先生。"

翌日，尔和偕我到西湖上某庄子（大约是刘庄），见到蔡先生，正在谈话时，尔和走开了（打电话之类的事），蔡先生对我说："很奇怪，尔和昨天来告诉我，你们来了，要我回去，但尔和劝我不要回去。我说，不回去怎么办呢？他说要蒋梦麟代替我去做校长，你说奇怪不奇怪？"蔡接着讲："我对尔和说，当初评议会通过办教育系，要梦麟来，任之大吵，你现在要梦麟代我当校长，要通过任之才行。尔和说：'任之昨天在杭州，现在到厦门讲学去了，不必告诉他了。'"蔡先生又说："你说怪不怪，当初不同意,现在连讲都不必和他讲了。"

总之,蔡先生就答应了。蔡先生对汤尔和如此信任,任其摆弄,我始终不解其故。和蔡见面后,尔和要我们回北京说:"蔡先生可以回来,但暂时不能来,由蒋梦麟代理。"北大诸人亦不知其故,就此了事。

蒋梦麟来以后,也就是黄任之插手进来后,我就想离开北大。北大章程上规定教授任满七年,可以出国进修一年。我就在评议会提出要去法国,胡适反对,他说国文教员不必到法国去。我说:我去过日本,那就到日本去吧。评议会通过了,蒋梦麟不放,他以为我们这一起人是一个势力,会拆他的台,无论如何不放。到一九二一年,才答应除月薪照发外,另给我四十元一月,到日本去了一年。到日本后,我眼睛就发病了。

(一九六六年一月)

## 梁漱溟  1893—1988

原名焕鼎,字寿铭,广西桂林人,现代新儒家的早期代表人物之一,有"中国最后一位儒家"之称。一九一七年十月,应蔡元培之聘,任北京大学印度哲学讲席,一九二四年辞离北大。

# 我到北大任教的经过   文 / 梁漱溟

我到北京大学任教,始于一九一七年下学期,而受聘则在其前一年蔡先生初接任北大校长之时。蔡先生之知我,是因看到那年(一九一六年)六、七、八月上海《东方杂志》上连载我写的《究元决疑论》一篇长文。文中妄以近世西洋学说阐扬印度佛家理论,今日看来实无足取,而当时却曾见赏于许多人。记得蔡先生和陈独秀先生(新任文科学长,相当于后来之文学院长),以印度哲学讲席相属之时,我本不敢应承的。我说:"我只不过初涉佛典,于此外的印度哲学实无所知。而据闻在欧洲在日本一般所谓印度哲学，皆指'六派哲学'而言，其中恰没有佛家。"蔡先生反问："你说你教不了印度哲学，那么，你知有谁能教印度哲学呢？"我说不知道。蔡先生说："我们亦没有寻到真能教印度哲学的人。横竖彼此都差不多，还是你来吧！你不是爱好哲学吗？我此番到北大，定要把许多爱好哲学的朋友都聚拢来，共同研究，互相切磋，你怎可不来呢？你不要当是老师来教人，你当是来合作研究，来学习好了。"他这几句话打动了我，只有应承下来。

虽则答应了，无奈我当时分不开身，当时我正为司法总长张镕西（耀曾）先生担任司法部秘书。同时任秘书者有沈衡山（钧儒）先生。沈先生多为张公照料外面周旋应付之事，我则为掌理机要函电。倒袁者本以西南各省为主，张公实代表西南滇川两粤而入阁。正在南北初统一，政治上往来机密函电极多，我常常忙到入夜。我既于此门功课夙无准备，况且要编出讲义，如何办得来？末后只得转推许季上（丹）先生为我代课。

及至次一年，经过张勋复辟之役，政府改组，镕西先生下野，我亦去职，南游入湘。十月间在衡山的北军王汝贤等部溃走长沙，大掠而北，我亦不得安居，随着溃兵难民退达武汉，就回北京了。因感于内战为祸之烈，写了一篇《吾曹不出如苍生何》，呼吁有心人出来组织"国民息兵会"，共同制止内战，养成民主势力。自己印刷数千册，到处分送与人。恰这时许先生大病，自暑假开学便缺课，蔡先生促我到校接替，于是才到北大。

许季上先生在佛学上的素养远胜于我，又且长于西文。他讲印度哲学，一面取材西籍，一面兼及佛典。我接替他，又得吴检斋（承仕）先生借给我许多日文的印度哲学书籍作参考。其后，我出版的《印度哲学概论》就是这样凑成的。我在北大，随后又开讲一门唯识哲学，自己编写了《唯识述义》三册，次第付印（今已无存）。对于讲唯识，我后来有些不敢自信，建议蔡先生由我去南京支那内学院请人来讲。初意打算请吕秋逸（澂）先生，未成事实，改请了熊十力先生。熊先生来到北大，即有《新唯识论》之创作。他却是勇于自信而不信古人的。一九二〇年我提出"东西文化及其哲学"作了一个月的讲演，不在哲学系课程之内，然却由此在哲学系添讲儒家哲学一课。到一九二四年暑期我自己去山东办学，辞离北大，计在校共有六个整年。

当时我讲的印度哲学既括有佛学在内，又且专开一门唯识哲学，但在爱好哲学从而爱好佛学的蔡先生，犹以为未足，先后又请了几位先生任讲佛学。一位是张尔田（孟劬）先生讲《俱舍论》（代表小乘）；一位是张克诚先生，

1918年6月，北京大学文科哲学门毕业合影
前排左起第五人是北大校长蔡元培，第六人是文科学长陈独秀，第七人是梁漱溟

图 / FOTOE

曾讲了《八识规矩颂》、《观所缘二论》（代表相宗或称有宗）；还有一位邓高镜（伯诚）先生，曾讲了《百论》（代表性宗或称有宗）。虽然其时间都不长，似亦不列入哲学系正式课程之内，然而蔡先生之好学却于此可见。其中张克诚先生，原是先在西四牌楼广济寺自愿宣讲，任人来听的。蔡先生和校中一二同事亲往听讲几次，便约请其到校内来讲了。

我们从许多处皆可看出蔡先生对学术、对教育、对社会运动有他一股热诚，不愧为应乎其时代需要的革命家，而全然不是一位按照章则规程办事的什么大学校长。所有的史料均足为证明，即如上述一些小事亦复可见。

蔡先生曾创立以美育代宗教的学说，又尝在校自己讲授过美学。他为哲学系先后聘请的教员很多，我不能悉记，即不能备举。我且举一个张竞生。这是从美育、美学而联想起来的，一因为张先生曾讲了一年《美的人生观》，并且把它印成了书出版。这自然是他自己的学说。其后，他在校外又出版一种《性史》，似是陆续发行的期刊，其内容猥亵，很遭物议。我虽亦认为给社会的影响不良，然却谅解其人似与下流胡闹者有别。总之，由蔡先生的哲学兴趣，又请了一些有哲学兴趣的教员，便开发了学生们的哲学兴趣。哲学系在当时始终为最重要的一个学系，估量比其他任何学系的学生都多。特别是自由听讲的人极多，除了照章注册选修这一哲学课程者外，其他科系的学生，其他学校的学生（例如琉璃厂高师的学生，太仆寺街法专的学生，等等），乃至有些并非在校学生，而是壮年、中年的社会好学人士，亦来入座听讲。往往注册部给安排的教室，临时不合用。就以为按照注册人数，这间教室座位可以容得下，而实则听讲的人竟然多出一倍。我自己的经验，当一九二三年前后，我讲儒家思想一课，来听讲的通常总在二百人左右。初排定在红楼第一院某教室，却必改在第二院大讲堂才行。学年届满，课程结束，举行考试的试卷亦有九十多本。此即注册的正式学生之数了。大约胡适之讲课，其听讲的人可能比这还要多。

然而莫以为来听的人，都是钦佩这位主讲的。例如有彭基相、余光伟等同学，他们都不大同意我之所讲。据闻他们对旁人说："我是来听听他荒谬到什么程度。"这种态度并不可厚非，这正见出当时学术气氛的浓厚。大家都在为学术，所以学生求学非只为取得资格、取得文凭。记得同学朱谦之曾反对学校考试，向校当局申明自己不参加考试。蒋梦麟代校长有书面答复张贴出来，说不参加考试是可以的，不过没有成绩分数，将来便没有毕业文凭。像这样不计较分数和文凭颇有其人，非只朱一个。

（一九六九年）

# 钱 穆 1895—1990

字宾四,江苏无锡人。一九三一年任教北京大学历史系,并兼课清华。一九三七年,随政局变化而南迁,任西南联合大学教授。

# 北京大学杂忆 文/钱 穆

## ·一·

一九三一年夏,余在苏州,得北京大学寄来聘书。待余赴平后,清华又来请兼课。此必颉刚在北平先与两方接洽,故一专任,一兼课,双方已先洽定也。但余亦未以此面询之颉刚。

余赴北大,在历史系任教,是为余在大学讲授历史课程之开始。所任课,一为中国上古史,一为秦汉史,皆必修课由学校指定。另一门选修课可由余自定。余决开近三百年学术史。此一课程,梁任公曾在清华研究所已开过,其讲义余曾在杂志上读之。任公卒后,某书肆印此书,梁家以此书乃任公未定稿,版权所属,不准书肆发行。余求其书不得。或人告余,可赴东安市场,在某一街道中,有一书估坐一柜上,柜前一小桌,可迳授与八毛钱,彼即在其所坐柜内取出一纸包授汝,可勿问,亦勿展视,即任公此书也。余果如言得之。

余因与任公意见相异,故特开此课程,自编讲义。一日,某君(忘其名)来电话,询余近三百年学术史最近讲到陈乾初《大学·问》一篇,北平最富藏书,但此间各友好皆不知此文出处,并举冯芝生(友兰)为例。君于何处得读此文。余答,余之讲义,付北大讲义室,待下周去上课时,始领取分发,君何先知。彼在电话中大笑,谓君此讲义人人可向北大讲义室预定。先睹者已群相讨论,君竟不知此事,可笑可笑。亦可想见当时北平学术界风气之一斑,盖因余在任公卒后不久,竟续开此课,故群相注意也。

又有人来书,云,君不通龟甲文,奈何腼颜讲上古史。余以此书告讲堂诸生,谓余不通龟甲文,故在此堂上将不讲及。但诸君当知,龟甲文外尚有上古史可讲。诸君试听，以为如何。又一日，告诸生，事有可疑，不专在古，古亦多无可疑者。如某姓钱，此钱姓即属古，无可疑。余确信有父有祖，乃至高曾以上三十几代前，为五代吴越国王钱镠。以上仍有钱姓。近乃有人不姓钱，改姓疑古，此何理。有人来问，君何大胆若尔。余问何事。彼言，君知班上有钱玄同之子亦来听课否。答，知之。其人曰，君自慎之，勿多惹是非。余曰，余任上古史课，若亦疑古，将无可言。又一夕，有某君设宴席，席上多大学史学教授。一清华大学西洋史教授孔某，一北大史学系教授孟森（心史），两人皆年老。主人推两人居首座，曰孔孟应居上，可勿让。又指余与钱玄同曰，君两人同宗，可连座。余遂与玄同比肩。坐既定，玄同问余，君知我有一子在君班上否。余答，知之。玄同又言，君班上所讲一言一句彼必详悉记载无遗。余答诺，并谓彼勤奋好学殊少见。玄同又谓，彼在君班上之笔记我亦过目，逐字不遗。余闻言，骤不知所答。窃恐或起争论，将何措辞。

玄同乃续谓，彼甚信君言，不遵吾说。余仅诺诺。玄同乃改辞他及，不再理前绪，余心始释然。

钱穆先生(摄于20世纪30年代初)
钱婉约/供图

钱穆先生(摄于20世纪40年代)
钱婉约/供图

## 二

一日，又有人责余，君何无情乃尔。余问何事。彼云，君知适之近患病进医院否。余曰，顷正闻之。彼云，适之尊君有加。有人问适之有关先秦诸子事，适之云可问君，莫再问彼。今病，访者盈户，君宁可不去。余答，此显属两事，君并合言之，将教余何以为人。又有一学生告余，彼系一新学生，旧同学皆告彼，当用心听适之师与师两人课。乃两师讲堂所言正相反，不知两师曾面相讨论可归一是否。余答此处正见学问之需要。汝正当从此等处自有悟入。若他人尽可告汝一是，则又何待汝多学多问。余自入北大，即如入了一是非场中。自知所言触处有忤，然亦无自奈何。

又有一生来问，师言老子出孔子后，又言出庄周后，除最近在《燕京学报》新有一文外，尚有其他意见否。余答，有之。彼云，愿闻其详。余答，此非一言可尽，余在上古史班上当有述及，君倘愿闻其详，可试来听之。彼乃哲学系四年级生，自是遂来余上古史班上旁听。越一年，来晤言，余听师上古史已一年，今信师言不疑。哲学系有毕业纪念刊，当整理一年笔记成篇刊入。不知师尚有所言未尽否。余答，有之。因请余再撰一文，亦同刊其班之毕业刊物中,并告余,亦当请适之师同为一文讨论其事。余允之。余因续撰一文,连同彼笔记同刊是年北大哲学系毕业纪念刊中。而适之则竟未为文。后余自刊《庄老通辩》一书。已在余居香港时,距当年亦已三十年矣。此君笔记载当年北大哲学毕业刊者,余手边无之,容当觅得,再以补入。此君已忘其姓名,惟闻其留学德国,归国后,在南京中央大学哲学系任教。

余与适之讨论老子年代问题,绝不止三数次。余曾问适之,君之《先秦哲学史》,主张思想必有时代背景。中国古人所谓知人论世,即此义。惟既主老子早于孔子,则老子应在春秋时代,其言亦当根据当时之时代背景而发。君书何乃上推之《诗经》,即就《诗经》来论时代背景,亦不当泛泛分说乐天派悲观派等五种人生观,认为乃老子思想之起源。当知乐天悲观等分别,历代皆有,唐诗宋词中何尝无此等分别。即如最近世,亦复有此五等分别。何以老子思想独起于春秋时代,仍未有所说明。且如老子以下,孔子墨子各家思想,亦各有其时代背景。君书自老子以下,即以思想承思想,即不再提各家思想之时代背景,又何故。适之谓,君之《刘向歆父子年谱》未出,一时误于今文家言,遂不敢信用《左传》,此是当时之失。然对余之第二问题,则仍未有答。

此后适之见余,再不乐意讨论老子,而别撰《说儒新篇》。在彼撰稿时,屡为余道其作意。余随时告以己意。如是者数次。适之说儒终于成篇,文长五万字,仍守其初意不变。其说既与余上古史堂上所讲意义大相背驰,诸生举适之此文设问。余遂于堂上明白告诸生,余所持与适之说儒不同之所在。诸生或劝余为文驳论。余告诸生,学问贵自有所求,不应分心与他人争是非。若多在与他人争是非上分其精力,则妨碍了自己学问之进步。《孟子》一书,只在申孔,不在辟墨。遇两说异同,诸生贵自有折衷。并余已将今天堂上所讲,一一告之适之,不烦再为文辩论。遂拒不为。诸生乃浼余助教贺次君即就余讲堂所讲撰一文,刊之北大史系同学在天津《益世报》所主办之副刊上。适之见之,大不悦,但亦未撰文反驳。主编此副刊之同学乃欲次君别为一文自解说,次君拒之。谓所辩乃本钱师之说,不能出尔反尔。不得已,主编此副刊之同学乃自为一启事,解说此事。自后余来香港,某君在《港大学报》上刊一文,专为讨论适之说儒。余始别为一小篇,追忆前说,则已上距当时十年外矣。今余此文,已收入余之《中国学术思想史论丛》第二集。

大凡余在当时北大上课,几如登辩论场。上述老子孔子两氏不过其主要之例而已。闻有北大同事之夫人们前来余课室旁听，亦去适之讲堂旁听，退后相传说以为谈资。惟一时所注意者，亦仅为一些具体材料问题解释之间，而于中国历史文化传统之一大问题上，则似未竟体触及也。然孟子所谓余非好辩，亦不得已也。余深深了此意境。

又一日，适之告余，得商务来书，嘱编一中学国文教本。彼谓，君在中学任教国文课多年，对此富实际经验，盼我两人合作，共成此编。余告适之，对中国文学上之意见，余两人大相违异，倘各编一部中学国文教科书，使国人对比读之，庶可有益。倘欲两人合编，其事不易，并使他人亦无可窥其底里，遂拒不为。此事遂亦作罢。时适之在北大，已不授中国哲学史，而改授中国白话文学史。惟余与适之在文学方面甚少谈及，以双方各具主观，殊难相辩也。

· 三 ·

时傅斯年孟真主持中央研究院历史语言研究所，亦自广州迁北平。孟真与颉刚虽一时并称适之门下大弟子，但两人学术路向实有不同。

颉刚史学渊源于崔东壁（述）之《考信录》，变而过激,乃有《古史辨》之跃起。然考信必有疑,疑古终当考。二者分辨,仅在分数上。如禹为大虫之说,颉刚稍后亦不坚持。而余则疑《尧典》,疑《禹贡》,疑《易传》,疑老子出庄周后,所疑皆超于颉刚。然窃愿以考古名,不愿以疑古名。疑与信皆须考,余与颉刚,精神意气,仍同一线,实无大异。而孟真所主,则似尚有迥异于此者。如其以历史语言二者兼举,在中国传统观念中无此根据。即在西方,亦仅德国某一派之主张。大体言之,西方史学并不同持此观念。其在中国,尤属创新。故在其主持之史语所,其时尚仅有地下发掘与龟甲文研究两门,皆确然示人以新观念,新路向。然孟真心中之史学前途,则实不限于此两者。

余至北平,即与孟真相识。孟真屡邀余至其史语所。有外国学者来,如法国伯希和之类,史语所宴客,余必预,并常坐贵客之旁座。孟真必介绍余乃《刘向歆父子年谱》之作者。孟真意,乃以此破当时经学界之今文学派,乃及史学界之疑古派。继此以往,则余与孟真意见亦多不合。

孟真在中国史学上,实似抱有一种新意向。惟兹事体大,而孟真又事忙未能尽其力,以求自副其所想望,而遂有未尽其所能言者。彼似主先治断代史,不主张讲通史。

彼著述亦仅限先秦以上，即平日谈论，亦甚少越出此范围。凡北大历史系毕业成绩较优者，彼必网罗以去，然监督甚严。有某生专治明史，极有成绩，彼曾告余，孟真不许其上窥元代，下涉清世。然真于明史有所得，果欲上溯渊源，下探究竟，不能不于元清两代有所窥涉，则须私下为之。故于孟真每致不满。

适之于史学，则似徘徊颉刚孟真两人之间。先为《中国大史学家崔东壁》一文，仅成半篇。然于颉刚《古史辨》则备致称许。此下则转近孟真一边。故北大历史系所定课程似先注意于断代史。在余初到之年，北大历史系第一次开会，适之为文学院长，曾言办文学院其实则只是办历史系。因其时适之已主张哲学关门，则哲学系宜非所重。又文学系仍多治旧文学者掌教，一时未能排除。而历史系上古史一门除余专任其必修课外，又开选修课，凡八门，颉刚孟真各任一门。此见当时学术界凡主张开新风气者，于文学则偏重元明以下，史学则偏重先秦以上，文史两途已相悬绝。其在文学上，对白话文新文学以外，可以扫荡不理。而对史学，则先秦以下，不能存而不论，但亦急切难有新成就。于是适之对北大历史系之兴趣，亦遂逐渐减轻。

## 四

余在北大,任教近三百年学术史一年。翌年,改开中国政治制度史。系主任陈受颐弗允。受颐人素谦和,主讲西洋史。闻其于西洋中古史颇有深入,实际并不任系务,乃由孟真幕后主持。大意谓中国秦以下政治,只是君主专制。今改民国,以前政治制度可勿再究。余谓,言实际政治以前制度可不再问。今治历史,以前究属如何专制,亦当略知,乌可尽置不问。屡争,终不允。余言,余来任课,上古史秦汉史由学校规定,余一课任余自由开讲,不论选课人多少,余意欲开此课,学校似不宜坚拒。遂终允之。北大选课,学生可先自由听讲,一月后始定选。到时乃无人选余此课。当时法学院院长周炳霖告其同事,学生来校只知西洋政治,不知中国政治,今文学院开此课,当令学生前往听讲。遂有政治系全班学生来选听此课。稍后,人益多,乃历史系学生前来旁听。因北大校规松,选定之课可任意缺席,未选之课可随时旁听。故学校自开学后,讲堂必随时改换。旁听多,换大课堂;缺席多,换小课堂。某教师或自小课堂屡换大课堂,某教师或自大课堂屡换小课堂。学生以此为教师作评价,教师亦无如之何。清华燕大殊无此现象。惟余第三年仍开近三百年学术史,

授课中的钱穆　　　　　　　　　　　　　　　　　　　图 / FOTOE

俾完成余之讲义。

余每次上堂必写此一堂之讲授大纲及参考材料。惜余此课所讲迄今未编撰成书，惟散见其要茸于余此后之《国史大纲》中。即余初来台北，有《历代政治得失》一讲演，已付印出版，亦可谓余在北大讲授此课一简编。则已距当年开讲近二十年之久矣。时颉刚在燕大办一《禹贡》，陶希圣在北大办一《食货》，两杂志皆风行一时。诸生来余舍，请余办一《通典》，谓当与《禹贡》《食货》鼎足而三。余拒之。诸生曰，师仅挂一名，其他一切尽由吾侪负责，请勿忧。余曰，今年开此政治制度一课，乃为诸生于此方面常识特缺，非为余于此特所重视。余爱通典制度，亦爱食货经济，又爱禹贡地理沿革。诸生当扩开兴趣，博学多通，乃能于史识渐有进。待他年学问基础既立，庶可择性近专精一门。此乃成学后事，非初学时事。倘诸生今即专骛一途，适以自限，非以自广。恐于诸生学业前途，有损无益。余为诸生着想，非自为计也。诸生唯唯而退。

时国民政府令中国通史为大学必修课，北大虽亦遵令办理，但谓通史非急速可讲，须各家治断代史专门史稍有成绩，乃可会合成通史。故北大中国通史一课，乃分聘当时北平史学界，不专限北大一校，治史有专精者，分门别类，于各时代中各别讲授。历史系主任及助教两人，则随班听讲，学期学年考试出题阅卷，由彼两人任之。余亦分占讲席，在讲堂上明告诸生，我们的通史一课实大不通。我今天在此讲，不知前一堂何人在此讲些什么，又不知下一堂又来何人在此讲些什么。不论所讲谁是谁非，但彼此实无一条线通贯而下。诸位听此一年课，将感头绪纷繁，摸不到要领。故通史一课，实增诸位之不通，恐无其他可得。乃有人谓，通史一课固不当分别由多人担任，但求一人独任，事亦非易。或由钱某任其前半部，陈寅恪任其后半部，由彼两人合任，乃庶有当。余谓，余自问一人可独任其全部，不待与别人分任。一九三三年秋，北大乃聘余一人独任中国通史一课。于是余在北大之课程，遂改为上古史、秦汉史及通史之三门。学校又特为余专置一助教，余乃聘常来北大旁听之学生贺次君任之。

自余任北大中国通史课，最先一年，余之全部精力几尽耗于此。幸而近三百年学术史讲义已编写完成，随时可付印。秦汉史讲义写至新莽时代，下面东汉三国之部遂未续写。余之最先决意，通史一课必于一学年之规定时间内讲授完毕，决不有首无尾，中途停止，有失讲通史一课之精神。其时余寓南池子汤锡予（用彤）家，距太庙最近。庙侧有参天古柏两百株，散布一大草坪上，景色幽茜。北部隔一御沟，即面对故宫之围墙。草坪上设有茶座，而游客甚稀。茶座侍者与余相稔，为余择一佳处，一藤椅，一小茶几，泡茶一壶。余去，或漫步，或偃卧，发思古幽情，一若惟此最相宜。余于午后去，必薄暮始归。先于开学前在此四五天，反复思索，通史全部课程纲要始获写定。

此课每周四小时，共上两堂，每堂两小时。余于开学后上课前，必于先一日下午去太庙，预备翌日下午上堂内容。主要在定其讲述之取舍，及其分配之均匀。如余讲上古史。于先秦部分本极详备，但讲通史则不多及。又如余讲近三百年学术史，牵涉甚广，但讲通史则只略略提到。必求一本全部史实，彼此相关，上下相顾，一从客观，不骋空论。制度经济，文治武功，莫不择取历代之精要，阐其演变之相承。而尤要者，在凭各代当时人之意见，陈述有关各项之得失。治乱兴亡，孰当详而增，孰宜略而简，每于半日中斟酌决定明日两小时之讲述内容。除遇风雨外，一年之内，几于全在太庙古柏荫下，提纲挈领，分门别类，逐条逐款，定其取舍。终能于一年内成其初志。上自太古，下及清末，兼罗并包，成一大体。

下及第二年，余遂可不复至太庙古柏下，然亦随时随地不殚精思，于每一讲之内容屡有改动。又增写参考材料，就《二十四史》《三通》诸书，凡余所讲有须深入讨论者，缮其原文，发之听者，俾可自加研寻。然此工作迄唐五代而止。因史料既多，学生自加研寻亦不易，此下遂未再续。所发姑以示例而止。

中国通史乃文学院新生之必修课，亦有文学院高年级生及其他学院诸生，复有北平其他诸校生，前来旁听。每一堂常近三百人，坐立皆满。有一张姓学生，自高中三年级即来听课，余在北大续授此课，前后凡四年，张生每年必至。余又在西南联大续任此课两年，张生亦先后必至。余知前后续听此课历六年之久者，惟张生一人。彼告余，余之每年任课所讲内容不断有增损，而大宗旨则历年不变。彼谓于余历年所讲变动中，细寻其大意不变之所在，故觉每年有新得，屡听而不厌。如张生亦可谓善用其心矣。

二十年前，余曾去美国哈佛大学，杨联陞教授告余，彼其时肄业清华大学，亦前来旁听。计亦已二十五年上下矣。检其书架上两书相赠，一为余之《国史大纲》抗战期间在重庆之国难第一版，一为余之通史课上所发之参考材料。余受其国难新版，为余手边无有者。其参考材料，则嘱联陞教授仍留架上，或有足供参考处，余未之受。后此项材料由余英时交台北某书肆印行。

余在北大任此课时，又常有日本学生四五人前来旁听。课后或发问，始知此辈在中国已多历年数。有一人，在西安邮局服务已逾十年，并往来北平西安，遍历山西河南各地。乃知此辈皆日本刻意侵华前之先遣分子。并常至琉璃厂、隆福寺，各大旧书肆，访问北平各大学教授购书情形，熟悉诸教授治学所偏好，以备一旦不时之需。其处心积虑之深细无不至，可惊，亦可叹。

## ·五·

余任北大及兼清华课外，越两年，又兼燕大课，于是每周得两次出城，各半日。此乃无法辞卸者。某年秋，师范大学历史系主任某君忽来访，邀余去兼秦汉史课一门。某君忘其名，乃北平史学前辈，其所编讲义亦正流传东安市场各书肆。其来言辞恳切，有坚求必允之意。余告以北大校规，校外兼课只许四小时，余已兼清华燕大两校课，适足四小时之限。逾越校规，非余所愿，亦非所能。且开学已久，清华燕大两校课亦无法中途言辞。如是往复半日而去。一日，某君又来，谓已商得北大当局同意，先生去师大兼课，北大决不过问。余无奈，勉允之。

余住马大人胡同，近东四牌楼，师大校址近西四牌楼，穿城而去，路甚遥远。余坐人力车，在车中闭目静坐，听一路不绝车声。又街上各店肆放留声机京戏唱片，此店机声渐远，彼店机声续起，乃同一戏，连续不断，甚足怡心。及登堂，听众特多，系主任亦在窗外徘徊。第二周课毕，系主任邀余赴其办公室。告余，真大佳事。此课本请某君担任，上堂后，学生问，中国封建社会系秦前结束，抑秦后开始，又或秦前秦后一体直下无变。某君所答，听者不满，争论不已，终至哄堂而散。某君遂决不再来。别请某君，复如是，仍哄堂而散。某君遂亦决不来。恐直言相告，先生决不愿来。今幸两堂过，学生竟不发此问。并闻对先生深致满意。真大佳事。此亦当年北方学风。甚至同学校同一班级，两课堂所讲如同水火。师大此事虽所少有，然闻者亦终不以为怪。

· 六 ·

在北大任教，有与燕京一特异之点。各学系有一休息室，系主任即在此办公。一助教常驻室中。系中各教师，上堂前后，得在此休息。初到，即有一校役捧上热手巾擦脸，又泡热茶一杯。上堂时，有人持粉笔盒送上讲堂。退课后，热手巾热茶依旧，使人有中国传统尊师之感。

孟森（心史）与余同年到北大任课。一日，在休息室相晤。心史问余何年级，余答惭愧，亦在此教书。因诸生亦得来休息室问难，故心史有此误会耳。又一日，余送《燕京学报》新刊余所著《周官著作年代考》一文赠心史。心史展视，谓此乃经学上一专门问题，君亦兼治经学耶，当携归，细读之。自是余遂与心史常在休息室中闲谈。又一日，心史特来寓址，自是往返益密。

某一年暑假，余回苏州省亲。及返北平，特访心史。心史书斋西向。余谓今年酷暑，不知先生作何消遣。心史言，此暑期乃成一大工作。商务新出版《永乐大典》中之《水经注》，今暑专为此书作了许多考订。遂引余视其桌上积稿，并历述清代各家治《水经》之得失，娓娓忘时。余告心史，已向商务预约此书。方期不日去取书，作一番考订工夫，为戴校《水经注》一案作一定论。不谓先生已先我为之。心史说，此书实无新资料可供考订。君不如向商务另购他书，俟余此番考订络续出版，君可就此作商榷，不烦另花一番工夫也。余谓，与先生相识有年，初不知先生亦对此有兴趣。然心史所考订，送北大《国学》季刊，主其事者，因适之方远在国外，心史所考，与适之意见有异，非俟适之归，不敢轻为发布。而心史此项存稿遂亦迟未整理，所发表者殊有限。及翌年，抗战军兴，日本军队进北平，闻心史曾在北大图书馆发现一旧地图，于中俄两国蒙古边疆问题有新证据之发现。遂派人特访心史，于其宅前并曾摄一像而去。而心史不久以病进医院。双十节后，北大同人络续离北平南下。余赴医院与心史话别，不谓心史竟以不起。余自抗战胜利后，即未去北平，每念心史有关《水经注》考订一稿，其整理成篇，及其未及整理者，究在何处。及其有关蒙古新地图一事，仍有人留意及之否。人尽知心史在北大任教明清史，其对清初人关前史有著述。对此两事，人或不知，追忆及此，岂胜惘然。

心史是一好好先生，心气和易。所任明清史，讲义写得太详密，上堂无多话讲，学生缺席，只少数人在堂上，遇点名时轮流应到。心史说，今天讲堂座上人不多，但点名却都到了，仍自讲述不辍。学生传为谈资。其时北平方唱尊孔。有人说，军阀何堪当尊孔大任。心史说，专要堪当尊孔的人来尊，怕也尊不起。适之为文，倡言中国文化只有太监姨太太女子裹小脚麻雀牌鸦片等诸项。心史为文驳斥，不少假借。但我们见面，他从不提起这件事。他从不放言高论，甚至不像是一争辩是非的人。在北大同人中，却是另具一格。

· 七 ·

与余同年来北大者，尚有哲学系汤用彤（锡予）。本任教于南京中央大学，北大以英庚款补助特聘教授之名义邀来。余是年携眷去北平，潘佑荪割其寓邸之别院居之，距北大甚远。一日，锡予来访。其翌日，锡予老母又来访。谓，锡予寡交游，闭门独处，常嫌其孤寂。昨闻其特来此访钱先生，倘钱先生肯与交游，解其孤寂，则实吾一家人所欣幸。自是余与锡予遂时相往返。

一年后，余家自西城潘宅迁二道桥，凡三院四进，极宽极静。年假以榆关风声紧，挈眷奉先慈返苏州，锡予老母亦随行返南京。明年春，余单身先返北平，适锡予老友熊十力自杭州来，锡予先商于余，即割二道桥第三进居之。此本为先慈居住之所，平屋三间。其第二进仅一书室，为读书写作之所。此两进相隔最近，院最小，可以隔院相语。十力既来，而余眷久不来。锡予为余一人饮食不便，又劝余迁居其南池子之寓所，割其前院一书斋居余。而又为十力别邀一北大学生来居二道桥之第一进。

是年暑假，蒙文通又自开封河南大学来北大，与余同任教于历史系。锡予在南京中大时，曾赴欧阳竟无之支那内学院听佛学，十力文通皆内学院同时听讲之友。文通之来，亦系锡予所推荐。文通初下火车，即来汤宅，在余室，三人畅谈，竟夕未寐。曙光既露，而谈兴犹未尽。三人遂又乘晓赴中央公园进晨餐，又别换一处饮茶续谈。及正午，乃再换一处进午餐而归，始各就寝。凡历一通宵又整一上午，至少当二十小时。不忆所谈系何，此亦生平惟一畅谈也。

自后锡予、十力、文通及余四人，乃时时相聚。时十力方为新唯识论，驳其师欧阳竟无之说。文通不谓然，每见必加驳难。论佛学，锡予正在哲学系教中国佛教史，应最为专家，顾独默不语。惟余时为十力文通缓冲。又自佛学转入宋明理学，文通十力又必争。又惟余为之作缓冲。

除十力锡予文通与余四人常相聚外，又有林宰平、梁漱溟两人，时亦加入。惟两人皆居前门外，而又东西远隔。漱溟又不常在北平，故或加宰平，或加漱溟，仅得五人相聚。宰平与漱溟则不易相值。

某日，适之来访余。余在北平七八年中，适之来访仅此一次。适之门庭若市，而向不答访，盖不独于余为然。适之来，已在午前十一时许，坐余书斋中，直至午后一时始去，余亦未留其午膳。适之来，乃为蒙文通事。适之告余，秋后文通将不续聘。余答，君乃北大文学院长，此事与历史系主任商之即得，余绝无权过问。且文通来北大，乃由锡予推荐。若欲转告文通，宜以告之锡予为是。而适之语终不已。谓文通上堂，学生有不懂其所语者。余曰，文通所授为必修课，学生多，宜有此事。班中学生有优劣，优者如某某几人，余知彼等决不向君有此语。若班中劣等生，果有此语，亦不当据为选择教师之标准。在北大尤然。在君为文学院长时更应然。适之语终不已。余曰，文通所任，乃魏晋南北朝及隋唐两时期之断代史。余敢言，以余所知，果文通离职，至少在三年内，当物色不到一继任人选。其他余无可言。两人终不欢而散。文通在北大历史系任教有年，而始终未去适之家一次，此亦稀有之事也。

文通既不续聘。史系主任遂邀余任魏晋南北朝史，余拒不允。余言聘约规定余只任上古两汉，不愿再有增添。其隋唐史一门，则聘陈寅恪兼任。上堂仅盈月，寅恪即辞去不再来。谓其体弱，其夫人言，若不辞北大兼职，即不再过问其三餐。于是此课遂临时请多人分授。学生有发问者，谓此课既由多人分授，何以独不由钱某来上课。史系主任始来请余。余遂亦上堂一二次。文通自离北大，即转至天津一女师任教。其家仍留北平，与锡予及余诸人之来往则一如旧日无变。

## 八

余又因锡予获交于陈寅恪。锡予寅恪乃出国留学前清华同学。寅恪进城来锡予家，常在余所居前院书斋中聚谈。寅恪在清华，其寓所门上下午常悬"休息敬谢来客"一牌，相值颇不易。余本穿长袍，寅恪亦常穿长袍。冬季加披一棉袍或皮袍，或一马褂，或一长背心，不穿西式外套，余亦效之。余亦因锡予识吴宓（雨僧）。彼两人乃前中大同事。余在清华兼课，课后或至雨僧所居水木清华之所。一院沿湖，极宽适幽静。雨僧一人居之。余至，则临窗品茗，窗外湖水，忘其在学校中。钱稻孙与余同时有课，亦常来，三人聚谈，更易忘时。雨僧本为天津《大公报》主持一文学副刊，闻因《大公报》约胡适之傅孟真诸人撰星期论文，此副刊遂被取消。雨僧办此副刊时，特识拔清华两学生，一四川贺麟，一广东张荫麟，一时有二麟之称。贺麟自昭，自欧留学先归，与锡予在北大哲学系同事，与余往还甚稔。荫麟自美留学归较晚，在清华历史系任教。余赴清华上课，荫麟或先相约，或临时在清华大门前相候，邀赴其南院住所晚膳。煮鸡一只，欢谈至清华最后一班校车，荫麟亲送余至车上而别。

余其时又识张孟劬及东荪兄弟，两人皆在燕大任教，而其家则住马大人胡同西口第一宅。时余亦住马大人胡同，相距五宅之遥。十力常偕余与彼兄弟相晤，或在公园中，或在其家。十力好与东荪相聚谈哲理时事，余则与孟劬谈经史旧学。在公园茶桌旁，则四人各移椅分坐两处。在其家，则余坐孟劬书斋，而东荪则邀十力更进至别院东荪书斋中，如是以为常。

一日，余去北大有课，携《清华学报》所刊余近撰《龚定庵》一文，过孟劬家门前，嘱其门房递进。及课毕归，见孟劬留有一纸条，乃知孟劬已来过余家，盖不知余赴北大有课也。余遂即去孟劬家，孟劬娓娓谈龚定庵轶事，意态兴奋，若疑余有误会。孟劬与余亦属忘年之交。前辈学者，于昔人事，若不干己，而诚诚恳恳不肯轻易放过有如此。孟劬又常告余，彼同时一辈学人，各不敢上攀先秦诸子，而群慕晚汉三君，竞欲著书成一家言之意。余因孟劬言，乃识清初学风之一斑，以较余与孟劬同在北平时情形，相距何堪以道里计。因念孟劬慕古之意特深，而东荪趋新之意则盛。即就彼兄弟言，一门之内，精神意趣已显若河汉。诚使时局和平，北平人物荟萃，或可酝酿出一番新风气来，为此下开一新局面。而惜乎抗战军兴，已迫不及待矣。良可慨也。

其他凡属同在北平，有所捧手，言欢相接，研讨商权,过从较密者,如陈援庵、马叔平、吴承仕、萧公权、杨树达、闻一多、余嘉锡、容希白肇祖兄弟、向觉明、赵万里、贺昌群等,既属不胜缕述,亦复不可忆。要之,皆学有专长,意有专情。世局虽艰,而安和黾勉,各自埋首,著述有成,趣味无倦。果使战祸不起,积之岁月,中国学术界终必有一新风貌出现。天不佑我中华,虽他日疆土统一,而学术界则神耗气竭,光彩无存。言念及之,真使人有不堪回首之感。

(编者注:本文系钱穆先生晚年撰写,成文于二十世纪八十年代初,转引自全集版《八十忆双亲,师友杂忆合刊》,北京:九州出版社,2013年版)

# 柳无忌 1907—2002

原名柳锡祓,笔名啸霞、萧亚、无忌,江苏吴江人。一九二七年于北京清华学校毕业后赴美留学,一九三二年回国后,他先后在南开大学、西南联合大学、中央大学任教。

## 张、梅两校长印象记  文 / 柳无忌

在我以教学为职业的悠长的一生中,先后遇到与结交的大学校长,中国与美国的,为数实在不少,约在十人以上,在他们中间,与我会面次数较多而年代最长久的,要推南开校长张伯苓与清华校长梅贻琦。但就是他们两位,我所知道与能叙述的,也只是一些比较深刻的印象而已,他们的伟大人格与办事精神,曾给我莫大的鼓舞与启示。

张、梅两位校长,同是了不起的人物,卓越的教育界领袖,以造育青年人才与提倡学术为终身事业。他们的成

就将永远昭垂后代。张伯苓是一位综合教育集团的创造者，他一手开办与大力支持的南开学校，包括男中、女中、小学、大学，以及经济与工程研究所。他眼光远大，在"卢沟桥事变"前一两年，预知邻近日本军营的南开学校将朝不保夕，就在重庆郊外沙坪坝另设一所南开分校，为后来抗战期间的南开大本营。

南开与清华关系密切，非但二校同在华北，又同为战时昆明西南联合大学的成员，而且张伯苓与他的弟弟张彭春都当过清华教务长。梅贻琦却是张伯苓的学生，曾就读南开。张、梅二校长的办学作风不尽似，但同样在中国大学教育史上为二校留下光辉的一页。正如一般人听说的，没有张伯苓就没有南开；但没有梅贻琦与他的周流潜默的教化，清华也不能获得它在学术界的崇高地位。张校长有如一座巍巍南山，令观者不胜仰止，生着尊敬的心情；梅校长可比一棵高矗的枝叶茂盛的青松，在他的坦荡而宁静的荫蔽下，旅途中的人们获得慰藉与爱护。这些就是我对于他们二位的概括的印象，因为亲自经验到的，也许值得记录下来。

抗战期间，在渝郊沙坪坝的南开学校，我们的女儿在小学一年级读书。有一天，她放学回家，十分兴奋地告诉我们：那位大校长去参观了她的教室。对于任何人，无论小学学生或大学教授，张伯苓是名副其实的"大校长"。一个典型的北方人，身材雄健，体格魁梧，他那样的高个儿，正如他那样的伟人事业，使在旁边与他一同走路的人不免相形见矮。可是他的强健的身材，只是令人肃然起敬，不是敬畏而远避之。

张伯苓（一八七六——一九五一）生长于中国国难初期，当他在天津北洋水师学堂毕业时，正值北洋舰队为日本海军所击沉，只剩下慈禧在颐和园内用海军军费所盖的一座大理石石舫。目击国家所遭遇的耻辱，他深受刺激，便弃武就文。在这时期，英雄无用武之地，而新时代青年的培植，实为立国之本，救国之途。从二十二岁（一八九八）在天津严范孙家设馆教徒始，至七十二岁（一九四八）辞去南开校长，出任国民政府考试院院长止，张伯苓从事于教育事业，可谓五十年如一日。南开中学的前身（私立中学堂），在一九〇四年有学生七十三名；而在一九三七年抗战初天津南开学校被日军毁灭时，南开大、中、小学各部共有三千人。在战时陪都重庆，重建的南开中学，有一千六百人；而南开大学与北大、清华合并在昆明的西南联合大学，无论在课程与师资方面，堪称当时的全国最高学府。

张伯苓常对朋友说，有如胡适所引的："一个教育机关应当常常欠债。任何学校的经费，如在年终，在银行里还有存款，那就是守财奴，失去了用钱做事的机会。"虽然他要为学校用去每一分钱，自己却度着俭朴的生活。在天津八里台南开大学校址，就时常看见一辆洋车远远地从校门进来，沿着长长的马路，一直去到秀山堂的校长办公室。从天津城西南角南开洼（南开以此得名）他住的那所中国式校长住宅，到八里台大学，是一段有几里的路程，但是他不坐汽车，不管天晴天雨，他总是天天来校办公。在冬季朔风怒号，刮起阵阵尘暴的时候，他那辆包车就盖上一层深蓝色帐幕，而裹在厚厚的大棉袍内的大校长，也更显得十分巨大了。

张校长有时请客，邀教授作陪，不在他家中，而在秀山堂改排饭桌的教室内。在那种场合，我们的食指并不蠕蠕欲动，因为校长宴客，饭菜简朴，但是大家心情愉快，为的是能与校长及贵宾在一席。有一次，我还记得司徒雷登（燕京大学校长）来南大访问，负责招待的为大学秘书长黄子坚夫妇，黄太太是美国生长的，她就派我们请客人早餐，因为我们回国不久，还染有一些洋习惯，早上吃吐司与咖啡。虽然家中有厨子与老妈，作为主人的不能不事前布置周到，害得我同太太起了一个大早。校长本人住得太远，不能来（我想他也不惯洋式早餐），由秘书长夫妇陪贵宾来临舍下。居住在八里台的五年中，记不得校长是否曾来我们家中吃饭，大概没有（我的太太不以为然，她说校长来过我们家，并在吃饭时告诉她，那碗剩下的鸡汁不要丢掉，可以泡饭吃）。但是，这不是说校长没有与教授接触。有时候，兴致来时，他会光顾教职员住宅，看看教授家里情况，并检查房子是否清洁整齐。他的办法很简单，只要看一下在会客厅内的那些电灯罩上是否积有尘埃，就可知道。我想，我们的家是经过考验而及格的，好像还博得校长的赞许。

在我记忆中颇深刻的，是学校每星期的周会，校长登坛训话，演说他的那一套教育理论。像他在《四十年南开学校之回顾》里所说的，中华民族之弊病有五大端：愚、弱、贫、散、私。他开办南开的目的，就在育才救国，以匡正此五大弊病。针对着"弱"，他提倡体育；为挽救国家的"贫愚"，他造就有"能"的青年人才，而以"公"（矫正"私"）"能"为南开校训。因为"中华民族有如一盘散沙"，他强调团结——"聚则力强，散则力弱"，"分则易折，合则难摧"。为了证实这个道理，在训话时他喜耍一个小玩意儿。就是在训话中间，他临时叫坐在礼堂前排的几个学生上台来表演。先把一只筷子给某个年轻力壮的学生，让他把筷子轻而易举地一折两段，然后给他好几双筷子，捆成一束，不论那学生如何力大，如何用力试着，他终于无法把那束筷子摧断。另一办法，我也亲自见过，是让一个看上去像运动员的高大强壮的学生，与四五个其他学生在台上作拔河之戏。当那个运动家寡不敌众而败北时，台下的学生在哄堂大笑中懂得了"聚则力强"的教训。

在西南联合大学期间，张校长住重庆沙坪坝，很少来昆明，我没有见到他。一九四一年春，我们在昆明的家为敌机炸毁，狼狈的我先把家眷送去重庆。蒙张校长把她们收留在南开中学，随后我应中央大学（也在沙坪坝）之聘，去重庆与妻女团聚。到南开的下一天，忽然校役来传讯，说校长请我们到他家中去吃饭。别的客人，如伉乃如、何廉夫妇，我们都熟识，却首次遇到当时颇令人注目的南开校友：周恩来夫妇。这一次大家有说有笑，有吃有喝（校长并不是戒酒者，虽然他自己不大喝），空气十分融洽。听说以后的情形有改变，我不得而知。当时我们虽住在南开（太太在中学教英文），我却在中大任教，与南开没有直接关系，此后似乎并未去过校长家中，校长也并未来教职员住宅，查看电灯泡上的灰尘（这时候没有一家置得起有罩子的桌灯）。只是在校园散步时，偶而碰到了那位戴墨晶眼镜、庄肃而慈祥的大校长，与之点头致敬而已。可是，校长并没有忘记我们。在南开校址内，就是校长家有一台唯一的电气冰箱，在暑热时他曾赏赐我们一些极为名贵的冰块。另一回，有人从新疆远道带给校长哈密瓜，他也分给我们几片尝新。

抗战胜利，我们离渝经沪去美，没有参加南开复校的工作，一直没有回去天津，更没有看到校长。他曾在一九四六年来美，为南开筹款，并接受哥伦比亚大学赠他的名誉博士学位，称他为世界公认的 Builder of Educational Institutions and Builder of Men。那时我们远征美国南部佛州。在他七十岁那年，他的一些美国朋友编集一册为他祝寿的文章，书名《*There Is Another China*》（两年后出版），内有前曾提及的胡适撰的《教育家张伯苓》。这时的张伯苓，已成为蜚声国际的伟大人物了。此后，他去过南京、重庆，于一九五一年病逝天津，但已不是南开的校长。可是，对于从前南开的教职员与学生，亦即现在分散各地的南开校友，南开是张伯苓，张伯苓是南开，它的大校长。

也许，我们不能同样地说，清华是梅贻琦，梅贻琦是清华。但是，毫无疑问地，梅校长对于清华的贡献远比任何其他校长为大，而清华校友对于梅校长的敬爱，也同于南开校友对于张校长那般。我们可以这样说，没有梅校长，清华不可能有今日的名誉与地位。大家公认着，清华能在一九三〇与一九四〇年代追上北大，同为中国最高学府（联合大学期间，就是在文学院方面，清华也足与北大抗衡，而理工学院更优越于其他学校），梅校长是数一数二的功臣。

梅贻琦（一八八九——一九六二）比张伯苓小十三岁，他们同是天津人，因此梅贻琦早年即就读于张校长创办的南开中学（当时称私立中学堂），与张校长的弟弟彭春同学，四年后毕业（一九〇八）。下一年，梅贻琦考取首批清华庚款留美学生，比张彭春、胡适、赵元任早一年。在美国麻省武斯特工科大学读书期间，又与张彭春相遇，时张就读于克拉克大学，同在一城有数年之久。五年后，梅贻琦学成归国，去清华学校任教。此后几将五十年，一直为清华服务，自教授、主任、教务长（一九二六）、留美学生监督（一九二八）以至校长（一九三一）。西南联大时期，与北大蒋梦麟、南开张伯苓二校长，同任联大校务委员会常务委员；而梅贻琦以主席名义，经常驻校办公，实际主持校务，对于西南联大在抗战七年（一九三八至一九四五）期间的发展，厥功至巨。战争结束，梅校长返北平办理复校事宜，曾有《复员后之清华报告》。一九四九年，梅贻琦来美国，寓纽约有六七年之久，曾负责管理"清华基金"事宜,并组织"清华"在美文化事业顾问委员会。一九五五年至一九五六年去台湾,重建"清华大学",并任"教育部长"三载,一九六二年在"清华"校长任内逝世。

至于我与梅校长的关系,在学校内可说没有。清华读书时,没有上过物理学梅教授的课,也并未进过后来梅教务长的办公室。他来美在华盛顿任留学生监督,我正好去耶鲁大学研究院。但在这三年中,梅监督没有来到新港,虽然当时在耶鲁有好几位清华同学,如读音乐的黄自、英语文学的孙大雨(孙铭传)与我、意大利文学的李唐晏、历史的皮名举与建筑的梁衍。

一九三一年我毕业耶鲁,申请去欧洲研究一年,由梅监督批准,但我们只是信件往回,我没有去华盛顿看他。同一年秋季,我去英国,梅贻琦返国任清华大学校长。我在南开大学教书的五年中,曾去过清华数次,看我的二舅父(郑桐荪,数学系教授),并未拜访过梅校长。西南联大期间,我们同在昆明,有时在路上相值,只是点头招呼而已。对于梅校长,一直等到他已不是清华校长而住在纽约时,我方始有进一层的认识,沐浴着他的恩泽。愈与他交结长久,愈觉得他待人的真挚与亲切。他不轻然诺,笃实谦诚,是一位楷模的君子人。

我初次与梅校长有较长的时间当面谈话，是在我即将离去西南联大的时候。像上面所讲的，日机的轰炸拆散了我在昆明的小家庭。太太与小孩离去后，我搬入青云街清华教职员宿舍暂住。在一间有三人床的房间，正好有一只床及书桌空着，作为我安身之处，虽然名义上我不是清华教授。那里人才济济，有吴宓、闻一多、金岳霖、陈福田、陈省身、邵循正等十余位。此时，北大的叶公超辞职去新加坡任外交部办事处专员，遗下的外文系主任一职，学校嘱我代理，但当时我已决定去重庆中央大学，与家人重聚。当我向联大当局请求辞职的信发出不久，忽然一天下午，梅校长光临青云街宿舍，专诚来找我。他的话不多，但情意恳挚。他要我留在联大，并解释为什么学校只给我一个代理主任的名义，因为那是在学期中间，下学年主任一职就可真除。他误会了我辞职的动机。我把家庭关系的理由向他陈述，他点头称是，不再挽留，我感动地敬送他走出宿舍大门。

抗战后，我们一家搭乘美国运兵船来美，先在佛州冬园，后在康州新港住下，时为一九四八年秋季。隔了一两年，梅校长也寓居纽约，在"华美协进社"（社长孟治，为清华同学）内设一间办公室，处理清华未尽事务。这时我与"华美协进社"已有关系。每年夏季，孟治在新泽西州的蒙特克莱师范学院开办中国文化暑期班,约我去讲中国文学(这时我已自西洋文学转入中国文学),同事有教历史的洪业,哲学的梅贻宝,美术的汪亚尘。学生们都是本州的中、小学教员,大半是女性,有些比教授年纪更大,但对中国文化十分热忱,大家处得很融洽,也很热闹。我后来又在"华美协进社"开一门中国文学课程,每星期去一次。除看到孟治外,有时也乘便进谒梅校长,见面的机会反而比在联大时代多了。

有两件事情使我与梅校长有较多的接触,发生较深的关系。第一件是《清华学报》的复刊。那全是梅校长的意见,更可说是他了不起的远见,而我幸有机会参与此事的筹备。他觉得清华在学术界的地位,不能任其骤然中断,如办一份学报,可能保持那不绝如缕的清华学术传统。正好清华校友在美国弄文史哲的还有一些人。于是有一天梅校长来新港何廉家里,中饭时约李田意与我去何家,共同商议出版新学报的事宜。他邀梅贻宝、杨联陞、李田意(联大教职)与我,以及在台湾的浦薛凤,组织一个学报编辑委员会,并请何廉(清华津贴留美)为委员会主任。梅校长自己虽然是理工的,却主张新学报应为一种有国际性的研究中国文化(人文与社会科学)的学术刊物,因定英文名字为"Tsing Hua Journal of Chinese Studies"。学报于一九五六年发刊，迄今亦有二十余年历史，未曾中断，总算有一点成绩，可告慰于它的创始者。学报的编辑与刊行，并非一帆风顺，中间便有一段不愉快的经过，在此不愿多说，尤其当事人都已物过。但是梅校长对于此事的关切与负责心，以及对于学报的期待，却使我们十分感动。在与清华校友某君信中，梅校长表示他对于学报的恢复，"曾煞费周章"，并说道："再者：清华学报之继续维持，甚至清华大学之发扬光大，端赖各方谨慎爱护。就学报言，无论经费来源，或学术专文，无论主持编辑，或经理印刷，均属不易。校友如有指教，务请径寄此间，不必先于报端披露。"校友某君撰文，为学报编辑部退回，恼羞成怒，在外边批评学报，并移怒于编委会主席，攻击个人，假造清华同学会名义在报端发表新闻。现在回想起来，不免有一点戏剧性的滑稽。那篇文章，原来是为梅校长祝寿而写的、称崇他事业的传略，我们以为不合学报学术性质而退回，不料闹出事来，还得梅校长亲自出来平息这场风波。这也可见他的大方的度量，所谓君子坦荡荡。这时一九五九年七月，梅校长在台湾"教育部"部长任内。另外，他还各方面去信，如纽约清华同学会会长、哥伦比亚大学教务长与哥大教授。在与我们编委会的私人函件中，他表示"甚盼此事能化大为小，息事宁人"。其用心之苦,办事之周到与谨慎,使我们极为佩服,也就遵照他的意见而"息事宁人",这一件公案因此不了了之。

第二件事,涉及我私人方面。一九五〇年,国家发生变化,羁旅美洲的中国学人,困顿挣扎,一筹莫展,甚至有不少数人接受美国国务院特发的救济金。我依靠太太在耶鲁图书馆任事,有固定薪金,外加一些基金团的研究奖金,耶鲁的两年客座教席,以及"华美协进社"的暑期文化班的零星收入,足以弥补家用,渡过经济难关。但生活仍未安定,不无忧虑。正在此时,有一天去"华美协进社"教书,梅校长约我在课后去他的办公室谈话。他告诉我,在纽约州北部奥尼昂塔城的哈脱威克大学,其校长亚诺德博士,对中国文化甚感兴趣,有意在该校开办中国文化系,正在物色一个教授兼主任。该大学经费困难,需要与清华合作,梅校长答应帮忙,担负教授薪金,并问我是否愿意前去。他又告诉我,亚诺德校长曾到过我的班上旁听,对我印象很好。他劝我去一试,因为他觉得像我们这样的学人,在国外可能尽力的,是中国文化的传播。这时,我的耶鲁大学的客座教授聘约正好完结,别无教书机会,就立刻答应了下来,虽然去哈校教书的报酬甚低,又要远离家人,两处来回奔波。

这样,由于梅校长的帮忙,我在哈脱威克大学教上两年（一九五三——一九五五）书，作了最大的努力，在本地社会上各处去演讲，在学校内设法招揽学生。几门中国文学、哲学、美术、历史等班，倒也是"人头挤挤"的，但是那个中国文化系却冷落着找不到一个主修学生。奥城僻在农牧的纽约州北部，哈校仅有二三百学生，对于他们，中国文化实在没有用处，毕业后更是无法找得职业。既没有主修学生，我那个空头主任如何能做下去？更况那时亚诺德博士已退休（他在哈校最后做的一件事，就是把我请去开设一个中国文化系），新校长为一位人事关系专家，对中国文化并无兴趣。维持到一九五五年初，哈校事情即将结束，别的学校没有机会，那时我曾与关怀我的生活的梅校长通了几次信。

时间不觉已过了二十四年，但即在今日读起梅校长的回信来，仍使我有无穷的感想。信的字里行间，流露着对我的关怀爱护之情，写得平稳周致，避免损伤我的自尊心，给我正当时艰难的环境中莫大的慰藉与鼓励，使我终身感激无尽。

就在此时，我于耶鲁大学的一个人类学机关，人类关系地区档案研究所，找得一份工作，主持英译中文少数民族的材料，有五年之久。此后，美国大学内掀起了学习非西方语言与文化的热潮，各校增聘东亚语文教授，我也就顺利地先后去匹兹堡（一年）及印第安纳（十五年）大学任教，并主持系务，在美国学术界占有一个地盘。这样，我并未辜负梅校长生前对我传播中国文化的期望，而在哈脱威克所失败的企图，在印第安纳却获得了出乎意料的成功。不幸的，当我在印大创办东亚语文系时，正是梅校长在台湾逝世的那年。至于梅校长许我的清华学术奖助金，我并未去要，但对于中国文学的研究，也做出一点成绩来，出版了三册《现代中国文学读本》（与李田意合编，耶鲁大学远东出版社印），与一部《中国文学概论》（印第安纳大学出版社印）。同时，在《清华学报》的编辑方面，我仍将遵照梅校长的嘱咐，继续努力，以告慰于他的在天之灵。

写到此地，不免把话说回来，略述一下张校长对我私人的爱护。上面已经说过，在抗战期间，当我的妻女自昆明去重庆南开学校时，校长在教职员宿舍腾出一间房室安置她们，随后我去渝也住在那边。不久，受不了敌机的疲劳轰炸，我把她们送去香港，以为安全。不料，"珍珠港事变"发生，港地为日军占领，妻女幸而逃出魔窟，经韶关、衡阳、桂林等地而返重庆。当时复蒙校长让我们暂住学校招待来宾的两间客房，然后再迁去空出的教职员住宅。最后，抗战尚未结束，敌人进攻桂林，我的父母亲自桂避难至渝,与我们一同挤在两间房内,校长又在另外一所住宅拨出一间空房,让他们安身,直到胜利后我们大家回去上海。这种对我的恩情,无论张校长或梅校长的,使我一生不忘,写时不免感情用事,这也是我对他们两位最深刻的印象。

(一九七九年六月)

## 冯友兰 1895—1990

字芝生,河南南阳唐河人,著名哲学家,一九二四年获哥伦比亚大学博士学位,历任中州大学、广东大学、燕京大学教授,清华大学文学院院长兼哲学系主任,西南联大哲学系教授兼文学院院长,清华大学校务会议主席,北京大学哲学系教授,其哲学作品为中国哲学史的学科建设作出了重大贡献,被誉为"现代新儒家"。

## 五四后的清华　文/冯友兰

我于一九二八年到清华。这时候的清华,跟以前的清华,已经有所改变。清华历史的变迁,是中国留学政策的变迁的标志,也是中国近代学术日趋独立的过程的反映。

从太平天国革命以后,清朝政府就派幼童往美国留学。后来计划,先使幼童在国内学习一个时期,再派遣出国。清华就是这样的一个留美预备学校。一九一一年,我在中学的时候,清华招生,我有意报考,但自顾年龄已非幼童(当时我十六岁),没有报考。可是我的同班也有几位，隐瞒岁数，也考上了。当时清华的教学，是高中程度。原来计划，毕业后到美国入大学一年级，实际上很多清华毕业生到美国插入大学二年级，也有插入三年级的。

五四运动后，中国学术独立的思想占了优势，清华也计划转变为正式的大学。我到清华的时候，正是在这个转变的过程之中。当时的学生，只有几百人，分为两部分。一部分是旧制，还是预备留美性质，毕业后出国。一部分是新制，即大学本科，毕业后不出国，与其他大学毕业生一样，自找工作。旧制是以前遗留下来的学生，自有新制以后，不再招旧制学生。这是清华历史中的一个大转变。可是在一九二八年，清华还仍称为清华学校，在组织上，学风上，还有很多原来的留美预备学校的残余。一九二八年南京国民党政府的政权达到北京的时候，派罗家伦为校长，接收清华。清华也乘此机会把这些残余一举扫除，成为一个正式的国立大学。在这一年，清华作了不少的改革。清华原名为清华学校。这个名字不表示学校的性质。一九二八年起正式改名为国立清华大学，确定清华已由留美预备学校改为正规的大学。

清华是用美国退还的庚子赔款办的，所以原来归外交部管，不在正规的教育系统之内。以前的历任校长，大部分是外交界的官僚。一九二八年后，改归教育部管，与其他大学居于同等的地位。这在当时南京的外交部和教育部之间也有一番争权夺利的斗争。最后教育部得到胜利。当然，按当时政权的性质说，无论归什么部，都还是在国民党手里。不过归教育部管，可使清华归入正规教育系统之内。这在当时还是有积极意义的。

清华原来有基金管理委员会，美国公使为委员之一。实际上是，美国虽说退回庚子赔款而仍操干涉之权。还有董事会，大部分是外交部的官僚。一九二八年废除了基金管理委员会和董事会，这使清华进一步脱离了美国公使馆和外交部的影响。

照清华原来的制度和风气，西学在中学之上，美国教员在中国教员之上，职员在教员之上。这些情况，是半封建半殖民地的中国社会在教育方面的反映。当时的学校都不能免，但是在原来的清华特为显著。清华的教员住宅分为北院、南院和西院，北院全是小洋房，南院也有一部分是小洋房，这些上等住宅，主要的是美国教员和教西学的教员住的。南院的一部分和西院是中国式小房子，这主要的是教中文和小职员住的。另外还有甲、乙、丙三所，是校长、副校长和教务长住的。高级职员薪金比一般中国教员高，权力也大。一九二八年以后，革除了这些现象。教员住宅的无形的等级也去掉了。高级职员薪金降低，教授的薪金和地位都提高了。清华原来对于洋教员的待遇特别高，而且还有各自合同。一九二八年以后，不分中外教员，同工同酬，取消了外国教员的特殊地位。有一位教音乐的外国教员，在教一个女学生钢琴的时候，有不正当的表示，清华把他立即辞退。他以合同期限未满为借口，以找公使为要挟。清华不理这一套，他还是离校了事。

一九二八年清华动用一部分基金，扩建图书馆，建筑生物馆。嗣后直至抗日战争开始，几乎每年都有新建筑，校舍大为扩充。

一九二八年，清华规定，每年预算中划出百分之二十，作为增购书籍仪器之用。清华预算嗣后不久即定为每年一百二十万。每年有二十四万元增购书籍仪器。直至抗日战争开始都是如此。

罗家伦在就校长职的时候，发表演说，提出"四化"，即"学术化"、"民主化"、"纪律化"、"军事化"。前二"化"是五四运动所提倡的"科学与民主"的别名。后二"化"是冒充"革命"精神，其实有法西斯的意味。上面所说的各项具体措施，是前二"化"在一定程度上的具体表现。后二"化"只行了几个月的时期。一九二八年暑假后，实行所谓军事训练，校长、教务长都穿上军装。学生每晨早操，无故缺一次，记一个小过，三个小过为一大过，三大过开除学籍。有一个同学记到八个小过,只差一个小过,就要开除,可是军事训练恰好也停止了。

清华新制毕业的学生,就如其他大学一样,没有留学的权利。跟旧制毕业的学生,权利差别太甚。一九二八年后,定出一种调剂方法。清华每年还送留学生四十名,公开招考。清华新制毕业的,录取二十名;别的大学毕业的,录取二十名。录取的不限定往美国。后来清华自办研究院,停止招考留学生,只送本院研究院毕业成绩优良的出国留学。研究院招生公开考试,本校毕业的学生也须同样经过考试。

清华原来是留学预备学校,毕业到美国入大学。后来改为只送大学毕业的学生,到国外入研究院,不限定往美国。后来又改为只送研究院毕业生,到国外继续深造。抗日战争以前的清华,始终是与派遣学生出国留学有关系的。它的留学方法的改变,是中国学术日趋独立的反映。

一九一七年是北大的大改革时期,一九二八年是清华的大改革时期。中国原来是半封建、半殖民地的社会。在一九一六年以前,大致说起来,北大是半封建社会在学术教育方面的反映。一九一七年北大的改革,半封建性质打破了,代之以资产阶级性质。一九二八年清华的改革,半殖民地的性质打破了,代之以民族资产阶级性质。当然,一九一七年以后，北大占统治地位的思想也是民族资产阶级思想。上面的说法，只是表示，一九一七年以前和以后，北大占统治地位的思想是封建和资产阶级的对比；一九二八年以前和以后，清华占统治地位的思想是买办资产阶级和民族资产阶级的对比。

一九二八年以后，清华建立了一些制度，为当时教育界所称道。其中之一就是所谓教授治校。这个口号本来是蔡元培先生所提出的，但是在清华得到比较具体的实现。一九二八年以后，清华有教授会，由全体教授、副教授组成。有评议会，由校长、教务长、秘书长和各院院长组成。各院院长的产生，是由教授提名，每院二人，由校长于二人中择一聘任，每两年改选一次，但连选得连任。照理论上说，校长只有权聘任教务长和秘书长。在教务会议和评议会中，校长一方面的人只有他自己、教务长和秘书长共三人，其余的人都是由教授会选出来的代表，占绝对多数（当时清华有文、理、法、工、农五个学院，出席校务会议的有五个院长）。照理论上说，教授会对于校务有绝对的支配权。这就是教授治校的具体形式。

可是，实际上，如果校长善于运用，他不但可以不招致教授会的反对，而且可以使教授会转化为自己的工具。前北大校长蒋梦麟从经验中得到一个规律。照他说：在一个大学中,校长、教授、学生是三种势力。如果三者之中,有两种联合起来,反对其余一种,一种必然失败。梅贻琦跟教授相处很好,常称"大学者,有大师之谓也";校长的职务是率领职员为教授服务。在这种运用中,他其实掌握了大权,并且在学校有事的时候,教授会总是帮他的忙。后来的几次学生运动中,教授会总是跟校长在一边。按当时校长和教授的阶级性说,这是必然的。

按阶级说,国民党政府和其所派的校长,以及多数的教授都是资产阶级的代表,在重大问题上,特别是政治性的重大问题上,他们总是一致的。但是在个别的问题上,所谓教授治校对于当时国民党政府也有一定的限制作用。例如在清华和后来的西南联大,没有靠政治力量进来的教授,也没有靠政治力量进来的学生。特务没有在学校公然活动,学校当局也没有报告过黑名单。这些情况,在当时的大学中,也还算比较少见的。教授的聘书虽然是每两年发一次,但一般的教授都觉得自己的地位很稳固,不像有些大学,教授每到暑假都要有一次惶惶不安。在西南联大的时期,教授中有在政治上极"右"的,也有在政治上很"左"的,也有教授对于国民党"小骂大帮忙"的。当时学校的风气是,认为只要教授能把他的课讲好,他在政治上的态度,学校不管。在这种风气下,学校没有考虑过怎样把进步的教授解聘。当时认为清华教授有"自由"、"民主"作风,其原因就在于此。当然这所谓"自由"、"民主",只是资产阶级自由民主。所谓学校不管,也有一定的限度。当时的教授,一般地说,也都没有超过资产阶级自由主义的限度,所以能维持所谓"民主"、"自由"的局面。

一九二八年后清华还提倡所谓"通才教育",这在当时也有一定的影响。当时的想法是,大学,特别是其中的文法科,首先要把学生培养成全面发展的"人",其次才是成某一方面的专家。当时所谓全面发展,也只是限于知识方面,所谓"人",也是资产阶级性的"人"。资产阶级教育,认为一个全面发展的"人",要对于事情能从资产阶级的立场和观点,判断其是非。梅贻琦常说:清华的教育并不告诉学生国民党对或是共产党对,只要养成他们自己判断的能力。当然,如果学生都有了资产阶级所希望有的能力,他们是会认为共产党不对,幸而至少有一部分学生不是照资产阶级所希望的。

在清华,实现"通才教育"的具体措施是,着重所谓公共必修课,主要的是文学、语言的训练和历史及一般文化的知识。在文学院,第一学年的课程,各系都是一样。到第二年才逐渐分系。到第三、第四年,各系的课程才完全分开。这对于学生的所谓"基本功"的训练,有一定的好处。

一九二八年以后,清华、北大,互相学习,所谓"北大清华化,清华北大化"。在抗日战争时期,北大、清华和南开,合组为西南联合大学。在这时期,本科学生是公同的,三校还各自保持自己的基本教师队伍和自己的行政组织,也都有自己的"私房"办的事业,例如自己的研究所和研究生。所以在学术上还都保持自己的风格。就哲学系方面说,北大的哲学系注重在资产阶级哲学经典的学习,注重哲学史的学习;清华的哲学系注重在资产阶级哲学问题的分析和解决,自命为注重"创作"。我在当时说:北大哲学系毕业的学生,如果不能学好,至少也可以有些哲学史的知识;清华哲学系毕业的学生,如果成功,可以成为哲学家,如果不成功,就什么也不是,所谓"成则为王,败则为寇"。在历史学方面,北大注重在史料的搜集和考订,清华着重在对于历史事实的分析和评论。当然这些搜集、考订、分析和评论都是从资产阶级的立场和观点出发的。

一九二八年以后,北大和清华是旧中国教育界比较有影响的大学。五四运动的"科学与民主"的口号在这两个大学中,按当时的标准说,得到比较具体的实现。可是,到了抗日战争的时期，马克思主义广泛传播起来，共产党的领导也日益强大。原来在五四前后起进步作用的东西，也就转化它的对立面，成为反动的东西了。

"为学术而学术"、"学术自由"等口号以及资产阶级的学术观点和研究方法，在其反封建的时候，是进步的东西，这在上面已讲过。后来这些东西成为反对马克思主义和共产党的武器。在五四以前，所谓"为学术而学术"是说，不要以学术作为求功名利禄的手段。后来，所谓"为学术而学术"是说不要革命，只要念书本。在五四以前，北大在"学术自由"的掩护下，请来了陈独秀和其他很多的进步教授；"学术自由"的目的是为进步的教授争地盘。后来"学术自由"成了反对马克思主义和共产党的武器。据说，马克思主义和共产党主张无产阶级专政，专政是与自由不相容的，这时候的"学术自由"不适用于讲马克思主义。这正是资产阶级专政的表现，在这时候，"学术自由"成了为保守反动思想保留地盘的工具了。

所谓教授治校，就清华所采取的形式看，就理论说，是可以作为反对校长或限制校长职权的工具。但要看校长是代表什么政权的。在过去，如上面所说的，如果校长运用得当，教授会可以成为校长的工具。这也是因为在当时，一般的教授和校长基本上是属于一个阶级。在解放以后，校长是无产阶级政权的代表，而多数的教授，在思想还没有改造的时候，还基本是资产阶级的知识分子。在这种情况下，如果实行"教授治校"，譬如说，用清华过去的形式，教授会可以跟校长对立起来，成为教育改革的大阻碍，甚而至于可能在学校内部出现资产阶级复辟。

解放以后，北大、清华都有了根本的改革。清华的文、理、法科，并入了北大，北大的工科并入了清华。这两个大学，你中有了我，我中有了你，都还是新中国的教育的重镇。反观一下它们的历史，其中成功的经验和失败的教训，有许多也还是可以借镜的。

（编者注：原文系冯友兰先生一九六二年八月于海拉尔写就的《"五四"前的北大和"五四"后的清华》，本文为其后半篇）

## 马约翰　1882—1966

福建厦门人。一九一一年毕业于圣约翰大学。一九一四年起任教于清华学校,由助教逐步升为教授,后担任清华大学体育部主任,直到一九六六年逝世时止,在清华大学工作了五十二年,为体育事业贡献了毕生的精力。

# 我在清华教体育　文/马约翰

我是上海圣约翰大学的毕业生,学理科,最后还学了一年医。在校时,我很爱好运动。有一次我同一个美国教师打过一架。事情的经过是这样:我们一班九个学生,有一次背药名,有个同学背不出来,那个美国教师就骂我们,说"你们太笨,在美国,连小孩子都能背出来的,你们还背不出来"。我很不服,就同他打了一架。

我初来清华时(一九一四年),教化学。有一次,跟校长周诒春谈体育问题,他起初没有兴趣。后来,因为有了一个实际问题，就是清华每年要送出一百学生到美国去。送出的学生，总要像样一点，不能送去"东亚病夫"吧！因此学校才考虑到搞点体育，活动活动，除了让学生念书，盖图书馆、大礼堂外，也要学生搞点体育，盖个体育馆，等等。从我来说，我主要是考虑到祖国的荣誉问题，怕学生出国受欺侮，被人说成中国人就是弱，就是"东亚病夫"。因此，我常向学生说：你们要好好锻炼身体，要勇敢，不要怕，要有劲，要去干。别人打棒球，踢足球，你也要去打，去踢。他们能玩什么，你们也要能玩什么；不要出去给中国人丢脸，不要人家一推你，你就倒，别人一发狠，你就怕；别人一瞪眼，你就哆嗦。中国学生，在国外念书都是好样的，因此我想到学生在体育方面，也要不落人后。要求大家不仅念书要好，体育也要好；功课要棒，身体也要棒。清华的学生，像施嘉炀、梁思成等，体育都是很好的，施嘉炀尤其长于跳高，梁思成很能爬高，爬绳爬得很好，后来到了美国，因为运动伤了腰，以后又得了肺病，身体才坏下来的。

　　总之，那时我们有一种气魄，就是不许人家说中国人是"东亚病夫"，要打倒"东亚病夫"！

　　那时，清华全校的中国教师、外国教师和校长都因为学生不肯出来运动，而主张采用强迫锻炼的方式，让学生出来活动，出来玩。所以每天下午四点到五点钟，学校就将图书馆、教室、宿舍都锁起来，让学生出来活动。强迫虽不好，但对增强学生的体质，还是起了作用的。我要求学生要生动活泼，自由地玩儿，自己去活动。不会活动不会玩儿的，我就去教他们，学生对我都很有感情。

我初来时，有个美国教员叫休梅克（Arthur Shoemaker），他是美国春田体育学院的毕业生，是清华第一个体育部主任。此人不学无术，成天呆在屋子里，空嚷要学生出来打球玩儿，他自己根本不动，只是在同学打棒球的时候，才出来看看。他什么东西都要到美国去买，所有的球类和器械要买，都得通过他，令人很不满意。当时学生打球，除学校供球外，他们自己也向学校买些球。学生买球，就向他买，可是他不把钱交给学校，却放进自己的腰包。后被学生发现，向学校控告，于是他就被开除了。此人在清华时，兼做地毯生意。他的夫人每年回国一次，回国时就从中国带一些地毯去卖。他被学校开除后，就干脆到北京城里做地毯生意去了。

第二个体育部主任，也是个美国人，叫布瑞司（D. K. Brace）。此人有点技术，有点学问，特别是游泳和器械运动很好。我曾同他讨论、辩论过一些体育方面的问题，也向他学过不少东西。此人在清华倒没有什么坏意思，也愿意教学生一些技术，但因他的目标不在清华，所以工作不很积极，干了大约两年光景，就到哥伦比亚大学当体育系主任去了。

美国大学中的一些坏习惯、坏风气，如"拖尸"（编者注：该词来源于英文单词 toss，原意为投掷的意思，此处主要指针对新生的一种"下马威"活动），就是通过美国体育教员带来的。不过那时清华高年级的学生这样做，也并没有什么很坏的意思，多半是为了逗一下低年级学生，让他们不要老关在屋子里，要出来活动活动。这种"拖尸"的风气，没有经过很长时间，大约两三年后，就基本没有了。

关于"强迫锻炼"，前面已经说了一些。当时每天下午四点到五点虽然锁了屋门，但仍有一些学生躲在树底下看书。我就拿着本子东跑西跑，去发现这些学生，但不是去威胁他们，要给他们记过，等等，而是说服他们，要他们好好锻炼，有一个强壮的身体，到外国时不被人讥诮为"东亚病夫"，不给中国人丢脸。那时学生一般都接受我的劝告，躲着看书的，也出来活动了。当然，我的工作，我的说服，只起到部分的作用。对于学生，最大的动力，最大的压力，是万一体育不及格，就不能出洋的问题。那时有个"五项测验"。五项测验：（一）百码赛跑十四秒;(二)半英里赛跑三分钟;(三)掷铁球二十英尺;(四)跳高四十五英寸;(五)两项择一:足、篮球要求懂得有关知识和规则;射箭,十分以上。在校学习八年期间,必须通过。测验的时间,由学生自己选择,放在最后一年可以,提前也可以。当时确实有少数学生因为体育不及格,而不能按时出洋的。如吴亦,跳远跳了十一英尺多,要跳十二英尺才能及格,他就被我扣了半年,通过后才出洋的。

关于清华体育的普及,是由我提倡起来的,体育的普及,一方面要求普遍到每一个人,一方面要求把体育的一些基本技术,如跳高、跳远、赛跑和某些球类等,加以普及。清华体育的一些器械,固然绝大多数都是从美国买来的(只有善斋南面那六副铁支柱的篮球架,是我设计并由清华工人制作的,花了八十元钱。当时我的目的,是为了反对一切都从美国买。时间大约是在一九二八年改为大学后的一两年内);但是训练方法,如几百套的徒手操,拉力器的练法,田径球类的练法,各种矫正体格的方法,洗澡怎么洗法,以及体能的测验方法等,都是我创造的,不是从美国搬来的。一开始就有计划安排,建立了制度,如检查身体"五项运动",都是我弄出来的。我在体育的普及中,特别强调一种精神,即普遍的、活跃的、自动的、勇敢的精神，强调"干到底，决不松劲"（Fight to the finish and never give in）的精神。

最初几年，校队有棒球、足球、篮球、游泳、田径等，因为当时教师少，这些队都是由我一人指导。那时学生也很听话，工作开展得很好，我是很痛快的。

一九二五年以后，清华各项球类运动都搞起来了。我们训练球队，是先让他跑，跑完再练球，练完再跑，目的是增强体质，练好硬功夫，有耐久力。同时要求队员吃好睡足，爱惜身体。队员干劲很高，我也感到很愉快。

在训练学校的体育代表时，我特别强调运动员的体育道德。那时我很讲民主，比赛时不很在乎输赢，输了我不生气，也不骂人，但我强调千万要讲运动道德，球可输，运动道德可不能输。运动员不能说假话，不许欺骗，不许踢人、压人、打人。由于我贯彻这种精神，清华校队的体育道德一直很好。这一点，蒋南翔同志和荣高棠同志都知道。

有个足球队员，叫翟克恭，是中锋，球踢得很好，最快，最准确，不但在全校有名气，就是在华北也很负盛名。他的踢球作风本来不错，但经过一个暑假，就变了。原因是，有一个暑假，他回到上海，在上海踢球，什么勾人、压人的坏习气都学来了。他一回到学校，在踢球中就

约 1958 年，清华大学马约翰老教授指导学生练习体操跳跃　　图 / FOTOE

表现出来。我挺生气，当场就叫他下来，狠狠地批评了他，并严肃地说："你不改掉，就开除你。"后来他接受了批评，改过来了。

这就是说，清华的校队不仅要求有好的技巧，而且要求有好的风格。

当时华北各校，谁都愿意同我们玩儿，同我们比赛，但同时又都嫉妒我们，所以后来一比赛就打架。对方看到局势不利了，快输了，没有希望了的时候，就起哄，打裁判，打运动员，比赛无法进行，造成无结果而散。针对这种情况，我就把北大、燕大、师大、辅仁和清华的体育教师们请来，一起研究怎样改变这种情况。我向他们讲，踢球打架，很不好，应该讲体育道德，教师应该科学地训练学生，应该注意青年在体育道德上的修养，教师应该在体育道德、生活作风上以身作则，不要叼着烟卷去上课，不要一起床，眼睛还眯糊着，脸也不洗就去上课；要学生健康，首先教师得健康；要学生有好的体育风尚，首先教师得有好的体育风尚。总之，我们五大学应作出个榜样来，千万不能一踢球就打架。此后，五大学的教师成立了体育会，订出了比赛计划。这以后的比赛，秩序井然，好极了，各校的成绩也都上升了。北平的这种体育景象，一直继续了很长时间，到临近解放，情况都好。

大约在一九二五年，清华学校校长曹云祥的侄子曹霖生来到清华。他是美国西点军校的前十二名毕业生之一，论名次，是很高的。他来清华教军事。他见我对学生太民主、太自由、太宽厚，说这样教学生不行，体育要用军事办法来管理。他要求当学生找教师时，要报告，要立正，教师说话，学生要唯唯称是。总之，教师要有一副官架子。那时的学生，多数是老老实实，规规矩矩。练什么都肯干，挺听话的。因为我不理他那一套，他就到校长那儿去拱我，我也不在乎。大约在发生这件事不久，在同一年，我就出国（休假赴美）进修去了。出国前，曹校长跟我说，要让曹霖生做体育部主任。我说可以。让他试试吧。但是，当我一九二六年回国，到清华后，校长办公室给了我一封信，仍请我做体育部主任。原来曹霖生经常向学生发脾气，他教不好就骂学生，学生不买账，就把他拱掉了。

清华的美国教师，地位都很特殊。他们认为，庚款是美国退的，还给中国办学校，还送中国学生到美国去留学，一切要听美国人的，是理所当然。况且学生留学要想学好，语言文字、风俗习惯，都得向他们学。因此，他们自认是高等的，中国教师则是次等的，中国教师都得听他们的。他们自命不凡，神气十足，令人很不舒服。他们还有一些流氓习气。每逢周末,他们举办一些舞会,约请中国教师及其女眷去参加,在轻歌曼舞中,他们却使出一些流氓举动。见此情形,我气极了,就不顾一切地骂他们。不久之后,因为这种舞会遭到多数人的冷落,就不宣而散了。

北平的体育界为什么对我的印象好呢?最初的原因之一是这样,原来有个美国人 Calark,他是基督教青年会管体育比赛的头,但是他对于体育却一窍不通。有一次华北青年会举行田径赛,约请了许多中国裁判,我也是其中之一。比赛进行中,有位中国裁判正在量跳远的距离,这位裁判从土的破口处量,完全是对的。这个 Calark 却跑过去,硬说中国裁判量错了,而且当众很不客气地骂了那位裁判。那位裁判气极了,但没有吭声。这时我跑过去,用英语跟 Calark 讲,这并没有量错,请他说话要客气点儿。他仍然坚持他的错误,而且继续骂。我就同他辩论起来,最后我还从口袋里掏出英文规则来给他看,他哑巴了。那次我实在生气,最后也骂了他一顿,说:"你连规则都不懂,还要骂人,你算什么,真岂有此理!"经过这一次事件以后,许多中国裁判员和体育教员,对我和清华的体育教师,印象都好了。这大约是一九二一至一九二二年间的事。

清华改为大学后,足球队很负盛名,这有过一番不寻常的经历。原来华南、华东的足球队,都看不起华北的,认为华北篮球行,足球则非敌手。那时以华东交大的足球队最强。一次他们来北平,向清华挑战,要同清华赛。我们应战了。事前我向清华足球队讲好:"别着急,好好踢。平时怎么练的,临场就怎么踢。踢球输几分可以,体育道德却不能输掉一分。"结果一踢,三比一,赢了他们。当时所有北平的报社记者,都大轰一气,当作很重要的消息登了出来。经过这一战以后,清华的足球队就蜚声球坛了。

罗家伦来做校长以后,他瞧不上体育,认为体育部还有教授,不成体统。于是他将我降职降薪,改为教员。我没有理睬他。对于罗家伦的这种做法,教授们都看不过去,劝我辞职。我想,我是为了教育青年,不是为名,更不是为钱,婉谢了他们的好意,我不肯离职。不久,我带了清华足球队到天津去参加华北足球赛,赢得了华北冠军。回校时,学生燃放爆竹,热烈地欢迎我和我的队员们,把我从西校门抬了进来。罗家伦一看这光景,马上就升我做了教授,恢复原职原薪,而且还送给一个银杯。我说这件事,是为了说明国民党时代,是完全不重视体育的,他们把体育只是当作一个沽名钓誉的工具。能猎取到名利，他们就要你；不能，他们就把你一脚踢开。

再说一个小掌故。有一次，香港足球队李惠堂指导的那个队，来到北方，要跟华北足球队踢。当时正值踢球打架之风很盛，请了许多人去当裁判，大家都有戒心，不愿去，最后我自愿去了。一场球踢下来，李惠堂的香港队输了。但在比赛进行中，他们也不敢捣乱作怪。场散时，李惠堂还走过来跟我拉手，说裁判公正，很好很好。

快解放时，北平五大学的体育教师，由于不了解党的政策，听到特务造谣，认为这下糟了，他们一齐来到我家，问我怎么办？当时特务们造谣说，共产党不要体育，也不要老头，老头要通通杀光。对这些谣言，我不相信。我对来到我家里的教师们说："你们自己有什么问题没有？如果没有，就不必怕什么。反正你不过是天天教体育，天天教学生，又没有干什么坏事，共产党为什么会杀你？我相信，共产党来了，教育还是会存在的，体育也还是会存在的。"解放前我是个改良主义者，就是要学生不要去做官，不要去贪污，不要跟旧社会同流合污，而要把旧社会改好。对国民党的教育，我是不满的。在昆明时，我就公开骂过国民党的教育是死教育，压死了天才，埋没了俊杰。后来，这话大约是被《观察》杂志登出去了。有人就来拍我的肩膀，叫我说话要小心，不要那么讲。临解放时，由于我仍是个改良主义者，所以对来我家的惶惶然的教师们，也说不出更多的道理来。但我反复对他们讲："金子终归是金子，银终归是银，铜终归是铜。只要我们没做错事，勤勤恳恳地教育了青年，共产党是会欢迎我们的。"那时，的确我是很放心的，一点也不担忧。我的话和我的镇定的情绪，对那些教师是起了作用的。

黎诣远 1931—2012

江苏溧阳人。一九五二年清华大学经济系毕业后留校工作,曾为清华大学经济管理学院经济学教授。

# 刘仙洲与清华 文/黎诣远

## ·学理与实验并重的教育思想·

在工程教育思想上,刘仙洲一贯主张理论与实际联系,学理与实验并重。刘仙洲根据本世纪初国外教育改革的经验和自己在留法预备班教学的亲身经历,热情倡导工读协作制。一九二〇年,他在留法预备班提出的《我国工业教育应酌采工读协作制意见书》,比较完整地表达了他的这一主张。他当时认为各国实际上最通行的是以下两种办法:(甲)在学校里附设实习工厂,使学生于学理以外,兼得实验;(乙)在工厂里附设补习班,使工人于工作以外,兼得学理。这两种办法虽然也可以造就相当的工业人才,但是,或偏于学理,或偏于实验,有时甚至学理自学理,实验自实验。因此,我国的工程人才,若专就学理言,已为数不少,且其成绩不在他国之下,惟多缺乏实验之技能,故无多补于实际;若专就技能言,中国工人为数尤多,且其技能也不在他国工人之下,惟多缺乏学理之辅助,故也难以有所发明。而最感缺乏者,实为学理与实验兼优之工业人才。工读协作制,就是按这两种办法,各取所长,各去其短,在学校里求理,在工厂求实验。换一句话说,就是把学校和工厂合于一气,把学生和工人备于一身,用最经济的办法,以造就工业人才的一种制度。他特别强调,这种办法不仅能使清寒子弟得以上学,而且能够做到学理与实验兼优,纠正我国工业学生以下两种通病:一种是注重书本,轻视实习;一种是自视颇高,不肯轻于向工人请教。实行工读协作制,就使学生和工人一样劳动,一样勤勉,消除虚荣心和骄气,对工人也就不耻下问。他还指出,工读协作制与勤工俭学也不同。勤工俭学是把学和工分成两个阶段,先做几年工,积蓄下钱,再去读书,且所做的工作,对于将来所读的书,不一定有什么关系。

工读协作制所做的工，则力求和他所学的课程有关系，课程的分配也力求和所做的工作接近，因此比勤工俭学更好。

刘仙洲的这份意见书，一方面送《新教育》发表，一方面呈报当时的教育部。但教育部只给了一纸回文："留备采择。"

一九二五年春，刘仙洲任北洋大学校长时，想自己试办一个机械工学门（即机械工程系）的工读协作制，曾拟就说明书、计划书各一份，呈请当局核准，并请指定北洋铁工厂和大沽造船所作为学生做工的地方。不料，当局很怕学生和工人结合在一起，主张"缓行"。

一九三六年，刘仙洲在清华大学机械系任教时，与系主任庄前鼎商定，并征得有关工厂同意合作，试办工读协作制。这次准备以南口机械厂、长辛店机械厂作为学生做工的地方，以清华大学机械系作为学生上课的地方。后来，由于抗日战争爆发，也未能实现。

后来，在一九三七年发表的《我国机械工程教育应改进的几点》、一九四三年发表的《培植我国工业建设人才的具体计划》等教育论文中，刘仙洲都一再呼吁试办工读协作制，但各方面很少反响。他自己也觉得这种办法虽说理想，可是在当时情况下，试办尚有相当困难。

刘仙洲在积极倡导工读协作制的同时，反复强调大力

北洋大学时期的刘仙洲（前排右一）　　　　　　清华大学校史馆/供图

清华大学机械系原动力组1936年第一届毕业生合影（前排左起：葛祖彭、曹国惠、史久荣、李辑祥、汪一彪、庄前鼎、殷祖澜、刘仙洲、钱启福、戴中孚）

清华大学校史馆/供图

充实现有工科大学的实验设备和实习工厂,力求做到学理与实验并重。他主张:研究机械工程学,非常常接近实物不可,最好能有机会就亲近机械,抚摸它们,使用它们,如果情况允许的话,更要拆卸它们,安装它们,详细考察它们各部的组织、构造和作用。他认为:"这样做,你的衣服上也许弄上油,你的手上脸上也许擦上黑,若钻到一个锅炉的焰道(烟道)上去考察,你身上更无疑要弄上不少的灰土,然而你千万不要嫌恶它。你应当觉着这样是最美!比穿上最漂亮的衣服,甚至比擦上雪花膏美得多!"为此,刘仙洲在自己讲授机械原理、工程画、蒸汽动力和热力工程等课程时,试验过理论与实践相结合的教学法,即让学生在听课的同时,观摩实物,取得一些效果。他还建议"在各大城镇设立机械工程博物馆或在普通博物馆内设立机械工程部","有计划地设立机械玩具制造厂"等。

· 严格认真的教学作风 ·

解放以前,清华大学的教学作风素以严格、认真著称,而刘仙洲正是体现这种教学作风的代表。至今,在清华大学还流传着许多有关刘仙洲教学作风的故事。

刘仙洲每周担负十二小时讲课任务，从不迟到，从不轻易缺课，经常做到全年一课不缺。他总是天一亮就起床备课，遇有比较复杂的图，就提前来到教室，先在黑板上画好，甚至在前一天晚上就去教室画好，而且尽量用不同颜色的粉笔画，以求层次分明。看到老师这样认真，学生都没有无故迟到或缺课的。

刘仙洲非常讲究教学法，课程内容联系实际，组织严密，深入浅出，通俗易懂。他讲起课来，一、二、三、四，条理清晰，很好笔记。每门课应讲的内容，都能按时讲完，不拉进度。他的黑板字也极其工整，就像刻蜡纸一样。在老师的影响下，学生的笔记也都记得很好。许多学生觉得"F"这个字母老师写得非常漂亮，纷纷学着写，有的至今还保持着这种"刘体""F"的写法。

刘仙洲对自己教学生活的安排很有规律，每天干些什么，什么时候干，都有条不紊，甚至每天散步也有一定规律。有一次，门卫看到刘老突然改变往日的散步路线，折往另一条路去，就奇怪地问："您照例是要出校门散步的，今天怎么改了？"他说："今天忘戴校徽了！"

刘仙洲律己以严，对学生也严格以求。布置作业时，明确规定纸张规格、作图比例、中心线的位置、各种线条所使用的颜色，甚至对各种线条的粗细也有要求。拉计算尺，必须准确到三位数，否则打"×"。有个学生计算飞轮的半径，把小数点错移一位，1.2英尺变成了12英尺。刘仙洲发现后，当场把这个学生叫起来，问道："这间教室有多高？你的飞轮单是半径就12英尺，那么你的机器在一般厂房里怎能搁得下？"接着，他花了一刻钟的时间讲话，反复强调理论联系实际和训练严格作风的重要性，使全班学生深受教育。

当时，大小考试很多，刘仙洲讲授的课程，除期终考试外，小考至少一月一次，也有每周或两周一次的，还有事先不通知的临时测验。考试时，刘仙洲和他的助教吴仲华、郭世康三人前后监考，不许作弊，否则一经发现，就算"0"分。刘仙洲还规定，考试必须按时交卷，迟交不收。有一次，一个同学到了时间迟迟不交卷，一直等到老师收完卷子跨出教室以后才交，刘仙洲当场就把卷子撕了。从此，谁也不敢迟交。据刘仙洲的学生郑林庆说，刘仙洲对考试的评分也极严格，稍有不合教学要求即行扣分，但超过教学要求时也给加分。有一道连杆机构的考题，本来只要求做出一条轨迹，郑林庆做出两条轨迹，刘仙洲就特别给他加了十分。

在一九六一年清华大学成立五十周年的纪念会上，刘仙洲提出："我们应该批判地继承我校原有的严格的教学作风和认真学习的风气。"他说：那时的许多规定过于死板，使学生学习有些被动，影响身体健康，也妨碍参加进步活动，但这种严格认真的风气，仍然是值得保持和发扬的。当毛泽东同志提出要使学生在德、智、体诸方面生动活泼地、主动地得到发展时，刘仙洲认为这一指示非常正确，其最后目标是提高教学质量。我们要全面掌握这一指示精神，不能片面地抓住一两句话就做。如"考试可以冒名顶替"就不行，"可以不上课"，也不行，这样会走到反面去。

最近，曾经当过刘仙洲的学生和助教的七位清华大学教授聚在一起，谈到刘仙洲当年严格认真的教学作风，都印象很深。大家谈到：虽然事隔四十多年，学生们仍然保持着老师当年言传身教的许多良好习惯，自己今天在教学工作中能够比较严格认真，是和老师当年的潜移默化分不开的。

· 自编工科大学教科书 ·

旧中国的高等教育，带着浓厚的半殖民地色彩。本世纪初，国内仅有的几所设有工科的大学，如北洋大学、南洋大学等，多延用外籍教师，中国教师也大多是留洋回国，用外文教材，用外语讲课，否则就被视为"不够程度"。刘仙洲认为:"长此以往,我国学术无法独立,国将不国。"因此,他从一九一八年开始任教,就始终坚持用汉语讲课,并发愤编写中文教材。从一九一八年到一九二四年,他编写了《机械学》、《蒸汽机》、《内燃机》、《普通物理学》、《农业机械学》等六本教科书,一九二八年到一九四八年,他又先后编写了《机械原理》、《经验计划》、《热机学》、《蒸汽表及莫理尔图》、《热工学》、《汽阀机关》、《农业机械》等九本教科书。刘仙洲的这些著述,是我国最早自己编写的一批工科大学教科书,为创立和发展我国现代机械工程学作出了重大贡献。这些教科书绝大部分由商务印书馆出版,有些后来被编入《大学丛书》,多次增订再版,畅销全国,各高等学校和中等技术学校普遍采用。

为了编写这些教科书,刘仙洲在解放前几乎献出了自己的全部课余时间和假期。他总是争取把课程安排在上午头两节,利用天亮到课前的时间备课,课后便全力著述。三伏酷暑,汗流浃背,别人劝他去避暑,他却伏案疾书。一件夏布衫让汗浸湿了,就脱下晾在椅背上,穿上另一件,等另一件也让汗浸湿了,再换上这一件。两件夏布衫来回换,一天也不知道换了多少次。抗日战争期间,在昆明,敌机每次来袭,他一边防空,一边编书。《热工学》

的各章习题，就是在昆明金马山谷中草成的。教科书每天编写多少字，他都订出计划，严格执行。如果白天有事或来客耽误了进度，当晚必定补上。为了对读者负责，刘仙洲编书时精益求精。他不仅反复推敲内容，斟酌字句，就连标点符号也非常严格。文稿付印时，他常要亲自一笔一画工工整整地抄写一遍，校阅三遍以上。有时只校出少数几个错字，他也要附上一个小条："如果方便的话，请把改后的小样再送我一份。"甚至著作出版以后，他也要再三翻阅，检查有无错漏之处，并写上自己的改进意见。在他自藏的著作上，好些地方都布满了密密麻麻的改动——有的是文字修饰，有的则是成段的改写或补充，即使多次再版的著作也不例外。

在教书和编书的过程中，刘仙洲深感机械名词不统一之苦。当时，由于学校多用外语教学，企业又多延用外人，影响所及，许多概念和机件只有外国名称，仅有的一些中国名称也是五花八门。如工人不懂英语，就把"弹簧"音译为"司不令"，或者根据自己的理解，把机车前的"排障器"叫作"猪拱嘴"，把管机车变换进退方向的"月牙板"叫作"吊死鬼"，既不雅驯，又不统一。有鉴于此，刘仙洲又决心编订《英汉对照机械工程名词》。他广泛搜集明朝以来有关的出版物三十多种，调查当时机械工程界已有的各种名称，工人是怎么叫的，日文又是怎么译法，然后逐个做成卡片。有时一个机件会有很多叫法，他就按照"从宜"、"从熟"、"从简"、"从俗"四大原则，从中选定一个。如Pump一词，有十四种中国译名："恒升车"、"起水筒"、"抽水筒"、"运水器"、"吸水机"、"抽气机"、"抽筒"、"唧筒"、"唧机"、"邦浦"、"泵"等，刘仙洲和大家一起反复琢磨，最后选定为"泵"。"油壶子"的含义不清，他就根据"从宜"的原则，改为"化油器"。按理，"滚珠轴承"改为"滚球轴承"更科学一些，但当时一些人都习惯于前一种叫法，也就"从熟"。"偏突轮"的叫法过繁，便简化为"凸轮"。有些英语名词的概念很难翻译，常苦思多日不得其果，实在没有办法时，就只好另创新字。如《热工学》中的重要名词"熵"、"焓"等字，就是刘仙洲创造的。这一工作从一九三三年开始，历时一年多，日积月累，编成一万一千多个词汇，于一九三四年七月由商务印书馆出版。此后，他又于一九三六年、一九四五年两次增订，把词汇逐步增加到两万多个。《英汉对照机械工程名词》的出版，受到各界的热烈欢迎，很快销售一空，甚至连底稿也被人要走。我国的机械工程名词，由此逐步走向统一。解放后，中国科学院有关词汇的编订工作，也是在这个基础上进行的。像"轴承"、"节园"、"节齿"等机械工程上的常用词汇,当初叫起来,曾经感到很不习惯,今天大家已变得非常熟悉了。

· 研究机械工程史 ·

刘仙洲认为:"欲求国家各种事业之独立前进,非先求各种学术之独立发展不可。"

"'国之利器,不以示人',能购买与仿造者,已为他国之二三等产品,又何以能与之并驾齐驱?"为此"应特别对于各种学术加以有计划的提倡",并在"尽量扩充编译馆"的同时,大力"整理吾国旧学术"。从三十年代开始,刘仙洲就在课余致力于中国机械工程史的研究,先后发表有关的学术论文十九篇,专著两种。

在过去四五千年中,我国劳动人民在机械工程方面有着极其丰富的创造,但历史缺乏记载,或者记载不详,更少图例可据。要发掘和继承这些宝贵的文化遗产,必须进行长期的繁重的科学研究。早在一九三三年,刘仙洲就搜集大量文献,写出《中国旧工程书籍述略》,并在一九三五年发表了包括交通工具、农业机械、灌溉机械、纺织机械、雕版印刷、计时器、兵工等十三个方面的《中国机械工程史料》。在以后的四十年中，不管在怎样困难的条件下，他从未间断过对有关资料的搜集和研究。无论外出开会、参观、视察，每到一处，即使只有一两个小时的空闲，他也必定到当地博物馆、旧书店搜集材料。北京的琉璃厂、隆福寺等几十家旧书店和每年春节的厂甸，更是他经常去的地方，每次去都是满载而归。同在清华大学任教的张荫麟也常去这些地方。因为两人都只顾物色好书，往往各抱一大包书挤到一起，抬头一看才发觉原来是老朋友。走进刘仙洲的住宅，就像来到一爿古籍书店：楼上楼下，东墙西壁，全是藏书，就连走廊角上，卧床后面，也摆满书架，《四部丛刊》《二十五史》《资治通鉴》《天工开物》《梦溪笔谈》《农政全书》《武备志》……令人目不暇接，数不胜数。特别是解放以后，在中国工程史编委会的协助下，刘仙洲查阅了古籍两万多种，制成各种资料卡片一万六千多张。他正是依靠这些文字记载和考古挖掘方面的最新材料，集腋成裘，聚沙成塔，深入研究了我国机械工程方面的发明创造，在许多问题上作出了自己的结论。

一九六一年，他向中国机械工程学会十周年年会提出了《中国机械工程发明史》第一编（初稿），并于次年由科学出版社出版，共七万多字，附图一百三十三幅。在这部专著中，刘仙洲系统地总结了几十年来自己在这方面的研究成果，阐述了我国古代在简单机械和各种原动及传动机械方面的发明创造，在国内外都有相当影响。其中有十几项重要发明创造，如东汉张衡、唐朝一行与梁令瓒的水力天文仪器，北宋吴德仁的指南车和卢道隆的记里鼓车，元末明初詹希元的五轮沙漏等，已经复原成实物，陈列在中国历史博物馆。

刘仙洲自幼生长在农村，曾种过地，非常关心农业的技术改造，因此他还长期从事中国农业机械的研究工作。除一九二〇年在育德中学留法预备班试制两种新式水车外，抗日战争期间又在昆明搞过改良犁、水车和排水机。一九四二年，他在《中国农器改进问题》一文中，反对一味抄袭外国的大型农业机械，主张结合我国农村的经济情况，就着旧日的畜力机械加以改良，使机械部分符合最新的机械学原理，而原动力仍旧利用畜力。一九四六年至一九四七年，他又专程到美国考察和研究农业机械，回国后在中国工程师学会作了题为《农业机械与中国》的学术报告，并写成二十多万字的《农业机械》一书，在清华大学机械系进行讲授。

解放以后，他热情地参加华北农业部、北京农业机械总厂和河北省有关农业机械的改进试验工作，向各方面建议大力培养农业机械技术人才，并把自己多年收藏的七百多册农业机械书刊,全部赠给清华大学新成立的农业机械系。为了继承我国古代在农业机械方面的发明创造,更好地推动当前的农业技术改革,他又在一九六二年完成了七万多字、附图一百九十二幅的专著《中国古代农业机械发明史》。这部专著系统地介绍了我国古代在整地机械、加工机器、播种机械、中耕除草机械、灌溉机械、收获及脱粒机械、农村交通运输机械等方面的发明创造,说明我国古代发明的农业机械,不但在数量上相当丰富,在时间上也往往早于其他国家几百年,有的甚至早一两千年。日本大阪大学专门研究中国农业技术史的天野元之助,对这本专著很感兴趣,曾摘译发表在日本《东洋学报》上。

· 实事求是的治学精神 ·

在中国机械工程史的研究工作中,刘仙洲一向反对两种错误倾向:一种是妄自菲薄,民族自卑,感到事事不如外人,我国什么创造也没有;另一种是夜郎自大,我国什么都强过外人,在古籍中见到一言半语即穿凿附会。他主张实事求是,有就是有,没有就是没有;早就是早,晚就是晚。西方一般认为,机械传动的天文钟是

刘仙洲先生在家中书房（1957年）　　　清华大学校史馆/供图

欧洲人十四世纪初创造的。刘仙洲通过自己的研究，早在一九三五年即指出：公元七二五年，唐朝一行等人创造的水力天文仪已经采用了精密复杂的齿轮传动。一九五三年又肯定公元一三〇年东汉张衡的水力天文仪中瑞轮蓂荚一部（利用凸轮自动表示每月天数的装置）已完全是机械性的机构。

一九五六年，刘仙洲到意大利佛罗伦萨参加第八届世界科学史会议，宣读了自己的学术论文《中国在计时器方面的发明》，并和与会的英国剑桥大学教授李约瑟博士交换意见，李约瑟很同意刘仙洲的结论。李约瑟说："中国天文钟的传统似乎很可能是后来欧洲中世纪天文钟的直接祖先。"西方科学技术史专家得悉刘仙洲的这一结论，都异常推崇："想不到在这样早的时候，中国已有这样复杂的机械发明！"但是，有的学者对此仍有怀疑，中国的发明怎么会比西欧早这么多呢？以后，刘仙洲又根据有关文献和考古发现，对这个问题进一步作了回答。他确定：毫无疑问，张衡是我国创造机械性计时器的第一个人。从张衡开始，我国计时器已经利用齿轮系和凸轮机构，完全进入机械性计时器的阶段，比西方约早一千年。

在中国古代机械工程的研究中，常常可以遇到同一发明有几种彼此互异的记载，而同一记载又往往有好几种不同版本。刘仙洲总是全面掌握这些文献，逐字逐句加以校核，去伪存真，一丝不苟。例如车的发明者，相传有七八人之多，有人甚至认为诸葛亮曾经发明过能够自动运行的"木牛流马"。刘仙洲博览古今书籍，特别是宋代的几项文献，断定"木牛流马"就是今天常见的独轮小车，而且是由蒲元等多人创议，诸葛亮只是采纳制造而已。他还从西汉许慎所著《说文解字》中找到"辇"（即一轮车）这个字，又从考古中发现了反映西汉使用独轮小车故事的石刻画像。这说明至少西汉时代就有了独轮小车，蒲元等人不过是在前人的基础上，为适应山地和栈道运粮有所改进罢了。又如《宋史》卷一百四十九《舆服志》所载吴德仁指南车的结构，是"左右龟鹤各一"。这句话可以理解成"左有一龟，右有一鹤"，也可以解释为"左右各有一龟一鹤"。理解不同，指南车的构造也就不同：前者外围六轮，后者外围八轮。刘仙洲通过反复研究，发现两种结构都有可能制造，但一定要弄得非常确切，做到可靠、可信。为此，他专门请教了汉语专家，又特地考证了北京故宫太和殿前龟鹤的古迹，认定应按后一种理解，方着手绘制成图。在同书中，还记载燕肃指南车的构造，殿本宋史有"系右小平轮一匝"的话，刘仙洲怀疑"系"系"击"之误，但不轻下结论，贸然更改，而是认真查阅好几种版本，最后发现百衲本《宋史》中确系"击"字，才改了过来。

（编者注：本文原标题为"我国现代机械工程学的先驱刘仙洲"，原载于《北京文史资料选编》第八辑，北京：北京出版社，1980年版）

## 沈 膺 生卒年不详

学者,二十世纪三十年代的燕京大学毕业生。

## 闲话燕大老师 文/沈 膺

当年在海甸、燕园时代,燕京老师们堪称"济济多士,群英咸集一堂",且常邀请名人来校演讲,大小型式集会不同。回忆某年,请胡适博士来校讲"达摩"这一枯燥冷门题,听众发生兴趣,是盛大的一次演讲会,胡博士真有"一手玩艺儿"——北平俗语。

课程采取美国大学的学分制,学生可以自由选修课、选老师。因此师生之间直接点上了火,有了感情。学生也可以自由常到老师家中拜访,再求深切而详尽的教道,受益良深！能聘请到不同背景的"名牌教授"原因有二：第一，所谓"燕南园""燕东园""朗润园"中，每座小洋楼或古香古色的教师住宅，吸引了他们；第二，燕京基金充裕，既不欠薪，又不惜重金，礼聘兼任教授来燕京授课。我在燕京那四年，前后计近十年中，可称：听不完，上不尽，有好老师的课程。中庸曰："大孝者善继人之志，善述人之事者也。"我们一群花甲余年的老迈燕京人，飘零各方，到如今能大小皆有些成就，饮水思源，对燕京母校，对师尊们，由个人亲自体认岂能不简略记述几位，留传于后世人？

吴雷川：前清老翰林出身，他是陈布雷先生的恩师。布雷先生当年为蒋（介石）公拟撰文告，那篇《敌乎？友乎？》虽具名"徐道邻"，亦经其修正发表；义正辞严、情理兼顾，传诵全国。吴师是我在崇德中学时代的修身课程老师；入燕京时他正任校长，为燕大在教育部立案出过力。他是挂冠辞退教育部次长而来就任校长的清高学者。这位笑容红光满面、乐天知命的孤独老人沉默寡言，言必中肯而扼要，对学生内心是热诚的，我常去拜谒请教。我在四年级上期，他开班讲课，课名：公文程式；无课本，是口述而用油印自写的讲义，慕名选修上课的学生竟有数十名。所谓"有事弟子服其劳"，发讲义，收考卷，是我

全家福之一。前排左起：刘文庄、刘俪恩（刘廷芳女）、刘母、刘文瑞；后排左起：刘廷蔚、吴元俊（刘廷蔚妻）、刘廷芳、吴卓生（刘廷芳妻）、刘廷藩、桂质议（刘廷藩妻）

图 / FOTOE

全家福之二。前排左起：刘文瑞、刘俪恩、刘母、吴元俊、桂质议；后排左起：刘廷蔚、刘廷芳、刘廷藩

图 / FOTOE

的兼职；课毕，有时还陪伴漫步未名湖边送回朗润园。讲课中除细说公文程式、慎思修辞、明理解释、分层传递外，有一句箴言迄今铭记心上。他说："写公文或他种文章，如同制作一条拉链子，若中间有一字一句之偏差，这条链子就拉不通了，所以拟稿前先要慎思字句洗炼。"三复斯言可窥其中奥妙。现代公文虽有变化，长篇文章或新闻报道等，仍须注意深研此原则。

某次又去朗润园专诚拜谒吴老师。那时，我正在天津市主办"河北省新生活运动"工作，因"何梅协定"情势全非，精神沮丧而傍徨无计，请他写封荐函致陈布雷。老人家回答："论情理应该写，但荐函未必有效果。"但仍惠赐一封。由上述两件事，我永远怀念他。

刘廷芳：一位终生虔诚的基督徒、教育家，热心关怀并精诚协导学生的老师。他身短头大、思维精密，驼背，走路飞快，因患鼻瘤常吐痰。我从未上他的课，但接触频繁。刘氏贤昆仲三人：二弟廷藩是中学时期好友，三弟廷蔚是燕京前辈；两位妹夫，一是陆志韦，一是徐淑希；夫人早年在日本留学，可称教育世家。刘师对我就读大学的助力太多了！

第一次：未入燕京前，介绍我去南开大学为旁听生半年，因而得敬聆所钦佩之蒋廷黻师开讲的近代国际史，并正式拜师。第二次：那年投考燕京正因为向教育部立案的关系，新生考试课程除中、英文与智力测验外，还有一门数学和再选考物理、化学或生物三种任何一门。我因奉亲命就业，中断三年学业，对数、理、化两项考试如何能通过，开榜幸运列名为试读生入学，刘师不无照顾。第三次：试读生入学须先读四个学分的地理课，及格方为正式生。美国地理教师，肥胖的迪维斯（Davis）先生，不知何故季终给我个大"F"！不及格须退学，又向刘师处求情设法。老人家陪我去见注册课梅贻宝先生说项，结果是再读地理课四学分，及格方可。这次的地理老师是位默默含羞的黄女士，经细查询乃北洋政府大礼官黄开文的令媛，又真巧也是我家的"房东主人翁"，定心丸吃定了，但仍兢兢业业上课过关。第四次：在二年级的下学期，吕复老师也不知何因给我个不及格，如法依照前例处理，补考过关。我在燕京四年中，内情多坎坷，外情多国难，最后一年半中韬光养晦，总算平安渡到毕业。这段磨炼人生旅途的过程，也启发我对人生的体验。

南开张伯苓先生对弟子们常说："凡对事的应付法，须有'稳''准''狠'三字诀。"再加一诀是"忍"字，系由曾国藩的挺经哲学传递而来；也是蒋（介石）公提示我们"处变不惊、庄敬自强"的精神。

第五次：刘师随时关切卒业离校弟子的就业问题，与司徒老人心情相同。在我傍徨歧路时，他老人家告知我：烦请司徒老人写推荐函投奔中央的建议，同时，提及吴师雷川与陈布雷先生的渊源。如此三番五次的关心弟子，如何能不记述追思师恩？

洪业（煨莲）：这位闽南世家基督信徒，历史学家，身材高大、声音宏亮。当众发表演讲，条理分明，能集中听众精神，堪任立法院长，可与南开大学张校长比美。可惜他不愿入宦途，宁愿清静些，培育桃李，满东西两半球。我在三年级下学期选修他的一个学分课程，名称历史方法。Historical Method 指出：用逻辑科学方法写文章和研究学问。所谓索引法 Index。全班仅有四名学生，内一名女生，汤女士，外号小矮子，是位纯洁的华侨学生。因此，洪师讲书时更透澈，学生听课时也较专心，发问更多。他也常提及近代史中向所未闻的实情掌故。洪师某次对学生说："古今中外任何大人物皆难克服两大难关，无论多寡若能设法过去，就可称'贤人'。一是公德的'财'字，二是私德的'色'字。每个人可自己照下镜子，看能克服百分之多少。"第四年级时常拜见请教，他很关心我写毕业论文的问题，诸多指导。以后，定题《中国军政问题》，用中文写作。如何收集资料，以及大纲与内容皆由洪师先过目核订，再由政治系教授吕复先生负责审阅通过。这件"大压轴子戏"——毕业论文——洪师教导难忘，不可不记述追念。

吕复：这位民初国会议员的健将，转任教授培植"桃李"已近花甲，颐养余年的时期了。但精神仍然焕发，走起路来永远正容，竖起脊梁直向前迈步；讲起课来略带华北乡音；有时非常严肃，有时也说话轻松；纯粹是中国典型老师的姿态。我选读他的课程最多。在他的班中仅有"一枝花"女生，就是现在台北女立委刘我英。某次，不知何因触怒他老，给我不及格，说情补考才通过。但最终的毕业论文仍由他手下开恩过关。这些证明燕大延聘教授另具一种型格，不可不记。好学友刘长宁，就是他的侄婿。燕园当年，人家多穿套西装便服，独刘兄永远穿件细纱中国长袍，走路潇洒翩翩佳公子，所以被中选为佳婿。

政治采美国老师邓肯（Duncan）讲授美国政府与国会一课程。开课时滔滔不绝，明澈分析与比较，是位有学识的教授，也颇具美国人的习惯，说段笑话为实例。那年，正在二年级下学期，也刚巧圣诞节将临。他问我们："你们圣诞除夕如何欢度？是不是愿来我家中共聚欢乐？打桥牌或跳舞皆可以。"学生们忽听到老师和师母招待，大家报名都愿意去。该班男生有二十之多，阳盛阴衰如何能跳舞？而且想跳的人居大多数，心想：既可一显身手也可幸与女同学交际。经发现此严重问题，却为难了洋老师和洋师母！尤其师母更似有些责任感，但她初来中国不久，而邓肯先生事前也曾提及："你们青年难得机会跳舞，自己请舞伴好了，女生又这么多。"这件事对我们男生也是难题！那时代，男女虽合校，风气尚无现在开通，除非真有交往的"伴侣同学"，不然，谁又有那大面子请位女同学同来！因为她们仍保存着半封建、半掩盖的姿态。事有巧合，外文系有位欧洲教授乐尔先生，也要举办圣诞前夕欢乐会，他的班上女生多，阴盛阳衰。经两位欧美教授协议，在邓府合并举行解决了难题。那次圣诞除夕，我在燕园第一次跳舞，表现出不仅能在未名湖上溜冰称雄。

徐淑希：法学院院长兼政治系主任，是位彬彬饱学之士，完全洋派儿教授，也是当年太平洋学会会员，学有专长。他自己驾驶汽车来授课，用英语讲课，采用的是大本头英文课本。我不是太用功的人，又因离高中已三年，重入大学，恐怕读起来再不及格，所以从未选上徐师的课，实在良机错过！我的那位"五同一不同"的宗学兄，当年在"外交部"时，英语才华名列第一，曾任美国总统（特使）威尔基访华译员，因此节节上升，或许是经徐师的指教的。

郭闵畤：法律系主任教授，平易近人，福建世家，对民法、刑法、国际公法、国际私法诸课门研究精深。讲每门课皆集中要点，轻松而易解，由浅入深，使学生不难解。自大二起每年皆选修他的课程。上海租界上的法院收归政府，郭师任上海特一区法院院长，专门处理华洋纠纷案件，得心应手。

陆志韦：我卒业时已任校长，是位心理学教授，具有中国传统节俭风度与坚苦卓绝精神，无论寒暑天气，上课时总骑辆旧自行车来学校，适与徐淑希"连襟教授"情况相反。我也从未上他的课程，因高深心理学更难懂，也怕不及格。他是为燕京大学第一位最大牺牲者，××为霸占燕园，鼓诱他的女儿出面斗争他，使他老人家内心痛恨，有此绝伦、愚昧不孝的女儿，心碎万段！不能不哀悼怀念。

张东荪、张君劢：两位著名哲学大师，我皆未上过他们的课程，遗憾！又因哲学更深奥，也怕消化不了。前位张教授是专任，住校园宿舍，经我长亲介绍常去拜访请益。张师的面貌与行动，戏言形容颇似"孙行者"。第二位张教授是兼任，是位纯朴饱学之士，胖型体格，对人诚挚爽直。早年留学各国，设讲黑格尔（Hegel）等课程，为"民社党"党魁。他手提大皮包装满参考书。课毕若尚早，漫步欣赏校景，等待校车进城。著名而早逝的郭本道同学，健在台湾的黄公伟与张佛泉（学名张宝恒），尚有多人大约皆是二位张先生的高足，深得他们的真传。

许仕廉：社会学系主任，一位身裁短小精干的教授，亦有准西洋派的风度，也提个大皮包来授课。遇人笑容可掬而表现亲切，与另外那位吴教授"扑克脸"，匆匆忙忙大不相同。据闻，该学系与定县社教实验区合作，能推荐主修学生去实地考查参考。主修社会学系的学生是阴盛阳衰，美丽的女同学穿戴中西各色女装，自四座"宫院"——女生宿舍——姗姗步行到丙楼听讲。偶逢"群丽团体"课毕玉驾回宫，燕语莺声发表课余意见，各省方言皆有，驻足从旁饱观，使人眼花缭乱。区区从未选修社会系任何一门课程，因怕成绩比不上她们。若是前为"老大哥"现称"小老弟"的"背榜"——倒数第一名，岂非有些"那个"？！尚有其他"隐衷"恕请从略。

赵紫宸：宗教学院院长，是位深研基督真理、俭朴沉默、饱学宗教的学者，也是古称"天堂"的同乡师长。我俩师生二人从无逢面之缘！仅知他有位一九三一级可爱女公子，外号"林黛玉"，以后，选婿燕京人陈梦家，出名文学写作家，缔结良缘。

萧公权：政治系教授，讲解各国政治与政治哲学等课程，平易、诚挚对弟子，是位好老师，我上过多门他的课程。萧师源自南开转来燕京，与蒋廷黻、何廉，皆同辈齐名。嗣后，早一年，一九三二年倦勤，未闻身在何处。

黄宪昭：新闻系主任，沉默寡言的广东籍老师，从未接触、请教，遗憾！但"燕京人"迄今能在官方新闻工作上出色，在英文报社中响亮，自然有许多因素，也事出有因，容待别位曾与他有关系者细说。

马鉴：国文系主任，是位忠厚长者风度，对学生亲切循循善诱的老师。他们昆仲三人有两位在北大。我在大一时期曾经接触聆获教益，以后少见面。

胡经甫：生物系主任，教课与做实验皆非常认真。凡读医预科再转入协和医学校的学生，必须通过他那一难关。政治系生又最怕习理科的我，自然无缘，但亦有缘。回忆胜利时，我因小病住在燕校医院小山上，由老学友主治（忘其名），胡老师却任助手。某次，在重庆陈叔敬学兄的重庆牛奶场开燕大校友会时，胡师光临，自述逃亡波折，在菲律宾当了小兵，也吃了苦头，证实他是非凡人可比。

费夫人：典型的美国太太，是女校大主管，庄严，少交际。据闻，女生和那几位"什么奶奶"的，人人都怕她！女同学老远遇见她就设法避开。在"姊妹楼"两座大楼之一,就是她的办公室,很少再到别处去。

蔡一谔:燕京的无课程老师,主管燕京基金会的会计长。他是热诚的湖南人,对燕京一切了如指掌,有基督博爱精神,对"燕京人"若相逢,多有帮助。到台湾后曾在"农复会"任要职多年。其后在台湾对创办东海大学,颇多策划,并一度曾任东海大学董事长。

全绍文:燕京的"无名英雄",有劳绩性贡献。当年初创燕园的大计划,虽是中美人士群策群力,而建议计划、洽谈选购、布局兴建等等,即以校门前那对狮子和办公楼前那对细工雕刻的石柱,比一层楼还高!凡此满清皇室遗物能获购得,似皆与全绍文有些关系。

梅贻宝:这位说话半吞半吐略带天津音的先生,与我有几十年不期而遇的良缘。他先是注册部主任,后任哲学教授,在成都燕京复校做代校长,可算鞠躬尽瘁!多年前,梅师周游工作于美国、香港,退休后,又在台中东海大学兼教,来东京观光,曾相见聚餐,表现出"老而弥坚",不减当年。这位"华北、天津哥们"与"江浙淑女"倪师母,由月老牵红线缔结良缘。于当年情况而言,必是在美国的学府中促成,其情景颇似现在台北办《英文中国邮报》的"山东哥们"黄通嘉学兄与"三湘淑女"余梦燕学姐,在燕京美景中、同窗下相同。老、中两级,两对伉俪，合为一根藤，白首偕老，羡慕也可祝贺！

范天祥（Dr. Wiant）：这位美国籍音乐老师平易近人，有许多特殊的地方值得记述。我资质很笨，只是"听者"不是"演者"，更无法选修他的音乐课！第一件：主修他那系的"燕京人"大多是女生，也取"精兵主义"方能毕业。而"毕业论文"是开音乐会作表演，评分数通过，并请全校师生自由去听赏。在大三那年正因论文与国难苦闷心境中，参加听赏那次音乐会。回忆有关颂珊女同学表演钢琴，还有那两位已忘姓名同学，关同学共奏演三次，至今"余音绕梁"，再恢复精神振奋起我的积极性，奋斗了四十年。第二件：范教授每星期五晚七时至九时，在家中开"静听音乐会"，人数不多。那时代尚无现时代的方便工具可利用！播送皆是珍贵难得的古典音乐唱片。在近两小时的音乐气氛中陶醉，使人再兴奋起来，在为下周中可勤苦用功。我良机不失，每周五必参加，近一年之久。凡此燕园中优点，就是"水木清华"也比不及。范教授返美已八十多岁，祝其健康。

黄国安：这位华裔美国人是典型的体育教授，人很爽快。足球、篮球，与其他大学比赛，或校内大小运动活动等，皆经他组成、领导与促成。

威尔逊（Dr. S. D. Wilson）：理学院院长。燕京的物理系与生物系的同学有许许多多杰出人才，同级好友，袁家骝是初期的原子能专家，尤其生物系是协和医校的预备科。近半世纪以来，中国籍西医们在中国、美国、远东区，满载盛誉，威尔逊先生之功不可减！现在，威尔逊老师住美国洛杉矶城，一九七六年他九十高龄寿诞，"燕京人"为他老祝寿！

　　许地山：这位学长兼师长的"怪杰"，最后必须一提。在高中时代，就知"落华生"是才子，曾与女同学同时发表文章在《晨报》上，互相驳论，名闻当时！前偶阅黄华节燕友文章《我所认识的许地山先生》，又知其一切更详：家庭背景、聪慧本质、语文天才、经历过程、治学方法、处人态度、写作，诸般情况，尤感钦佩与遗憾！

茅以升 1896—1989

字唐臣,江苏镇江人。一九二六年,任北洋大学教授。一九二八年,任北平大学第二工学院(即北洋工学院)院长。一九三〇年,任江苏省水利局长,主持规划象山新港。一九三二年,又回北洋大学任教。

# 回忆我在北洋大学　文／茅以升

北洋大学在全国大学中,是建校最早的,因而素有"老北洋"之称。所谓老,不一定是美誉,老干部、老科学家是尊称,老官僚、老学究就是贬词了。但北洋属于前者,历史虽老,教学不旧,毕业生在工作岗位上,绝大部分都能顺应潮流,时有建树。特别在政治上,学生运动也是勇往无前的。北洋校内的几次罢课学潮是可歌可泣的,全国性的学生运动,北洋学生也素不后人。

这里,谈谈我与北洋大学的历史渊源。

一九二六年夏，我在北京，北洋大学校长刘仙洲先生来访，约我去校授课，因为结构学教授美国人阿罗克（O. Rouke）合同期满回国，经李书田先生推荐，要我去接他的手。我于一九二〇年自美回国后，曾在唐山交大担任过教授兼工科主任，后在南京东南大学担任过教授兼工科主任，对于教书向来有兴趣，刘校长来约，正中下怀。但那时我在北京有任务，一时走不开，就商定先去兼课，渡过缺人难关，每星期去天津一次。到了一九二七年夏，才接受北洋大学专任教授职。那年去天津时，就住在老友罗英先生家。一九一六年，他和我以及郑华先生同在美国康乃尔大学读桥梁系研究生，那时该系除了我们三个中国人以外，并无美国研究生。我每星期去津时，与罗先生晤谈，颇得教益，后来我就约他往钱塘江桥共事。

我在北洋大学任专任教授时，主讲结构工程及有关各科，每星期授课二十几小时。我将每星期课程，安排在四天内，每天上午授课，腾出三天时间（包括星期日）搞科学研究，这就给了我时间来研究如何改进教授法。在这以前，我在唐山及东大授课时，曾创立了几种教授法，其目的在启发学生思考，引导学生深入钻研，如学生提一问题而我不能答复，就给学生满分。这个方法获得成功，我就带到北洋，同样受到欢迎，因而听我课的，除了本届学生，还有些上届学生已经学了一遍再来补习的。

一九二八年夏，天津陷入战区，北洋大学停课，我回到南京老家。十月间有北洋学生专程来南京访问，劝我回北洋大学任校长，我婉却之。十二月初，北平大学区成立，将北洋改称为北平大学第二工学院，校长李石曾来电，约我为院长，学生亦来电表示拥护，我不得已北上。到北平后，学生代表一再敦劝，云我不去则复课无期。天津北洋校友会张务滋、徐绍裕先生等专程来京恳劝，备言学校停课已久，极盼我去收拾局面。我辞不获已，向李石曾声明，前往暂就，仍请另觅继任。于是我于十二月二十六日在天津就北洋院长职。除聘谭真先生为秘书外，其余教职员，除辞职者一概未动。

我何以不愿当院长呢？因为在北洋军阀专政时期，全国混乱，即学校亦动荡不安。我在唐山及东大，饱受派系倾轧之苦，视行政职务为畏途，故就北洋院长职时，即存"五日京兆"之心。

我就职后，目击院内停课多时，百废待举，即动员各方力量，逐步恢复旧观。北洋不但历史久，而且教育新，所聘的教授皆国内外知名之士，历年来教诲不倦，辛勤培植，故功课严格，力争上游，在国内与唐山交大、上海交大齐名。教授中不论本国人或美国人，教务均甚繁重，每星期授课二十小时以上，故人数较少。教本采用英文原版，内容完备而有系统，同时亦给学生外语训练。校风淳正，学生大部分都能刻苦勤学，但亦不忘政治。我通过考察，竭力维持各种优良传统，并欢迎学生提意见，能办者即办。天津北洋校友会，关心院务，常有校友来院访问，特别是张务滋、徐绍裕、齐璧亭先生等指教尤多，深得其惠。

一九二九年三月三十一日晚，院内一座主要建筑的教学大楼，突然起火，因距市区甚远，施救不及，竟致全部被毁。北平大学校部派谢树英先生来院协同调查起火原因，终未查明。

各地北洋校友会，闻火灾消息，莫不震动，纷纷来信慰问，并表示愿为恢复大楼尽力。

我当即收起辞职之念，决心尽我全力，筹募工款，以恢复校舍，重建一更好大楼为己任。不久，南京大学院取消，恢复教育部，本校亦改称北洋工学院。这年夏，我往南京教育部接洽筹款，时部长为蒋梦麟，对北洋颇表好感，因校友王宠惠、王正廷等均其旧交，因授意此项恢复经费，可在"中比庚款"（比利时国退还我国的庚子赔款）中设法，因此项"庚款"尚不为多数人所注意。这时黎照寰先生为铁道部次长兼上海交大校长，曾一再向我表示，希望我去交大，任木工工程院长，适巧他是"中比庚款"董事会的董事，我因往沪求教，他一口应承，表示负责办到，并笑说："我给你十万元，你给我一个院长！"于是我向中比庚款董事会正式提出，请拨十万元，恢复校舍。其时该会负责人为褚民谊（后来当了汉奸），我找他多次，他都表示冷淡，但我盯着他不放，并同董事会其他董事分头接洽，他们散居南京、上海两地，我分头相访，沪宁奔驰，有一段时期每晚都在沪宁火车的卧铺上过夜。最后，果然该董事会通过，补助北洋十万元，恢复校舍。其时又有天津电车公司（比国投资）捐款一万元，估计恢复原来大楼而有余。于是一面交一比国建筑公司设计（此系"中比庚款"董事会中比国人的要求），一面请几位北洋校友组成保管委员会保管此项建筑专款，免被挪用。保管委员会主任为赵天麟先生。

由于请款成功，校内对我信任益坚，我辞职的话提不出来了，于是安心整顿校务。北洋为国内最老的新式学校，因而也有一些旧的传统习惯需要打破。最妨碍教育进步的为"贷书制"，即将教科书借给学生，于毕业时交还。其时由于学校经费日紧，无力每年购换新书，于是教本日益陈旧。我在南京时，遇到一位方鸣皋先生，他能将原版书不经照相来翻印，成本甚低，我就请他来北洋，主持翻印教科书事，印出的当作讲义，无偿发给学生，于是全校所用的教科书，每年可以全部更新，师生都很满意。

我在沪宁接洽"中比庚款"时，乘便延揽新教授，果然请得科学界老前辈胡敦复先生主讲物理学，卢恩绪先生担任土木工程学。胡先生是清华学校（后来发展为清华大学）创办人之一，在我国科学界负有重望。卢先生是辞谢清华大学工学院长职不就而来北洋的（后来仍去清华任院长）。得到两位名师，院内师生兴高采烈。

在南方时，杭州北洋校友约我去报告院务，他们本来准备发起募款运动，为母校造大楼，因知"中比庚款"成功而作罢。

一九三〇年春，院内忽起风波。多年来，院内教授常有每星期往北京各大学兼课的，愈演愈烈，以至有的教授需在星期日上课，招致学生不满。于是我和这几位教授进行谈判，请他们或在北洋或往北京，不能兼任。他们就一面辞职，一面鼓动学生，说我排斥好教授。受鼓动的学生中有几位认为我当院长是由于他们的"拥戴"，而我一年来并不大听他们的话，他们就想"换马"，于是鼓动风潮，使我难堪。我本来无意于行政工作，于是一再向教育部辞职，并去南京面陈内情，终于得到同意，另派蔡远泽先生继任。

一九三二年，李书田先生继蔡先生为院长，约我回北洋任教授，先是兼职，后为专职。我仍担任结构工程课，对教授法又有所改进。

一九三三年三月间，我接杭州友人来信，约往杭州谈钱塘江桥事，八月间辞北洋教职，在杭州就任桥工处长职。

一九四一年中国工程师学会在贵阳开年会，举行三十周年纪念会，北洋校友到会的很多，开过一次全天的会，商议复校问题。因北洋在日寇侵入天津以前，迁往西北，并入西北工学院。李书田先生和我商量，在贵州复校，我那时在贵州平越县（今福泉县）任交大唐院院长，因和李去附近的一块地方看校址，可惜未有结果。

一九四六年初，因抗日战争胜利，迁往内地的各大学均迁回原址，北洋大学亦迁回天津复校。经过北洋校友的努力，教育部于这年六月发表北洋大学筹备委员会委员，约我为委员兼秘书，不久即由委员会推荐，由教育部发表我为北洋大学校长，但我因钱塘江桥在抗战伊始为我方自动炸断，这时我正在杭州负责修复，一时不能到职，由教育部发表教务长金问洙先生为代理校长。

一九四七年九月，我从南京飞到北平转天津，往北洋探望诸旧友，对他们在抗战中转徙流离之苦，表示慰劳。

同时，为了安定校内情绪，想在了解校内情况后，向教育部建议善后办法。我向校内负责同人，特别是金问洙、李书田、陈荩民诸位先生，陈述我不能就任校长的原因，得到他们的谅解；同时拜访天津校友会各位，答复他们一年来屡次劝我就职的盛意。我回南京后，即向教育部报告此行经过，再次陈请辞校长职，最后得部同意，改派张含英先生继任北洋大学校长。

在回忆当年我和北洋大学的历次关系后，感到非常愧对学校，虽承校内师生对我如此信任，而我为外务所牵，总未能始终其事。假如我从一九二七年起即专心一致，担任校事，锲而不舍，劳怨不辞，直至一九四九年解放，学校总可减少些动荡，不无裨益。所堪庆幸的是，在这些年内，全校师生团结一致，奋发图强，维持了老北洋的声誉于不坠，在今年祝贺八十五周年的校庆时，人人可以自慰："我们始终贯彻执行了'实事求是'的校训！"

附带谈一件事：在一九三〇年左右，北洋教授美国人爱利斯（Ehlers）先生发起组织"斐铎斐"荣誉兄弟会（Fraternity），凡各知名大学毕业生中名列前三名至五名者，得申请为会员。经该会驻在北洋的理事会批准为会员的，可以佩带金质会章，上镌 φτφ 三个希腊字母，作为荣誉的表示。在抗日战争前，每年都有各著名大学的新会员。自北洋在抗战中西迁后，此兄弟会理事会即无形消失，我自己也把它忘记了。不意一九七九年我率中国科协代表团赴美国作友好访问时，方才知道这个"斐铎斐"兄弟会的会员，一直在美国进行活动，每年改选会长，当选者以为荣，印在名片上。他们得悉北洋并入了天津大学，"斐铎斐"兄弟会理事会亦不存在，都为之叹惜不已。

（一九八〇年四月）

### 赵瑞蕻 1915—1999

浙江温州人。西南联大外文系毕业生。一九四〇年毕业后在云南任中学教员。一九四一年冬到重庆南开中学教书,次年到中央大学外文系任助教。新中国成立后一直在南京大学任教。

# 忆中央大学柏溪分校 文/赵瑞蕻

在稿纸上写下了这个题目,我立刻沉入了遥远的战乱的年代中,心上浮起无限惆怅。我飞往五十五年前的春天,也是四月,我那时正在重庆国立中央大学分校,嘉陵江畔一个小山村里寂寞幽静的柏溪教大一英文(Freshman English)。从那时到现在,中大外文系,也包括师范学院英语系所有的老一辈的教授学者,中青年教师同事,也就是当时重庆沙坪坝校本部和柏溪分校从事外语和外国文学教学或研究工作的所有教师——我这会儿掐指一算,有三十八位——如今仍健在，仍留在南京大学的，只有我一个人了。当时在柏溪任教的有十七个人，现尚健在的还有叶君健（在北京）、张健（在山东大学）、刘重德（在湖南师范大学）、叶柽和李田意（都在美国长期定居）和我自己共六人。其余的，再加上上面所提到的在沙坪坝中大校本部任教的外文系许多同事都已先后离开了人间。想到这点，我真有无限的感叹！虽然生老病死是自然规律，谁也逃不了，但是当一个亲友，一位同事突然逝世的噩耗传来时，我们就会震惊，顿觉悲痛，马上想起他们生前的音容笑貌，这件那件往事来，就会沉入哀思和缅怀中。

在这里，我特别怀念离开我们已整十年的范存忠先生。作为他的一个晚辈和四十五年的同事，外国文学界，特别是中西比较文学研究领域中一个后学，我应该写下我一些深切的感受，范先生所给予我的教益，对我的帮助；在我心上所淹留着的深刻生动的多种印象。韶华易逝，往事如烟，旧游似梦。这会儿回忆的彩翼飞往嘉陵江上，那个小山村柏溪了。

人生充满必然性和偶然性，而必然性往往通过偶然性表现出来。偶然性可以说就是机缘。我们日常生活中会遇见不少碰巧的事情，有某些意想不到或者令人惊奇的东西，会影响一生，甚至竟会决定我们整个命运。所以巴尔扎克在他的《人间喜剧序言》里曾说："机缘是世界上最伟大的小说家；要想达到丰富，只消去研究机缘就可以了。""机缘"法文是"Hasard"，就是偶然碰巧的意思。对这点我极有体会。如果一九四〇年夏我在昆明西南联大外文系毕业后，就留在那里教中学英文，不在第二年冬天离开昆明，翻山越岭，长途辛苦跋涉，独自搭乘运货车到重庆去跟杨苡和我们初生的孩子团聚（杨苡是早半年离昆明到重庆和她母亲、姐姐住在一起的），先在南开中学教了一年英文，而且那么巧，就在那里重新遇见我西南联大外文系老师柳无忌先生。如果柳先生后来在一九四二年春没有推荐我给当时中央大学外文系主任范存忠先生的话，我就不会辞掉南开中学的教席转到中大分校柏溪教书了。这一机缘就使我长期呆在这个学校里，一呆就是半个多世纪，从二十七岁到如今八十二岁。否则，我就不会今天在这里写这篇纪念范先生逝世十周年的文章了。

一九三七年七七卢沟桥事变发生后，日本帝国主义大举侵略、蹂躏我们神圣的国土，敌骑南下，八月十三日，进攻上海，我军奋起抵抗，从此全面抗战的大火就燃烧起来了。那时，北大、清华、南开三大学辗转迁往昆明，建立了国立西南联合大学。国立中央大学则沿长江西迁，在重庆西郊沙坪坝松林坡建立校本部，后又在柏溪创办了一个分校，一年级同学都在那里上课。

在我到重庆前，柳无忌先生一家已离开昆明搬到重庆，他在中大外文系任教了。柳先生后来在他的《烽火中讲学双城记》一文中说："……当我尚在昆明时，范存忠（中大外文系主任，是我的好友；我们同时到美国，同时得到英文学博士，他在哈佛，我在耶鲁）就已约我去中大教书。于是，我们就在重庆住下来，一共五年（一九四一至一九四六年）。"我们那时都住在南开中学教职员宿舍津南村（因师母柳太太也在南开教英文）里。有一天，我去看望柳先生，他问我愿不愿到中大工作，他说："到柏溪教一年级英文。范存忠先生要求很严格，要我介绍西南联大外文系的同学，那边很需要人……"当然我是很愿意去的，于是，真是高兴，很快就接到了任外文系助教的聘书，上面签名盖章的就是中大校长罗家伦。过了几天，柳先生带我到松林坡外文系办公室拜访范先生。他那时不到四十岁，不过头顶上已有点儿秃了。他穿着深蓝色大褂，戴副阔边黑架子眼镜，手里一只烟斗，挺有精神，利落得很，说话比较快，十分和蔼可亲。他热忱地接待了我，给了我非常深刻生动的印象。他同时介绍我认识他两位得意门生，外文系助教张健和冯和侃。范先生十分周到地指点我怎样到柏溪去，要我到了那里先去见吕天石先生，因为分校大一英文是他专管的。于是，一九四二年寒假后，开学前，一天清晨，我带着铺盖卷儿、日用品和一些书等，在松林坡小山岗下中渡口，走到曾经的中央大学嘉陵江边，坐上校船（一只长长带篷的木船，每天来往校本部和分校一次），沿江北上，船走得慢，有时碰上浅滩急流，船夫还得上岸拉纤。嘉陵江水是可爱的，记得当时中文系教授汪辟疆（国垣）先生有诗说"嘉陵水色女儿肤，比似春莼碧不殊"。当我一望见碧蓝的江水，两岸山野风光时，我的诗兴便勃发了。

柏溪离沙坪坝北面约二十里，在嘉陵江东岸，原是一个只有二十来户人家的小山村。中大在那里征得约一百五十亩土地，创办了分校，可以容纳一千多学生。那里丘陵起伏，环山临江，有茂密的树林，潺潺的流泉，自然环境很不错，是一个教学读书的好地方。从码头往上沿山腰有一条石板路（也算是村里唯一的一条街吧），弯弯曲曲，直通分校大门口，两旁有茅舍和小瓦房、小商店、小饭馆。分校整个校舍分布在一座山谷里较旷敞的地方，高高低低，一层一层，学生教职员宿舍、教室、实验室、图书馆、大操场、游泳池，等等，都安排在绿树掩映着的山谷平台间。我特别喜欢那里有一股清泉，从深谷流涌出来，沿山坡直入嘉陵江中。冬天水少，春夏间，尤其是暴雨时,那溪水便哗啦啦地奔流着了。我一到柏溪就住在分校最高点教师第五宿舍,真是运气,登高远眺,可以欣赏江上风帆,隔岸山色。从宿舍东头走出去,是一条幽径,有丛丛竹子;三月里油菜花开时,一片金黄色,香气四溢,真是美得很。在抗战艰苦的时期,生活困顿中,能在这个幽静的地方住下来,教学外还能从事写作和翻译。我的长篇回忆散文《怀念英国现代派诗人燕卜荪先生》、爱情诗《金色的橙子》等和《红与黑》译本都是在这里完成的。我在柏溪度过了四年难忘的时光。想到这点,我不能不感谢范存忠先生,是他聘任我在柏溪工作,给了我一个安静的环境,为我创造了教学、写作、翻译和研究的良好条件。我也应该感谢柳无忌先生。这是我一生中难得的精神产品丰收季节之一。

在我到柏溪时有外文系前辈,范先生东南大学的同学——吕天石、华林一和阮肖达三位先生早已在那里任教,还有一位中年教师朱文振先生(范先生的高足)。华先生和阮先生在解放初期过早逝世,十分可惜。吕先生后来享有高寿,并且在英语语言学研究和译介英国文学(如翻译了哈代的小说《苔丝姑娘》、《无名的裘德》等)方面作出了可喜的贡献。吕先生厚道真诚,又很好客,几次节庆,我和后来到柏溪任教的西南联大几位学长,受到吕先生热情的招待，在一起喝酒畅谈。范先生几次到柏溪就住他家里。那几年吕先生负责大一英文教学工作，除平常接触外，每学期总有两三次在一起研讨、商量有关问题。

一九四二年后，中大招生人数越来越多了，教育事业兴旺起来，柏溪逐渐热闹起来，更需要担任基本英语的教师。我就向范先生介绍几位西南联大前后毕业的同学，吴景荣、叶柽、沈长钺三位。柳先生推荐了他以前南开大学外文系毕业的四位高足曹鸿昭、李田意、高殿森和张镜潭，后来又来了叶君健（武汉大学）、刘重德（北大）、左登金（清华）和李蔚（清华）四位；范先生自己的高足张健在我到柏溪第二年也从校本部调到分校工作了。这样，柏溪的英语教师队伍强大了，而大家和睦相处，共同热心地担负着大学基本英语的教学工作，而且各自在课外从事研究和编译工作，做出了不少成绩。总之一句话，大家都相处得很好。我必须在这里强调这一点：这就是范先生很高明的办学思想，他高瞻远瞩的眼光和气魄，没有门户成见，博大胸怀，爱护人才、发挥人才和提高人才的具体体现。这种精神和作风的确是非常值得大家，特别是今天文教界年轻的一代思考和学习的。在这里我想只要引用一下解楚兰女士（范先生的得意门生，范先生晚年最好最得力的助手。一九四二年秋她在柏溪读外文系一年级时，我正在那里开始教书）发表在《南京大学学报》一九八九年第一期上的《纪念范存忠先生逝世一周年》一文中的一段话就可以明白了：

　　抗日战争时期，中央大学西迁重庆沙坪坝。当时的生活是艰苦的，办学条件很差，还要躲避日本飞机的狂轰乱炸。但在他主持下的中央大学文学院和外文系却群贤慭集。他利用了当时人才集中大西南的有利条件，从各方面罗致专家、学者，使得当时院系保持了相当的规模。对于聘请教师，他一向主张选贤任能，不搞宗派，兼收并容，不拘一格，有蔡元培的作风。他非常爱惜人才，十分重视选拔有学问的年轻人充实师资队伍。他当时提拔、培养或派遣出国的年轻教师如吴景荣、张健、赵瑞蕻等，解放后都在高校担任了重要的领导和教学工作。

　　上面引文中解楚兰女士所提到的，我认为十分重要，是符合实际情况的，具体地阐明了范先生的人格力量，也正是我那时所见和感受到的。在校本部任教的有楼光来、商承祖、柳无忌、徐仲年、初大告、李茂祥、陈嘉、沈同洽、李青崖、孙晋三、丁乃通等教授，有的是原在中大的，如楼先生、商先生和徐先生；有的是在重庆新聘请的，如柳先生、初先生、俞大綱先生和孙先生等。在柏溪方面，除吕先生等五人外，其他的都是外校外文系毕业的，如许孟雄先生等；从西南联大来的就有吴景荣、沈长钺、叶栝和我等八个人。吴景荣毕业于清华大学外文系和研究院，一九四四年，范先生聘他为副教授，在分校教外文系一年级学生。一九四八年，范先生为他写推荐书给当时设立在南京的英国文化委员会（British Council），得到批准，到英国留学进修。解放后任北京外国语学院英文系教授兼系主任，后又调北京外交学院任副院长。

我在柏溪四年多，从未看见过或者感受到同事间的不和、伤感情、吵架、彼此有意见、互相攻击、钩心斗角等恶劣现象，这实在太难得了。大家除努力教书外，时常在一起谈心，切磋学问。为了进一步说明这一点，尤其是文中提到吴景荣、张健和我三个，我愿意在这里公开一封我有幸保存了五十多年的吴先生写给杨苡的信：

赵太太：

阿虹明天要去沙坪坝了。他说你就要到这儿来，想到你不日将出现在久违的柏溪，颇觉欣慰。我已存了一点钱，特地用来招待你喝鸡汤吃红烧肉。我过得像个老爷，每天跟裘连·张、阿虹和其他几位同事出去吃饭。这儿有一家很不错的饭店,才开张的。柏溪只要再开一个咖啡馆就完全现代化了。

阿虹在这里很有名气。他的天赋和勤奋已使他自己成了个出色的人物,这么说吧,在学生小子眼中,他是个英雄了。同他并肩散步,我真高兴得无以言说。他总是扯他天真的故事,而我则开他几个不伤大雅的玩笑。我的学生已正式邀请阿虹用英语作一次学术演讲,他也已郑重地接受了这一邀请。他将在雷鸣般的掌声中登上讲台,言语流畅,现出令人激动的神情,然后他在听众一阵热烈的欢呼声中走下台来……

阿虹已宣布了演讲的题目:"翻译即叛徒"。这是一个精彩的题目;但想到他已经确立了作为一个翻译家的地位,这题目也许是个小小的讽刺吧。赵太太,但愿你不要错过这个机会,来分享将要倾泻在他身上的荣耀。这也就是我要催促你早点来的原因之一。

约翰 C. Y. 吴<br>一九四五年五月二日于柏溪

吴景荣写这封信给杨苡时,正当他专教聂华苓那一班(外文系一年级下学期)英文。他对学生非常严格,要求高,每星期必须写作文一篇,要写得长长的,他仔细批阅。课外他还请人作文学专题报告。我记得吕天石先生讲过一次关于哈代，因为那时吕先生还在翻译哈代的《苔丝姑娘》，张健漫谈斯威夫特和《格列佛游记》，都受到同学们的热烈欢迎。吴景荣在这封信中称我"阿虹"，这是我的小名（也是以前用过的笔名；我家里人和几个老朋友常叫我"阿虹"）。裘连·张就是张健。那时我们三人都住在第五宿舍里，是天天见面聊天的。这封信居然保存到今天，真是难得，从中可以具体地了解五十多年前同事之间真挚交情和生活情趣。景荣兄于一九九四年八月以八十岁高龄去世了。如今我重读此信，追忆旧事情景，无限喟叹，也对他深切地怀念。

那时我们每人都担任三班英文课，每周上课九小时，课文总是细细讲解，两周或三周作文一次，也够忙碌的。范先生非常重视各系科的基础英语教学，认为这是培养和提高大学生文化素质决不可或缺的课程，而且他十分强调必须认真研读现代英美优秀散文，走循循善诱、熟读深思、潜移默化的路子。他主张一开始就应该千方百计培养学生的语言习惯和语言感觉，即德国人所谓"Sprachgefuel"。他坚决反对结合某个系的专业来学习英文，比如数理化英语、工科英语等。关于这点，直到晚年范先生都没有改变。始终坚持，曾同我谈过几次。正因为这样，所以一九四四年春开始，范先生就亲自指导我们重编英文教材，每篇课文有详细注释，编成三本书，叫作 *Freshman English Prose*；入选的都是现代英美散文名家，随笔、小品或者短篇小说等的作者，如第一册中 A. Clutton-Brock 的《战前星期天》(Sunday Before the War)、William H. Hudson 的《捉鸽子》(Catching Doves)、Robert Lynd 的《害羞的父亲们》(Shy Fathers)；第二册中 Max Beerbohm 的《送行》(Seeing People Off)、E. Hemingway 的《雨中的猫》(Cat in the Rain)、K. Mansfield 的《苹果树》(The Apple Tree)；第三册中 J. B. Priestly 的《初雪》(First Snow)、W. S. Maugham 的《哲学家》(The Philosopher)、T. H. Huxley 的《自传》(Autobiography) 等。后来在吕先生具体主持下，我们密切合作，分配了任务：朱文振和张健编第一册，吴景荣和我编第二册，吕天石和高殿森编第三册。这套教材编成后范先生很满意，就由当时沙坪坝一家正风出版社印行，不但中大每年用，其他几个大学也采用了，很受欢迎。直到抗战胜利复员后一九四八年还出了第四版。直到现在我保存着这三册书，作为珍念。

范先生每个月至少到柏溪一次看望我们，十分关心大家的生活和工作，相聚一起，随意谈天，细致了解学生学习情况；遇到什么问题时，总虚心征求意见，提出改进的办法。他时常鼓励我们在教好书外,多开展些学术活动,多搞出些东西。一九四三年初,设立在沙坪坝的时与潮社创办了一个大型月刊《时与潮文艺》,请外文系教授孙晋三先生任主编,孙先生便约请外文系教师多帮助,写东西。范先生在这个杂志上先后发表了好几篇文章,我记得最清楚的有《鲍士韦尔的〈约翰逊传〉》和《里顿·斯特莱契和他的〈维多利亚女王传〉》这两篇洋洋洒洒的大作。这两篇东西给我的印象深极了,直到如今我仍然可以体会得到当初细读时的激动心情。我第一次拜读范先生关于外国文学研究的文章,就被他的深入仔细的分析,实事求是的论述,精辟的见解,踏实老练而又生动有味的文采所吸引住了。后来在解放后,我拜读了范先生发表在《文学研究》《南京大学学报》等刊物上的《笛福的〈鲁滨孙漂流记〉》《英国浪漫主义的先驱——威廉·布莱克》《苏格兰诗人罗伯特·彭斯》等等,以及范先生晚年最重要的一篇用英文写的中西比较文学研究文章《中国园林与英国的艺术风尚》( The Chinese Garden and the Tides of English Taste,发表于比较文学英文本 Cowrie 第二期上),范先生著作的特色都仿佛一道亮光似的闪现着。为了说明这点,在这里不妨抄录范先生《鲍士韦尔的〈约翰逊传〉》一文中两段作为例证:

鲍士韦尔的《约翰逊传》是欧洲第一部"近代的"传记。我们特别着重"近代的"三个字，因为与传统的传记是不同的。暂且撇开传记的结构不谈，先谈传记的目的。就目的而言，近代的传记与传统的传记有一个最显著的区别。传统的传记，目的在于颂扬一个人或某一些人；至于近代的传记，目的不在颂扬任何人，而在表达人生，表达特定环境里的人生。传统传记有三大讳："为尊者讳，为亲者讳，为贤者讳。"近代的传记，就事叙事，实事求是，无论英雄或常人都还他一个本来面目。……一般地说，传统的传记近于"行状""荣哀录"，是理想的，近代的传记是写实的。鲍士韦尔的《约翰逊传》不是没有理想化的地方——约翰逊不是他的英雄吗？——但大体上是写实的。他是欧洲近代传记的鼻祖。

约翰逊是英国十八世纪的怪杰。鲍士韦尔对于这位怪杰之"怪"，一点也不掩饰。十八世纪欧洲最讲究"雅"，而约翰逊的容貌、举止、谈吐，并不很雅。当时有人说他是一只狮子，又说他是熊。……约翰逊晚年常在史莱尔夫人那里闲聊天。有一天，有人提议把在场的每个人比一只走兽，比一盆菜。大家认为约翰逊是一只象，一盆鹿腿。为什么他是一盆鹿腿，许多人不很明白，但大家承认他真是一只象——一个庞然大物，有时把鼻子扫来扫去，引得孩子们发急。在这些地方，鲍士韦尔总是和盘托出，"吾无所隐"。一般人所知道的约翰逊——中等身材，满脸瘢疤，走起路来一摇一摆，吃起东西来狼吞虎咽——这些都是从鲍士韦尔的《约翰逊传》里得来的。

在范先生介绍斯特莱契（Strachey）的《维多利亚女王传》（*Queen Victoria*）一文里，也有不少精彩的笔墨。我以为这都是范先生的典型风格。如果说西方现代杰出的传记家斯特莱契把维多利亚女王写活了，那么范先生这篇文章也把斯特莱契这部著名传记介绍得活了。我以前反复读过范先生这些著作，深受教益，确是大手笔的产物。甚至于范先生一九四三年在重庆出版的《英语学习讲座》一书也写得深入浅出，文章如行云流水，生动活泼，而又朴素精练，富于韵味，比如这一段话：

语言的感觉，虽然不是一下子可以养成的，但也并不是高不可攀，只要你有那细磨细琢的精神。有人说，学外语须有四到：眼到、耳到、口到、手到。眼到是看，耳到是听，口到是说，手到是写。但是这四到之外，还必须有心到。心到是体会。这体会如酌酒，如品茗，如母牛反刍，富有艺术的意味。学习外语，要能体会，才有乐趣。

在这里，我顺便对今天在校的外国语言学院各专业的年轻同学们说一下，我们应该向前辈范先生学习，不但要努力把外语学好，牢牢掌握，运用自如，而且还必须努力学好中文，勤读现代和古典优秀文学作品，要能使用漂亮的现代汉语写作，能写好文章。

一九四四年，范先生应英国文化委员会的邀请，到牛津大学讲学期间，更进一步探讨中英文化关系，更全面深入地介绍了中国古代文化对西方的影响。他在《英国语文学评论》(Review of English Studies)等刊物上发表了好些论文，如《威廉·琼斯的中国研究》(Sir William Jones' Chinese Studies)等，在英国文化学术界引起了强烈的反响。关于这些方面，特别是中西比较文学研究，范先生从三十年代起直到他晚年所作出的贡献，在上面所提及的解楚兰那篇长文，以及《中国比较文学年鉴》(一九八六年北京大学版)一书"范存忠"条目中已有详尽的介绍，这里就从略了。

在沙坪坝时期，范先生与柳无忌先生合作，编辑出版了《近代英国散文》和《现代英国散文》两本书。柳先生勤奋译著，还出版了《莎士比亚时代的抒情诗》《西撒大将》《明日的文学》(论文集)等书。当时外文系还有个大忙人徐仲年先生，个子大，声音洪亮，坦爽真诚，发表不少东西，主要是译介法国文学。他还主编了一个杂志《世界文学》在长沙出版，得到范先生大力支持，范先生也在它上面发表文章。徐先生甚至居然乐意刊登我那篇批评他翻译的法国十九世纪初年贡斯当（Constant）《阿道尔夫》（*Adolph*）的文章，指出他一些误译。这事被称为美谈。这些都可以看到当年学者和译者的风度。我也在《世界文学》发表了一篇评论梁实秋所译《呼啸山庄》的文章，受到重视，这可以说是国内最早谈论后来通译为《呼啸山庄》的一篇文章了。

此外，在范先生的引导下，正如上文提及的，柏溪同事在繁重的教学任务之余，也从事著译。叶君健（那时他的笔名是马耳）也是个大忙人，翻译了希腊埃斯库罗斯的《阿伽门农王》和其他西方作品，也常给《时与潮文艺》写文章。吴景荣是专门研究 Jane Austen 和 Virginia Woolf 的，他为刘重德翻译的简·奥斯汀的《爱玛》（*Emma*）写了篇很好的序言。高殿森译了一大本《拜伦传》，曹鸿昭研究华兹华斯，译了他好些首名作如《丁登寺》（Tintern Abbey）等。我自己在《时与潮文艺》上发表了国内最早专门介绍《红与黑》的文章《斯丹达尔及其〈红与黑〉》和梅里美三个短篇的译文。柏溪同事们这些成绩之所以取得，我以为是跟范先生一贯重人才、重学术、重事业的精神力量和教育思想联系在一起的。

我在柏溪住了四年多,我的感受是十分亲切而丰富的,直到如今,我仍怀念着那段生活,那些充满着友谊和师生之情的岁月。那时生活清苦,起居条件差得很。我们住的宿舍的墙是竹子编的,外边涂上一层灰泥;没有玻璃窗,只有土纸糊的木框架。生活是艰苦的,景荣、张健和我三人有时分抽一包从重庆带来的上等香烟。那时我们每个人都有个小火炉,买些木炭烧着取暖,度过重庆冬天多雾气的严寒。大家又找来洋铁罐(比如名牌SW咖啡扁圆形的罐),上边挖几个小孔,插进灯芯,倒满菜油,再弄个铁架子放在罐上,架子上摆着搪瓷杯子,火一点,就可烧开水,泡茶喝,或者煮东西吃了。就在这样的境况里,在"炉火峥嵘岂自暖,香灯寂寞亦多情"这样的诗句所描绘的心态中,我们教学、读书、翻译、研究,大家都愉快地努力工作着。那时在柏溪还有不少位中文、历史的教授、讲师,同事朋友如罗根泽(他一家就住在第五宿舍,是我的近邻)、吴组缃、朱东润、王仲荦、管雄等先生,我们也经常来往谈笑,在一个食堂吃饭,相处得极好。有的教师家住沙坪坝,每周来柏溪上课一两次,如国文系的伍叔傥、杨晦先生;有的家住分校,每周一两次到校本部讲课,如罗根泽先生。那时,在抗战艰苦时期,在日本鬼子飞机经常空袭下，全校师生同仇敌忾，坚持教学上课，坚持学术研究，弦歌不辍，在大后方为中华民族为祖国培养了一批又一批人才，年轻的一代。中央大学外国语言文学系在范存忠先生的教导下，经历过全面抗战八年，风风雨雨，经得起考验，不但没有丧失元气，反而比以前壮大了，而为复员后的中大外文系，以及解放后的南京大学外文系打好了更坚实的基础，为这个大学的外国语言的教学和研究工作作出了贡献。

这会儿，我再次梦回柏溪，仿佛再次望见那嘉陵碧蓝的江水；我仿佛仍然带着一把伞，肩头挂着一个旅行袋，沿着开满金黄色的油菜花的长长的堤岸，在四月初某个清晨，从柏溪慢慢走向沙坪坝，去看望我的亲人，再次去拜访我的老师柳无忌先生，再次跟范存忠先生在松林坡散步聊天，向他请教……

（编者注：本文写于一九九七年，系作者为纪念范存忠先生逝世十周年而作）

## 杨廷福 1920—1984

教授,上海人。一九四五年毕业于复旦大学中文系。曾任上海政法学院、同济大学讲师。新中国成立后,历任上海市教育学院教师、教授,国务院古籍整理出版规划小组成员,中国唐史研究会常务理事,《简明不列颠百科全书》编审,《中国历史大辞典》魏晋南北朝史卷主编。

## 陈左高 1924—2011

浙江平湖人,一九四五年毕业于复旦大学中文系,曾执教复旦大学、新中国法商学院、华东师范大学古籍研究所等。

# 无锡国专杂忆　文/杨廷福　陈左高

· 一 ·

我们的队伍青黄不接,文史领域尤为突出,办好文科大学是刻不容缓的。在这"才难"之叹和如何培养的时刻,就不能不回忆起唐文治先生主持的无锡国学专修学校，为什么招生不多，却人才辈出？

一九二〇年（民国九年）十二月，施肇曾（省之）和陆起（勤之）于湖光潋滟、岚色秀丽的惠山之麓，赁屋数幢，创办无锡国学专修馆，敦请南洋大学（交通大学前身）校长唐文治先生为馆长。当时在南京、上海、无锡三处招生，据说应试的达一千多人，结果只录取了正额二十四名，附额（备取）六名。一九二七年更名为国学专门学院，到一九三〇年一月，才改名为无锡国学专修学校，参照当时国立大学中国文学系各项规章办理，实行学分制，修学期三年。十年来，唐先生在教学上的惨淡经营和苦心擘画，已培育出像唐兰、王蘧常、吴其昌、蒋天枢、钱仲联、蒋庭曜、夏君虞等学有专长的学者。一九三五年，拟于太湖之滨，宝界桥畔，勘地五十余亩，粗具黉舍规模。记得唐先生在奠基时，当场朗诵四句祝词："十年树木，百年树人。人才蔚起，天下太平。"这一年全校有三百多学生，七个班，正科三年，分甲、乙六班。另设一个补习班，凡学生程度较差的，先读补习班，再升入正科。这时可算是国专的"全盛"时代了。

抗战军兴，无锡沦陷，年已七十六，双目失明的唐先生率领学生数十人，含辛茹苦，转道至长沙、湘乡，沿途租民屋上课。一九三八年初，终于迁校桂林，先后借正阳

无锡国专校园一角（1935年） 图 / FOTOE

街、环湖路民房，继续开学。入冬后，桂林屡遭空袭，便暂徙北流山围。

次年二月，唐先生以水土不服，年迈多病，返沪治疗。鉴于江浙学生纷请复课，遂改名私立国学专修馆，沿用私塾形式，避免向敌伪登记，校舍先暂借上海康脑脱路（今康定路）通州中学，后在北京西路嵇山中学，敦聘王蘧常先生任教务长，而桂校则由冯振心先生负责。沪校三年制专科，自第二年起，分设文学、哲学、史地三组，直至解放后，改名无锡中国文学院，唐先生为院长，王先生任副院长，随着全国大专院校的院系调整，遂于一九五一年，并入江苏师范学院。

## 二

无锡国专与唐先生相始终，不能不概略提及其经历。先生名文治，字蔚芝，江苏太仓人，一八六五年（同治四年）生，父亲唐受祺是个以穷秀才终其身的候选教谕，教书为生。唐先生从小用功勤读，十六岁入州学，十八岁中举人，二十八岁进士及第，以主事分发户部，一八九八年，补总理衙门章京，一九〇一年，随那桐到日本，后又随载振赴英,祝贺英王爱惠(爱德华七世)的加冕典礼。英国和日本的资产阶级革命成就,对他思想上的启迪和影响颇大。三十九岁出任商部左丞及右丞,四十二岁升左侍郎,商部改为农工商部后,署理尚书。清末国势危殆,经济极为窘迫,他在步履维艰的情况下,通商惠工,颇具苦心。四十三岁那年,以忤权贵,调任上海实业专门学校(原名南洋公学,即后来的交通大学)监督。辛亥革命后,他是不以"遗老"自居的,学校改称南洋大学,任校长,直到一九二七年创办无锡国专才离职,为祖国造就了第一批的理工科建设人才。交通大学的师生缅怀唐先生,筹建了"文治堂",作为永久的纪念(文化大革命时期被破坏,现已重新恢复)。唐先生毕生治古代散文及宋学,尤推崇紫阳学案,颇有发明,著有《茹经堂全集》。解放后卧病上海,陈毅同志关怀耆宿,照顾备至。一九五五年逝世,年九十一。〔由于唐先生进士出身,前半生为清朝官僚,后半生办学,讲宋明理学,推崇紫阳学案(宋明理学是中国哲学史上的一大发展,朱熹在学术上有卓越的成就,都应一分为二,此不论列),提倡唐宋八大家的古文,某些人认为他是冬烘的老先生。事实未必尽然,我们的老一辈革命家,有不少是科举出身的,此且不论。对于上一代的人物,有他的阶级和时代的局限,当然不能以今人的要求，来要求唐先生，还是要看具体的表现。他在清朝位至尚书，却不以遗老自居，敏于接受新事物，四个儿子，除一个夭折外，三位都是美国留学生，并且均学贯中西。如唐庆诒先生在哥伦比亚大学曾获美国的演讲比赛第一名，和张志让是要好的同学，可见其对外文的造诣。唐庆增先生是著名的经济学家。唐先生的长媳俞庆棠同志是教育家，老早就是中国共产党的党员了。可惜五十年代初，在教育部司长任内病逝。唐先生每天必听报，关心时事，不满国民党的反动统治，坚持抗战；上海"孤岛"沦陷后，力却敌伪的笼络。抗战胜利，同情、支持学生运动，在白色恐怖时期，冯其庸同志就是在唐先生和王蘧常先生的藏匿下，幸免被捕的。]

唐先生系桐城吴汝纶（挚甫）的高足，创办南洋大学，即取法挚甫先生出长京师大学堂（北京大学前身）时一套办学经验：名师荟萃，学风浓厚。唐先生心摹力追，科研则兼收并蓄，对学生要求严格，拔植隽才，坚持学生首须过好古文、外语两关，教授须是第一流学者。辜鸿铭（汤生）虽然有些怪癖，但淹贯中西，就是唐先生亲自礼聘的教授之一。唐先生为什么移居无锡要创办国专呢？是他愤慨北洋军阀的祸国殃民、国将不国。时代和阶级的局限，唐先生当然不可能成为共产党人的，但毕竟是爱国爱民的，一个旧式学者文人在当时要救国培养人才，那只有私人办学了。他说："吾国情势危殆，百姓困苦已极。此时为学，当以正人心，救民命为唯一主旨。务望诸生勉力为圣贤、为豪杰，其次亦当为乡党自好之士，预储地方自治之才。""他日救吾国，救吾民，是区区平日之志愿也。"（见自订《茹经年谱》）这就是他创办无锡国专的目的和动机。因此，在饭厅里悬挂明代抗志不屈的杨椒山（继盛）的联语"铁肩担道义，辣手著文章"，希望学生在用膳时思忖着。同时他即以创建南洋大学的务实精神，用之于国专。

首先，唐先生认为学生的质量，系于教师的水平，故培育人才，端赖名师。早期几届除亲自授教全部经学课外，所聘教授不多，但均系著名学者文人。像清末民初鼎鼎大名的陈石遗（衍）先生长期主讲《通鉴》和诗学等课。他莅校之前，已撰有《石遗室诗话》《近代诗钞》《诗话》《元诗纪事》等，一时远播扶桑，为日本著名文学家神田喜一郎等击节赞赏。莅校后，他讲《通鉴》，熟到胡三省的注能背出，分析颇有条理；同时以渊博深湛的知识，阐发历代诗歌的真髓，一经启迪点拨，如坐春风化雨之中。那时陈衍住在苏州，每星期五来无锡讲课，星期一返苏州。每课时的代价是大洋二十元（约合白米三百斤），这样高昂的钟点费，超过全国任何一个名教授。可是区区的私立无锡国专却是不惜工本的。当时名师，还有金松岑、李详（审言，文选专家）、孙德谦、钱基博、顾实、陈柱、朱文熊（叔子，著《庄子新义》)，等等。

同时敦请学者专家作专题讲座。当时章太炎先生在苏州，经常来国专讲学。章先生一口余杭土话，又是烟卷不离口，讲时详征博引，很不易懂。幸有随从弟子作快速板书和记录（记录即印发)，才解决了一些听众的困难。不少专家的讲座，开拓了同学的视野。

四十年代，唐先生已屈耄耋，实际上的校务是由王蘧常先生一人仔肩，面对经费支绌，困难丛集，始终是殚精竭思地考虑如何办好学校。先后延请了许多热心教育，而又是卓然成家的学者，如周谷城（中国通史）、王蘧常（诸子概论）、周予同（经学通论）、蔡尚思（中国思想史）、钱萼孙（诗学研究）、胡士莹（词学研究）、王佩诤（曲学研究和版本目录）、朱东润（历代文选）、唐庆诒（中西文艺批评）、郝昺衡（中国文学史）、胡曲园（中国通史、逻辑学）、徐震（三礼研究）、鲍鼎（甲金文研究）、张世禄（音韵学）、朱大可（基本文选，经学概论）以及赵泉澄、蒋祖诒、吴丕绩、葛绥成、许国璋、金德建等在学术上均有成就。而年近八旬的唐先生仍然亲临第一线，执教论孟研究、周易研究等课。学生们惊讶他的记忆力，四书五经的注疏都背诵如流，分析义理，头头是道，由陆景周板书。

为了开拓学生的学习园地，举办课外讲座，除唐先生讲授传统古文读法外，还请了吕思勉、郭绍虞等教授作文史方面的专题讲演，一时听者如归，座无虚席。

无锡国专对学生的要求是颇为严格的，招生"少而精"，学习则"由博返约""循序渐进"。因此，学生的入学必须择优录取，唐先生认为笔试固然能衡量学业水平，但还有偶而的侥幸，而口试随问答而变异，不受试题的局限，学生的程度也就昭彰了。他任南洋大学校长时，每届招新生，都要经他亲身口试，以定去取。国专招生时，口试尤为严格，这是重要的一关，往往花了很长时间，唐先生是不肯苟且的（学校迁沪后就不举行了）。口试问题很广泛，一般先问考生读过哪些文史哲类的专著，回答后就要问内容了，回答内容后，就要你论述对某书的心得体会及其优劣，往往"打破砂锅问到底"，直至考生词穷而止。

唐先生在五十五岁那年眼瞎，只能依靠听觉来了解一切，每天有专人替他口诵典籍、书报，作为程课，但他听觉特别敏锐，任何冗长的文章，一经读出，便能完全领会。晚年以卖文为生，江南士宦名流的"寿序""行状""墓志"等多出其手，就是由他朗诵腹稿，而旁人录出的。对学生，他认为读和写的训练很重要。学生的作文必经其耳，细心聆听后，即指出某句应如何改易、整个谋篇如何，由旁人记录，批在作文卷上，并叫学生仔细体会怎样写好文章。为什么国专出来的学生，一般还能写写文章，这和唐先生的熏陶有关。年高身残，行履维艰，但是他每天上午七时必临校办公，风雨无间，经常由人搀扶着到教室、饭厅、宿舍了解学生情况。据金易占的回忆："国专的饭厅秩序是比较突出的，几百人在一个饭厅里进膳，从来没有人小声讲过话。"每星期一的"纪念周会"，校长是必对全体学生讲话的，内容不外勉励学生如何进德修业，但他很懂得学生心理，讲话扼要中肯，为时最多不超过二十分钟，学生也就不感到厌烦了。国专在学业上对学生的要求是严格的，但在生活上却不甚干涉，可说管理颇松，出入自在。在唐先生言教身教下，有些学生不免迂阔，但放荡胡闹的行径，似乎很少。

无锡国专有办学十六字诀："熟读精审，循序渐进，虚心涵咏，切己体察。"因此它的课程设置，除必修课和当时一般大学的中国文学系一样外，在抗战前，选修课分义理、词章、考据三大类，读的都是专著，其中又分经、史、子、集。至于什么概要、通论、概论之类是摒弃的。

学生必须贯通经、史、子、集中的某一专著，熟读深思作为基础；并重视毕业论文，学生修业的最后一学期，由教师指导撰写毕业论文，以论文的优劣，品定毕业的名次。

在读的双基训练方面，每一国专学生至少能背诵长篇古文五六百篇。唐先生为此传授了吴挚甫"古文四象"（太阴、太阳、少阴、少阳）的传统朗读法，特别指出通过朗读可提高沉浸词章的乐趣，收到融会贯通、消化吸收的效果；还循循善诱地引导，反复熟读顺诵像贾谊《过秦论》晁错《论贵粟疏》、诸葛亮《前出师表》等气势磅礴、纵横捭阖的文章，对今后写论文是有所裨益的。因此，同学大都懂得在抑扬顿挫、缓急轻重的声调节奏中，玩味文章的起承转合、措辞构思之妙。不论早晚，国专教室内外，总是一片琅琅书声。其次，除要求能背能写各种体裁文章外，还要吟诵历代诗词名篇，辨清四声及阴阳清浊，从而能赋诗填词。这样的"书塾式"的读书方法，无视于死记硬背的讥诮，形成国专自己的学风，环顾当时文科大学，确是罕见的。

"学林探索贵涉远，无人迹处有奇观。"毕业前，很多学生懂得写毕业论文，搞学术研究，不能依赖第二手材料，不能沿袭别人的研究成果，不能拾人牙慧。而要立志探索学林，有所创见，虽不能"戛戛独造"，但是至少运用第一手资料，言之成理，持之有故。国专藏书不多，约五万册，其中有元、明善本三千册左右，每天课余时间，图书馆总是人满为患的。约计从一九二五年学生会创刊《国专月刊》至抗战后停刊。每学期一卷（五册），全年两卷（十册），共出版了八卷左右，刊载的都是师生学术性的文章。国专在经费支绌的情况下，截至抗战军兴，我们回忆凡出版了《通鉴纪事本末书后》《孟子概述》《史汉文章研究法》《礼记大义》《十三经提纲》《周易消息》《庄子新义》《老子通证》《名家五种校读记》《文心雕龙校读记》《文史通义注》《尚书大义》《性理学大义》《石遗室论文》等专著。

唐文治、王蘧常两先生指导学习，提倡的是厚植基础，"由博返约"，即扎扎实实打基础，博览专精拓津途。相反，决不趋时髦，不尚空谈，不抄捷径，不怕异议。无锡国专在当时是属于文科大专性质的学校，但在全国范围内看，却是有些不同于众之处。一九三一年冬，国际联合会教育科（相当于今国际科教文组织）的唐克尔·培根到我国考察教育情况，考察了无锡国专后说："我们来中国看过很多学校，读的是洋装书，用的是洋笔，充满洋气。这里才看到纯粹中国化的学校，才看到线装书和毛笔杆，并希望这所继承中国文化的学校能够发扬光大。"以我国文化之悠久，幅员之广大，人口之众多，有这么一所少数人啃古书，从事研讨传承"绝学"的学校，也是无可厚非的。何况它对学生厚植基础、因材施教等措施，也还是多少年来从实践中获得证明，行之有效的治学途径啊！

国专在沪复校后，王先生更善谋远虑，除因袭唐先生教学方针外，还增添了一些课程，不受当时教育部颁布设置的束缚，订出一套设置方案，除必须通读一些经史子集的重要原著外，还要求学生掌握文字、训诂、声韵、版本、目录、古书校雠学的知识和技能，为将来能独立研究，探讨学术积聚基本条件。

这些要求于学生的若干措施，在培养文史领域方面人才来看，至今是否还有借鉴的意义，值得深思。

· 三 ·

国专开办至结束，为时仅三十年，校友约一千七八百人，人数不为多，却是"江山代有才人出"，囿于所知，略举数例：早期的校友不多，但探讨学术、驰名中外的，如王瑗仲（蘧常）的诸子、群经研究，钱仲联（萼孙）的诗词骈文研究，兼工赋诗，有"江南二仲"之称。瑗仲先生所撰《严几道年谱》和诗集《抗兵集》，曾为学林转相称引。最近法国卡里诺夫斯基博士来中国，执贽于王先生之门，学阴阳五行之说。唐兰的古文字研究论著，为世界各国普遍译印。吴其昌的考古学撰述，亦远播海外，推为一代巨擘。毕寿颐邃于经学、段氏说文，有《度帆楼文集》，识者推为乾嘉学者，允无多让。余如两汉书专家蒋庭曜、楚辞专家蒋天枢、《星预诗钞》作者朱星预、史学家魏建猷，等等，都是早期校友，他们学术造诣，在此不一一列举了。

四十年代前后，同样是"不拘一格降人才"。至今当教授、研究员、编审、特级教师的更仆难数，略举数例以明之。

马茂元的唐诗研究，卓有成绩。周振甫的诗文评述和古籍整理，腾誉士林。鲍正鹄致力于文史和图书馆学，成绩斐然。冯其庸的"红学"研究，著述宏富，独到之见，为国际学者所推崇。汤志钧对近代史和经学史的探索，赢得学林的佳评。徐兴业娴熟宋史，近撰《金瓯缺》二百二十万言，推为历史小说中的翘首。陈祥耀致力于古典文学，颇具灼见。朱星的《金瓶梅考证》，蹊径独辟。江辛眉于修辞、校雠之学，造诣颇深。他和沈熙泉、李孟矞、严古津的诗学研究与创作以及吴雯的词作，具见才思。再如杨康年、王绍曾的擅长版本目录、兼精史学，陆成侯的潜研辛弃疾和明史，陆以鸿的科学译著，翁闿运的金石、书学，周坚白的书画，周慧珺的书法，均见称于世。在中学语文教学研究上，作出优异成绩，并有著述传世的如唐尧夫、沈蘅仲、张挶之、何以聪、姜烈、许威汉等等，不再赘述。至于中学特级教师中，国专校友也占了一定比例。国专历届校友散在大江南北，大多是献身于文史方面的研究工作，并有所成就。笔者知见有限，只能聊举数例，目的是想提出一个问题：即这些人才的出现，是否与国专办学方法有关？

## ·四·

际兹四害荡涤，海宇廓清，为进一步提高整个中华民族的科学文化、繁荣学术，必须办好文科大学，举国上下，已形成同一呼声。党中央重视百年大计，寓意深远。我们认为如何切实办好，除集思广益，擘画新路外，对类似国专那样旧学校办学的点滴经验，不无借鉴之处。诸如从低年级起，狠抓朗读背诵，倡导读原著，广涉猎。从高年级开始，重在引导学生根据平时爱好和专攻，进而向文史领域中的一个方面,集中探索,有所突破。这无疑是一条国专培育人才的途径,是耶非耶,有待大家畅抒己见。不妨把当前办文科的设想和课程设置,与之较论得失,权衡轻重,有助于切实解决文科多出快出人才的问题,全面有效地订出办好文科的具体措施。

"乘风破浪会有时,直挂云帆济沧海",深信今天专攻文科的同学们,在此呼吁改革文科体制声中,瞻望不远的将来,一定能为祖国辉煌灿烂的文史园地,盛放出万紫千红的奇卉异葩,开拓出前所未有的风光旖旎的百花园!

## 祝文白 1884—1968

字廉先,浙江衢州人。抗日战争期间任浙江大学中文系教授,随学校迁至贵州遵义,与苏步青、郑宗海等教授组织湄潭吟社,出刊诗集。一九四九年后,仍任浙江大学教授,后任浙江文史研究馆馆员。

## 抗战期间的浙江大学　文/祝文白

一九二七年,我受民国大学之聘往北京,同时应燕京大学校长吴雷川先生之约,兼任燕大国文系讲师。两年后,燕大任课较多,城郊往返不便,辞去民大,移寓海淀朗润园,专任燕大教授。一九三一年,"九一八"事变发生,北方局势骤改,日人之在北京者,趾高气扬,横行无忌,使人闻见皆非,渐萌南归之念。适一九三六年,竺可桢先生掌浙大,邀我返浙,遂忻然南下。不意未及一年,发生"七七"事变。浙大旋奉部令迁校,遂随校播迁,周流西南五省，历九年之久。兹略述浙大在此九年中之经过情形如后。

自一九三七年卢沟桥事变发生，不久淞沪战起，杭城情势日急，风声鹤唳，一夕数惊。而浙大镇定如常，仍按学历于九月十日开学上课。特以一年级人数较多，选定天目山，为新生设一分校，以朱庭祜先生为主任。浙大规定国文为一年级生必修课目；竺校长尤重视学生之基本国文，曾商请我兼一年级国文主任，于开学前，移寓天目山。山在于潜县北四十华里。此山有两高峰，峰顶各有一池，因名天目。山中风景极佳，尤以九、十月间之云海，变化万状，最为奇观。彼时天目山已被辟为风景区，有汽车公路，自杭州至山麓，历时两点三十分钟，即可到达。

浙大借天目山禅源寺为校舍，山门上有"天目灵山"四大字。寺内建筑宏伟，重楼杰阁，气象庄严，诚为东南一大古刹。寺后胜迹尤多，新生就学于此，朝夕游眺，畅心悦目，诚为不可多得之机会。不意甫经三阅月，敌寇更自全公亭登陆，凶锋内向，杭城大震，浙大遂决定全校集中建德，所有在杭之二、三、四年级学生，自十一月十一日起，分三批动身，每晚出发一批，至江干登轮船，开往建德。同时在天目山之一年级生，亦下山经于潜、分水、桐庐以达建德。时敌寇已陷吴兴，南窜安吉、孝丰，直拊天目山之背。即使无集中建德之计划，亦难久居于此焉。

浙大师生，全部抵建德后，借用林场、天主堂、孔庙等处房屋，略加修葺，即行上课。同时派人往江西吉安、泰和等处，筹备校舍。至十二月，杭州失陷，富阳旋告不守，时在建德上课月余，匆匆结束，分批入赣，各推教授领队，并于兰溪、金华、衢县、南昌、樟树、吉安各设招待站。乃刚到金华，适遇敌机大轰炸，浙赣铁路客车停开，顿觉进退维谷。旋经会议决定，分水陆两路前进，至江西玉山会合，途次虽备尝艰苦，幸一周以内，俱安抵玉山，遂改乘火车到樟树，又由樟树乘汽车到吉安。彼时正值寒假期内，利用吉安中学及乡村师范校舍，上课两周，举行考试，以结束本学期学业。逗留两月，复迁泰和，设临时校址于上田村，借用大原书院、华阳书院、老村、新村四处房屋，大半是著姓萧氏旧宅，颇有池沼园林之胜。浙大师生在此安居，借以恢复长途之疲劳，弥补旷废之学业。至一九三八年九月，凡八阅月，九江沦陷，全赣震动，浙大决定经湘入桂，迁广西之宜山，由校车分批运送，至十月底，师生均已到齐。宜山县城，虽不甚大，而街市整洁。浙大校舍，以文庙标营为中心，又在标营新建草棚，作临时教室，师生于此，安心教学者，计一年又两阅月之久。自离杭后，沿途滞迹，以此地为最久，而所受惊险及损失，亦以此地为最重。先是上海电台广播：浙大抗日分子工作太多，应消灭它。果然，一九三九年二月五日，敌人用十八架飞机，来浙大上空，环行四匝，轰炸三次，标营校舍，计落下爆炸燃烧弹一百二十一枚，彼时标营二、三、四年级宿舍，有寄居学生三百三十有九人，又新建教室二十二座，大半皆在此上课。警报既发，师生奔避荒岩丛冢中，而轰炸数四，巨声震天，东宿舍着弹起火，体育课诸教师，俟机声稍息，率诸生扑救，及敌机复至，又走避。旋视前避匿处，则皆烟尘弥漫，已成巨穴。当地居民死者数十人，学生中幸无一人死伤。又是年九月十五日，敌机八架，又来宜山轰炸，有一部分校舍被震毁，物理实验室尤甚，损失仪器多件，约值十二万元，除此两次外，敌机虽不时来投弹，幸为害不大。

一九三九年十一月，南宁沦陷，宜山警报，朝夕不绝；浙大又被迫北迁。翌年二月，校本部移驻贵州遵义。遵义为贵州第二大城市，物产丰富，交通便利，是黔省北方重镇。浙大在老城新城，共租赁十八处房屋并新建一所规模宏伟，跨越城墙之工场实验室。为久居计，尚嫌局促，不敷展布；遂一面恢复上课，一面往湄潭经营新校址。同时在贵州青岩，暂设一年级分校，以彭百川先生为主任。我抵青岩不久即衔教育部命，于六月、九月间，两

1939年浙大师生在宜山小龙洲野餐  图 / FOTOE

度往贵阳，查看文澜阁《四库全书》，及竣事回青岩，又准备迁移分校于永兴场。十月十八日，一年级开始在永兴入学，注册上课。彼时在湄潭之校址已借用文庙为办公室，又修葺城内外之祠堂庙宇，为各学系之办公室及研究室，更在北门外建筑宿舍、膳厅、操场、游泳池，于东门外开辟广大农场。旋经校务会议决定：以文学院、工学院设在遵义；以理学院、农学院设在湄潭，旋又增设师范学院。国文向为一年级必修科。嗣因新生国文，类多根基浅薄，改为两年必修，一年级仍住永兴，二年级则移居湄潭，我又由永返湄。当时浙大除本部驻遵义外，于湄潭、永兴各设一分校。从此布置粗定，应有尽有，教者学者，得能埋头努力，安心工作，成绩遂逐年进展。其最足以鼓舞人心，激励士气者，实由于当时竺校长拟定"求是"二字为本校校训。回忆浙大同学会印行第四期会刊时，向我征文，曾写《浙江大学之回顾》一文，中有一段文字，颇足以阐明此点，兹摘录如下：

……综计此三年之中，周流五省，间关万里，当局之焦神苦思，师生之流离颠沛，虽历尽险阻艰难，而仍不稍馁其教学之志。不特庋藏依然，弦歌不辍，抑且规模弥广，造就弥宏，良以创办求是之动机，实缘中日甲午之一役,固将赖以陶铸群材,恢宏学术,储国力,雪国耻,靖诸夏而戢寇氛,举于是乎在。故虽处播迁之中,犹倦倦不忘揖"求是"以为校训,是足觇浙大精神之所寄,凡我新旧校友,允宜共喻而力行之者也。

上文所称"规模弥广,造就弥宏",确非过语,自有其不可磨灭之事实。回溯浙大离杭西迁时,只有三学院,十一学系,更无所谓研究所、研究室,学生亦不过八百人。一九三八年,在宜山时,增设师范学院。一九三九年,分文理学院为文学院与理学院。旋又添设文科研究所史地学部,理科研究所数学部,及史地教育研究室。同时于浙东之龙泉,设立浙东分校,专收一年级生,以便利两浙高中毕业生之升学。一九四一年秋,增设工科研究所化学工程部。一九四二年秋,增设理科研究所生物学部,及农科研究所农业经济学部。当时全校学生,合计有二千五百余人,较在杭时,增多两倍有奇。

浙大历年来之行政组织,在校长办公室之下,设有教务、总务、训导三处,一会计室,此时悉仍其旧。至于学制组织,较昔繁复多矣。兹就复员前一年,在贵州时,所有各院系,各研究所,研究室之名称及其负责人,列表如下:

一、文学院院长梅光迪

1. 中国文学系主任郭秉龢
2. 外国文学系主任佘坤珊
3. 史地学系主任张其昀

二、理学院院长胡刚复

1. 数学系主任苏步青
2. 物理学系主任何增禄
3. 化学系主任卢嘉锡
4. 生物学系主任贝时璋

三、工学院院长王国松

1. 电机工程学系主任王国松
2. 化学工程学系主任李寿恒
3. 土木工程学系主任吴钟伟
4. 机械工程学系主任易修吟
5. 航空工程学系主任范绪箕
6. 电机实验室主任俞国顺
7. 化工工场主任邓颂九
8. 机械工场主任岳劼毅

四、农学院院长卢守耕

1. 农艺学系主任萧辅
2. 园艺学系主任吴耕民

3. 农业化学系主任罗登义
4. 植物病虫害学系主任陈鸿逵
5. 蚕桑学系主任祝汝佐
6. 农业经济学系主任雷男
7. 农场主任丁振麟
8. 园艺场主任章恢志

五、师范学院院长王琎
1. 教育学系主任郑宗海
2. 国文学系主任郑奠
3. 史地学系主任李絜非
4. 英语学系主任佘坤珊
5. 数学系主任苏步青
6. 理化学系主任朱正元

六、研究所
1. 史地研究所主任张其昀
2. 数学研究所主任苏步青
3. 生物研究所主任贝时璋
4. 化学工程研究所主任李寿恒
5. 农业经济研究所主任雷男

七、史地教育研究室张其昀

综计浙大自一九四〇年入黔以后，至一九四六年返浙以前，在此六年之中，每学期皆能按学历进行，每日按时上课，不若在宜山以前，忽作忽辍，甚至因避警报，日间停课，入夜补课；且学院学系，逐年扩充，发荣滋长，致有长足之进步。而师生教学之勤奋，尤为地方人士所乐道。浙大一九四七年一期校刊中，有如此一段记载：

浙大将复员时，遵义士绅，先后为浙大饯行。某次饯筵上，有一位八十三岁的老翁说："浙大的学风太好了，先生、学生只在图书馆和实验室，埋头工作，偶然看见岩上城墙边的浙大学生，总是手里拿着一本书，不是朗读，就是默念。遵义青年，向来不大用功，现在受了这种风气的陶熔，连我最顽皮贪玩的小孙子，也在整天读书了。"

以上所举，特其一例而已。实际凡是浙大驻留较久之地，如泰和、宜山、永兴、湄潭等处，社会各方面对浙大咸有好评。

（一九六九年三月）

# 过去的学生

第三辑

每逢提起燕大的学生生活,我总会想起校训"因真理得自由以服务"及校歌歌词中的两句:"踊跃奋进,采求真理,自由生活丰"。求真理、得自由,是人生目的与意义;服务人群是人生使命,更是本校的宗旨与精神。

(李素)

西南联大文学院教授,多是好学深思之士。教授来自三校,各具不同学派的观点,历史上百家杂陈的局面,又在联大复现。教授们各就所长与爱好开课,其特点是学术自由空气的浓厚、课程名目繁多,有宁坐三年牢不愿看一句新词的卫道之士,也有决心改革中国文化的进步学者,而且各有自己的体系。

(李钟湘)

我在北洋大学读书的时间不长,但对它却有着深厚的感情。回忆六十年前的往事,恍如昨日。西沽桃花堤,风景宜人,是天津八景之一。沿着曲折的北运河堤岸,春日的桃红柳绿,吸引了多少游人。

(张含英)

# 蔡元培时代的北京大学[1]　文/罗家伦

以一个大学来转移一时代学术或社会的风气，进而影响到整个国家的青年思想，恐怕要算蔡孑民时代的北京大学。北京大学现在（按：此指一九三一年）已经有三十二年的历史，最初是京师大学堂，里面分进士馆、史学馆、医学馆等，无一馆的学生不是官气十足的。据最初一班的人说：差不多一个学生要用一个听差，上课的时候，有听差来通知"老爷上课了！"于是这些学生老爷，才由鸦片床上爬起来，睡眼蒙眬地带着一个听差到课堂去。医学馆比较多些洋气，但是和进士馆也不过是五十步与百步之差别而已。等到辛亥革命以后，称为国立北京大学，最初一些做过初期校长的人，对于这个学校，也没有什么改革，到了袁世凯时代，由胡仁源代理校长，胡仁源为人，一切都是不足道，但是听说当时不曾列名于筹安会，上劝进

---

[1] 本文由罗家伦口述，马星野笔记，文末原注："二十年（1931）八月廿六日晚上整理毕于北太平洋舟中。"

表，倒也算是庸中佼佼者。蔡子民做北京大学校长这件事，是范源濂发动的，因为他对于蔡子民极其推重，同时国民党的人，分为两派，一派是赞成蔡去一派是反对蔡去的。直到五四运动以后，反对派之态度才改变过来。

蔡到北大的一年，适巧是我去进北大的一年，当时的情形，可以说是暮气沉沉，真是腐败极了。教员之中，没有一点学术兴趣的表现。学生在各部挂名兼差的很多，而且逛窑子个个都是健将，所以当时北京窑子里有两院一堂之称（两院者参议院众议院，一堂者京师大学堂也）。当时蔡初去时，本科分为四科，有四个学长，蔡接事后，重聘四科的学长——文科学长陈独秀、理科学长夏元瑮、法科学长王建祖、工科学长温宗宇。并决定工科按期结束以后，并入北洋大学而将北洋大学法科并入北大。这件事自然引起工科中很多反对，只是教员也很不高兴。文科方面，则生气较多，胡适之是新从美国回来，章行严（士钊）也到学堂来教几点钟逻辑。国文方面，则蔡挑了一批章太炎的学生如黄侃（季刚）、钱玄同、沈兼士、沈尹默、朱希祖，更有一位经学大师刘师培，和一位两足书柜陈汉章。还有一位刘半农，本来是在上海做无聊小说的，后来陈独秀请他到预科教国文。当时大家很看他不上，不过慢慢地他也走上正路了。英文方面，则有辜鸿铭，担任外国诗，从前有几个英国人——英国下等流氓——在里面教英文，蔡到以后，一气把他们辞退了，这件事闹到英国公使馆出来干涉，而蔡不为之动，所以把无聊的外国教员肃清一下，但是以后所添的外国教员，也并不高明，除了一位地质系的葛利普是一位特出的学者，替中国在地质学上打下一个很坚固的基础。理科方面，则有秦汾、何育杰、王烈（霖之）、王星拱一般人。法科则以官僚任教为多，如余棨昌、张孝簃等都是大理院厅长一流的官。法科一直等到民国九年下半年王世杰、周鲠生等加入北京大学以后才日见起色。最初实在没有什么大的整顿。所谓文化运动的出发点，还是文科。我方才说过，文科的人物，很有趣味，因为蔡对于聘请教授是主张兼容并包的，凡是一种学说苟能言之成理持之有故，只要在学术上是说得过去的，他总让他在大学中有机会去发展。所以拖辫子复辟的辜鸿铭，筹安六君子的刘师培，以至于主张急进的陈独秀，都能熔化在一炉，而北京大学遂有百派争鸣之势（蔡之取兼容并包主义，有时候也有太过度的地方。从前有一位刘少少，做了一部"新改老"，可笑极了，蔡先生也让他在北大开一门功课，可笑得很）。各派之中，势力最大，而且最易号召者便是所谓新旧文学两派，当陈独秀没有进北京大学以前，他就在上海亚东书局办了一个杂志叫作《青年》，胡适之不过是一个投稿的人，而易白沙这些人，都是这个杂志的主干，胡适之发表《改良文学刍议》一文，以八事相号召，此文发表以后，陈独秀就做了一篇《文学革命论》，其主张较胡适之更为激烈，故"文学革命"四字乃是陈独秀提出来的。胡适之接上又做了一篇《建设文学革命论》。因为胡适之本来于"革命"二字，有点害怕，所以于文学革命之前面，戴了一个"建设"的帽子。胡适之初到北京大学，我曾去看他，他的胆子还是很小，对一般旧教员的态度还是十分谦恭，后来因为他主张改良文学，而陈独秀、钱玄同等更变本加厉，大吹大擂，于是胡之气焰因而大盛，这里仿佛有点群众心理的作用在内。当时陈独秀提出文学革命的时候，大家已经吓得目瞪口呆了，而钱玄同更加提出废除汉字的主张，所以许多人更目之为怪诞。他们因为要找一个反对的人做骂的对象，所以钱玄同便写一封假名的信，用"王敬轩"的假名字，这封信是特地用旧派口吻，反对文学革命的，当时刘半农就做了一篇什么连刁刘氏鲜灵芝都包括进去的一封复信，狗血喷头地把这位钱玄同先生的化身王敬轩骂一顿。这封信措辞轻薄，惹引了不少的反感。后来新青年社中人，亦甚感懊丧。刘半农还有一篇《作揖主义》也是同样的轻薄口吻的文字，所以大家都看得不大起。当时新青年社是由六个人轮流编辑的,陈独秀笔锋很厉,主张十分尖刻,思想很快而且好作惊人之语。他的毛病是聪明远过于学问,所以只宜于做批评社会的文字而不宜于做学术研究的文字。胡适之在当时还是小心翼翼的,他回国第一年的工夫,拼命地在写着他的《中国哲学史》上卷,他自己亲手抄了两道,的确下过一番苦功。(但是这是依他在美国的博士论文《先秦名学史》作骨干而以中文写成的,所以写起来比较快,一年就完事了。)当时他所做的《建设文学革命论》很引起大家的同情,他做了一些似词非词似诗非诗的所谓白话诗,虽然失之于浅薄,但是在过渡的时代里是很适合于一般人口味的。钱玄同本来是一个研究音韵学的人,是章太炎的学生,是自己主张白话却是满口说文言的人,是于新知识所得很少却是满口说新东西的人,所以大家常说他有神经病,因为他也是一个精神恍惚好说大话的人。他的哥哥钱恂,做过意大利公使的,钱玄同很怕他的哥哥,他在外面一向主张很激的人,然而见到了哥哥却一点也不激烈了。他当时主张废姓主张废汉字,因此大家更觉得这种主张可怕,而更觉得钱玄同是同疯子一样。沈尹默也是一个编辑,但是他是很深沉而喜治红老之学(《红楼梦》与《道德经》)的人,手持一把羽扇,大有谋士的态度。北京大学许多纵横捭阖的事体,都是他经手的。他不做文章,也不会做,但是因为他常做白话诗,而胡适之赞赏他的诗做得好,所以也就成为《新青年》六编辑之一。更有一位莫名其妙的,便是陶孟和,陶是英国的留学生,他外国书看得很多,是一位很好的读书顾问,但是他的中国文字太坏了,而且他读书不若胡适能得简,且没有综括之能力,做出来的文章非常笨(以后他还出了一部《孟和文存》,真是可笑之至);但是因为能够谈什么社会问题、家庭制度等等,所以他也成为一位编辑了。第六位编辑是刘半农,他的地位和工作,我以前已经说过一点了,当时大家对于他很不重视,乃是一种实在情形。以后北京大学派他到法国研究音韵学对于他乃是一种很大的帮助。《新青年》除了六位编辑以外,更有许多投稿的人,如李大钊,是当时北京大学图书馆主任,他的文章写得很好,人也很朴素。周作人是极注意于写小品文字的,他"自己的园地"等一类稿件,都是那个时候写成的。鲁迅即周树人,乃是周作人的哥哥,当时在教育部做一个科长,还是蔡孑民做教育总长时代找他进部的。以后他宦隐于教育部者多年,这时候也出来打边鼓,做《狂人日记》《药》等很传诵一时的小说。至于旧派方面,刘师培在学问方面是公认为泰斗的,他赋性柔弱,对于此类问题不去计较。黄季刚则天天诗酒谩骂,在课堂里面不教书,只是骂人,尤其是对于钱玄同,开口便是说玄同是什么东西,他那种讲义不是抄着我的呢?他对于胡适之文学革命的主张,见人便提出来骂,他有时在课堂中大声地说:"胡适之说做白话文痛快,世界上哪里有痛快的事,金圣叹说过世界上最痛的事,莫过于砍头,世界上最快的事,莫过于饮酒。胡适之如果要痛快,可以去喝了酒再仰起颈子来给人砍掉。"这种村夫骂座的话,其中尖酸刻薄的地方很多,而一部分学生从而和之,以后遂成为国故派。还有一个人,读书很多,自命不凡并太息痛恨于新文学运动的,便是陈汉章。(陈汉章乃是前清一位举人,京师大学堂时代,本要请他来做教习,他因为自己没有得到翰林,听说京师大学堂毕业以后可得翰林,故不愿为教师而自愿为学生。他有一个兄弟,乃是一个进士。当年他兄弟中进士的时候,要在他家祠堂中央挂一个匾,他坚决地反对,他说你的匾不能挂在祠堂中央,中央地方要留给我中了翰林时候才可以挂的。哪知道他在当年十二月可以得翰林的,八月间便是辛亥革命,所以到了现在,他到祠堂里面尚不敢抬头仰视。)他所读的书确是很多,《十三经注疏》中三礼的白文和注疏,他都能个个字背出,他一上讲堂,便写黑板,写完以后一大篷(蓬)黑胡子变成白胡子了。他博闻强记而不能消化。有一次我问他中国的弹词起于何时?他说,我等一会儿再告诉你。我问他是上午九时，到十一时，接到他一封信，上面写了二十七条都是关于弹词起源的东西，但是没有一个结论，只是一篇材料的登记而已。他自负不凡，以为自己了不得，只有黄季刚、刘申叔还可以和他谈谈，这位先生也是当时北大一个特色。还有朱希祖、马叙伦等人，则游移于新旧之间，讲不到什么立场的。从新青年出来以后，学生方面，也有不少受到影响的，像傅斯年、顾颉刚等一流人，本来中国诗做得很好的，黄季刚等当年也很器重他们，但是后来都变了，所以黄季刚等因为他们倒旧派的戈，恨之刺骨（最近朱家骅要请傅斯年做中央大学文学院院长，黄季刚马上要辞职）。

当时我们除了读书以外实在有一种自由讨论的空气，在那时我们几个人比较读外国书的风气很盛，其中以傅斯年、汪敬熙和我三个人，尤其喜买外国书，大学的图书馆，对于新书的设备比以前也好些，大家见面时候，便讨论着自己所读的书籍而回去的时候便去看书或写信给日本凡善书社去定买外国书。除了早晚在宿舍里面常常争一个不平以外，还有两个地方是我们聚合的场所，一个是汉花园北大一院二层楼上国文教员休息室，如钱玄同等人，是时常在这个地方的。另外一个地方是一层楼的图书馆主任室（即李大钊的房子），这是一个另外的聚合场所。在这两个地方，无师生之别，也没有客气及礼节等一套，大家到来大家就辩，大家提出问题来大家互相问难。大约每天到了下午三时以后，这两个房间人是满的。所以当时大家称二层楼这个房子为群言堂（取群居终日言不及义语），而在房子中的多半是南方人。一层楼那座房子，则称之为饱无堂（取饱食终日无所用心语），而在这个房子中则以北方人为主体。（李大钊本人是北方人；按：饱食终日无所用心，是顾亭林批评北方人的；群居终日言不及义，是他批评南方人的话。）这两个房子里面，当时确是充满学术自由的空气。大家都是持一种处士横议的态度。谈天的时候，也没有时间的观念。有时候从饱无堂出来，走到群言堂，或者从群言堂出来走到饱无堂，总以讨论尽兴为止。饱无堂还有一种好处，因为李大钊是图书馆主任，所以每逢图书馆的新书到时，他们可以首先看到，而这些新书遂成为讨论之资料。当时的文学革命可以说是从这两个地方讨论出来的，对于旧社会制度和旧思想的搐击也产生于这两个地方。这两个地方的人物，虽然以教授为主体，但是也有许多学生时常光临，至于天天在那里的，恐怕只有我和傅孟真（斯年）两个人，因为我们的新潮社和饱无堂只隔着两个房间。当时学生界的思想也有一个剧烈的变动。最初的北大学生看外国书的很少，到了我们的时候,看外国书的便比较多起来了。傅孟真和我两个人,是每月都要向日本凡善株式会社(代收西书的书店)报效一点款子。傅孟真是抛弃了黄季刚要传章太炎的道统给他的资格,叛了他的老师来谈文学革命。他的中国文学,很有根柢,尤其是于六朝时代的文学,他从前最喜欢读李义山(商隐)的诗,后来骂李义山是妖,我说:当时你自己也高兴着李义山的时候呢?他回答说:那个时候我自己也是妖。傅孟真同房子的有顾颉刚。俞平伯、汪敬熙和我,都是他房间里的不速之客,天天要去,去了就争辩。还有一位狄君武(膺)是和傅孟真同房子的,但是他一天到晚咿咿唔唔在做中国小品文字,以斗方名士自命。大家群起而骂他,且当面骂他为"赤犬公"(因狄字为火及犬构成),他也无可如何。这虽然是一件小事,但是可见北大当时各种份子杂居一处的情形及大家有一种学术自由的空气。因为大家谈天的结果,并且因为不甚满意于《新青年》一部分的文章,当时大家便说:若是我们也来办一个杂志,一定可以和《新青年》抗衡,于是《新潮》杂志便应运而产生了。《新潮》的英文名字为 *The Renaissance*,也可以看见当时大家自命不凡的态度。这个杂志第一期出来以后,忽然大大的风行,初版只印一千份,不到十天要再版了,再版印了三千份,不到一个月又是三版了,三版又印了三千份。以后亚东书局拿去印成合订本又是三千份。以一部学生所做的杂志，陡然有这样大的销数，是出乎大家意料之外的。最初大家办这个杂志的时候，还抱着好玩的心理，等到社会看重了，销数一多，大家一方面有一种高兴的心理，一方面有一种害怕的心理，因为害怕，所以研究的空气愈加紧张，而《新潮》第二、三、四、五各期从客观方面看来，却比第一期要进步一些。当时负责编辑的是我和孟真两个，经理人是徐彦之和康白情两个，社员不过二十多人，其中有顾颉刚、汪敬熙、俞平伯、江绍原、王星拱、周作人、孙伏园、叶绍钧等几位。孟真当时喜欢谈哲学，谈人生观，他还做了几个古书新评，是很有趣味的；我着重于谈文学和思想问题，对于当时的出版界常常加以暴烈的批评。有些文字，现在看过去是太幼稚了，但是在当时于破坏方面的效力，确是有一点。比较起来，我那篇《什么是文学》在当时很有相当的影响，《驳胡先骕文学改良论》也很受当时的注意。颉刚的文字，多半是关于掊击旧家庭制度和旧社会制度，关于妇女问题，也有许多篇文章加以讨论，在当时大家以为是骇人听闻的话，有妇女人格问题一篇，主张女子应当有独立的人格。这篇东西，被江瀚看见了，拿去给徐世昌看，说是近代的青年思想至此，那还得了。于是徐世昌拿这本《新潮》交给傅增湘，傅示意于蔡子民，要他辞退了两个教员，开除了两个学生，就是当时所谓四凶，这两个是《新青年》的编辑，两个是《新潮》的编辑。蔡子民先生当时坚持不肯，他复林琴南的那一封信，不只是对林琴南说话，并且是对徐世昌而发的。林琴南的背后是徐树铮，也就是段祺瑞，是代表当时军人派之意见；而徐世昌也是所谓北洋文治派的领袖，当时北大同时受北洋文武两派之反对，其情形之危险也可想而知了。但是蔡子民这一封信得到了绝大舆论上之胜利，反而学术界对他非常敬仰，这真是蔡先生有道德勇气（Moral Courage）的地方。于是所谓新文化运动，到了这个时候，其势遂不可遏抑。还有一个《每周评论》，也是很值得注意的。这是陈独秀、李大钊和新潮社几个人合办的，是一个短小精悍的小报，不料这个刊物遂成为以后一切小报的祖宗，不过它的性质是完全谈文艺、谈思想和批评现实的政治社会问题的。这个杂志，当时有很大的影响，那时候进步党讨论系的《国民公敌》（蓝公武、孙洪伊为主笔）和研究系的《晨报》（蒲殿俊、张梓芳、陈博生为主笔）也先后在北京响应，在上海方面，则戴季陶奉中山先生的命令，办《星期评论》，同《每周评论》几乎是两个姊妹报纸。关于文学政治社会等问题也加以猛烈的批评。而上海的进步党所办的《时事新报》，也闻风景从，张东荪和张君劢等还办了一个《解放与改造》，虽然谈社会问题比较多些，却也是响应文学革命的刊物，自此以后所谓新文化运动似乎布满全国了。但是新文化运动之所以布满全国，中间还有两个政治运动在里面，第一个运动是比五四运动早一年，因为反对对日的参战借款和中日密约而起的。那时候还是冯国璋做总统，段祺瑞做内阁总理，这个反日运动，是从日本留学生发动的。我记得有一天晚上，两个留日学生的代表，其中一个叫阮湘，在北大西斋饭厅慷慨激昂的在演说，大家莫不义愤填膺，但终觉束手无策。最后我跑上讲堂对着大家说，这个事体，徒然气愤也没有用处，我们如果是有胆量的，明天便结队到新华门围总统府去，逼迫冯国璋取消成约，若是他用军警干涉，我们要抱有流血之决心。这句话出来以后，大家受了一个极大的刺激，当场表决，第二天去闯新华门。到了那时候，果然北大学生还同其他几校的学生，集合在新华门口，一直围到下午五点多钟大家才散。哪知道回来以后，蔡先生提出辞呈。蔡先生之辞职是会使北大发生根本危险的，这件事我们是很不愿意的。我自己是不愿意北大坍台，而顾颉刚反把我痛骂一顿。后来费了很大的力气，才叫冯国璋把蔡先生的辞呈退回，我们自己也去对蔡先生说，这件事体，完全是同学为着国家大问题而出此，不是不顾北大。经过了一再解释，蔡先生也就答应下来，这场风波也就结束。这是学生运动的第一次，也是学生反对帝国主义和军阀勾结而有所表示的第一次，这是五四运动的先声，然而这件事却很少有人提起（说句没出息的话，这也是民众请愿的第一次）。有了这件事做引子，再加上所谓新文化运动和文学革命，五四运动的产生，几乎是事有必至。自从这次请愿以后，北大有一部分学生，组织一个国民杂志社，其中重要的人物是易克嶷、段锡朋、许德珩、周长宪、孟寿椿等，当时，他们也要我加入这个组织，但是我对于这种比较狭义国家观的刊物不很热心，而且自己还要专心去办《新潮》，对于《国民杂志》，只算是一个赞助者吧。

《国民杂志》里面的人，多半是实行的人；新潮杂志社的人，多半是偏重于学术方面的人，所以五四运动发生以后，学生会里面组织分为七股，各股的主任几乎是国民杂志和新潮杂志二社的人平分的，这两个杂志，所以也可以说是五四运动的基础。

在此地附带说几句话以结束新文化运动的叙述。当时还有一派北大学生和教员办了一个杂志叫《国故》，其目的在于和《新潮》对抗的。这一派的主干，在教员之中，便是黄侃，学生之中，便是张煊（后来是张学良的机要秘书），他们关于文艺的理论，是非常薄弱的，其掊击新文学的地方，也不能自圆其说。其中登了许多文艺的文字，也多半是故国斜阳的吟呻而已。所以《国故》杂志出来，很不能引起各方面的注意和重视。而且有许多人很轻视它，办了不久也就停止了。毛子水在《新潮》上做了一篇《怎样用科学方法来研究国故》一文，倒惹起许多旧学家的称许。当时对于新文学的抵抗力不外三种，一种是林琴南派，一种是东南大学的胡先骕和他所办的《学衡》杂志，一种是北京大学内部的《国故》杂志。但是综合起来，抵抗力还是很薄弱的。

从整顿北京大学，改革课程内容，唤起青年对于自身人格的重视以至于产生文学革命和所谓新文化运动，对于社会的制度、固有的权威加以理性的批评和大胆的攻击，再至于产生五四运动为中国近代一般青年和民众直接参与国家问题和社会运动的开始，这一个大波澜虽然是种种时代的动量促成功的，但是当时蔡孑民时代的北京大学，是一切动力的发动机，是将来写这个时代历史的人不能不注意到的。

# 林语堂 1895—1976

原名和乐,后改玉堂,又改语堂,福建龙溪(现福建省漳州市平和县坂仔镇)人。一九一二年入上海圣约翰大学,毕业后在清华大学任教。一九一九年秋赴美入哈佛大学文学系,一九二二年获文学硕士学位。同年,转赴德国入莱比锡大学,专攻语言学。一九二三年获博士学位后回国,任北京大学教授、北京女子师范大学教务长和英文系主任。

## 圣约翰大学   文 / 林语堂

我很幸运能进圣约翰大学,那时圣约翰大学是公认学英文最好的地方。由于我刻苦用功,在圣大一年半的预备学校,我总算差不多把英文学通了,所以在大学一年级时,我被选为 ECHO 的编辑人而进入了这个刊物的编辑部。我学英文的秘诀就在钻研一本袖珍牛津英文字典上。这本英文字典,并不是把一个英文字的定义一连串排列出来,而是把一个字在一个句子里的各种用法举出来,所以表示意思的并不是那定义,而是那片语,而且与此字的同义字比较起来，表现得生动而精确，不但此也，而且把一个字独特的味道和本质也显示无遗了。一个英文字，或是一个英文片语的用法，我不弄清楚，决不放过去。这样"precarious"永远不会和"dangerous"相混乱。我对这个字心中就形成一个把握不牢可能失手滑掉的感觉，而且永不易忘记。这本字典最大的好处，是里面含有英国语文的精髓。我就从这本字典里学到了英文中精妙的片语。而且这本字典也不过占两双袜子的地方，不论我到何处去旅行，都随身携带。

当时学习英文的热情，持久不衰，对英文之热衷，如鹅鸭之趋水，对中文之研读，竟全部停止，中国之毛笔亦竟弃而不用了，而代之以自来水笔。此时以前，我已开始读袁了凡之《纲鉴易知录》。此时对中文之荒废，在我以后对中国风俗、神话、宗教做进一步之钻研时，却有一意外之影响，详情当于次章论及。在圣约翰大学，学生之中文可以累年不及格而无妨害，可照常毕业。

当时有一位中国教师，是老派的秀才，不知道如何上课。将近一百页的《民法》，他继续不断地读，然后解释，这样一点钟上大约十行，这样一本如此薄薄的书，就可以拖长讲上一学期，每点钟讲完那十行，便如坐禅沉思，向我们学生凝神注视，我们也同样向那位老先生望着。因为学生不能在完全真空中将头脑镇定静止,我们大都乘机带进别的书去偷看,借以消磨时间。我分明记得当时暗中看达尔文、赫克尔(Haeckel)的著作,还有张伯伦(William Howard Chamberlain)的《十九世纪之基础》(*Foundations of Nineteenth Century*),这本历史对教历史的教授的影响是很大的。那位老秀才有一次告诉我们可以坐汽车到美国,他于是成了学生们的笑柄。在民国十九年之后,圣约翰改成中国式的大学,里面的情形也就与前大不相同了。

诚然,圣约翰大学能举出优秀的毕业生如顾维钧、施肇基、颜惠庆等,他们都曾任驻美大使,但是就英文而论,圣约翰这个大学似乎是为上海培养造就洋行买办的。

一直等我进了哈佛大学,我才体会到在大学时代我所损失的是什么。圣约翰大学的图书馆有五千本书,其中三分之一是神学。我对这整个的图书馆,态度很认真,很细心,其中藏书的性质,我也知道,我在这方面是颇为人所称誉的。来到中国做传教士的洋人之中,有些好教授,如巴顿·麦克奈(Barton McNair)教授,还有一位瑞迈尔(Remer),学识都很好;还有一位美国布鲁克林口音很重的教授,因为对圣约翰大学极具热心,自动义务来教书。

校长卜舫济(F. L. Hawks Pott)博士,娶了一位中国的淑女为妻。他治事极具条理,据说他固定将一本长篇小说每周读一章，一年读毕。在他的图书室里，我看见一卷 Bradley 的著作。他有子三人。幼子后来为 Elmira 学院的院长。我永远不能忘记他在大会后每日早晨在校园的步行一周。在大会与全体祷告之后，带着他的黑口袋，由宿舍的合监陪同，他各处去察看，要在回到办公室之前，注意一下哪些事要做。我相信，伦敦伊顿学校校长安诺德博士对学校的理想，是认为学校是训练品格的地方，就好像天津南开大学校长张伯苓对学校的理想一样，安诺德博士他自己总是和学生一同做早晨的斋戒。现在中国好多有地位的领导人物是天津南开大学的毕业生。

我在圣约翰大学将近二年级时，学校又增加了一块私产，与原校产相接，有乔木，有草坪，极为美丽。我就在此美丽的环境中度过愉快的时光。倘若说圣约翰大学给我什么好处，那就是给了我健康的肺，我若上公立大学，是不会得到的。我学打网球，参加足球校队，是学校划船队的队长。我从夏威夷的男生根耐斯学打棒球，他教我投上弯球和下坠球。最出色的是，我创造了学校一英里赛跑的纪录，参加了远东运动会，只是离获胜还远得很。学校当局认为这种经验对我很有益处。我记得家父当时在上海，到运动场去看我，很不赞成我参加比赛，认为这与智能的比赛毫不相干。我从来没有为考试而填鸭死记。在中学和大学我都是毕业时考第二，因为当时同班有个笨蛋，他对教授所教的各种学科都看得十分正经。在大家拼命死记准备考试得高分时，我则去钓鱼消遣。因为圣约翰大学濒苏州河湾，所以可以去捉死鳗鱼、鲦鱼和其他小鱼，以此为乐而已。在二年级时，休业典礼上，我接连四次到讲台上去接受三种奖章，并因领导讲演队参加比赛获胜而接受银杯，当时全校轰动。邻近的女子大学圣玛丽大学的女生，一定相当震动。这与我的结婚是有关系的。

我曾经说过，因为我上教会学校，把国文忽略了。结果是中文弄得仅仅半通。圣约翰大学的毕业生大都如此。我一毕业，就到北京清华大学去。我当时就那样投身到中国的文化中心北京，您想象我的窘态吧。不仅是我的学问差，还有我的基督教教育性质的影响呢。我过去受限制不得看中国戏，其实大部分中国人都是从中国戏里得以知道中国历史上那些名人的。使巴勒斯坦的古都耶利哥城陷落的约书亚将军的号角，我都知道，我却不知道孟姜女的眼泪冲倒了一段万里长城。而我身为大学毕业生，还算是中国的知识分子，实在惭愧。

为了洗雪耻辱，我开始认真在中文上下功夫。首先，我看《红楼梦》，借此学北京话，因为《红楼梦》上的北京话还是无可比拟的杰作。袭人和晴雯说的语言之美，使多少想写白话的中国人感到脸上无光。

我该怎么办呢？我无法问别人杜诗评注的问题，因为好多拥有哲学博士的教授，或是电机系的教授，他们中国文学的知识之贫乏，和我是伯仲之间。我找到了卖旧书出名的琉璃厂，那条街上，一排一排的都是旧书铺。由于和书商闲谈，我发现了我在国学知识上的漏洞，中国学者所熟知的，我都不知道。与书商的随便攀谈，我觉得非常有趣，甚至惊异可喜。我们的对话比如："这儿又有一本王国维的著作《人间词话》。"其实我是生平头一次发现他的此一著作。又如："这儿又有一套《四库集录》。"后来，我也学会谈论书籍，甚至谈论古本了。

民国六年到民国七年，是中国的新文化运动期间，文学革命的风暴冲击到全中国，我是民国五年在圣大毕业的。中国那时思想上正在狂风急浪之中。胡适之博士在纽约已经开始提倡"文学革命"，陈独秀则领导对"孔家店"的毫不妥协的激烈攻击，攻击儒家思想如"寡妇守节不嫁"、"贞节"、两性标准、缠足、扶乩，等等。胡适向中国介绍自由诗，提倡用白话写新诗，易卜生剧本《傀儡家庭》，以及王尔德的唯美主义，萧伯纳的戏剧。他更进一步指出中国的落后，不仅在科学、工艺，而且在现代政治组织，甚至文学、戏剧、哲学。所有的青年学生都受到鼓舞。好像是吹来一阵清风。其实吴稚晖早已提出了警告，他说"把线装书扔入厕所里去"。周树人后来也随着说"所有中国的古书都有毒"。

胡适在民国七年回到北京时，我以清华大学教员的身份也在场欢迎他。他由意大利返国，当时引用荷兰神学家Eras Bmus 的话说："现在我们已然回来。一切要大有不同了。"我在北京的报上写文章，支持用白话写作，理由是欧洲各国文学在十五与十六世纪兴起时，都是用当时的白话，如意大利的但丁和包加邱都是。我的文章引起了胡适之注意，从那时起，我们一直是朋友。

茅 盾 1896—1981

原名沈德鸿,字雁冰。浙江嘉兴桐乡人。一九一三年考入北京大学预科第一类。预科毕业后,由于家庭经济的窘迫,便开始谋生。

# 报考北大前后 文/茅 盾

中学毕业后,摆在我面前的就是以后的求学问题。母亲早有个计划。外祖母给她的一千两(大约等于当时的银币一千五百元),自父亲逝世后存在本镇的钱庄上,至此时连本带息共约七千元之数。母亲把七千元分作两股,我和弟弟泽民各得其半,即三千五百元。因此,她认为我还可以再读书三年。中学毕业,当然要考大学。母亲本订阅上海《申报》,《申报》广告栏上登有上海及南京的大学或高等学校招生的广告,也登着北京大学在上海招考预科一年级新生的广告。母亲因为卢表叔此时在北京财政部工作，我若到北京，卢表叔会照顾我，因此，她就决定我去北京大学求学。七月下旬我到上海，住在堂房祖父开的山货行中（他是曾祖父八个兄弟中最小一个兄弟的儿子）。这时我才知道北京大学预科分第一类和第二类。第一类将来进本科的文、法、商三科，第二类将来进本科的理工科。报第一类的，只考国文与英文。我自知数学不行，就选择了第一类。

考试分两天，都在上午。第一个上午考国文，不是作一篇论文而是答几个问题。这些问题是中国的文学、学术的源流和发展。第二个上半天考英文，考题是造句、填空（即一句英语，中空数字，看你填的字是否合格，合格了也还有用字更恰当与更优美之别）、改错（即一句中故意有错字，看你是否能改正，或改得更好）、中译英、英译中。最后还有简单的口试。

考试完毕，堂房叔祖（可惜我记不起他的名字，只记得是个跛脚）留我多住一两天，派山货行的学徒陪我游了上海邑庙等。此时上海电力公司供电不足，电灯用户极少，堂叔祖的山货行用的是煤气灯。

我回家后，天天留心看《申报》。因为被录取者将在《申报》广告栏刊登姓名。等了约一个月，果然刊登出来了，却是沈德鸣，家里猜想"鸿""鸣"字形相近，故而错了。幸而不久，学校来了通知，这才知道我考上了北京大学预科第一类。

这是一九一三年夏。北京大学由京师大学改名为北京大学后第一次招收预科生，而且第一次到上海来招生，这对于长江以南各省中学毕业生想考北京大学者，是一大方便。

这年我虚岁十八，实岁十七。

四叔祖吉甫（即凯叔之父）在上海一大商人那里做家庭教师，实际上却代这大商人写同行中来往的信件，尤其是这个大商人巴结官府的禀帖。

四叔祖在上海遇到一家姓谢的，叙述家世，原来这姓谢的父亲也和曾祖父同在梧州做官，因而彼此间凭此世谊，往来亲密。四叔祖知道谢家一个儿子名唤砚谷的，也考取了北京大学预科，就约他和我同乘轮船到天津再转乘火车到北京。谢家十分愿意。四叔祖就写信通知母亲。母亲正愁我路上少伴，得信后十分高兴，并函四叔祖约定于七月中旬动身。

我届时到了上海，也住在四叔祖那里，等待谢砚谷。那个大商人知道我是去北京求学的，对我很客气，派人陪我到处玩玩。上次来考预科时，我曾住在堂房叔祖的山货行里,这次我又来了,理应拜见他老人家。

这样,热闹地过了两三天,然后同谢砚谷乘轮北上。在这两三天内,我跑遍了上海各书坊,无意中买到一部石印的《汉魏六朝百三名家集》。

在三日三夜的海程中,我与谢砚谷相处极熟。谢比我大两三岁,人情世故相当熟练。他见我经常翻阅那部百三名家集而感到诧异,我也为他朗诵的吴梅村的《圆圆曲》和樊樊山的《前彩云曲》与《后彩云曲》而感到同样惊异。"书不读秦汉以下"是我的教条,自然不知明末的吴梅村与晚清的樊樊山。我与谢砚谷恰好走了个反面。他是未尝读秦汉以上的书,我是未尝读元、明以后的书。这三日三夜的海程,成就了我和谢互相补课的机会,至少在我这方面是这样的。

我知道谢的姐夫在天津做官,谢也知道我有亲戚在天津海关工作,届时双方都会到码头接待我们。

船到天津码头时已是暮霭迷蒙,果然双方都来了,我和那个亲戚从没见过面,是祖父写信告诉他的。现在却由谢砚谷把我介绍给我的亲戚,彼此不免大笑。谢的姐夫说,开学日期还有四五天,不如在天津玩一两天再进京吧。

于是我住在亲戚家里,谢住在姐夫家里。第二天上午，我与亲戚到谢的姐夫家里闲谈。谢的姐夫问我："听说你有个表叔在财政部，是佥事呢，还是司长？"我答：不大明白。我的亲戚说：出去玩玩吧。但天津没有可供游玩的公园之类。路过一丛洋楼，谢的姐夫说：这是南开大学。中午到了，我的亲戚提议上馆子。谢的姐夫说有个馆子价廉物美，他常去，招待周到。我是一点酒都不能喝的，他们三人既醉且饱，我的亲戚同谢的姐夫争付酒饭钱，结果，二人平分。此时已近黄昏，我的亲戚提议听戏。我从没上过戏园，而且奇怪为什么在夜间演戏。谢的姐夫说：此间有日戏，也有夜戏，名角儿是黄昏后上台的。于是进了一个戏园，只见舞台前摆着二三十条狭而长的木板凳，已有人坐在那里，却是斜欠着身子，把耳朵对着舞台。后来知道南方人叫"看戏"，而北方人叫"听戏"，所以耳朵对着舞台。我们一行四人，也拣空位坐定。此时戏园中人声嘈杂，我的亲戚和谢的姐夫也在议论今晚的戏目，台上正演武打戏，锣鼓喧天，可是我竟坐在这窄条凳上睡着了。

第二天我和谢砚谷进京，火车在崇文门车站停下，卢桂芳（他是卢表叔的儿子，那时在北京读中学，他比我小几岁，大名树森，表字奉璋）带了两个男当差正等着呢。

卢表叔早知道我和谢砚谷作伴来京，料想行李必多，所以派了两个男当差。

桂芳表弟送我和谢砚谷到译学馆，这是两层楼的洋房，是预科新生的宿舍。课堂是新建的，大概有五六座，却是洋式平房，离宿舍不远。我问桂芳表弟，才知卢表叔任公债司司长，极忙。

谢砚谷上课两星期，他的姐夫通知他：南开大学也招新生。谢砚谷又去考了南开，也被录取，从此我和他就分别了。

当时北大预科第一类新生约二百多人，分四个课堂上课。每个课堂约有座位四十至五十。至于宿舍（译学馆），楼上楼下各两大间，每间约有床位十来个。学生都用蚊帐和书架把自己所居围成一个小房间。楼的四角，是形成小房间的最好地位，我到时已被人抢先占去了。现在记得，一个是毛子水，浙江江山人，另一个是胡哲谋，浙江宁波人，后来上课时才知道他是我的同班生而且同年。胡哲谋有个叔父在大学本科教数学，他希望胡哲谋也像他自己那样，成为数学家。但胡哲谋喜欢文科，他的叔父为之不悦，有"让他试一年再说"的话，这是胡哲谋自己告诉我的。

在沙滩，另有新造的简便宿舍，二三十排平房，纸糊顶篷，两人一间，甚小，除了两人相对的床位、书桌、书架之外，中间只容一人可过。取暖是靠煤球小炉，要自己生火；而译学馆宿舍则是装烟筒的洋式煤炉，有斋夫（校役）生火。

当时北京大学的校长是理科院长胡仁源（湖州人，留美）代理，预科主任是沈步洲（武进人，亦是留美的）。教授以洋人为多。中国教授陈汉章教本国历史，一个扬州人教本国地理，沈尹默教国文，沈兼士（尹默之弟）教文字学，课本是许慎《说文》。陈汉章是晚清经学大师俞曲园的弟子，是章太炎的同学。陈汉章早就有名，京师大学（北大前身）时代聘请他为教授，但他因为当时京师大学的章程有毕业后钦赐翰林一条，他宁愿做学生，期望得个翰林。但他这愿望被辛亥革命打破了，改为北大以后仍请他当教授。他教本国历史，自编讲义，从先秦诸子讲起，把外国的声、光、化、电之学，考证为我先秦诸子书中早已有之，而先秦诸子中引用墨子较多。我觉得这是牵强附会，曾于某次下课时说了"发思古之幽情，扬大汉之天声"。陈汉章听到了，晚间他派人到译学馆宿舍找我到他家中谈话。他当时的一席话大意如下：他这样做，意在打破现今普遍全国的崇拜西洋妄自菲薄的颓风。他说代理校长胡仁源即是这样的人物。记得有一次，本科有个学生问及"经今古文"之争该如何看待，他作了回答，并发给我们参考。这是一篇骈文。每句都有他自己作的注解。全文记不清理了,大意是:他推重郑康成,主张经古文派和今文派不宜坚持家法,对古文派和今文派的学说,应择善而从。他对康有为的《新学伪经考》很不满意,说刘歆(本名秀,后汉时为避光武帝讳而改的)怎能编造《春秋左氏传》如此其完整,全书没有破绽。(按:康有为是今文派,他的《大同书》是根据何休《公羊传》的学说而加以推演的。)

教本国地理的是扬州人,他也自编讲义。他按照大清一统志,有时还参考各省、府、县的地方志,乃至《水经注》,可谓用力甚勤,然而不切实用。

沈尹默教国文,没有讲义,他说,他只指示研究学术的门径,如何博览,在我们自己。他教我们读庄子的《天下》篇,荀子的《非十二子》篇,韩非子的《显学》篇。他说先秦诸子各家学说的概况及其互相攻讦之大要,读了这三篇就够了。他要我们课余精读这些子书。他又说《列子》是伪书,其中还有晋人的伪作,但《杨朱》篇却保存了早已失传的"杨朱为我"的学说。至于文学方面,沈老师教我们读魏文帝《典论·论文》,陆机《文赋》,刘勰(彦和)《文心雕龙》,乃至近人章实斋的《文史通义》;也教我们看看刘知几的《史通》。

清朝末年，江西诗派盛行，江西诗派的始祖是黄山谷（庭坚），沈老师抄示黄山谷的《池口风雨留三日》，诗是七律，其辞如下："孤城三日风吹雨，小市人家只菜蔬。水远山长双属玉，身闲心苦一春锄。翁从旁舍来收网，我适临渊不羡鱼。俯仰之间已陈迹，暮窗归了读残书。"他又说，山谷自言，欲仿庄周，分其诗文为内外篇，《池口风雨留三日》见外集。沈老师说他自己也喜欢黄山谷的诗，但他不是江西诗派。他还把他作的诗抄给我们看，可惜我现在一首也记不起来了。

　　同学中有问沈老师是不是章太炎的弟子？回答：不是。但又说沈兼士曾从太炎先生受"小学"要旨。同学中又有人问：听说太炎先生研究过佛家思想，是不是真的？回答：是真的。沈老师又说，你们想懂得一点佛家思想，不妨看看《弘明集》和《广弘明集》，然后看《大乘起信论》。我那时好奇心很强，曾读过这三本书，结果是似懂非懂。现在呢，早已抛在九霄云外，仅记其书名而已。

　　至于外国文学，当时预科第一类读的是英国的历史小说家司各特的《艾凡赫》和笛福的《鲁宾逊漂流记》，两个外籍老师各教一本。教《艾凡赫》的外籍老师试用他所学来的北京话，弄得大家都莫名其妙，请他还是用英语解释，我们倒容易听懂。

预科第一类规定第二外国语(英文是第一外国语)是法文或德文,我选择了法文。教法文的人不懂英语,照着课本从字母到单字,他念,我们跟着学。幸而那课本是法国小学用的,单字附图,我们赖此知道该字是指什么东西。听说这法国人是退伍的兵,是法国驻京使馆硬荐给预科主任沈步洲的。

教世界史的(实际是欧洲史),是个英国人,用的课本是迈尔的《世界通史》,分上古、中古、近代三部分,上古从古埃及、两河流域的文化,然后希腊、罗马。此书附有插图。(大概这是当时比较好的欧洲史,后来有人译为中文出版,即名《迈尔通史》。)

预科第一年上学期的学习情况,略如上述。到下学期,有了较大的变动。《艾凡赫》与《鲁宾逊漂流记》都由中国人来教了。法文老师换了人,是波兰籍,他教法文和德文,用英文解释,但因其也教预科第一类学生之选学德文者,在我们班教法文时,有时忽然讲起德语来。他也教预科最后一年的拉丁文。

但是最使我高兴的,是新来的美籍教师,据说是美国的什么师范大学毕业的,年纪不过三十岁。他的教学方法好。他教我们莎士比亚的戏曲,先教了《麦克白》,后又教了《威尼斯商人》和《哈姆莱特》,等等。一学期以后,他就要我们作英文的论文。他不按照一般的英文法先得学写叙述、描写、辩论等的死板规定，出个题目，让我们自由发挥，第二天交卷。我的同班同学中，一位姓徐的，单名佐（富阳人），英文程度较差，因与我友好，请我代作。我先给他作了，然后作自己的。但是出手虽快，却常有小的错误。胡哲谋是我们班中写得最好的，老师常常表扬他。

母亲早有信来，寒假不必回家。平时，每逢星期日，我即到卢表叔公馆去。卢表叔知我寒假不回家，便邀我到他家去住。但我还是婉辞。因为宿舍里江、浙两省的同学大多数都不回家，宿舍照常生火。我只向卢表叔借他的竹简斋本二十四史的《史记》。卢表叔欣然借给我，并说，如有不懂之处，不妨问他。从此每逢寒假，我就借卢表叔的二十四史来读。在二十四史中，辽、金、元、宋、明等史，我都不感兴趣。寒假是一个月又半，三年是四个月又半，当时除前四史是精读，其余各史不过浏览一遍而已，有些部分，如关于天文、河渠等太专门了，我那时也不感兴趣，就略过了。卢表叔说，二十四史是中国的百科全书，我当时是相信此说的。

平凡而又繁忙的学习生活，使人觉得日子过得真快。转眼间又四月花开，春气洋洋。京中盛传日本帝国提出苛刻的意在置中国于被保护国地位的二十一条。同时又盛传总统（袁世凯）不惜背城一战。又传列强对中国的政策向来是：门户开放，利益均沾。

到了五月，袁世凯全部接受日本帝国的二十一条的消息，先是十口相传，随即各报也刊登了。

在我将要读满预科三年的时候，谣言最多的北京又谣传有所谓筹安会者拟推袁世凯为帝。有一个无聊的英国人写文章说中国不宜行共和，还是帝制好。"戊戌政变"主角之一梁启超发表了《异哉所谓国体问题》，反对帝制。但文人之笔端，不是小站练兵起家的袁世凯所畏的，他终于十二月称帝。当时孙中山领导的讨袁军，在西北、东南沿海各省、两广，同时并起，声势极大，但皆为袁平定。然而被软禁的蔡松坡将军得了一个妓女的帮助而逃到天津时，袁世凯这才有点惊慌。因为袁知道蔡必在云南起义，而守四川的陈宦，是袁所不信任的。当我将要结束三年预科的学习，即在一九一六年三月，袁世凯被迫取消帝制。本来预备在正式登上皇帝宝座时用以庆祝的广东焰火，在社稷坛放掉。我和许多同学在这夜都翻过宿舍的矮围墙去看放焰火，这是我第一次看到有这样在半空中以火花组成文字的广东焰火。那夜看到的火花组成的文字是"天下太平"。据说，本来还有个大"袁"字，临时取消了。

当我正在准备预科的第三年的最后一次大考时,袁世凯死了。

(编者注:本文原载于《东方》杂志一九八一年第一期)

张申府  1893—1986

名崧年,张岱年之兄,中国共产党三个主要创始人之一。一九一七年,张申府以助教名义留北大工作,教预科数学和逻辑。

# 回想北大当年  文/张申府

我从一九一三年考入北京大学,到毕业后留校教书,前后共八个年头。想起北大当年,使我兴奋,令人回味。

· 进北大 ·

北京大学的前身是京师大学堂,它是戊戌变法运动的产物,是维新派克服了顽固守旧势力的重重阻挠建立起来的高等学府。辛亥革命后，严复被任命为京师大学堂总监督，后京师大学堂改称北京大学校，大学堂总监督改称大学校校长，各科的监督改称学长，原来附属的高等学堂亦改称为大学预科了。

一九一三年，我在北京高等师范学堂附属中学班读书。秋天，跳班考入北京大学预科。当时的北大设文、法、理、工科和预科，本科设在地安门的马神庙，预科设在北河沿的清代译学馆旧址。

所谓预科相当于北大的附属高中，学制为三年（后改两年），毕业后可以免试升入本科。预科又分为两类：第一类预科毕业后升入文、法本科；第二类预科毕业后升入理、工科，它偏重于数学的教学。

我在第二类预科上了一年，觉得并不太吃力，便想去考本科，可是北大的理工科有严格的规定：凡报考本科者，必须有高等专门学校毕业的文凭。初期读文科的人并不太多，因此报考文科只要求同等学历（力），并不注重文凭。我升学心切，暑假改了一个名字，考上了文科。

北大文科分哲学、历史、国文学、英文学四个学门（后改称为系），我上了哲学门。照北大原定的计划，哲学门分为中国哲学、西洋哲学、印度哲学三类，但这个计划并未实现，只是混合设立一个哲学门。我虽然入了哲学门,却一心不忘数学。那时,我见知于数学系主任兼代理学长冯祖荀先生,在哲学门不到两个月,又转入了数学门。

可是转了数学门,我又放不下哲学。在哲学门两个月的学习中,时间虽然极短,但眼界大开,我对哲学产生了浓厚的兴趣。这样,我上的是数学的课,读的却多是哲学的书。从那时起,我主要研究的都是哲学及其有关科目。当然,数学书始终不断在我的涉猎之中,只是数学题从不肯做,化学实验更是绝少动手。

· 藏书楼 ·

我刚进北大时,学校还没有图书馆,只有一个藏书楼,设在马神庙校舍后院的所谓四公主梳妆楼里。藏书楼的书可以外借,但没有阅览室。过了一年,藏书楼腾出一些地方,辟出阅览室,阅览桌放在中间,四周摆上书柜,柜里都是西文书。平时总是上着锁,线装书则放在楼上,借阅的人也并不多。我上预科的时候,常常从北河沿到藏书楼来借书,犹记得那时我借的书有德文与法文的数理科学百科全书等。一个大学预科一年级的学生,借读这样高深的德、法文书，当时并不很多。这得到了冯祖荀先生的青睐，藏书楼的管理人员由此也给了我许多方便。上本科后，我更是经常呆在阅览室里。那时书本来无多，我可以就架恣意快读，除了工程书以外，柜里的书几乎没有我不看的。

有一天，我发现了一本装潢精美的书，是一个精装本，一九一四年美国出版，书名是《我们的外界知识》，英国罗素著。翻看一遍，觉得很有意思，又坐下来接连看了两遍，真有点爱不释手了。由此我发现了罗素，并对之产生了兴趣。三十年代，我一度再任北大讲师，专讲罗素哲学，这也可以说是与北大藏书楼的帮助分不开的。

· 蔡元培主校 ·

一九一七年初，蔡元培任北京大学校长。在蔡先生的主持下，学校厉行改革，出现了新的气象。

蔡先生是浙江人。一八六八年生，清光绪十八年（一八九二年）为壬辰科翰林，时年二十四岁。蔡先生早年很有才名，他见清王朝已不能持久，为适应时代的潮流，便从事哲学、伦理学等新学的研究。他到过日本，加入了孙中山组织的同盟会,积极从事民主革命活动,后来又到德国学习。辛亥革命后,蔡先生曾任南京临时政府首任教育总长和北京政府教育总长,后因遭到袁世凯的仇视,被迫再赴欧洲。袁垮台后,蔡回国出任了北大校长。他虽是一个资产阶级学者,又是科举出身,但他对破旧创新有锐利的勇气和坚强的毅力。

蔡先生实行"兼容并包"的办学方针,旧学旧人不废,而新学新人大兴。他聘请陈独秀任文科学长(即文学院院长),章行严(士钊)、刘半农、钱玄同、周作人、陶孟和等任教授,后又聘任马寅初、陈豹隐等。同时,蔡元培还裁减了不称职的教员,排除了一批腐败守旧的人物。经过这番整顿,教师队伍的素质大大提高,给学校带来了蓬勃的朝气。在蔡元培"兼容并包"的口号下,当时在校的教员既有宣讲马克思主义的李大钊,也有拥护袁世凯做皇帝的筹安会人物刘师培,另外还有前清大学士李鸿藻的儿子李石曾教生物学,年仅二十三四岁的梁漱溟先生讲印度哲学等。

蔡先生大力提倡思想自由,培养学术研究的风气,这是他进行改革的又一个重要方面。

北京大学过去是一座封建思想、官僚习气十分浓厚的学府,不少学生以上大学为晋升的阶梯,对研究学问没有兴趣，上学不读书，而是想方设法混资历，找靠山，还有的人打麻将、逛八大胡同。与我同宿舍的几个学生，就很少读书，而是聚在一起打牌。

面对这种局面，蔡先生从提倡思想自由出发，举办学术讲座，组织学术团体，例如新闻研究会、哲学研究会等。蔡元培亲任新闻研究会会长，以"研究新闻理论，增长新闻经验，谋求新闻事业之发展"为宗旨，邀请李大钊和著名的新闻界人士邵飘萍等到会讲演。同时，一些进步的政治团体也纷纷成立，像少年中国学会、新潮社等。这两个团体分别编辑出版了《少年中国》月刊和《新潮》。我亦参加了这两个团体的活动，并为之撰写了一些短小文章。

蔡先生还发起组织了一个进德会，以不嫖、不赌、不纳妾为基本戒条，针对北大一部分学生的恶习，用这样的方法培养个人高尚的道德情操。这个组织的出现，反映了中国知识分子对旧社会上层道德堕落、生活腐朽的强烈不满。当时进德会在校内颇有影响，入会的人很多，对于北大部分知识分子个人道德的提高产生了较好的影响。

蔡先生在学术上，是以治美学而闻名的。他刚到北大不久，我送他一大本新出版的讲述法国十九世纪美学家居友（J. M. Guyan, 1854—1888）学说的日文书，他很快就看完了还给我。他组织了画法研究社、音乐研究会等一些课外文化艺术活动来培养学生对美育的兴趣，以贯彻其"以美育代宗教"的主张。在蔡元培校长的革新精神指导下，北京大学气象一新，在全国教育界、学术界以及思想界产生了重要的影响，成为五四爱国运动的中心。

· 李大钊和红楼 ·

一九一七年底，李大钊经章士钊之荐到北京大学任图书馆主任。

自从蔡元培主校后，北大藏书楼改为图书馆。一九一八年夏，沙滩的红楼建成，图书馆也搬了进去，占了新楼的第一层楼。李大钊的主任室就设在红楼东南角上的两间房子里。一时红楼成了新思想运动的中心，许多进步的教员、学生聚集在这里读书、座谈。

我认识大钊还是在一九一六年他到北京后不久。我的一位同学郭晓峰与大钊是同乡，他们同是河北乐亭人。经郭的介绍，我们认识了。当时，大钊从日本留学回来，在北京创办《晨钟报》（即后来《晨报》之前身），继后，他又主编《甲寅日刊》。一九一七年，我曾在此刊物上发表过讲"青年问题"的文章。

十月革命爆发后,马克思主义迅速传入中国,给新文化运动增添了新的内容。李大钊最早接受了马克思主义。他思想敏锐,博学多识,广泛接触社会,热情传播马克思主义,宣传俄国十月革命,发表了《庶民的胜利》的演说和《Bolshevism的胜利》等著名文章。与此同时,他还组织演讲会,邀请名人讲演,推动新文化运动的发展,使"民主"和"科学"的口号逐步深入人心。一次,大钊以"亚细亚学会"的名义组织讲演会,我也去听了,地点在当时有名的湖南会馆。邀请的讲演者有蔡元培、陈独秀、章士钊、李石曾、张继等人。这次讲演会听众很多,整个湖南会馆都挤满了。每个人讲演的具体内容,我已经记不清了,但是大钊组织这次讲演会不久,就到北京大学任图书馆主任了。

大钊到任后,对图书馆的业务进行了一些重大的调整和改革,并开始注意收集有关马克思学说的书籍以及俄国十月革命以来的著作。是时,我在北大已经毕业,留校做助教,教预科。平时课程不太多,就在图书馆帮助大钊做些工作。我的工作室标为登录室,在主任室的旁边。其时,李大钊组织一些学生勤工俭学,课外帮助整理图书,翻译、编目,打印卡片等,我则负责检查和校对。毛泽东同志来北大时，一度也参加了这项勤工俭学活动，担任登录工作。由于工作之便，我得时与大钊聚谈。每年北大放暑假，大钊回家乡到五峰山休假，我就代理他在图书馆的职务。

在李大钊的领导下，图书馆成了北大校内一个研究、传播马克思主义的中心，许多激进的学生经常到图书馆和大钊讨论各种新的思潮，听他介绍新的思想。大家也常常在此聚会，探讨中国的出路，寻找救国拯民的方法。李大钊是马克思主义的传播者，北大红楼是五四运动的策源地。

## ·少年中国学会·

一九一八年六月底，由王光祈、李大钊等发起成立少年中国学会。这是一个带学术性的进步政治团体，其宗旨是"本科学的精神，为社会活动，以创造少年中国"。还有四条信约：一奋斗，二实践，三坚忍，四俭朴。学会总会设在北京，成都、南京等地还设立了分会。

少年中国学会会员很多，大多数人希望通过这个组织，扩大马克思主义的影响，团结进步青年，从事政治斗争和群众运动。一些小资产阶级知识分子也想通过它寻找中国的出路，但他们往往不能把握现实，陷在不切实际的空想中。邓中夏、高君宇、赵世炎、毛泽东以及杨钟健、周太玄、袁守和（同礼）、朱自清等都是少年中国学会的会员，后来成了国家主义分子的李璜、左舜生、曾琦等也参加了这个组织。由于学会组织成分复杂，内部始终存在着明显的分歧。

少年中国学会北京总会正式成立于一九一九年七月。学会出版了《少年中国》月刊和《少年世界》。《少年中国》由北京会员编辑，一至七期，由王光祈负责。从第八期起，组织了少年中国编辑部，由李大钊、康白情、张申府、孟寿椿、黄日葵五人担任编辑事宜。上海亚东图书馆办理印刷发行。

学会经常在中央公园（今中山公园）来今雨轩和北京大学图书馆举行常会，内容多是研究学会的日常工作、与各地分会进行交流，等等。

一九二〇年八月，天津觉悟社为了联合进步团体，采取共同行动，全体社员到北京，邀请北京的进步团体举行座谈会。少年中国学会、人道社、曙光社、青年互助团等五团体二十余人参加了这次座谈。

八月十六日，座谈会在北京陶然亭慈悲庵举行。觉悟

1920年7月1日,少年中国学会成立一周年,李大钊与该会北京部分会员在岳云别墅合影。左2为邓中夏,左4为张申府,右3为李大钊

张燕妮/供图

社社员刘清扬主持会议并报告了开会宗旨,继由邓文淑(颖超)报告觉悟社的组织经过和一年多来的活动,接着周恩来发表演说,说明觉悟社提出联合进步团体,共谋社会改造的意义。李大钊代表少年中国学会致答词,他提出各团体有标明主义的必要。认为近年以来,世界思潮已有显然的倾向,一个进步团体,如不标明主义,对内既不足以齐一全体之心志,对外就更不能与他人有联合的行动。我也在会上发表意见,极力赞成改造联合。会议决定,由各团体各推代表三人,再次开会讨论联络办法。

八月十八日,各团体的代表在北京大学图书馆继续开会,议决定名为"改造联合",并公推我起草"宣言"和"约章"。根据会议的决定和大家提出的意见,我草拟了《改造联合宣言》和《改造联合约章》。后经过各团体的讨论,得到正式通过,发表在《少年中国》杂志的第二卷第五期上。

随着革命形势的发展,少年中国学会的内部斗争日益激烈,以致发展到不可调和的地步,最后终于公开分裂了。

## 离校赴法

一九一七年,我在北大毕业,留校三年后提为讲师,继续教逻辑和数学。在这期间,学校从教育部得到一笔经费,决定陆续资送四个教员、四个毕业生到国外学习深造。教员四人是朱家骅、陈大齐、周作人、刘半农,学生中第一人就是我。我报的学习专业是美学,学校却指定我学图书馆学。但是还没有等到学校资送,就又有了别的出国学习的机会。

第一次世界大战后,中法人士为沟通与交流中法文化,组织了华法教育会,倡议中国学生赴法勤工俭学。蔡元培、吴稚晖、李石曾等人参加了发起和组织工作。五四运动以后,由于华法教育会的鼓吹和倡导,逐渐形成了勤工俭学运动的高潮。许多进步青年为探求彻底改造中国的真理而踊跃报名。当然有许多人是因为国内军阀长期混战,民不聊生,到欧洲去寻求生活出路的。

李石曾、吴稚晖等人在法国巴黎筹办了一所中法大学,但是很缺教授。经别人推荐,他们找到我,我是受聘教逻辑的。其时,蔡元培先生正准备赴欧美考察教育及学术研究机关状况,遂约定与蔡同行。我用"蔡先生秘书"

的名义办理了出国手续。

一九二〇年十一月下旬,我离开了母校,离开了祖国,登上了旅法教书的征途。

# 北大与北大人 文/朱海涛

## ·蒋梦麟先生·

予生也晚,没能赶上蔡先生,于是从蒋校长说起。

孟邻先生对北大的贡献是人人都知道的,但北大同学却实在很少见到他。因为北大既从不举行纪念周,更没有开学或毕业礼,他又不兼课,如果你再不是学生会的活跃分子,于是,有什么机会见到他呢?不过,事实上也没有见他的必要。他的汽车却是大众熟悉的,一部深蓝色的轿车,挂着七十八号的牌子(很巧,胡适之先生的车牌是八十七号。这是北大教职员中仅有的三位汽车阶级中的两位。)停在二院门口,于是大家知道校长来办公了。

我首次见到他,却并不在校内,他很瘦,但精神极好,面上充满了秀气,那副眼镜和不高大的身材更显出是位学者,但那双锋利的眼神,却立刻使人觉得他并不仅是位普通的书生,鬓边微灰的头发和一口蓝青浙江官话记录着他奋斗的痕迹。说话声音不大,但非常清楚,有条理。而且从一次偶然的机缘上,我知道他是非常细心的。二十四年夏,熊秉三先生和新夫人毛彦文女士在香山请客,有他也有我,他将一只抽烟用的打火机叫我带在身旁,再三嘱咐我记得交给胡适之先生,结果到了山上,记起这回事的是他,不是我。

从十九年起,这北大校长的职位即使说不比蔡先生时代或陈大齐先生时代更困难,但仍旧是不好当的。九一八事变,长城之战,冀察问题,一连串的动荡,在这国防前线的文化城中,北大校长的一举一动都是十目所视,十手所指。而且向例,一切的学生运动,北大同学没有不站在前面跳的,并且跳得复杂。

据说日本特务机关曾将孟邻先生请了去,想挟他赴大连,被他义正词严地拒绝了,而北平教育文化界一切拥护中央反对分裂的宣言文告,领衔的却仍旧是他。二十四年冬,中央大学教授们打来的电报所称"危城讲学,大节凛然",虽被胡适之先生笑为悼文,现在回想却确实能说出当时北平的正气。孟邻先生就是这正气的代表者。

但是同时,同学们常常有难题给他作。那次国民政府蒋委员长在南京召集全国大学生代表训话,命令全国大学都要派代表去。北大应派三个,而学生大会却偏议决了不派。学校没法,只得指定了三个人参加。后来让同学们知道了,将那充代表的行李书籍从东斋一起掷到马路上,连爱人相片都撒了一地,并且继续着罢课。于是孟邻先生出布告召集全体同学开会,在这会场上他沉痛地说:"我是中华民族国立大学的校长,我不能不服从国家的命令!这三位同学是我要他们去的,一切的责任当然我负。……"又说:"从前海上有一只船遭难了。船主镇静地指挥着让妇孺老弱们坐了救生船逃生,剩下的人和他自己无路可走,他却命船上的乐队奏着《近乎我主》(*Nearer My God to Thee*)的赞美诗,随着这船慢慢地沉下去。现在如果我们所乘的这只船(中国)要沉了,那我们也应当如这位船主一样,在尽了自己的责任以后,站在岗位上从容就义。马上复课吧,先尽我们的责任!"可是同学们依然顽劣地拒绝了他诚恳的建议。

又有一次,全北平各校的学生抬了一口棺材来北大三院开会,这一次把他气坏了,但从此学生运动也入了尾声,真正的爱国青年将力量转入了抗战的实际行动。

· 胡适先生 ·

就在蒋校长那次召集的学生大会上,我们见到适之先生的气度和他那种民主精神。当时他继孟邻先生之后上台训话，一开口，台下就起了哄。反对他的（多半是"左"倾学生），踏脚，嘶叫，用喧闹来盖他的演讲。拥护他的（多半是"右派"），用更高的声音来维持秩序，来压制反对者的喧哗。顿时会场上紧张起来，形成了对垒的两派，他的声浪也就在两派的叫嚣中起伏着，断断续续送入我们的耳鼓。这是篇苦口婆心的劝导，但反对他的那些年轻人却红着脸，直着脖子，几乎是跳起来的迎面大声喊道："汉奸！"他也大声，正直而仍不失其苦口婆心的答道："这屋子里没有汉奸！"终其演讲，这些年轻人一直在给他当面难堪，而他始终保持着热心诚恳，恺悌慈祥的声音态度。这天给我的印象极深，我看到了一个教育家的气度应当是多么大；我也看到了适之先生的"能容"。——他的"能容"，是我早已听说过的。

他有着宽阔的前额，这表现着宽阔的心胸。一副阔边眼镜，一副常笑的面容，使我们感到常是很愉快的。他似乎没有悲观或消极这两种情绪存在，即使在最可虑的时候。（民国）二十四年十一月二十号前后的某一晚上，我从他家搭他的汽车回校，他用严肃的语调告诉我："也许明天，五色旗就要挂出来，'华北国'就要宣布了！"这话闪电似地打击着我，我呆了，千万道的忧思袭上心来，感到:"大祸终于来了!"车中的沉默更增加了我心上的压力。到了北池子北头,车停了,我下车来,他笑着说:"不要着急!——你怎么没穿外套呢?在北平得穿一件外套,不然,很容易伤风的。"果然,车外寒风吹得我一噤,可是那语调的轻快,却将我心中的寒冷减少了。

他家那时在米粮库。米粮库不失为一个文化人区域,短短的一节胡同,一号住着陈垣、傅斯年,三号住着梁思成、林徽音[①],四号住着适之先生。这是个很阔的大红门,里面一个很不小的栽满花木的院子,北头一座相当大的洋楼,这房屋的东家,大概过去很有点势力,所以平台的石栏和小径的瓦砌,都是从圆明园搬来的旧物。

在这楼房的西翼,连着一片一层的洋房,有很大的三间。那是适之先生的书房,里面满满的都是书,据我看到西安现在的几个公家图书馆藏书,没有一个及到这一半的。他的书桌放在向南的那房里,极大的一张,但上面纸张、书籍、文具,堆得像小山一样,直到他写东西的时

---

[①] 即林徽因。林徽因在《新月》发表诗作,在《学文》发表小说《九十九诗中》署名林徽音,但当时"海派"男作家林微音的姓名中有两个字与她相同,读者常误以为是同一人,因而1935年以后,她所发表的作品皆改署"林徽因",以免混淆。——编者注

候,只好将这些小山堆推开,当中挤出一方尺左右的空隙放纸。可是这乱山丛中自有它的条理,不论什么东西,在适之先生自己要找时,绝对一找就着。这书房的最大忌讳是有个多事的人去替他整理书桌。如果有人这样做了,那就适得其反,将条理系统都给破坏了。幸亏适之夫人是一位旧式女子,也不在乎这书桌的乱不乱。本来嘛,这三间书房自成单位,将通大楼的门一关,这就是适之先生的世界了。

向例,他起的是不很早的,通常在七八点钟。吃了早点就去北大上课或办公,午饭常有人请。下午仍旧办公,或到校外办事。晚饭更少在家吃,而且通常应酬完回家总在十一点钟,这才到了他认真工作的时候。读书,写文章,就在这全家人睡了,夜深人静时。在两点以前睡觉是很少有的。遇到《独立评论》要发稿时,那就更说不准了,也许四点睡,也许五点睡,甚至有时六点睡。这些我们都可以从他文章末尾所记的日期时刻看出来。不过他给《大公报》写的星期论文却是例外,因为要赶下午五点多钟那班车送天津,所以总是星期六下午闭门谢客写的。他写文章却不快(这到底还是学者的作风,下笔慎重得很),常常到了快开车时,看着表,叫小二(他的听差,一个壮小伙子)骑车飞赶送到前门邮局去,有时甚至用汽车送。

所以，虽然他很好写评论政治的文章，但当有一时期《申报》请他去作主笔时，他终于拒绝了，因为他文章写不快，这是和新闻记者条件不相合的。

他有一个本子，叫做"每天一首诗"，一页一首，各朝各代的都有。每天他抄一首进去，是限定要背出来的。这大概是写中国文学史的预备功夫吧。他也记日记，有时记得很长，有时记得很短。书桌抽斗里有一大盒大大小小各样各色的图章，其中刻得最多的是"只开风气不为师"。据说是提倡古文，办《甲寅》杂志的章士钊先生和他合摄了一张像，还题了一首白话诗赠他，大意是恭维他为白话文大师，并说自己写白话诗"算我老章投降了"！于是他答了一首七绝，其中一句就是："只开风气不为师。"

到了礼拜日的上午，是他公开接见客人的时候，在他那会客室里常坐满一二十人，各种各色的人都有，有未识一面的，有很熟的，有老学究，也有共产党青年。各种不同的问题提出来讨论，延长到三四个钟头。他自己称这个叫"做礼拜"。常常许多不知名的青年这样认识了他，他也藉此和天下英雄"以谈会友"。

适之先生在校中开的课是中国文学史和传记研究，传记研究是研究院课程，而且要缴几万字的论文，选修的较少。文学史则是一门极叫座的课。他讲《诗经》，讲诸子，讲《楚辞》，讲汉晋古诗，都用现代的话来说明，逸趣横生，常常弄到哄堂大笑。他对于老子的年代问题和钱宾四（穆）先生的意见不相合，有一次他愤然地说道："老子又不是我的老子，我哪会有什么成见呢？"不过他的态度仍是很客观的，当某一位同学告诉他钱先生的说法和他不同，究竟哪一个对时，他答道："在大学里，各位教授将各种学说介绍给大家，同学应当自己去选择，看哪一个合乎真理。"

在课堂上也常谈论时局问题，但都是言之有物的。将该说的说了，就马上开讲正课，决不像有些教员借谈时局而躲懒敷衍钟点。在那种动荡的时间和地方，加以他的地位，绝对不谈政治是不对的，所以他恳切地谈。在他堂上有日本派来的留学生听课，所以他的措词当然是不失体的。

二十二年长城战役后，他曾为三十五军（傅作义部）抗日阵亡将士写了一篇白话文的碑记和墓铭，这是有史以来第一篇白话墓志铭，由钱玄同先生写了，刻成碑，立在大青山的烈士公墓上。二十四年夏他受傅将军邀去绥远旅行，那时正是中日"亲善睦邻"的时候，这碑奉军委会北平分会之命封掉了。他们看着这被封的碑，"大家纳闷，都有些伤心"！（二十四年夏他曾作一文评述河北事件，以此为题）于是写了一首诗，说天有阴晴，时有否泰，最后两句是："有朝祖国抬头日，来写青山第二碑！"终于在他的驻美大使任内，日本走上了自杀的攻美之路。祖国在抬头了，我们欢迎适之先生回来写第二块碑记！


· 钱穆先生 ·

宾四先生，也是北大最叫座教授之一。这并不需要什么事先的宣传，你只要去听一堂课就明白了，二院大礼堂，足有普通女课室的三倍，当他开讲中国通史时，向例是坐得满满的。课室的大，听众的多，和那一排高似一排的座位，衬得下面讲台上的宾四先生似乎更矮小些。但这小个儿，却支配着全堂的神志。他并不瘦，两颊颇丰满，而且带着红润。一副金属细边眼镜，和那种自然而然的和蔼，使人想到"温文"两个字，再配以那件常穿的灰布长衫，这风度无限的雍容潇洒。向例他上课总带着几本有关的书；走到讲桌旁，将书打开，身子半倚半伏在桌上，俯着头，对那满堂的学生一眼也不看，自顾自的用一只手翻书。翻，翻，翻，足翻到一分钟以上，这时全堂的学生都坐定了，聚精会神地等着他，他不翻书了，抬起头来滔滔不绝地开始讲下去。越讲越有趣味，听的人也越听越有趣味。对于一个问题每每反复申论，引经据典，使大家惊异于其渊博，更惊异于其记忆力之强，显而易见开讲时的翻书不过是他启触自己的一种习惯，而不是在上面寻什么材料。这种充实而光辉的讲授自然而然长期吸引了人。奇怪的是他那口无锡官话不论从东西南北来的人都听得懂。

他常慨然于中国没有一部好通史。二十五史当然只是史料，而近年出版的几本通史他也不满意。他认为通史应当是作者读了无数书之后，融会贯通，钩玄扼要，用自己的文字写出来的。因此他对于某老先生的某书认为只是史抄而谈不到通史。他自己很有意思写一部理想的，但他也常说这并不容易。大概现在他一切的努力都是在作这大著作的准备吧？

他写过厚厚的《先秦诸子系年》，这表示他对于先秦的史哲下过深刻功夫。他写过有名的《刘向歆父子年谱》，也教过两汉史，这表示他对于中古史很有成就。他又写过《近三百年学术思想史》，这表示他对于近代史极为注意。在许多教授中，他年纪不算大，头发还全是黑的，而成就已经这样多而广，将来将整个中国史融会贯通，写一部为史学界放一异彩的新通史出来，是极有望的，那时对于中国和世界文化贡献之大将不可计量。

据说他早先当过小学教员，由自己的用功和努力而成为中学教师，又进而为大学讲师，而副教授，而教授，而名教授。这传说如果是真的，则给我们青年人的启示太大了。

就我个人说，我受过宾四先生一次教诲，而这教诲将终身不忘。当二十五年冬，我发现《汉书》记恒山王有五点错误，非常高兴，仔仔细细写了篇论文，很得意地呈给他看。过了两天，他拿来还我，问我看过王先谦《前汉书补注》没有？我文中所述前两点是这书所曾指出过的。说实话，这书我看过，但我之发现这两点也确实在看这书之前。当时少年好胜心重，就不肯注一笔说前人已有发明，以为人家不一定知道王先谦说过这事。一种掠美、侥幸、欺人自欺的心理充分表现，谁知一送到行家手里，马上指出来了，反倒连其他几点前人所确没有说过的也减了色。这次教训，和另一次在陈援庵先生处碰的钉子，使我刻骨铭心，誓不再存半分掠美的卑鄙心理，其实这是治学者的基本道德。我不能不感谢宾四、援庵两先生给我的启示。

抗战后在南岳附近公路上曾和宾四先生打了一个照面，后来知道他转任齐鲁大学国学研究所主任了，但因为他住在乡间，我五次去成都不曾遇到，真是遗憾。不过常在杂志和报章上见到他的文章，我知道他施教的范围更广大了。

· 陈垣先生 ·

在图书馆架子上放着一函书，精精致致的仿佛没有人动过。我这不安分的人当然不会放过它，打开来，装订得极漂亮的五册。翻开，却不由得使我纳闷，满纸都是数目字，有阿拉伯字，有中国字，有黑的，也间着有红的，一格一格一行一行整整齐齐，排列得像才喊过"看齐"的集合队伍，顶上面一格却空了大半，只印着大字的年号、年数、西元，等等，仿佛队伍前面站着一位大队长，两位大队副。我觉得好有趣味，研究了半天却始终没看懂，没奈何，只好捧回架去，心里想：这看不懂的天书，印得这么讲究干嘛？

这年，说起来该是写论文年份了，自然不能不多翻点书。一翻书，就来了问题。譬如《明史》，打开《庄烈帝本纪》看不到三行。"八月熹宗疾大渐，召王入受遗命，丁巳即皇帝位。……"这丁巳是初几？十几？或竟是二十几？不知道！只好搁在心里纳闷，想："学历史的又不是八字先生，哪里记得这么多丁巳？"老师到底是有用处的，张西山（维华）先生教我们史学方法，这天谈到年、月、日问题，我睁大了眼睛看他变戏法，看怎么一来丁巳就变了初三！他一声不响地捡出一部书来，乖乖！就是那本我研究半天看不懂的有字天书——《中西回史日历》。三言两语的一点拨，我全懂了，敢情是这么一回事。我觉得作这书的人真伟大，造福于学史者真像大海里给了个指南针。从此以后，"新会陈垣"四个字深深印到了我脑中，我还记得他的书斋号作"励耘书屋"，这是刻在这书的右下角的。

离济南前，西山师告诉我到北平后最好去拜见援庵先生："不过他架子大，不容易见到。"

我却没有去请见，可是我对他的钦仰更加深了。我见到了他著作书目的一部分，一部部全是结结实实的惹不起。我只挑着买了两本小书，一本《史讳举例》，一本校勘《元典章》后归纳写成的校书错误举例（原名忘了）。同时将他所有在北大开的课全旁听了。

这是位不长不矮，胖胖的典型身材，方方大大的脸，高高阔阔的前额，一副黑边老花眼镜，平常是不大戴的，每次讲课时，总是临时从怀里掏出来戴上，而最引人注意的是那两撇浓浓的八字胡，这八字胡带来了无限威棱。经常的穿着件黑马褂，长袍。

他在课上将二十五史从头地一一介绍，把所有有关的事件告诉我们，而尤其注意前人的错误。在他眼里，前人的错误不知怎么这么多，就像他是一架显微镜，没有一点纤尘逃得过他的眼睛。不，他竟是一架特制的显微镜，专挑错误的，他归纳了一个时常提到的结论："著书要提笔三行不出错才行。"而在他的讲授中，我们发现三行不出错的著作竟然很少！

他的嘴相当厉害，对于有错误的学者批评得一点也不留情。可是他实在已经是十分克制自己了。常对大家说："还是不说吧，免得又得罪了人。"他对于他的同乡，梁任公先生，就是不大满意的。任公晚年颇以治史自期，但他雄才大略则有余，写出来的东西，每每是自恃才气，凭着记忆写下去，粗疏是不免的，这在援庵先生看来，不免有点不合适。他也常讲批评人是求止于至善，不一定批评者就比被批评者强。他举《东塾读书记》的骂崔东壁，说："休因东塾讥东壁，便谓南强胜北强！"

援庵先生同时也非常幽默。这天上他的课，讲桌上，椅子上，一种油印的小型传单散了不少。他如常地踏着方步进来，如常地安详坐下，然后如常地慢腾腾地戴上那副老花眼镜，从从容容、郑郑重重像披阅一件公事似的将那纸片捡起来，看了一眼，看不清，放下那纸，慢慢地说道："这一定是年轻人干的！"全课堂的学生本就聚精会神在注意他的动作和期待他读传单的反应，听了这话，哄堂大笑。

又有一次，在研讨赵翼的《廿二史札记》时，讲到第二篇序的作者宝山李保泰（第一篇序是嘉定钱大昕作的）。他说这应该是当时一位有地位的学者，但他多少年来注意考查这位李先生事迹，却除了这篇序外得不到半点材料。有一次，琉璃厂的书商，拿了张拓片到他那里请教他（他是北平著名的权威学者，当然不断地托书商搜罗典籍。而书商得到了一些不经见的图书，无从估定其价值，也不能不去他那里请求评定，可是如果经他一品评为珍品，那价钱可就要辣了）。他一眼就看到篇末仿佛凸出来似的有着"李保泰"三字，心中大喜，可是脸上却不动声色，淡淡地翻了翻，缓缓地说道："不值什么！"那书商大失所望，拿回去又没用，求着他用贱价收了。他绘声绘影地说完这故事大笑，得意得很。

他论到清代三部史学名著：钱大昕的《廿二史考异》、王鸣盛的《十七史商榷》和赵翼的《廿二史札记》，认为钱著最精，王著次之，而赵著最差。所以就将赵著作为研究的对象，专开一门课，逐字逐句地审查，寻找里面的错误。这一课虽以一书为中心，但牵涉的方面极多，尤其廿四史，翻了又翻，互相对证，有时发现不但赵瓯北错了，甚至连原书都错了，所以趣味浓厚得很。但他只注意客观的史实考订，而将所有主观的史论部分略了过去。也许是他本身在政治上受过刺激吧,每当讲到史书中"再受禅依样画葫芦"之类的地方,常常感慨系之的说:"所以政治没有意思啊!今天是这样说法,明天又是正相反的那样说法!"

不过这并不是他不注意国家兴废。当二十四年十一月二十日左右,北平的空气恶劣得很……大家都烦闷而不安,朝阳门外日本兵打靶的枪声"突突突突"地直送入大红楼课室中来,我们要求他对时局作一个指示。他沉沉地说道:"一个国家是从多方面发展起来的;一个国家的地位,是从各方面的成就累积的。北平市商会主席到日本去观光,人家特别派了几位商业上的领袖人物来招待,倾谈之下,我们的商人什么都不明白,连谈话的资格都不够,像这样凭什么去和人竞争?凭什么能使人尊重?我们必须从各方面就着各人所干的,努力和人家比。我们的军人要比人家的军人好,我们的商人要比人家的商人好,我们的学生要比人家的学生好。我们是干史学的,就当处心积虑,在史学上压倒人家。"在这上面,他的的确确做到了报国的地步了,在他所干的部门内,不但压倒了日本人,而且赢得日本学者的衷怀钦服。

北平陷后,我曾去看他,他说:"迟早还是得走!"一转眼已是五年半了,他为着职务(辅仁校长)的关系,始终留在北平维持这最后一所大学。我今夜诚心地遥祝他健康,永远保持着那超然的健斗!


· "北大老" ·

"北大老、师大穷,惟有清华可通融!"是北平每一位女学生所熟知的话。我初到北大时自负年轻,对这话颇不服气。

过了些日子有机会出城,走入了清华园,悲哀得很。到这里一比,自己果然老了!他们的学生就是年轻,而且许多许多青年得出奇,像是一群十五六岁的孩子。尽管是蓝布大褂,但干干净净的熨得笔挺,一张张红润的笑脸,在宽广无垠的碧草地上闪着,不容易见到北大常见的那种"老气横秋"或"自思自叹"的面孔。下课的十分钟,从园这头的工业馆,顺着对角线,赶到园那头的化学馆、地质馆去,即使是骑脚踏车也不敢走慢,于是来往如织的行人,很少有北大雍容大雅、满不在乎的"方步"。走进体育馆满屋子光着膀子的人滚做一堆,我明白这是"斗牛",北大没有人做这种傻事。有时还看到一个光着脊梁、只穿一条短裤的人爬在晶滑的地板上,用鼻子向前拱一只小皮球。我不禁哑然笑了，怪不得，连我这做客的都顷刻感到年轻了十五岁！

老，并不一定在年龄上，空气可以叫你老。走进北大大红楼，一些穿着长衫，无所事事的工友在两旁垂手一站，马上使你想到京师大学堂时"请大人立正"的威风，于是自己不觉将头微微一点，很够谱，可是立刻老了二十岁。有人说北大的工友多到每两位同学可以摊一名，这也许说得过分点，但一与三之比是有的。据说教育部派来视察的督学，曾建议裁工友，但成效似乎不多，我记得我住的乙巳楼楼下，那位老路（倒的的确确是位很好的老人）好像就成天只盘着我们三人的事。当然我们也并不会有多少事的。

初次到注册课，一屋子十多个人都是办注册的，偏偏管我那事的一位不在，于是只好站在柜台外静观办公桌上的职员先生们慢慢喝完了豆浆，吃完了烧饼果子，闲谈。好半天，那位先生来了，我说明是领入学证的，这一下坏了，入学证不知长了腿溜到哪里去休息了，翻箱倒卡的再也找不着，没法，只好再预备一个。这是很讲究的红色硬卡纸做的，小而俊。于是另外一位书记先生为着他那铁画银钩的书法得到了用武之地，一笔不苟地恭楷重新写起。半晌，写完，晾干，交给那位先生，这时就缺一个教务长的章子了，也是活该有事，"咔嚓"盖下去，偏偏盖倒了，我因为等得已久，建议"倒着就倒着吧，还不一样用？"那位先生却是守正不阿，坚持非重新再写一个不可。书记当然不会反对（他正闲得嫌没事做）。我的腿肚子虽有点不赞成，但也没法拒绝他的好意。又过了半点钟，写妥。注册先生举起了教务长章子，我有点胆颤。总算还好，这回盖得端端正正。于是我欢天喜地地捧了这第三张入学证出了注册课。真是"一粥一饭，当思来处不易"！

站在那里等的时候，不知怎样想起一副春联："天增岁月人增寿。"老了。

我更想起另一所学校里一位工友管着上上下下两座楼房，七八十学生的杂务。也想起另一处注册课，一个人将北大这一屋子的活全做了，而且做得没漏洞。

如果北大"老"，仅只老在这种地方，则可以休矣！幸得还并不如此。

当你下课回宿舍，迎面走来那头发花白的老门房，一言不发地从一堆信里捡出一封来给你，没错，准是你的。也许你诧异你搬进来才不几天，这几百人中他怎会认识你？不相干，岂在乎你这一个！他脑中一本四十年雪亮的账，当初谭平山住的是哪间房，顾颉刚和毛子水是同屋……他可以如数家珍地告诉你。

摩娑着刻了"译学馆"三个大字的石碑，我们缅怀当年住在这里面的人，每月领四两学银的日子。在三院大礼堂前散步，我们追念着轰轰烈烈的五四运动时，多少青年人被拘禁在这里面。徘徊于"三·一八"殉难同学纪念碑前，我们想起这国家的大难就有待于青年的献身。这一串古老的历史的累积，处处给后来者以无形的陶冶。我们埋头，从图书馆、实验室中去建立我们国家的新文化；我们苦斗，在学生运动中写上了"一二·九""一二一六"的史诗。北大的历史愈古老，北大的精神更发扬！文化教育都不是一朝一夕能有成就的，北大地质馆里几十年收集编制的标本图表，物理化学实验室里精美的仪器，图书馆中一年比一年多的图书，没有一处不使我们感到"北大老"的可贵！

现在这一切好的、坏的老北大全给敌人破坏了，我们要打回去，用年轻的勇气，重建起年轻的"老北大"来，去掉那一切腐旧衙门气，那么北大之"老"才是百分之百的值得骄傲了！

## ·沙滩·

在一个"天阶夜色凉如水,卧看牵牛织女星"的晚上,一位朋友问我道:"下个月你将在哪里赏月呢?清华园?未名湖?还是沙滩?"这话问得非常有诗意。"沙滩"两个字,在神韵上一点也不次于清华园或未名湖,于是我就到了沙滩。

"沙滩",却并没有一粒沙。它只是介于汉花园、银闸、北池子、景山东街之间一个路口的街名,但它之在北平,是和马神庙同样,代表了它本身以外的崇高意义——北京大学。这地方看来虽不美,但正和北大一样,有着极深的"内美"(Inner Beauty)。更何况它的周围绕着很美的地区?在东面顺着北大的砖墙,出了汉花园东口,一道小河,两行绿柳,直引你到三院去,这就是五四时代大家艳称的"写完于北河沿"。直到今天,当你课前课后,走在那荫道上,还可以平添三分清智。如果你高兴,更可以在大树下静看秋天悬下来的虫子,或观察一只结网的蜘蛛垂下丝来,在你面前摇晃。也许你吹口气将它荡了过去,又看它荡了过来,因此而忘掉了课。但你也正不必发愁,因为教授们既决不会来查你缺堂,而你也许就在这小虫儿的启示中完成了一篇新哲学或作了第二位伽利略(Galileo)。

汉花园东口峙立着著名的一院大红楼，虽说个个人都为它的逾龄服役担忧，但每天仍有无数知名的学者和不知名的未来学者进去，出来，做着文化上承先启后的伟大工作。尤其每年夏天，足有三四千青年集中到这里，坐满了上上下下四层楼大大小小的课堂，来作一年一次的龙门竞跃，每到这时候，我们更为这大群人捏两把汗。可是大楼却有着蔡先生提倡的骆驼精神，始终是老当益壮。听说现在已作了日本兵营，地下室印讲义的印刷所变成了马厩和黑牢。我觉得现在是大楼粉身报国的时候到了。

沙滩往北走是东斋和松公府，这里藏着我们智慧的源泉。从二十四年以后，这里耸起了三座立体型的洋楼，中间那座图书馆，更是分外的窗明几净。每当我坐在这现代化的大阅览室中读古书时，总涌起了一种极端的愉快。我感谢自蒋校长以次的各位先生赐给我这种幸福，这是过去在北大的老大哥们所梦寐祈求而不得的。

松公府往西拐的一条街通到二院、西斋和五斋。二院是我们的科学家们活动中心，别人除了上大班课是不常去的。但这古式的清代四公主府，却给人以幽静的好感。红柱的大礼堂前砖砌的庭院异常平洁，当中一个小荷池，四面几张长坐椅，左右亭亭对立着两棵罗汉松，"花气袭人知昼暖"，课余小息于此也不亚神仙。转到堂后，又是一番景象，静寂寂的院子，悄悄的不见人影，花池里几棵怒放的玉兰花招来成群蜂蝶，点缀了寂寞中唯一的热闹。我最爱饭后一个人踱到这院里来，席地坐在阴凉的花下拆读刚才收到的情书。花香，清冷，悠远的沉思，浑然自忘。

再往后面去最后是一座破旧得不能上去的高楼。孤零零的一个院子，人迹罕至。有时一阵风过，吹得人一身寒噤，仿佛带着三分鬼气。

沙滩往西就是北平最美最平的那条北池子北口。隔着满开着荷花，宽宽的护城河，耸立着玲珑剔透的紫禁城角楼，朱红的隔扇，黄碧的琉璃，在绿树丛中时露出一窗一角。平平的柏油路，覆着两旁交叉成盖的洋槐浓荫，延伸着向南，朱门大宅分列道旁。向西望去，护城河的荷花顺着紫禁城根直开入望不清的金黄红碧丛中，那是神武门的石桥、牌坊，那是景山前的朝房、宫殿。我尤爱在烟雨迷蒙中在这里徘徊，我亲眼看到了古人所描写的："云里帝城双凤阙，雨中春树万人家。"

北大人是在这种环境中陶冶出来的。

## ·"拉丁区"与"偷听生"·

沙滩附近号称为"中国之拉丁区",这一带有着许多许多的小公寓,里面住着一些不知名的学人。这些人也许是北大的学生,也许不是。这些小公寓通常是一个不太大的四合院,院中种上点鸡冠花或者牵牛花之类,甚至有时有口金鱼缸,但多半是并不十分幽美的。东西南北一间间的隔得自成单位,里面一副铺板,一张窄窄的小书桌,两把凳子,洗脸架,运气好也许还有个小书架。地上铺着大小不一的砖,墙上深一块淡一块,裱糊着发了黄或者竟是发黝黑的白纸,衬着那单薄、残废、褪色的木器,在十六支灯光下倒也十分调和。公寓的钟通常比学校的快半点,这样,老板娘夜间好早点关电门。在这里面的物质设备,尽量保存着京师大学堂的原状:不干净的毛房,雨季从墙里面往外渗的霉气,每天早晨你得拉开嗓门洪亮地喊:"茶房!打水!"但是有着成百成千的人从几百几千里路外来到北平,住到这十九世纪的公寓里,恋恋地住了一年、两年,甚至三年、四年,直到逼不得已,才恋恋不舍地离开。甚至到了西北。还有一位不是北大的朋友,三番两次地向我赞叹中老胡同(著名的三老胡同就是沙滩附近布满了公寓的东老、中老、西老三条小胡同)的公寓生活。他说他第一次到北京,冬天的半夜里出了车站,坐着辆洋车在漆黑中摸索到一位朋友住的公寓里,轻轻地推开门,小小的房,小小的煤炉已经冷冷的只剩下了一点烬火,万籁俱寂,一枝短短的洋烛,伴着那位朋友伏案疾书。这一幅图画给了他一个永世不磨的印象。

就这样,多少的无名学者在这里苦学,埋头!

因为这是一个最理想的学习区域。公寓的房钱,好一点的四五块钱够了,坏一点的一两块就成,茶水、电灯、用人,一切在内。吃饭,除附近的便宜小饭馆外还有最便宜者,几分钱就可以吃饱一顿。读书则去窗明几净的北大图书馆,不论你是不是北大学生,绝对将你当作北大学生似的欢迎你进去。如果你高兴溜达溜达,顺便检阅一下崇祯殉国的煤山、宣统出宫的神武门、供玉佛的团城和"积翠""堆云"的金鳌玉𬯎桥,你可以大模大样走进那钉着九九八十一个金黄钉子的朱红大门,踱过那雕龙舞爪的玉石华表,以一位主人翁的姿态进入金碧辉煌的北平图书馆。我想老杜如走到这里来,他一定也张开嘴笑了。这是民主国家的寒士,强过盛唐的拾遗之处。

而最痛快的是求师。北大的学术之门是开给任何一个愿意进来的人的。在这一点上,我觉得全国只有北大无忝于"国立"两个字。只要你愿意,你可以去听任何一位先生的课，决不会有人来查问你是不是北大的学生，更不会市侩也似的来向你要几块钱一个学分的旁听费。最妙的是所有北大的教授都有着同样博大的风度，决不小家气地盘查你的来历，以防拆他的台。因此你不但可以听，而且听完了，可以追上去向教授质疑问难，甚至长篇大论地提出论文来请他指正；他一定很实在地带回去，很虚心地看一遍（也许还不止一遍），到第二堂带来还你，告诉你他的意见。甚至因此赏识你，到处为你揄扬。这种学生是北大极欢迎的。虽然给了个不大好听的名称："偷听生"。

就这样，形成了"拉丁区"最可贵的区风——浓厚而不计功利的学术风气。

自然，有一部分"偷听生"是以此为一阶段，藉此准备考试或升学，但也尽有毫无别意为学问而求学问，一年又一年"偷听"下去的，并且所产生的英雄并不少。听说沈从文就是此中人物。而常在《独立评论》上发表极精彩的文章，为胡适之先生所激赏的申寿生，也是"拉丁区"的一位年轻佳客。

这班不速之客和北大的学生平分天下。许多在班上常见的面孔，在北大的浴室和球场里也常见到。熟到使我们在别处遇着时，义不容辞地自动愿为他们证明学籍，偏偏他们婉谢了："我只在北大旁听了两年。"同时，又有许多真正的北大生，却成年地看不到他们上班，直到学年考试时才来应一应卯。好在这时"偷听生"都不参加的，正好腾出位子来（正像平时他们腾出位子来一样），使教室里坐得如常舒畅。

学术是天下的公物，"胜地自来无定主，大抵山属爱山人"！我希望北大精神能风行全国！

· "凶""松""空"三部曲 ·

"偷听生"是好学的。相形之下，正式的北大生反不来上课，岂不是太自暴自弃了吗？从而有人编出了一套说词："北大三部曲：投考时是'凶'，入校后是'松'，毕业肚中'空'。"此中得失，不妨细细道来。

每年夏季，天下英雄，会于燕市。这些才出高中的青年们目标类皆集于北大与清华。因此两校有着最优先的机会选拔最优秀的学生。通常报考的人，在北平一处即在三千以上。但录取的名额一总不过三百多人。两者比例的悬殊至少是十与一。换句话说，每一个考北大的学生，都得压倒二千七百以上的竞争者，才能进入门墙。当你走近大红楼，看着无数无数的年轻人从四面八方涌来，蓝布大褂、西装、学生服，墨盒、自来水笔、三角板、圆规，漂亮的、不漂亮的，城里人、乡巴佬，黑压压地将大红楼围住，在心灵上你就不因不由地受了威胁。当你依照准考证的号数，也许是三千五百八十一吧，找你的座位时，好容易才寻着了，门口"第五十七试场"的白纸条，也自然而然地引起你的惴惴。这时毫无他念，一心一意只有许愿，"如果让我考取，我一定不再像从前那样马马虎虎，我要特别用功，十分守规矩"！偏偏题目有时却故意古古怪怪地为难。

所以"凶"字是有相当根据的。

待到榜发，竟然高中，自然欢天喜地。盼到注册那天，一老早就去二院等着；报到，缴费，选课，一切手续办妥，最后记起去买了那个愁眉苦脸的北大证章，将他向帽子或大襟上挂起，眉开眼笑地走出大门，昂昂然成了"北大人"了。可是，从此也就很少人来管你。

你爱住在学校里，可以（只要你有办法弄到房子）；你爱住在家里，也可以；你爱和你的爱人同住在公寓里，更可以。你爱包饭，可以；你爱零吃，也可以；你爱吃一顿面，再吃一顿大米加包子，更可以。推而至于：你爱上课，可以；你不爱上课，也可以；你爱上你爱上的课而不爱上你不爱上的课，更是天经地义的准可以！总之，一切随意。

这样一来,你没主意了。试场里的心愿也许就飞到九霄云外。

指定给一年级住的三院,学校规定锁大门的时间,是午夜一点钟。正好中和,哈尔飞散戏回来赶得上。其实这还是说傻话,你就再晚点回来,还不一样开门?只要你过节时多赏门房两块钱就是。甚至你一夜不回来,又有哪个理会你?耽误了的两天上堂,只要你不选那蹩扭教授的课也就毫无问题。事实上我知道有位同学住在西山养了半年肺病,变得白白胖胖的回来参加考试,依然如期毕业。因为只要你选那好说话的老师,则"指定范围"之外,还可以正大光明地做"滕文公"。无论如何,能进北大的决不是低能儿,总不至于连抄的地方都找不着吧?六十分是易如拾芥的。

就这样,在五分钟步行可到的东安市场里,只要你愿意晃晃,就可以将四年晃过去。所以,"松"字也是有相当根据的。

但是,"空"字却毕竟得重予考量。真正"空"的人究竟还是少的。为什么呢?因为虽然我上面将"松"字的极端,不为亲者讳地坦白写了出来,但对于大多数人,北大之"松"却成为了一种预防疾病的抗毒素,甚至对于许多人更是一种发挥天才的好机会。

北大的教育精神是提倡自立、自主的。进得大学，年纪有那么大了，应该懂得了辨别是非。给你逛窑子的机会你不逛，那才是真经得起试探的人；给你抄书机会你不抄，那才是真有读书心得的人；将你搁在十字街头受那官僚封建腐烂的北平空气熏蒸而不染，那才是一个真能改造中国的人。关在"象牙之塔"里受尽保护的，也许出得塔门，一阵风就吹散了。但丢在社会的洪炉中七上八下锻炼过的北大生，却也许什么都可以不在乎。自己的行为自己负责，宿舍的大门是锁不住人的。而事实上，近年浓厚的学术空气使大家的志趣都倾向于学术的竞争，没有心，没有时间，也没有精神去注意声色犬马。到市场里听四年戏的时代到底过去了，而"松"的唯一结果却是天才的充分发展。

北大有一种特别规定，入学考试如果有一两门惊人地出色，则即使总平均不及格，仍旧可以取录的。入学的第一年就分系，不必读多少普通课程就可以选专科。所以显而易见是一种鼓励天才的教育。在这种奖励下，于是一般的人都在各就所好，专心发展。往往在他们的心目中，只有他注意的这门学问是重要的，其他全可从简。当他逃课的时候，其实就是全付精神研究学问的时候。我们常听说某某人英文考试年年不及格，以至于毕业都成问题，但在国内研究金文的，他已是权威学者之一。也听说过某某教授开讲中西交通史，第一堂就有位同学呈给他一部自著的中西交通史稿，使教授为之变色。这种人才是别的学校不易产生的，而北大所在皆是。

北大和清华是正相反的。清华门门功课都要不错，个个学生都在水平线上，你不行的非拉上来不可，你太好的也得扯你下来。北大则山高水低，听凭发展。每年的留学生考试，五花八门的十来样科目，北大向例考不过清华。但北大出的特殊人物，其多而且怪，也常是任何其他学校所赶不上的。所以"空"字得予以保留。四十五年来的北大贡献可以证明这个字的不确。

· 吃 ·

吃，在人生中是一件天天接触，不可或缺的事，是一件极重大的问题，同时也是一件极愉快的享受，谈北大自不能不谈北大的吃。

北大的吃是自由的、方便的、价廉物美的、各得其所的，比较上说来，问题之解决是容易的，因此在享受上是愉快。

北大的吃是绝对自由，爱怎么吃就怎么吃。这种自由在初享到的人实在有点不惯，尤其对于过惯了规律生活、集体生活的人看来，简直有点像在黑地里的人，蓦地进入了照耀着五百支光的电灯前一样，有点眩。我自己是过了上十年教会学校严整生活的人，尤其在北大前，整整两年，是闻锣而食（那学校很保持着山东的犷野美，吃饭是以声闻数里的大锣为号召的），聚桌而餐。到了这里，没有了，什么也没有，锣声、钟声、号声、铃声、哨声全没有，来叫你吃饭的，唯一的是你肚子里的肠鸣。如果有时出于偶然的机缘，你没有注意到这肠鸣，则活该，你这一天可以想不起吃饭。我自己就有过一回，我相信北大的同学不少有这种经验的，为着赶点东西，从早上坐下，待到抬起头来，糟糕，已经三点多钟了。这在别的学校里是不大可能的。

对于吃饭的方式你可以随意选择。包饭可以便宜些，一月通常自六元至八元，但吃包饭的似乎却不多。为什么？因为他违反了北大的自然规律——自由。在实际上说，包饭确有它不便利处。譬如你住在三院，每天到一里路外的一院上课，或一里半外的二院去实验。你将饭包在三院，则上完课特为赶回吃一顿午饭非常别扭；如果包在二院西首的西斋，则你下午也许上了一堂课，就没有了，还能为这一顿饭老在西斋晃？更何况有时你还会到更远的北平图书馆去，赶回来的车钱就够你在外面吃一顿了。而对于包饭的人少回来吃一顿就是一次损失，这种损失加上去，也许还不如零吃便宜。因为在北大附近，零吃实在是太方便而价廉了。

沙滩一带，像公寓一样，林立着无数的小饭馆，卖面食、卖米饭的全有。走进任何一家去，花半个钟头工夫（一般效率都非常高，很少叫你候到半点钟以上的），费几分钱到两毛钱，就可以吃饱你的肚子。两毛以上一顿是极贵族的吃法，大概是在沙滩第一流的馆子，福和居之类，吃到两菜一汤，而菜还是时鲜，才会如此。普通客饭一荤菜（如北大的特菜"章〈张〉先生豆腐"之类）一汤，花卷米饭管够，卖一毛五至一毛八，已经比今日八百元一月的饭强了。如果吃面食，更便宜。水饺四分钱十个，一毛二足够；馅饼十个八分钱，又多油，又多肉；而最经济是吃面，三碗面皮六分，小碗麻酱四厘，六分四吃得饱饱的了。如果，你不在乎自己大学生的虚面子，上汉花园那小食摊上和洋车夫并排坐在那矮长凳上啃大饼（的确有这种受经济压迫的苦学之士），自然更可以省钱。反之，如果你想来一次豪举，邀上一两个同学到市场上去吃东来顺，要上一桌子菜，大盘小碗甜的咸的都有，一次也不过八毛几。写到这里几乎使人想到"尧天舜日"。自然我们更看清楚些，就明白那只是"燕巢危幕"而已。

我们上面提到的福和居，是一家四川馆子，本来在景山东街路南，后来扩展到路北，占了三开间的铺面，菜做得确乎不错，虽是最贵的，但仍生意兴隆。普通典型一点的饭馆是二院斜对过东面的中山食堂，西斋斜对过的华盛居，东斋隔壁的海泉居，汉花园路南的某饭馆。海泉居后来虽然关门了，但它楼上壁间挂的那副署名"胡适之贺"（也不知哪位同学开的玩笑）的对联："学问文章，举世皆推北大棒！调和烹饪，沙滩都说海泉'成'！"确乎吸引了不少的顾客。以卖面食为主的，东斋对过有两家。但我要特别提到的，一是北池子北头的一条龙，一是景山东街路南的悦来居，一条龙以拉面见长，吃起它那炸酱面来，一根根到口里咬着都有斤两。悦来居则以稳快价廉著。什么都有，家常、荷叶、馅饼、炒饼、炒面、烩饼、汤饼、片儿汤、豆沙包、肉包、花卷、米饭、炒菜……到这里稳可以有你爱吃的而且口味还都不坏。买卖是真好，可是只要你点得不太特别，很少叫你等得不耐烦。不过说来抱歉，当北平陷敌后我走出时，还欠了他们好几块钱账。当时曾许下愿打回来时以百倍偿还。想不到现在物价竟然超过百倍了。

当然我们决不能遗漏西斋的食堂。这里的老板据说自光绪年间就包下来了，的确是价廉物美，比沙滩普通饭馆的便宜又胜三分。他这里的小盘小碟小馒头出品，馒头向例两个对粘在一起，也不知他怎样蒸的。菜少则四分一碟，八分一件的已是很好的纯荤菜了。因为碟小，所以可以多叫几样而仍可以吃光，不像别家大盘的单调、浪费。三院有他的分号，但不知为什么，总办不了西斋那么好。

我还应当提到另外一种吃法。当我们没有课，在宿舍里不愿意出来时，每每叫我们的老路出去拿一毛钱买十个包子或烙两张饼加葱花麻酱。这样吃分外的节省时间，还香了一屋子。

如果你常去北平图书馆，你一定也不会少在那桌子洗得发亮的食堂（真称得起模范食堂！）内享受那两毛钱一顿两菜一汤，大蒸糕和米饭。

至于早点，则有上中下三种吃法。上等的在一院对过吃那五分钱一件的西点，喝西米粥或糖牛奶；中等的在东西斋对过面包铺喝"酱冲整"，吃豆沙、山楂面包；下等的在沙滩路口，风雪无阻，有一位和善的老头歇着一挑担子卖三大枚一碗的杏仁茶。这浓腻香甜的杏仁茶啊，配着那才炸出来的焦黄果子夹热烧饼，有六年没有吃到了！我想念，它点缀着北平，点缀着北大，使我们格外地想念那可爱的遥远的北方！

· 住 ·

北大的公寓生活向来是有名的，但自从二十四年秋新宿舍完成以后，除了有特殊原因者外，很少住公寓的了。所以新宿舍在北大住的方面是划时代的一块界碑。我幸而赶上了前一时代的尾巴，得领略老北大的滋味。

老北大的住是非常畸形的，不但宿舍分散和局促，并且有着极浓厚的"封建"，不，该说是"英雄割据"的色彩。每一间房子每一张床位，全是"兄终弟及"的，学校总务当局无力过问。如果你有熟人，而刚好他毕业要离开，那么即使你是才入校的小弟弟，一样有床位，而且也许是西斋最好的房。如果你没有熟人，则你凭着入学证向事务课跑一百遍也白费，没人理你的碴儿。事务负责人也丝毫没有感到这是他的责任。现象发展得极端，于是常常寄宿舍内住了一大堆校外人，而正牌学生却不能不住公寓。你没有见过"北大寄宿舍"内宿的校外人呢，那的的确确连个"寄"字都省了，从精神以至肉体，是百分之百的"宾至如归",用句洋文说是"at home"。

可是正式北大生苦矣!不但平常添了一笔公寓费,连带着来的是公寓中的嚣乱,老板娘的脸色,查店人的麻烦,还有冬天的生火问题。北大宿舍中虽然自由,但到底有些事不会有。但在公寓里,万一隔壁房里打一夜麻将,你也只得陪他熬一夜。公寓么,爱住不住。到了冬天,学校宿舍里,一屋一个洋火炉,公家的煤,生得暖暖的。住公寓,则一切自备。我自己还赶上了这么一个狼狈季节,秋天到校,没有房子,住校外是天经地义。眼看着天一日冷似一日,该穿的衣服却已经穿上,学校的洋炉也生了,依理自己得准备炉子和煤了,事务课却告诉我一个好消息:下星期可以搬三院,这何必再费钱费事了呢,就冷它一个礼拜吧。熬到下礼拜,"不行,还得一礼拜",再熬一礼拜,"还得一礼拜"!不知转了多少期,简直把我"陷于挂形"。到得后来几天,冷得实在没办法,穷则变,变则通,想到一个长期抵抗的对策。每天钻出热热呼呼的被窝洞就钻进温温暖暖的北平图书馆。在那里吃,在那里拉,直到晚九点它摇铃将我们几个零零落落的"寒"士赶出来。如果它能容许,我一定还在那里睡。可惜当初设计尚不周全,我只得咬紧牙根,冲寒冒冷的回到公寓,立刻钻进被窝。这生活维持到十一月底，冒着大雪迁入三院为止。

三院那时已经调整，除了少数储藏室外，整个划作一年级和研究生的宿舍。指定了乙巳楼（入门正对面那建筑，在网球场边上的）给研究生，其余工字楼等都归一年级住。工字楼本来是课堂，一间间大大的，住上七八人至十余人还很宽裕。每人一桌、一榻、一凳、半个书架。不过有一点很特别，屋子里常常纵横交错像演话剧似的挂了许多长长短短、高高低低的白布幔，将屋子隔成一小块一小块的单位，这表示北大人一入校就染上了个别发展的气味了。

乙巳楼是上下南北共四间大屋子，各用木板隔出六小间来。每人一间，一个炉子，但板子只隔了一丈来高，上面仍是通的。"鸡犬之声相闻"，一言一动均在同学"鉴中"，所以大家就索性利用这伟大的空间，隔着好几间屋子，打起无线电话来了。不过糟糕的，这六间房经常总有好几位缺席。向例主人不在，他那屋不生火，所以表面上一小房间一个大洋炉很不错，但待到"轻烟散入五侯家"之后，这屋子也仅仅维持不冻而已。

电灯用得非常痛快，从公寓老板的压迫下解放出来，像报复似的买了最亮的灯泡点。亮得怕伤眼睛，于是高高的吊起它来。这种心理现在想想实在奇怪。熄灯在每晚十二点钟，于是我们多半到十二点才睡。

厕所，却不敢恭维，虽不算太脏，悬空四尺的楼板将你和粪堆勉强隔离，但你到处看到绿头金头的大苍蝇，从胯下更看到成千成万的大大小小的白色软体动物在蠕动，还有大耗子一面尖着眼瞟你，一面吃屎。到冬天，则一阵阵寒风从下面直透上来，吹得你心寒，还带臭。盥洗室比较可满意，在工字楼地下室，有冷热自来水，可以自己取用，不必像在西斋那样老爷味十足地喊："茶保打水！"

到季节时，三院的网球场生意很好，但背后大操场上却很少见人打球。这是因为住三院的同学，真正的活动中心还是在大红楼和三院的缘故。操场旁那座礼堂却常给我们添许多麻烦。这是开会的地点，一到开会时，雄赳赳的纠察队拦住三院门，我们就无形软禁一天。更有时包围圈外再有大包围圈（北平市警察宪兵和二十九军的弟兄们），则我们或竟至于饿饭。那回纪念郭清的棺材就是推倒了操场的墙，才从孔德小学的大门突破包围抬到南池子口的。

正统典型的北大宿舍却不是三院，而是东西斋。东斋的院子不大，房舍较小，格式很简单，一排排或朝南，或朝北，都是一房间住两个人。位置在一院西墙外，大门也是向西开的。房间比较小，两个人住勉强的还算舒适。但常常仍是白被单中悬，隔成两个转不过身来的狭窄长间，但房主人却以此为快。据说有同屋四年,见面只点点头儿,一句话没说过的。西斋在二院旁,有极深的进道,两旁一排排的房子分作天、地、元、黄等字号。房间较大,在新宿舍未完成前,是最好的房子了,也是一间两个人。这里隔离的工具却是大书架子,里面充满了臭虫。厕所似乎也比三院的更不舒服些,我还记得那门背后古色古香的大尿桶。

从深深的进道一直进去,可以到食堂。食堂以北,人就不常去了,当然那里仍有好几排宿舍。这进道我也曾"探过险",其尽头右手直延到二院北墙后,有一排寂寂静静的房子,左首有两间缺格扇,少门窗,尘满蛛封的屋子,当中孤零零放着张乒乓桌,也没见有人利用。空气凄清,森森然像到了《聊斋》上描述的地方,人家告诉我,就在这里葛天明先生的爱人上了吊。这是曾轰动一时的事件,其影响于我们这一代的是宿舍门口挂的那块"女宾止步"。但我们这一代毕竟是开创时代的"英雄",我亲眼看到这牌子怎样被一大群同学摘下来掷上天空,待落地时又捡起来劈作两片。

女禁之重开是由新宿舍起的。

蒋校长为新宿舍费了不少心血。而这楼完成之后,北大宿舍乃压倒了燕大、清华。这是四层楼立体式的钢骨水泥建筑，在一院空场的最北头，远远看来，像一座兵营，里面的格局也很特别，口字形缺了一面半，当中圈住一个空场，楼内自上而下纵切而隔成各不相通的八部分，每一部分有一座精致得很的楼梯，里面每层七八间形式各别，妙处不同的房，十分适合北大爱好个别发展的胃口。更妙的是一人一屋，偿了几十年来北大同学求隔离的宿愿。每间屋附着一小间放箱子挂衣服的暗室。热水汀，弹簧锁，配合而调和的特制家具，摩登舒适，使你完全忘了这是老北大。每一层有一间盥洗室，冷热水管，应有尽有；大小便抽水设备不必说，还分成了马桶和坑两式，于是"南北咸宜"。光线、空气、清洁，一切卫生的条件都具备了。

而够资格享受这福的是四年级。他们享的福还不仅在此呢。新宿舍没有总门，可说得是四通八达。大概那块"女宾止步"的小木牌也因为没有一夫当关的适当地方挂，所以从头就没有出现。因此四年级的同学得以在自己的房里招待女友。这大为其他同学所侧目。"见贤思齐"，于是东西斋三院的木牌，就在学校当局默许下被尸裂了。

至于五斋（在西斋二院夹峙保护下的女生宿舍）那块"男宾止步"的牌子是如何结果，我却不清楚，事实上后来里面不断地有男同学去，详情则不得而知了。

· 课程与图书 ·

从一个文学院学生之眼中看起来，最重要的两件事是课程和图书，就这两方面说，北大是很理想的学校。记得我第一次站在布告栏前，看看那公布的课程表时，我目迷五色的像一个乡下人进了城，更有点像老饕坐在餐桌旁，看到了一张最丰富精美的菜单，样样都想尝，可是肚子装不下这么多，点了这样又舍不得那样，单单史学系本身开的课就整整三十门，几乎每门都是著名的教授讲他最见长的功课。其他政治系所开张忠绂先生的中国外交史，经济系所开陶希圣先生的中国社会经济史，中国文学系所开胡适之先生的中国文学史，哲学系所开……都还在外，怎样办呢？

依照规定，我只要选两门六个学分就够了，结果我乱七八糟旁听了十几样。从一年级的必修科听起，直听到西洋史，皮名举先生高亢的湖南国音，可是仍旧不能不放弃了顾颉刚、傅孟真（斯年）等先生的课。当我向文学院院长室秘书卢迪曾先生请求下条子发这课的讲义时，他很不以为然地说："听这许多课干什么？"果真，这许多课把我忙了个不亦乐乎。不到一个月，一门门的被迫放弃，结果精力只够应付在几门上，可是这几门课对我的教育是非常深刻的。

例如赵万里先生的中国史料目录学，虽然只是史学入门的课程，但他将几千年来中国历史史料的来源、内容、演变、分散情形、重现经过、可靠性，等等……原原本本，一五一十介绍给这班青年史学家。也不知他怎么对于史料这样熟，真所谓如数家珍。就凭这一课就使人不能不羡慕北大史学生的幸福。

除了多之外，北大课程之另一特色，是专有许许多多奇奇怪怪的课，在别的学校绝不会开的，它这里有，例如梵文，例如佛学。常常北大用最重的待遇礼聘这种绝学的学者，一年只开一门课，每星期讲一两点钟，而这种课常常只有一个人听。

这在经济的算盘上讲，也许是不划算的，但是我们不要忘记北大是全国最高学府啊，这里再不养这种专家，则中国文化的某一方面也许就绝种了。

也正因此，所以北大格外欢迎"偷听生"。

北大学生的畸形发展和课程可未始没有关系。他们一入校就分了系，而所有的功课都是年课（Year Course），一开就是一年，本年开的，下年多半就不开了。史学生在四年中如果仅仅只将中西史基本课程从头选一遍都得赶着赶着紧紧凑凑地选才不至于遗漏。连文学院别系的课都难去上了，哪里还有功夫像清华学生似的去学生物、物理。

至于图书馆和图书,北大是很如人意的。图书馆大楼(民国)二十四年秋方才落成启用,立体式凸字形的建筑。后面那尾巴是书库,前面朝南的两翼,包含着东西上下四间大阅览室,楼下西间是中文阅览室,东间是外国文阅览室,楼上西间是杂志阅览室,东间是特别阅览室,因为已经足够用了,特别阅览室通常总是锁上的。每间阅览室,四壁都粉刷得雪白,而其中间两面,开着自天花板下垂,直到齐腰的最新式铁格大玻璃窗,窗内张着厚厚的深色大窗幕。冬天时从南窗晒进一屋子的太阳,光明而温暖,夏天则厚厚的大窗帘可以将东西晒的炎阳挡了出去,而在室内留下清凉的福地。廿来张大阅览桌,整整齐齐地排列成两排,每张桌两旁整整齐齐放着八张很舒适有扶手的靠背椅。每个座位前有一盏漂亮摩登古铜支架的桌灯,电线藏在你看不见的地方。只要在那玲珑光滑的小纽上一旋,就可大放光明。靠北墙从这头到那头一字排开放着一式一样高低,宽窄厚薄的大书架,架上放着普通参考书。中文阅览室,架上是《二十四史》、九通、百子、各大家文集,等等一式的蓝布壳子,外面贴着一样大的白纸标签,满满站了一壁。外国文阅览室架上则是《大英百科全书》(好几种不同的版本),法文百科全书,日、俄、德、法、英各国的字典、辞典、名人录、年鉴等。杂志阅览室则是最近到的新杂志。这些架上的书是听凭取阅的。每室入口的北手，有一个小柜台隔出来的角落，里面坐着图书管理员，也有些书架，若干地图、辞典放在架上。这些和中文阅览室南墙靠窗玻璃柜中所装的新书，是须要开条子将借书证抵押在管理员手里才能借的。

阅览室的门都开向当中的大厅，厅中北部一个大柜台，这是通向书库的总出纳处。较专门一点的书，得向这里用借书条递进书库里去取，北大图书目录片虽尚未编好，但也有一种特殊便利，你只要开出书名、著者、版本送进柜台，管理员自会替你去找，不必自己弯腰驼背地去翻目录片，北大藏书相当的丰富，我常为着一些问题，动员好些版本的正史。从检查便利的开明版二十五史起，到五洲同文本、汲古阁本、局本、殿本、百衲本、明南监本，以至于元版、宋版，得心应手地取来，而每每因之查出许多世传的讹错是由于后来版本之误刊，这种快乐是很可珍贵的。

有一次陈受颐先生领我们进书库去看有关中西交通史的书，上上下下走了一遍，他时而拿起一本大而厚的洋书来，里面的字花花哨哨的我认不得；时而捡出一本金碧辉煌文字像画图似的经典来，说是十五世纪欧洲修道院的手抄本；时而拿起一堆小小六十四开的本子，说这是在巴黎冷摊上访来的，全世界只剩下了几部；时而拿起平平凡凡的一薄本，说这是全东亚（包括日本）唯一的一册。我只有张大了嘴惊叹，敢情北大还有这么许多宝贝。

走过善本书部，一眼看到架上卧着的一部"第一奇书"，我不禁微微地笑了。介绍北大自然不应当忘记了它。

这还是那年冬天，图书馆里生着暖暖的水汀，在阅览室里看见一年级几个平时乱蹦乱跳的小弟弟们，忽然都一动不动地捧着本大大的线装书在用功，两只眼直钉在上面移动，微微的有点晕旸，脸上红红的，像是在吃着一种醉人的甜果。叫了他们一声，抬起头来笑了笑，又低下头去，有点懒得多说话，也懒得动。"什么迷人的东西？"劈手抢过来，原来是第一奇书，还有图呢。我另捡起一本站在旁边看，慢慢的就着他旁边坐了下去，这一坐就坐了一个多钟头。还好，就凭着这一次偶然的巧遇，我见识了北大这著名的校宝，到北大来而不看一看它，是有一点对不起自己的。

其余的宝物还多得很，现在大概全部被敌人掠夺了。我们不要忘记在第二次《马关条约》时，清算这一笔要账。

（编者注：本文原载于一九四三年八月至一九四四年十二月的《东方杂志》）

## 李 素  生卒年不详

广东梅县人,早年毕业于燕京大学,二十世纪三十年代崛起文坛,著有《燕京归梦》《窗外之窗》等多种。一九五〇年入港,住港30载,后移居美国。

# 燕大学生生活 文/李 素

## ·学生自治会·

每逢提起燕大的学生生活,我总会想起校训"因真理得自由以服务"及校歌歌词中的两句:"踊跃奋进,采求真理,自由生活丰。"求真理、得自由,是人生目的与意义;服务人群是人生使命,更是本校的宗旨与精神。

校方异常尊重学生的人权,也完全信任我们的自律与自治的能力和意愿。我寄宿校园里六年,只知女生宿舍门前悬着"男宾止步"的木牌,此外从没见过宣布任何规则或禁例的告示。全体师生都享有最充分的思想、言论与行动自由。如果禁例和限制多多,生活何从丰富起来呀?

当然,有关大众的上课下课,主要门户的启闭,亮灯熄灯,膳食供应……是有一定时限的,但仍有可以取巧之处。十一点半宿舍里除了走廊及盥漱室,电灯熄灭后,你可以点燃洋烛,开其夜车。小姐们偶然玩昏了头,迟归宿舍,不得其门而入,也不妨就从窗口爬进卧室。

或者,你忽然嫌饭堂里许久欠奉鲜鱼而馋涎欲滴,大可以持竿前往未名湖畔,钓它几尾大乌鱼养在浴缸里,等有空才带往常三饭馆去大饱口福。类此种种,只要不侵犯他人的自由,不损害别人的宁静就行了。

假如当你提着几尾大鱼时,恰巧司徒校务长迎面而来,他明知你不是天天如此,也不是人人如此,湖里的鱼还很多,他绝不会惊诧或露责怪的眼色,大概只是点头微笑,也许蔼然地说:"这湖里的鲜鱼味道的确不错的。"

你是大学生,你微感尴尬与惭疚,或者心安理得,那是你的良知的自由呀。

燕大如此无法无则,宽纵学生,若是以为会天下大乱,人人为非作歹,那就猜错了。

给予学生以充分的自由,正是至高最妙的绝招。我们并非一团糟,而是识抬举,能自觉的知识分子。人人怀着轻松愉快的心情,"踊跃奋进探求真理",大多数人有自信与自尊心,就自然能辨是非、知善恶啦。

当然,原有八百多名,每年又添一百多名新的中学毕业生来自内地及港、澳、南洋各地区,难免良莠不齐。其中确有些狂妄不驯、缺乏教养、误解自由的害群之马。谁来管束?

还是让学生自己管啰!真聪明!校方寓教育于生活之中,因此我们的生活就是最具体的教育了。这又是校方至高最妙的策略:成立一个全校性的学生自治会。完全是自由民主的体制,依自由投票选举而组成的。当选会长的自然是资深、才德兼备、众望所归的老大哥或老大姊。其他职员也是各有所长、品学优良的能者。每年举行一次竞选运动,机会平等,任由角逐。

学生自治会本身就是一门人生课程,在这个小社会里实习如何筹划推进会务,做人做事,分工合作,解决困难,为全体同学安排舒适的生活及有益身心的活动和娱乐,同时是自愿奉献课余时间与精力,开始为人群服务。

这个学生自治会及其他社团,例如各级级会,各学系的学会,各门学术研究会,等等,都提供了许多便利。我们只要有余暇,便可参加各门各类的座谈会、研讨会、演讲会、辩论会等等。这些会全是训练干才的组织,更是燕大管理学生最得力的辅助机构。校方只自居顾问的地位予以指道,如有困难就协劝解决。若要推行某种规则或制度,也就交由各该社团分头办理。如此一来,校方既节省了无限气力与麻烦,又发扬了民主作风,也表示了对学生的信任,而学生更获得实习之益,一举数得,皆大欢喜!

多年来留下美好的深刻印象,令同学们念念不忘的就是燕大学生自治会。历届的会长与各部职员,费无限心神、气力和时间,乐意为全体同学服务,任劳任怨,但求尽忠职守。那种牺牲精神与合作的诚意,使我无限敬佩!

学生自治会的确日治万机,琐事做尽。他们设法经常为十座男女生宿舍,及附设的饭堂,维持良好秩序,招请厨师办理适当的膳食。分配各种运动的场地和时间,选择及安排合时合适的娱乐节目,按节序组织参观团和旅行团,及编印多种刊物。凡此种种都能使众师长与同学深感满意。他们的优异才能和辉煌丰盛的成绩,稍后再加表扬吧。先说校方举办的节目。

每年秋季开学后不久,校方选定天朗气清的日子,举办郊游大会,招待全体师生畅游颐和园。人数盈千,陆续乘校车出发,的确阵容盛大,声势浩荡,令人兴奋。

颐和园是清朝的皇家花园,面积奇大,约二百九十公顷,各式大小建筑物三千余座。万寿山上秋叶正繁,杂花处处,映衬着殿宇亭台,朱楼翠阁,连同铜牛、石舫,摇漾于昆明湖的波光云影里,真是风华无限,景象缤纷。有铜亭古雅,有袅袅长廊,有佛香阁、智慧海、多宝塔、万寿堂,更有十七孔桥像长龙跨海,气势如虹。总之,胜地多多看不完,四周美景都足以醉人心魄。远望漫山遍野都有燕大的师生,到处有笑脸相迎,欢声洋溢。这么个盛大热闹,有吃有玩的园游会,让新旧老师和新旧同学,对学校及彼此之间都增进了了解和亲切感。如此随意联谊,不亦乐乎?岂不妙哉!今时今日重温旧梦,依然姿彩缤纷。

· 学海无涯 ·

优良的师资与丰富的藏书,同是高等教育不可或缺的重要成分。在教学相长及学术增进上,两者是红花绿叶。

本校图书馆是壮丽的殿宇形式,前后有大门,出入便捷,也减少人影幢幢的扰攘。楼下是宽敞的阅览室。排列整齐的长桌上有光管。有靠背有扶手的半圆形交椅,久坐也不觉劳累。二楼是一层浅狭的阁楼,简直是戏院里的包厢,每一间都有长桌和两排椅子。探头下望便见阅览室中书虫满座。这些是供研究生或教授各据一厢,堆放应用书籍,随时到来钻研的。

三楼是书库。书架像列阵的军队,满眼是挤得密密麻麻的中外图书,确实数量难以查考了。据说有三十余万册,其中有些善本书和珍本书,是中国稀有的国宝。

图书馆和学生生活实在有密切的关系。上课的钟点并不多,所以有不少人喜欢常来泡在无涯的学海里;尤其是晚上,往往座无虚席,来迟了的,惟有怅然踱回宿舍去。

本校既拥有众多优越的师资及藏书极丰富的图书馆,而又尊重思想和言论自由。无论哪一教的教徒,哪一党的党员,都兼收并蓄;说神说鬼,往左往右,一听尊便。于是师生都放胆研究,自由著述之风大盛,进展神速,还不到十年便已攀登世界学术的水平,被列为一流的学府。

本校是基督教几个教会联合开办的,宣扬基督教义自是理所当然。

全校师、生、职员及工友中,基督教徒约占十分之一,但燕大确实是一间质素极优良的基督教大学。奇怪吗?司徒先生说过:"传教士的工作尽可在多方面冒险式的表现基督教生活方式。燕京校友,在我看来,最能供给这种机会。"他的意思是,用口传教之外,更该用自己的生活、行为、事迹来传道吧?而燕大正是最适合的

燕京大学图书馆

实验区域。

本校设有宗教学院,是负责研究及传授教义和一切有关宗教的知识的部门。燕京大学基督教团契,才是本校表现宗教生活的最大最主要的机构;是由教员会代表、学生代表和工友代表合组的执行委员会主持的。这是一个独立机构,不受大学行政机关管辖。

司徒先生又说过:"要取得会员资格的条件,就是要保证跟从并多学习耶稣自己曾经教导过并且实行过的那种生活方式,而不是在任何信条训练之上。"我们早已认识司徒先生正是以身行道的真正、典型的基督徒。因此也相信团契里的会员,不单用口讲信条、宣教义,而是着重在生活上表现耶稣的精神:俭朴、刻苦、宽容、爱人如己、"非以役人,乃役于人"等等。

会员中包括几个教会的信徒,因为重视生活表现,也崇尚自由,所以举行礼拜时,各会信徒可以自由采用不同的仪式。虽有宗派却不成为问题,互相间并不致发生任何冲突。

既然参加这个机构及其中种种活动的,都是自动自发、真正对宗教深感兴趣的人,那么,本校这个基督教团契,自然是同心合力、一团和气的啦。

贵精不贵多,本校的教徒虽占少数,已足够分布在各个团体和会社里，成为一股示范及领导力量。无论是老师、学生、职员、工友，都和善可亲，以热诚待人，勇于争取服务机会，以助人为乐。他们在各种职务上任劳任怨的牺牲精神，实在令人感念兼佩服的。

我们同学之间的交往和感情，并不会因对方是否是基督教徒而有所区别。团契每逢"做礼拜"，或有外来的牧师、圣职人员等等莅临讲道，或逢宗教节日举行庆祝时，往往有大批非基督徒自动踊跃参加。

总之，燕大一家亲，人人自由平等。无论我们信不信，有没有受洗礼入教，大家都不能否认自己于不知不觉中，领受了基督教的影响。同时我们原是华夏子孙，"仁义礼智""孝悌忠信""温良恭俭让"，都是我们民族的信条。何况本校很重视国学，国文与英文同是必修科，研究院先设国文学系，名师特多，为要保留及发扬中国固有文化的优良传统，所以，正如本校的校舍一样，我们所受的教育和熏陶以至生活的内容，都是中西合璧的。而最大多数的校友，包括笔者，都深自庆幸能出身于燕京这个基督教大学，而引以为荣。

· 增广见闻 ·

校方每周举行一次公开演讲,敦请军、政、经、文化、教育……各界名人、各门专家,中、西权威学者等等,莅校演讲。这等于补充特殊的新教材,足以增广学习的范畴。而且演讲者现身说法,有声音、表情、生气与活力,给人的印象和感受都较深切。同学们被题材所吸引或慕名而欲一瞻丰采的,都多的是;座无虚席是常事,例如胡适博士、鲁迅先生和杜威博士便曾是颇受欢迎的人物。

学生求取知识,途径多多。师资和书籍固然重要,能多见多闻世态人情与事物,连同娱乐身心,都是大有裨益的呀。上述公开演讲,只是其中之一。

学校还备有娱乐节目,每星期五有电影晚会,选映较有意义的文艺片。票价只两毛钱,场场满座是常事啦。

难得的是,邻校清华大学也有同样的娱乐,并且特地选不同时影片在不同的日期放映,方便两校师生每周可以看两场电影嘛。不费而惠,多好!

清华是用庚子赔款开办的公立大学,我们欣幸有这么个芳邻,只步行十分钟便可到达。两校的同学中,有些是兄弟姐妹,有些是亲戚、情侣或好友。相隔不远,常相往来,是当然的事。有些校友兼读两校的研究院课程,也有

燕京大学女生宿舍内宽敞的学习区　　　　　　　　　　　　　图 / FOTOE

燕京大学女生在校园内漫步　　　　　　　　　　　　　　　　图 / FOTOE

些老师兼授两校的学科，例如吴宓和浦江清两位教授便是由清华来本校兼课的。还有其他，我记不清了。

两校的师生不单可以每周同看两场电影，还有感情上的和事务上的经常联系。学生会及各种社团，也有机会共同切磋，互相借镜，以求改进。要举行体育或球类赛事也较为方便。还有，增添了偌大的另一个校园，更是消闲散步的好地方。凡此种种，也算扩张了我们的生活内容吧？

每逢一年一度的校庆日，校方照例开一次恳亲会，招待校友们扶老携幼回母校参加庆祝，也和老师及好友团叙一番。彼此互诉离情，重温旧梦，亦乐事也。

这一天，男宾不必止步了，因为女生宿舍全部开放，欢迎参观。楼房虽然朴素，一切现代化设备如暖气系统，冷、热自来水，每层楼有两间盥漱室，内有六个洗脸盆，水厕、浴室、淋浴室多个，还有阅报室、工友室、饭堂及厨房等等，都和男生宿舍差不多，却更为完善和舒适。因为房子是"亡"形的，中间是满栽花木的院子，两列卧室的窗子全数朝南，冬有阳光夏有风。又特别多设一间小厨房，可以烹调佳肴美点打牙祭，兼供洗熨衣物之用，最合小姐们的心意。还有一间舍监室，有舍监坐镇，但她只管杂务及男女工友各一名。

在宿舍开放的这一天，当然大家都收拾得整齐清洁，稍加美化的。男生宿舍虽终年开放,女同学却是百过其门而不入。惟有在这吉庆日子,乘机讲究礼尚往还,欣然互相拜访,不是更觉得热闹、新鲜、有趣么?据说,男生宿舍里,书多,乐器和体育用具也多。女的这边厢却较整洁,化妆品多,花多。

· 多才多艺 ·

学生方面,各凭所好,分头组织了中国音乐会、西洋音乐会、京剧、话剧、英语话剧等等社团,轮流在大礼堂演奏和演出。每逢校庆或其他庆典,或开迎新大会,则集合全校各团技艺精英,组成大规模的游艺会,演出最精彩的节目,供全校师生欣赏。

舞台上帷幕开处,无论演出的是国乐、或歌唱、或舞蹈、或西洋音乐,都那么自然而熟练,中规中矩。无论演的是京剧、话剧,唱功、演技、表情,都那么优美、投入、惟妙惟肖。我依稀记得看过"四郎探母""少奶奶的扇子"和英语的"驯悍记",觉得同学们的功力真正到家,仿佛他们本来就是职业演员。

并且,要举办如此盛大的游艺会,殊不简单。安排演员排练的时与地，准备布景、服装、道具，布置礼堂、委派招待员，印发请帖及秩序表，广告、门票……琐事千端，全靠同学们分头苦干，无私的精诚合作才获致顺利成功。在我看来，台上与幕后的人物全是天才和英雄，使我万分钦羡。

说起音乐，燕大同学在这方面的成绩实在不俗。燕大合唱团，团员一百五十名，由音乐系主任范天祥博士指挥，在校内或出外演唱，成绩都很好。曾在北京饭店公开演唱韩岱尔的《弥赛亚》圣歌乐，佳评潮涌，声名远播。还有燕大团契圣歌团及燕大管弦乐团，型格虽较小，在举行仪式或庆典时，参加节目，却常有优良的成绩。此外，尚有由十二位粤籍同学组成的韶韺乐社，是演奏国乐的。据社员陈礼颂学长说，他们所用乐器有二胡、秦琴、洋琴、洞箫、横笛、古筝、三弦、月琴、椰胡等等，该社于一九三二年成立后，常应邀在本校及清华大学登台演奏，又曾响应学校筹募百万基金运动，假北京饭店开演奏大会，节目十余项，空前成功，声势赫赫，并获平、津各报章热烈赞扬。还有几个顿著佳绩的音乐团，一时说不清了。

爱好体育和运动的同学为数不少，并且英雄多用武之地。两座设备优良的体育馆，还有操场及运动场，足供他们练习各种田径和体操技艺之用。足球、垒球、篮球、排球、网球等等场地,遇上好天气就常有人满之患。每逢举行竞技表演或各种球赛,也颇为轰动。当健将们耀武扬威,大显身手时,自有无数球迷呐喊助阵,分尝紧张,兼饱眼福,场面热闹之至。本校有一位黄博士为燕大建立了一个完善的体育部,及体育精神的新空气。意思大概是不计胜败,却注重尽力作公平正直的演出,这是"燕京精神"。这种新空气也渐渐成为华北各大学体育比赛的风气呢。

## ·爱国运动·

燕大同学,读书不忘国事,"九一八"事变发生,随即掀起一股爱国热潮,几乎全体同学都忙碌起来了。

同学们分头组织各种宣传机构,例如街头话剧团、演讲队等,到各处去唤起民众的爱国心,并且设法募集款项,购买应用物品,赠送前方战士。后来,榆关失陷,何柱国旅长退守秦皇岛,为要鼓舞军心,我们组织一些慰劳团,每团有男女同学十余人,携带大批钢盔、棉衣及日用品,前往秦皇岛、热河及其他地方。

笔者也参加慰劳团前往秦皇岛。我们先乘火车经天津、唐沽、唐山等地，才到达位于山海关西南海滨的秦皇岛，但何旅长的军队是驻在海阳镇的，我们于是转乘没有篷的军车再赶一段路。时值隆冬，冰天雪地，北风刺脸，寒彻心脾，鼻孔里结了冰膜，耳朵发痛，手指脚趾全冻得麻木了。"老爷"军车走在崎岖山路上，仿佛怒浪中的破船。我身旁的同乡小姐晕车呕吐，秽物出口成冰，冻结在唇边和围巾上。这些倒是我们南蛮生平难得的宝贵经验，故能留存深刻的印象。连带的也记得我们午后一时余到达，何旅长尚在梦中。我们坐候两小时后，何旅长才出来会客，彼此客套一番。我们致赠慰劳品，并向抗战英雄深致敬意。何旅长遂慷慨激昂地说：保卫国土，努力抗敌，原是军人的天职。榆关虽已沦陷，反而可以自由作战，当另建长城，肉搏以御敌。

似乎我们曾经表示要到最前线见识一下，但遭何旅长婉拒，说那是危险地带，不去为妙，只请我们重上运输车在附近绕了一圈，然后回到火车站。

另一团十多位同学是前往热河慰劳义勇军的。此外尚有其他团队去其他地区，可惜我所知太少，无从忆述了。

国势危急，日甚一日，燕大同学多方展开救国运动，也日益紧张忙碌。不久，又发生了"一·二八"事变，本校的热血青年更感悲愤。其中有一位志士（燕京布衣），约同他的兄长（某校教授）绝食请愿，谒见蒋委员长时，虔诚地磕头恳求他领导全国军民奋起抗战，救亡雪耻。他俩的汹涌热情，使本校同学大为感奋，激起了一股投笔从戎的壮气。虽未能立刻有所行动，却有些同学确已准备在机会到来或时势需要时，为国家效力。

因此，学生自治会就向校方建议聘请教官，实行军事训练。燕大真可爱，有求必应，果然如愿以偿，随即实行军训了。但仍本乎民主精神，让同学们自由参加，女的则另成一组。小姐们说，并非志在杀敌或仿效花木兰，只想学习一些军事常识与技能，锻炼体魄，有备无患，倘一旦有必要时可资应变，未尝无益。于是无论男女，纷纷自动参加军事训练，笔者也是其中之一。一个个穿上军服，荷枪出操，精神振奋，比上体育课起劲多多。

另外还有救护训练班，参加的以女同学居多。本校医学预科的同学及已升入协和医学院的老同学，都乐意抽暇回来母校，教授医护常识及救伤方法。还有，女同学在宿舍里尽量利用空闲时间，几乎人人手上一枚针，在忙着缝制战士们的棉衣。这种情景也颇为动人呢。

总之，燕大学生的救国运动，日益进展，如火如荼，形成一股雄厚的领导力量。燕大被称为青年抗日救国的大本营，也是有事实为根据的。

## ·各适其适·

关于本校同学的个人生活，自然是各有不同。燕大是私立的贵族学校，学费高昂。每人每学期缴交学、膳、宿及杂费共九十元。学生多数来自各省及港、澳、南洋等地区的富户和小康之家。在当年，穷小子想进大学，谈何容易？尤其是进燕大，更需要极大的勇气。所以穷小子并不多。这一小撮苦学生，能混进如此辉煌清雅的校园里，名师益友云集，已自庆三生有幸，当然万苦不辞，力求长久安身。幸而可以向校方申请，干些零碎工作，例如：打字、抄写、割草、运泥、替同学补习功课，等等，每小时可获工资五毛。

有些男同学住在宿舍顶上的小阁里，天天都到小饭馆里吃一碗面条，或者几个窝窝头，为了每月节省三两元膳、宿费。有一位同学在四年里，把一辆祖传的自行车，当当赎赎十多次。笔者也是这个阶层的小卒，却幸蒙几位师友赐助，贫而不苦，算是较幸运者之一。

至于少爷、小姐们，生活优裕写意，每逢周末或假期，或平常的空闲时间，都可以尽情享受。游览远郊近廓，或进城去跳舞、看戏、上馆子、逛市场，寻欢作乐的去处多着呢。每月花费两三百元的零用钱，也不算什么。

凭体验来说，我认为贵族学校没有什么坏处，反而有好处。多数同学都有钱，而且正当慷慨的年龄，热情洋溢。大伙儿要举办什么，真是一呼百应，争先解囊的人多的是。有人出钱又有人出力，不是百事顺利，马到功成了吗？我个人就觉得自己一直无力出钱，多年来，叨同学们的光实在不少，参与各种文娱活动，分享了多姿多彩的生活，至今仍衷心欣幸和感激。

关键不在于学校贵族或不贵族，而在于燕大具有自由、民主、博爱的纯良校风，及崇尚真理，热诚服务的精神。所以富者不骄，贫者不馁，一团和气，互助合作，携手共进。全体同学生活在一起，既可各适其适，兼有满堂欢乐！

司徒校长说过这句话："在燕京，从未发生过一次不可收拾的风潮，这是很幸运的。"并且很优美吧？

嗨，懒人、穷人，都不必发愁，偌大的未名湖便是消闲遣闷，调剂生活，澡雪精神，及寻章觅句的最佳去处。霞光映照之下，四面楼阁辉煌，波光潋滟。沿岸有杂花灿彩，垂柳摇风，有岛亭娇俏，塔影玲珑。湖中展出千变万化的彩画，晴雨不同，昼夜各异，都足以悦目怡情，并且可以持竿垂钓，或嬉水浮游。

轻舟短棹睿湖好，放乎中流，与良朋或情侣互诉心曲，多妙，花三十大洋就可以购置一艘小艇，不太难吧？合资同乐，又何妨，你没看见东一群、西一撮，正在逍遥飘荡、桨声轻扬么？

严冬到了，湖水结冰，辟一角作为溜冰场，悬灯结彩。近在咫尺，健儿们不假外求，昼夜都可以登场。瞧哪！冷风萧瑟的冰场，也是温馨洋溢的情场。红男绿女，哥儿姐儿，眼波含笑，粉脸微红，短衣窄袖，七彩缤纷。一个个眉飞色舞地在大显身手呢。或追奔逐北，或随意回旋，花式变化万千。或独行，或结队，或携玉手，作龙飞凤舞，一泻千里的演出，岂不快哉！

也不要忘记，燕大园外有园，四面八方都有不同的园林胜景，各有无限如画风光。到处都可供徘徊欣赏，或静坐沉思。散步是四季咸宜的最佳节目。

## 潘光旦 1899—1967

字仲昂，江苏宝山人。一九一三年至一九二二年在北京清华学堂读书。一九二二年至一九二六年留学美国。回国后至一九五二年，先后在上海、长沙、昆明和北京等地多所大学任教授。曾先后兼任清华大学及西南联大教务长、社会学系主任以及清华大学图书馆馆长等职。

# 清华初期的学生生活　文 / 潘光旦

　　十九世纪末年与二十世纪最初几年，留洋读书、进专学洋话的学堂，乃至进一般的洋学堂，即在"洋务"最称发达的上海与其周围地区，还是不时髦的，在地主和市镇小资产阶级的眼光里，甚至是不光彩的。我是江苏省宝山县（今属上海市）人，我的父亲在县里最初办洋学堂的时候，为了凑成一班两班，就得向亲戚、朋友、本家"拉"学生。进方言馆或广方言馆一类学堂，有所成就，而后来搞"洋务"或当上外交官员的，一般是市镇上穷苦的小资产阶级的子弟，否则，进去了也往往半途而废。我的一个表姨丈就是例子，表面上是因病求退，实际上是保守退缩。

但短短的不到二十年，风气似乎转变得很快。一九一三年夏天，当时称为"留美预备学校"的清华学堂，委托江苏省教育行政当局考收中等程度的学生，名额只十一个，而到南京应考的多到二百多人，无疑的是"留美"的金字招牌起了作用。就我个人来说，问题本来不大。父亲从进士馆转京师大学堂，学了不少"东洋"知识，接着又到日本"考察"了几个月。回来后，上面说过，又在县里开办了好几个男女洋学堂，设有英文课；他的朋友中很有几个是方言馆出身的人，有的当着公使，他经常和他们通信，信封上开着"罗马府……"等字样，通行无碍。他每次从北京归来，行李上总贴着中英文字对译的纸条，如"潘大人"对"His Excellency Pan"之类，我从小看得很熟。这些都可以说是属于内因方面。至于外缘：一是一九一二年冬我在"两等小学"毕业后，父亲从北京寄回家信，要我下一年应清华的入学试；尽管他于一九一三年春天在北京去世，这个遗命还是遵行了。二是那时候我的舅父正在南京，主管着一部分省的行政，似乎还直接领导着教育的部分，"朝里有人"，报名固然方便，录取也就不大成为问题。十一个额子中，我和舅父的大儿子，即我的表弟，就占了两额，此中不可能没有"关节"。有人好意地推测说，大概我当时的英文程度不坏，其实当时我连动词中现在式和过去式的意义何居，即什么是"时"，都还搞不清楚。

但终于"取上"了。当时清华分高等、中等两科，各四年，高等科的学生起初大部分是由学校直接考选的插班生，大都来自上海等通商口岸，英文一般不错，其中有不少是南洋、约翰等大学的转学生，来此加上一两年工，就可以横渡太平洋了。这部分姑且不多说。主要的是中等科学生，他们从进校到"出洋"，多者八九年，少亦六七年，养成清华"学风"的是他们，沾染上清华习气最深的也是他们。他们是由各省考送的，由于各省对美国庚子赔款所负担的比额不同，所能遣送的学额也就不一样，而就一省而论，逐年也有些出入：大抵苏、浙、川等省最多，从五六名到十余名不等；边远省份少些，少到几年中才轮到一名，例如新疆。各省遣送，大都经过一些选考手续，表面上公开，实际上至少部分名额受到有权位的人把持，把自己和亲友的子弟取上。我自己的例子上面已经说到。其他，亲兄弟、堂兄弟、中表、叔侄、舅甥等先后"考取"，入学的例子很不少，有多至四五个的。在北洋政府年代，清华是由外交部主管的，外交部的官僚利用了职权来玩些花样，也不一而足；最掩饰不来的一例是曹汝霖把他的儿子，作为新疆省的名额，送了进来；掩饰不来的是：（一）他冒了籍；（二）未经哪怕是形式上的考试。

民国初年，全国的学制还没有太肯定，初高两等小学之上，大抵中学四年，大学四年。清华一面要遵照这学制办事，一面又必须考虑到学生留学深造，一般要在出国五年之内，读完大学研究院，至少博得一个硕士的头衔，然后回国。高中两科的划分，与每科各四年，表面上正符合了国内学制的要求；实际却不然，总计八年之中，前五年或六年所传授的几乎全部是中学程度的课目，后两年或三年才安排上大学的一些基本课目。所以毕业生留美，几乎全都做插班生，而一般插入大学三年级，读两年毕业后，再留三年读研究院。我在清华八九年，在最后一两年里，高等科的最高两班就索性改称大一、大二。但清华成为正式的大学，是迟到一九二五年才开始的。一九二九年，才有第一班学生毕业，那时我已经离开多年了。

中学拖长到六年，大学只有最初两年，而在这几年之中，为了准备留美，必须全副精神用在英语的训练上，要求学生能阅读外，还要能听、能说、能写，因此，就知识传授说，程度是不可能太高的。大学只前二年，又不分科系，当然比不上同时的历史较久而规模更完备的大学，有如南洋、约翰；中学也比不上上海某些私立的中学。

上述的情况多少决定了当时清华师资的两个特点：一是通英文的教师要占到十之八九，其余十之一二是用汉语教学的老先生了；二是学问造诣大都不很高，反正也没有很高的必要。用英语的教师有两个来源：一自然是美国，其中很多的原先就是中学教师，有教过许多年的，有些教学经验；其次是毕业不久或刚刚毕业的大学毕业生，曾经教过大学而在教学研究上有些成绩与地位的居少数，其中个别资历特别老些的是借了休假的机会来逛逛中国的，只呆上一年半载就回去了。

中等科的课程主要是英语训练，全都集中在上午。正课是读本，每周时数最多，附课是文法、作文、默写、拼音，各有各的教师，每周各占两小时。每晚还有两小时的集体而有教师值班辅导的所谓自修。合起来，一天总有五六个小时专搞英文。如今回想，如果一个学生能坚持爱国而不做洋奴的立场，有着"西为中用"的决心和要求，这四年的训练是很好的，扎实、细致、准确、全面，同学们的感受虽各有不同，每一个人对英语的读、听、说、写，基本上都掌握到了，再加上四年高等科的文学选读和语法修辞等课，和其他课程中的英语的运用，又把所掌握到的巩固了下来，并且更趋成熟。清华不设专门的会话课，因为没有必要，反正一切用英语教学的课上，师生交谈是不容许说汉话的，美国教师上课，固然只能如此，中国教师上课也必须如此。此外，在中等科的课程里，数学、世界地理、图画、音乐等，也是用英文书，说英语；教图画、音乐的是两个美国老小姐。最近有机会参加《辞海》的编写工作，对许多外国地名，还不陌生，还能拼写不误，说明当年世界地理一课程还是替我打下了些底子。

汉文课程的光景却惨淡了。第一，课目根本不多，只国文、中国历史、中国地理、博物等三四门，有一个时期还添上练字一课。第二，时间都排在下午一至四时，四时起是体育活动时间，午休根本谈不到，因此，学生精神疲倦，打瞌睡的很多。第三，上面提到过，教学方法与设备一般很差，引不起同学的兴趣。例如，在地理课上，因为没有挂图，教师讲到镇江金、焦、北固三山的位置时，就用自己脸上的耳、鼻、口做比划。又如，在历史课上，教师所讲的和教本或讲义上所印的根本没有差别，只是把文言翻成白话，又穿插上一系列的"于是乎"。历史事件一件接着一件，总有些因果或连续关系，"于是乎"当然是不错的，但总像太多了些。记得在有一堂课上，短短四十五分钟之内，他插上了四十六个"于是乎"，平均一分钟一个有零，于是乎，从那一天起，我就下决心不再听讲，而是阅读我自己想看的线装书了。由于这些原因，午后的课堂生活和午前的完全成个对比，午前是整齐、严肃、紧张而不碍活泼。一到午后，同一批人，同一个课室，却是凌乱、浮动、松懈而死气沉沉。打盹的而外，有看小说的，写家信的，有吃花生米的……更有在点过名以后，就跳窗溜走的。有一次，一个同班同学，外号刘大汉，忘记了这次是在二楼上课，也跳窗，幸而一楼窗户的伞形布幕半中间挡了一下，挂彩了事，未酿成事故。同学大都是十四五岁的孩子，其中顽皮和爱捣乱的不在少数，老师的学究气、口头禅、特殊的方音、个别的癖好，对他们来说，都是绝好的刺激，不容不有所反应。于是有把课室门半掩，上面安上擦粉板的刷子，让教师进门时来个晴天霹雳的；有的在讲台抽屉里放上几只小青蛙，让教师取粉笔时吃上一惊的；有一个老师喜欢看梅兰芳的戏（那时这位一代艺人已开始出名），班上同学就要求他先谈谈昨夜看演出的观感，可以纠缠上一二十分钟，才得开始讲课。奇怪的是，老先生们对此种不一而足的难堪的现象，至多只是哼上几声，恼而不能成怒，个别的同学可能为此受到过斋务处的申斥，被记上一个小过，此外也就无所谓了，富有喜剧性的汉文课目照常进行。

是这些老先生的封建修养特别到家么？是考进清华的中学年龄的孩子们特别调皮么？我看都不是。有些"特别"，是可以肯定的。我虽没有进过别的中学，无法作具体的比较，据一般观察，在别的中学里，汉文课目不景气的情况似乎要好些。乃至教会办的中学在这方面也要比清华"规矩"些。尽管那是伪装，有它的作用，清华倒是老实的，老实得突出。但无论伪装或老实，都是现象。问题的实质是：社会的风气在转变，急剧地转变。上面不说过，距此不过十多年以前，上海附近地区一般读得起书的人家还不很愿意把子弟送进洋学堂，更不必说出洋留学了么？到此，这种态度似乎已经起了根本变化，从"不屑"一变而为"追求"。这种变化的所由发生，远之可以追溯到鸦片战争以及一系列反帝战争的失败，近之可以归结到辛亥革命前后半殖民地化的日益加深，七十年间，量变达成了质变。这其间的过程当然用不着我在这里说，用得着我说的是这番质变的某一些集中表现。清华这一学校的开设和发展本身就是一个集中表现的典型事例。老先生们，无论感情上愿意不愿意，思想上赞成不赞成，当然不可能不觉察到这一转变，认识到，除了本国的文学和一些历史地理的基础知识，不能不姑备一格似的加以传授外，他们纵有满腹经纶，也是不合时宜的了。因此，他们不约而同地采取了敷衍塞责与息事宁人的态度。同学们，一般地说，当然更自然地随着风气走，正好用汉文课堂上的"逸"来补偿英语课堂上的"劳"了。简单地说，在对待中国固有文化的态度上，老师们成了失败主义者，而学生们则成为取消主义者，两种人合作，就形成了当年清华汉语课堂上的怪异场面。

但少数同学对这种情况是很不满意的，说他们爱国也罢，封建保守也罢，看来都有一些。他们总想多学习些汉文和中国固有的文化，而他们一进清华就看到，依靠课堂教育，这是没有希望的，必须自己想些办法。清华的汉书藏书似乎一开始就不太少。老先生们，平时在课堂上受气，在课余时间，有学生肯到古月堂质疑问难，当然特别欢迎。就时间说，可利用的也还不少。汉文和用汉语上课的钟点都可以利用，你不听讲就是了。晚上自修时间也很好，这主要是为了准备第二天的英文课而设的，但英文课既多，一门拆成了许多门，课堂上已经搞得够细致熟练的了，往往在晚饭前大致复习一遍，加上做些数学习题，也就可以了事。因此，有少数同学就把自修时间全部移作读线装书，临大小楷之用。这两种时间我是一贯地利用的，因此也曾和教课与辅导的老师发生过一两次小冲突，但只要各课目的大小考试成绩都不受影响，他们也就让我自由处理，终于不再干涉了。其次是漫长达将近三整个月的暑假和一个月的寒假，决不轻易放过。我的计划是每个暑假学习一种经书或史书，也曾搞过一整暑假的"说文"。这样，除了生病以外，搞过七八个暑假，算是对汉文和旧文献获得了一些认识，打上了些底子。这一段回忆可能没有太多的代表性，但清华毕业生中，凡是汉文程度较好的人，一定是在努力学习英文的同时，不肯随波逐流而独自下过功夫的人，初不问这功夫如何下法，是可以断言的。其中有些同学在最后出国的时候，还带上一些经常要翻翻的老书。我至少带过一部缩印的《十三经注疏》。

高等科的课程说来就比较简单了。所谓国文，或汉学课，还是每年有些，有固定必修的，也有部分选修的。但主要的是若干自然科学、社会科学与所谓人文科学的大学基础课程，后者包括英文文学、西洋史和第二外国语在内。不用说，全部用西语上课，采西文课本，也开始习用指定的西文参考书。在我读书的几年里，高等科最后两年虽已有大一、大二之称，还不分科系；教师在最后两年帮助学生选课时，参酌学生的意向、兴趣与过去的成绩，至多把学生分为两类，一类文法，一类理工，从而在专业方向上稍稍加以指引而已。至于选定科系，则是出洋前夕的事。这时候年老些的美国教师就有更多的事可做了，要约学生谈话，决定要进的科系和美国大学，也通过他们，和美国大学事先取得联系，谈话自不止一次，其中必有一两次取家庭便饭的方式，好让学生懂得如何使用刀叉和一般社会交际的规矩。入国问禁，未入国门之先，就有机会在"美国地"演习一番。高等科的功课一般也是很认真的。西语教学的课不用说，国文、汉学的课也还差强人意。同学的年龄大些了，懂事些了，体会到自己毕竟是个中国人，将来要为自己的国家做些事，读洋书，到国外，只是为此目的而进行的一个手段；即使专为个人打算，如果对本国东西一窍不通，一张"八行笺"也写得疙里疙瘩，将来在社会上不免到处碰壁，寸步难行。因此，一般认为至少够一块敲门砖的汉文准备是必要的。当时外界和学生家属的责难也是有的。在"抵制美货"的运动过去了不多几年以后，就如此其推崇美国，凡事要模仿美国，也确乎是难以理解的事。我认为，后来在高等科，汉文课目的所以获得较多的注意，而在我们出国前后的一两年里，学校的所以特邀梁启超一类的有名人物开些临时选修课，如中国历史研究法、中国历史鸟瞰、先秦政治思想史等，以及后来的所以搞起一个"国学研究所"来——都是和这些因素分不开的；而就学校当局来说，主要的动机是想通过这些做法来杜塞外界的批评责难。

清华高等科的教育虽没有标榜什么，事实上已经走上英美所谓"自由教育"或"通才教育"（Liberal Education）的道路。（一）课程与上课钟点不多。在美国，每学期一般是五门或六门，每周上课十五至十八小时；在清华，当时也不过六七门，二十几个小时；学生有着很多的自由活动时间。（二）自然科学如数、理、化、生物，社会科学如政治、经济、社会学，又所谓人文科学如文、史、哲等三大类的一些入门课、基础课，虽不是每门必修，总是鼓励学生尽量地多读，每一类选上几门。（三）选修课很多，学生可以随意挑，考不及格也无关宏旨，下学期另选一二门，来凑满毕业时所要求的学分总数就行了。这种选修课在某些美国大学里有的已流为"烟斗课"，师生都可以叼着烟斗上课，清华的选修课当时还差一点，没有到此境界。（四）鼓励学生跑图书馆，闯书库，乱翻书，说是跌跌撞撞大有好处，学生自己，在准备成为一个"通才"的同时，会撞出个比较专门的名堂来。清华的藏书一直不太少，当时推为国内最现代化的馆屋建成以后，库藏更充实了，环境更引人了，借阅更方便了，于是这种美其名曰涉猎的读书风气更趋于泛滥。（五）无目的地与缺乏指导地提倡所谓科学研究和论文写作。一到高年级，很多课上就要求学生多看参考书，搞些小题目，从事写作，长短虽不拘，却要别出心裁，不蹈前人窠臼。以我个人为例，在出国前的一二年，我就曾经乱抓一阵所谓"精神分析派"的书刊，配合上《虞初新志》里支如增所写的《小青传》，在梁任公先生的中国历史研究法班上，写缴了一篇《小青的分析》，也算是"历史"，也算是做了"研究"，也算是提供了一个"研究的方法"。当时任公先生大为称赞，在奖饰的评语中勉励我"成就其一"，不要学他自己那样的"泛滥无归"，即只要泛滥而有归缩，一个人就是"专家"，而此种专家又不碍其为一个"通才"。同时，一个教德文的美国教授认为我在小青这人身上找到了上好的资料，比西洋用来证明这派学说中的同一论点的资料好得多，又向我灌上大量的米汤。任公先生所欣赏的是"方法"，而这个美国教师所赞许的是"资料"，"方法"与"资料"都对了头，岂不是前途无量！所谓"自由教育"的内容与终极，大概言之，就是这一套了。我自己就是这种教育的相当典型的产物，就自己当年的感受多说了几句，我想是可以容许的。

　　谈到这里，似乎有必要说一说清华当时"创用"的一种课业成绩计分制，称为"Weighted Credit System"，可译为"权衡计分制"。说"创用"，因为，据我所知道，在国内只是清华用这方法，但我又加上引号，因为这方法一定来自美国的某些大学。这计分法主要的内容是把学生成绩分成五等，超、上、中、下、劣（英文符号是E、S、N、I、F）。劣就是不及格，不得补考。在此法实行以前是容许大、小考不及格的学生补考的。更主要的是这五等的评给有着一定的比例，一班一百个学生罢，"中"的当然最多，"上""下"次之，"超""劣"最少，各占百分之五；即一次考试，或年终考绩，一班之中，总得有几个幸运的"超"，几个倒霉的"劣"，初不问成绩好的学生真好到甚么程度，和坏的学生真坏到甚么程度。换言之，这种评分法认定成绩只是一个相对的东西，而并无绝对的标准；因此，无论他对一般学生有多大激励的作用，对根底差而学习能力一时还难以赶上的学生是个打击，无论他如何用功，总归是个"劣"，终于要被淘汰！

当年清华的课业与教师的评分，一般是紧的，中等科的汉文课尽管拖沓，学生也总得在大考时努一把力，免得陷于"劣"等。五等的计算背后当然还得写个分数，在别的学校，一般以六十分为及格，即够得上一个"下"，而清华却要求一个七十分的总平均，才算及格，才够得上升级与毕业出洋。

下面该说说当年清华学生们的课外或课余活动。但在这以前，有一种活动应须先谈一下，因为在我读书的年月里，它的地位是介乎课与非课之间的，而过了不多几年，它就正式成为课程的一部分，同时负责教导的人员也从职员改成了教师——就是体育活动。清华一开始就以注重体育，高自标榜，大力号召，特设了一个部门，重金聘请了教练专家，这种专家更必然地是来自美国了。当我在校的几年里，前后两任主任都是有博士头衔的美国人，马约翰先生担任部主任，是又过了几年的事。起初只有户外的田径和各式球类运动，应有尽有。后来又添上所谓"国术"，就是我国固有而我们现在更认真提倡与推广的各种武艺，主要是拳类，但在当时只有很少的学生选习，像汉文的学习一样，姑备一格而已。不久以后，体育馆，包括户内的游泳池建成了，在规模与设备上在当时国内也算是首屈一指的，不用说，除砖瓦以外，它的全部建筑物料都来自美国。从此，又添了许多户内运动与锻炼的方法，可以风雨无阻地进行活动了。

　　学生的体育活动，几乎从开办之日起就用强迫的方式进行的。学校规定下午四至五时为强迫运动时间，到时，图书馆与全部课堂、自修室、寝室都给锁上，只有体育场与体育馆敞开着。平时最不爱活动的小老头子似的学生到此起码要在马路上或荷池边溜得上一个钟头；只要在这时间内照章活动活动，其余倒也不作硬性规定。更硬性的规定是在后头。不是人人想出洋么？出洋是末日，末日要有一番审判，审判取测验的方式，称为"矫捷测验"（这是我在这里拟的一个译名，当时我们都用惯英文，称为Agility Test），包括五项，每项要够个标准，即跑得够快、跳得够高、游得够远……你才能取得出洋的资格。每年毕业生中，被搭救一两把而过关的例子也是有的，但一般说来，这一条章程是执行得十分严格的。因此，它的强迫性实际上是大于每天下午的那个钟头，就是中等科生在七八年之内，高等科插班生在两三年之内，平时总得强勉自己，锻炼锻炼，免得临时上轿发生问题，有碍出洋大事。这种例子还不太少，如现在还在重庆任大学教授的西洋文学专家吴宓先生。也因此，平时，就个别学生说是最后的一年半年，急来抱佛脚而锻炼得极为艰苦的"老先生"们也还不少，往往为平静的校园生活点缀上一些喜剧性的场面：到时总有跑场的人奔走相告，某人某人又在苦练什么啦，赶快去瞧呀！后来，不知在我走后的哪一年，体育终于成为必修课目的一种，和其他课程同样地排进了课程表。成为必修之后，平时要评分，周期有考试，其为带有强制性，是不消说的了。

体育比赛活动是频繁的。春秋两季的校内运动会、平时班级之间的各种比赛、校外地区性和全国性的运动大会、校际的球赛,在日历上是排得相当紧凑的。由于当时大中学校的一般风气,也由于清华的条件较好,提倡得更着力,清华在这方面也曾头角峥嵘过一段时期;不但在华北,并且在全国,俨然以盟主的姿态出现,比起南方的南洋、约翰,大有后来居上之势。一九一七年一月十八日(我记得这日子,因为它恰好是我由于醉心体育运动而不得其道,终于失落一条腿的第一个周年),南洋大学的足球队,于击败南方各大学的校队之后,远征来到清华,一场会战,即铩羽而归。还记得当天中午食堂上空气紧张与推测纷纷的光景,一般出乎主观的愿望,都认为清华必胜,至少主客与劳逸的形势对清华有利。与我同桌吃饭的一个新从南洋转来的插班生却不以为然,大概由于旧有的感情联系罢,认为清华必败。我们在桌上争得面红耳赤——结果是南洋输了,这同学也输了,好几天在桌上没有开腔。

为此,当年的清华也曾吸收过一批擅长运动的高等科插班生,但由于插班考试与平时功课比较严格,专靠运动在学校里混混的"武学生",或职业运动员学生,或向别的学校挖取已显过身手的此种学生——这一类的例子或现象似乎不存在。不过这种学生构成校园内一个特殊阶层的情况还是有的。凡属在体育运动上已表显有成绩而足够某种标准的学生就有资格在特设的小食堂吃饭，这种食堂称为"训练桌"，这又是我在这里临时使用的译名了，当时都用英语呼为"Training Table"，在没有希望参加而又不免艳羡的其他同学则称之为"雅座"。当时清华学生的一般伙食，八人一桌，八菜一汤，半荤半素，用旧时的任何标准来衡量，本是够特殊的了，但"雅座"则有牛奶，有更多的鸡蛋和肉类，据说非此就"训练"不出来，不能为学校在疆场上争光夺彩。这在许多同学看来是极不舒服的，其中有的固然是出于"酸葡萄的哲学"。但一般认为这里面确有问题：一则一般伙食的营养已经够好，没有这种必要，不必要而为之，是浪费，是制造特权；再则提倡体育固然必要，但提倡体育与豢养打手毕竟是两回事。大家当时也看到，美国大学生活方式的又一部分搬到中国来了，美国大学各有其大学运动队（Varsity Team）受到学校的特权待遇，甚至有特殊的衣服，平时一样地穿，在特制的毛线衫的胸前还缝上大学名称的第一个字母，至于这种衣服一定要用规定的所谓"校色"，是不消说的了。清华当时还没有效颦到这样一个程度，但特制的服装已经有，是白地紫字，因为"校色"是"紫与白"。这种服装，比赛时固然要穿，平时也一样地有人穿，甚至有把旧的多余的送给非运动员的同学作为内衣穿的。在本世纪的最初二三十年，美国大学的体育活动便已发展到一个尾大不掉的地步，连美国自己的电影都不得不加以讽刺。例如有一部片子描绘一个规模很小的大学的种种怪状，第一个镜头就揭示"一座庞大的体育场旁边附带着一个小小的学院"。这种歪风不可能不很快地吹过了太平洋，来到中国，当时的清华以及其他大中学校，尤其是教会学堂，在不同程度上，无疑地已受到这股歪风的袭击。

但话得拉回来说。清华的体育，即在当年，积极的一面终究是更大的一面。上面说到它的强迫性，强迫就意味着普遍，积极的一面就在这里。对付当年专啃书本、足不出户、手无缚鸡之力的一班"小老头子"①，就得这样办，才有希望把千百年的积习与惰性加以初步的扭转。因此，当时得益的倒未必全是"雅座"上的座客，而是一般的同学。有了体育馆的设备和形成正式课程以后，这种好处更取得了物质与制度的保证。缺点也是有的，特别是在最初

---

① 一九一六年毕业同学，今全国政协委员陈达先生看了我这篇回忆的稿子，在这一点上反映："小老头子"是很恰当的称呼，我就是一例。有一天，大风，天气很冷，在"强迫运动"的这一小时内，我躲在自修室里火炉的铅皮挡后面。周（诒春）校长来查，我虽未被发现，以后，却再也不敢躲起来了。这种"小老头子"多得很，我的同班同学今北京大学副校长汤用彤先生，比我还小一岁，当时便已老成持重，外号就叫"老头子"。

美国人担任指导的若干年里，一般的鼓励有余，个别的指导很不足。我入校不久，就选择了跳高作为经常锻炼的方式。不到一年，就出了毛病。我自己总想做个"文武双全"的人，想在体育方面，也出人头地，好高骛远，一意孤行，当然要负主要的责任。但若当时，作为一个十四五岁的孩子，能够得到一些指导，这毛病与后来的不可挽回的损失，我想是可以不发生的。

此外，又曾推行过一段时期的课间操，每日上午十分钟，也还有意义。像其他中学一样，也曾搞过英帝国主义者贝登·鲍威尔所"创立"的所谓童子军，设备很齐全。解放前的末任校长梅贻琦早年还担任过清华童子军的一员教官，这就不值得多说了。

下面可以一叙完全不属于课程范围的各种活动了。

首先是各级级会和后来的全校学生会。两科八级一开始就各有级会，当时每级的学生不多，最多的不过七十多人，遇事开级会决定。平时有个小小的执行机构，有间小屋子，可以治办事务，也供同级看些书刊。照说，级会的组织该在学校与同学之间起桥梁的作用，把学校的意图与同学的要求沟通起来。事实不是。说它提供了练习组织与办事的机会罢，有一些，不多，只少数几个同学有此机会。大抵会说话的当会长，写字写得好些、快些的当书记……每年总是这几个人,变动很少。练习组织也只是个形式,主要是在开会时练习,开会的次数不少。章程的拟订、通过、修正,人员的选举,提案的处理,包括提议、附义、修正、搁置或最后表决,等等,一切模拟议会政治那一套,倒是"麻雀虽小,五脏俱全"。

一九一九年起的学生运动向学校争取到全校学生会的组织后,有了明确的全校代议机构,称为"评议会",由各级会推选一定名额的"评议员"组成。从此,一般对这一套开会的清规戒律更熟悉了,少数被选进领导机构的同学当然是尤其熟练。熟练也正是被推荐的重要条件之一,其中不止一个现在是我们全国政协的委员,有时谈到这一段历史的时候,还不免以此自豪……

学术与文艺的活动也很频繁。听所谓演讲的机会,虽不经常,是不少的,大都是临时性的。在北京的或到北京的中外名流来校访问,学校或学生团体在取得学校的同意下,拉他讲一次或几次。现在印象较深而可供追忆的例子不多了。记得美国有名的人类学家埃德里希卡(Alee Hrdlicka)很早就来清华讲过一次,听众不多,因此我有机会向他提出这样一个天真的问题:"白种人一般身体上的毛多于黄种人,这是不是说明他们比黄种人进化得慢?"相去六七年后,杜威也来讲过,当然是讲所谓实验主义的哲学，他说话声音很低，又单调，不但听不清，还起了"摇篮曲"的作用，一起讲五次，我在座入睡过四次。一个姓苏的，据说是个天文与地理学家，"老店新开"，来讲日绕地球的"学说"，想推翻久经肯定了的哥白尼的理论，真是匪夷所思，不知是怎样会被约来的。名画家陈衡恪，陈寅恪先生的哥哥，讲中国画学，酒后开讲，在黑板上写个"黄"字，下面光脱脱的，掉了两点，弄得大家忍俊不禁。

刊物很多。全校性的有《清华学报》，似乎分中、英文两种，算是学术性的，代表师生的学术水平。《清华周刊》则以议论与报导为主，起过论坛的作用，例如在白话文的问题上，同学们作过较长时期的热烈的争论。各级和不少学生社团，有时候也分别出些自己的刊物。全校性刊物的经费，由学校负担，其他则同学拼凑些印刷费，也要求学校津贴一部分。最浪费而无聊的，是每一级于毕业离校前所编印的一种留念性刊物，通称为"Tsinghuapur"，附加上毕业的公历年别。例如，我是一九二二年毕业的，前三分之二当然是清华的英文校名，尾巴上的三个字母就莫名其妙了。刊物主要是用英文写的，其中包括在校若干年的全级的大事记，一切属于本级的重要事件的特写，当然都是荣誉的事件了。例如得过什么冠军亚军、受过什么奖旗奖章之类；也包括个人的传记，刻画着每一个人的才具、兴趣、志愿、癖习,加上编者的"月旦",照片与插画多得出奇,有现拍的,也有历年保留下来,专供这一朝之用的;印刷用铜版纸,十二开,硬封面,烫上金字,厚厚的一大本,从搜集到出版,历时大半年以上。后来到了美国,轮到又在那里毕业一次,才明白原来这又是美国的玩意儿。在那儿,大学毕业班的留念册更要伟大,是八开本,重十多斤。不过在清华,我所属的一级在这一点上,倒是一个例外,只匆匆地出了一本小册子,而我个人又被摈不在其列,幸免了这一分灾梨祸枣的罪过,这却是有原因的,我在下面另有地方说到。

上面说组织演讲和编写刊物的负责者也有一些是学生自动结合的小团体,这种团体也是不少的,多的有四五十个成员,少的七八个人,大都是班级相近、年龄相仿而所谓志同道合的分子。它们都有章程,章程必有"宗旨"一条,这一条一定会写上"磨砺道德、交换知识、联络感情"十二个大字,一般搞得很认真,吸收新成员很严格,在团体以内做些所谓"律己律人"的工夫。专业性的很少,因为学校当时还不分科系,至多只有理实两途的些微分化而已。其中少数也搞些团体以外的活动,管些校园生活中的"闲事",推动些改良主义性质的措施,但这种事例是不多的,也是要从一九一九年起才有一些。

演说、辩论的练习会与比赛会也经常有，有学校主持的全校性的、有班级性的，也有专搞这种活动的学生社团所举办的，进行时分汉语英语两类。为了提倡英语的演说辩论，学校的英语课中还特设了一门，和这方面的课外活动相配合。教这门课的教员当时也成为同学笑谈的对象，因为他在班上现身说法，指手画脚，往往十分机械，有如看木偶戏或皮影剧，使人起鸡皮疙瘩。例如，他作示范演说，讲"在历史上有那么一个转折点……时"，一到"转折"两字，右手臂就配合着举起来，着重那么"转折"一下！演说、演说，大抵"说"的内容本来不关宏旨，主要的是"演"，说的道理未必能折服人，而演的姿态动作一定要富有煽惑力。美国政治界和宗教界里所谓成功的人物大都具备这一套本领。我们，作为留美的一部分预备功夫，依样葫芦，又安得放过不画呢？因此，演说比赛场合上也就充满着这一类的表现，能选择恰当的题目，乃至借用一些课题，从而用警辟的语句，说出些较大的道理来的，是极难得的例外。如今还记得的一例是很多人都熟识的洪深同志，曾于一九一六年以《敬惜字纸》的题目获得了汉文演说比赛的亚军。[①] 至于辩论，目的性就更差了，

---

① 那一次比赛的第一名是现在全国政协委员陈达先生。

总是为辩论而辩论，或找些模棱两可的与实际全不相干的题目，或虽相干而是非曲直已很明显的题目，反复辩驳一番。只须三寸不烂，掉得灵活，不怕理屈，但要词强，评判员就可以宣告你方胜利。我一直没有过机会去旁听西方议会里的所谓辩论，方式容有不同，精神实质必然是一样的。当时，演说与辩论还曾发展成为一门校际比赛的活动。

对中等科的学生，音乐起初采用过上课的方式，由一个美国女教师主持，专教唱洋歌，从《三只瞎老鼠》《苏格兰大火》一类的儿歌，基督教的颂圣诗歌，到见于《一〇一个名歌选集》中的许多歌曲，由浅入深，教了不少。同时又挑选部分同学，组织了初级和高级的两个唱歌队，当时一般用英文呼为"Glee Club"。尽管那位女教师很严格，其中南郭先生还是不少，我自己就是一个。但一般说来，从中等科读起的清华毕业生都会哼上几声洋歌，大都是在这几年里学来的，后来机会就少了。其中部分对音乐特别爱好并且爱玩乐器的同学，在学校的倡导、组织与财力支持下，发展为管弦乐队，并且逐年有所扩大。学校当局当然也乐于为此，因为像体育一样，乐队也曾"光大过清华的门楣"。但个别的同学也曾因此而踏上音乐的专业道路，例如不幸早逝的黄自先生和最近在教学之余，还时或出场一显歌喉的应尚能先生。也有个别的同学仅以音乐为表现自己的一种业余手段，一到美国，就不惜花上可观的一注美金，专门吊他的洋嗓子。

演剧与观剧的机会也不算少。有完全属于娱乐性的，时间总是在除夕，各班级都凑些节目，以独幕的小喜剧或滑稽剧为多。剧本有现成的，也有临时编凑的，有属于英语实习性的，则一般用现成的古典剧本，间或用过教师自编的剧本，都有教师提导。在有一段时间里少数同学还成立过一个戏剧俱乐部。记得其中有一个我的同班同学——听说几年前当过台湾伪政权的外交次长，后来病死了——在我面前把西洋话剧的所谓三段法吹嘘得如同金科玉律一般。最热闹的一次是一九二一年，为了救济河北旱灾，募集些款项，在北京第一舞台演出的所谓义务戏，剧名《鸳鸯雠》，是由同学自己集体编写的；学校在"义举"两字的压力下，还掏了不少的一笔钱，其中一部分就消耗在各编写人于漫长的冬夜里吃火锅的上面。记得演出的那晚上，梅兰芳先生是包厢中的一员观众，后来事隔多年，我还听到当时参加编写的一个同学说，他从没有看过梅老板演的戏，而梅老板却看过他编的戏。当年同学们搞的几乎全都是话剧，京剧是不屑于搞的。进城看京戏的师生尽管大有人在，但作有系统的学习而登台演唱，总像有失读书人的身份,是搞不得的。只有家住北京的职工们在这方面还有修养,间或登场清唱一番。

舞蹈是唯一没有地位的文娱活动。交际舞只行于"美国地"和部分留洋归来的中国教师中间;逢年过节,或某些周末,间或举行一次。当晚一定有同学在场外偷着瞧,第二天一定成为同学们笑谈的资料,大家把它称为"合作大会",说某两人合作得好,某两人合作得差。这种反应是容易理解的。表面上只是好奇,是少见多怪,实际上是当时还属十分普遍的封建意识的反映。当时清华根本不收女学生,几个美籍女教师、中国教师的部分眷属,成为校园内最稀罕而引人注目的人物。女教师每月到一定的时候,一定要请几天假,期前必有人加以推测,替她算日子,渴盼着这日子的来临,除了可以少上一两堂课之外,这其间还包含着一个有趣的问题悬而不决的引逗心情,是显然的。某教师的宅眷新生孩子,某家专生女孩,教师夫人成了"瓦窑",也是课余饭后的一个谈柄。封建社会由于日常生活中把两性隔离开来而发生的所谓同性恋爱的现象,在清华也有所流行,在某些角落里也曾造成过很恶浊的气氛。既谈到当时对交际舞的态度,也就走笔提一提这一方面的一些不健康的生活点滴。

电影在师生娱乐活动中也没有很大的地位。主要的原因当然是当时电影还一般的不发达,城里虽已有电影院,由于交通关系,进城观看的例子很少听见。学校与学生团体在这方面从未作过任何安排。但当我在校的最后两三年内,即一九二〇年起,突然有了些"发展"。[①]几个河南同学,是一家的兄弟叔侄,不知通过什么方式和条件,一面从城里搞到了片子,一面取得了学校的同意,借用当时的礼堂,即后来称为"同方部"的那座建筑,作为演出场所,居然一周一次地开业放映起来。可怪的是,学校并没有招商承办,而平白地多了这一行私营企业。这家弟兄叔侄无疑地掌握着这企业的全部权利,接洽片子,张贴广告,卖票收票,真是经营奔走,不遗余力。放映的又是什么片子呢?美国片子是不消说得的了。美国的哪一类片子呢?如今虽事隔四十年,大家还留着极深刻的印象的一例是一系列称为《黑衣盗》(*The Hooded Terror*)的片子,一续、再续……十几续,前后不知演了多少场,每场总是满座。这片子的内容,顾名思义,便知非奸即盗,充满着极不健康的刺激与诱惑。但学校始终不管,教师们,即在一个教数学的美国教师的儿子按照这张影片所传授的手法

---

[①] 有同学谈起,一九一八到一九一九年,校园内就演过电影,并且周末都有,和我的记忆所及不同。

开始盗窃行为之后,也还不管。最后,我们一个爱管些闲事的小团体,其中包括闻一多先生,终于忍不住地出头管了一下。我们利用《清华周刊》和其他方法,一面主张非带有教育意义的片子不得上演,一面发动同学对诲淫诲盗的今天所称的黄色片子,共同抵制,来逼使这一家学生商人不得不改换另一路质量的片子。小小的运动算是成功了,但在改换片子后的最初几场里,观众毕竟少了许多,学生商人的利润显著有了下降。记得我第一次恢复观看而买票入场的时候,收票的那个同学狠狠地挤了我一下。但有趣的是,事隔六七年,我已回国而在上海工作,这个收票的老板同学从美国回来,在赶回河南老家之前,却选择了我的家作为寄放行李的场所,件数很少,书籍衣服而外,似乎没有其他东西。我当然表示同意,相信在他的观感里,我毕竟还是够朋友的。

也曾搞些所谓社会服务的活动:一部分同学,老成些的,有些相信当时流行的"教育救国论",有些是认真的基督教的信徒,这两种人就是这方面的课外活动家了。他们主要是在校内或校园附近做些普及识字的工作。当时的学生,除了为观瞻关系,用学校所配买的床单,早起把自己的床铺盖上而外,是完全不劳动的。因此,各式各样的"听差",或后来改称的"工友"就多了,加上厨丁、厨役、木匠、铜匠、水电工、园丁、火夫、清道夫、理发匠、"美国地"各家的"西崽",以及住在校外的洗衣工、成衣匠……数目更加庞大。清华全部师生职员,起初不过四五百人,而直接为他们服务的劳动人口,连同他们的家属在内,是这个数目的好几倍,他们几乎全都没有文化,很少几个认得字。于是,校内,就搞起了夜校;校外,如城府、三旗、西柳村、大石桥等村落,办起了些露天的识字班,每当夕阳西下,就有同学轮班出动。为了夜校,学校也出些钱,供给些现成的设备上的便利,至于校外,则物力、人力几乎全都是同学自愿提供的了。回忆在校八九年,部分同学有机缘和穷苦的劳动群众直接打些交道,似乎只有这一个方面,而劳动群众,在当时的觉悟程度之下,也还欢迎这种零星的努力。记得在高等科的理发室里,好几年挂着今天全国政协委员陈鹤琴先生的一张照相,而陈先生便是这方面最出力的同学之一。因此,尽管离校已经多年,还有人惦记着他。

此外,部分师生也曾参加过一些救灾的工作,多数捐些钱,少数到了灾区前线。一九二一年我随同两个美国教师,其中一个就是上面所说搞"圆明园研究"的人,两次到过河北省的唐县,前后跨四十天。第一次用同学捐款办了个粥厂,计口发小米粥,一天两回;第二次帮农民挖洋井，没有搞出成绩来。现在回头看，这一类"贴膏药"的企图是可耻的。一方面，我们每天要和受旱灾的农民们，在小米粥的分量上，论斤较两，大费唇舌，而第一天到县里，县老太爷欢迎我们，却来了一桌海参席。另一方面，我每天忙着，而作为我的领导的美国教员，除了难得向我发些"指示"而外，我简直不知道他们忙些甚么。当时只知道他们有老师的身份，只联系上层，管些大事，小事服劳当然是我的份。如今回想，他们一定是借了救济之名，搞着些别的勾当。当地有的是美国教会和为它奔走的中国教徒，美国教师就专和他们来往，至于救灾之外，又搞些什么别的勾当，那只能恨我自己当时还根本不认识什么叫帝国主义，尤其是美帝国主义，因而在这方面丝毫没有政治嗅觉，就说不上了。

同学来自各省，几乎都有他们的同乡会，但省与省之间的畛域之见不深，似乎一直没有发生过问题。广东同乡会的活动最多一些，通告板上常有他们开会的消息，平时广东同学也喜欢聚在一起，说广东话，别省的同学是对他们有闲话的。有的说，地方主义的气味太浓厚了；有的说，这还是因为方言的关系；有人反问，同样有语言上的困难，何以福建同学的表现便不大一样？更有人问，同学中十之七八是讲吴语的江苏同学，何以他们根本没有搞过同乡会？当年清华没有江苏同乡会倒是个事实。但这也不能用来说明江苏同学就没有地方主义。解放初的土地改革运动证明江南的封建势力很严重，而距此三四十年前，江苏人便没有浓厚的地方主义，是很难设想的。当时清华师生中，既以江苏籍的为最多，人多势大，到处要占些上风，也许根本用不着同乡会的一类的组织，来加以保证。在别省同学的心目中，江苏同学可能更不受欢迎。只是因为我自己是江苏人，未能理会罢了。

部分同学也搞些基督教的宗教活动，以青年会为中心。清华师生中的基督徒不算太少。住"美国地"的教师，其中一部分还是北美青年会代为招聘来的，当然全部是，不消说了；许多通英语的中国教师出身于基督教的家庭和教会学校，至少对基督教有过多年的接触；学生中也有些是虔诚的信徒。有些还是牧师的儿子，吃饭睡觉之前，例须祷告一次。全国青年会的组织看到了这是块好园地，很早就在这里成立了支会，归北京青年会学生部直接联系，学生部的干事中有美国人，也有中国人（现在主持"三自革新运动"的吴耀宗先生就是其中的一人），时常来校指导工作。当时的经常活动是通过所谓"主日礼拜""查经班"以及每年暑假在西山举行的"夏令会"等活动，来传播基督教教义，巩固原有的信徒，吸收新信徒。前两种活动的主领人员，亦即宣扬教义最有力的人员，当然以来自"美国地"的教师为最多，也有圣约翰等大学毕业的中国教员，如林语堂之流。参加"查经班"的同学还不少，其中有的怕人批评，说是借此多个练习英语的机会，但也确有为了练习英语，参加进去的。至于领班的人往往以英语为"饵"，来钓取学生，是不消多说的了。夏令会则由北京青年会主办，报名参加的不限于清华学生。

每年，或隔一两年，看情况，青年会又必举办一次所谓"决志大会"或"奋兴大会"，请北美青年会派来中国的有名的"布道家"主讲，连讲两三天；大会终结前，必敦劝听众填写所谓"决志书"，表示皈依的志愿。这些开讲人物的讲法各有巧妙不同，但至少有两点是共同的：第一是"辩才无碍"，声容并茂，富有上面所说的演说家的煽动力；第二是从整个的"中国问题"讲起，把确乎是漆黑一团与危险万状的中国局势说得更加漆黑，更加危险，然后逐步转进到绝无仅有的一线曙光与一颗救星，那就是基督教了。他们从山穷水尽一直说到柳暗花明，却真有一套本领。一次大会之后，总有不少的同学在"决志书"上签了名，接着受"洗礼"、"吃圣餐"，成为基督徒，少数还在附近海淀的教堂里当上了"执事"。但据我观察，这种靠一时的"兴奋"而"决志"皈依的同学绝大部分没有坚持他们的信仰,一旦诞登太平洋彼岸,接触到美国社会生活中与教义大相刺谬的种种实际,多数无形地放弃了;个别的为了求一个心安理得,还写过文章,婉转说明所以不得不放弃的理由,更有进一步劝说毕业后准备到中国来传教的美国同学大可不必负起这样一个"使命"。当然,这班同学当初的所以进教,思想上也是很复杂的。他们的宏愿是出洋,信了教,有了个信徒的名义,对这宏愿的完成,无疑地是个便利。有这种出发点的人对信仰当然也不可能太认真,更不说坚持了。

通过青年会的关系,一九二一年,清华园还一度被提供作为世界基督教青年大会的会场。平时一般同学对青年会的活动不大置可否。这次,在一九一九年爱国运动之后,却有了鲜明的分化。基督教徒与一般青年会会员对这事当然是支持的。一般同学则在一边看热闹,其中有些要把宿舍让出来的,大概也不会太满意。另有少数同学是反对的,他们得风气之先,已经认识到这一类的活动是帝国主义文化侵略的一个方面,他们似乎还张贴过一些标语,把这种认识率直地表达出来。而在支持的一面则曾在口头上为之辩护,我自己当时便是辩护人之一。实际上,青年会本身的存在也一直有同学反对,不过从没有具体化,只是在有一段时期里，少数同学成立过"孔教会"，像是对青年会唱对台戏。"孔教会"所由组织的原因当然不止一个，但"能言距杨墨者，圣人之徒也"，当时"孔教会"的成员中，尚有不少能背诵孟子的这两句话的人，是可以无疑的。①

日常生活中的饮食、游息，上面已经触处提到过一些，这里再补充一些。伙食是够好的，无论膳费是全免、半免，或每月付足六元钱的全膳费，基本上都是吃公家的，吃退回的部分庚子赔款。②平时的八菜一汤或四盘五碗，一到十一月一日，即全校开始生炉子的那一天，五碗就合成一只大火锅：大米饭、上白面馒头、小米稀饭、拌上香油的各种酱咸菜，除早餐无大米饭外，一概听吃。浪

---

① 我对"孔教会"的印象不深，觉得它在当年清华学生中没有太多的影响，所以在这里只略略的提到。脱稿后，一九二五年毕业同学，今清华大学教授李辑祥先生提出，当时"孔教会"的规模与参加人数也很可观，和"青年会"几乎有旗鼓相当之势。果尔，那就正好说明，当年半殖民地与半封建的中国社会在清华一校里所取得的反映，倒也并不过于偏枯，即过于偏向于殖民地的一面。我的所以见不及此，大概是由我当时自己是属于"青年会"一边的缘故。
② 记起一九一八年起入学的高等科插班生月付全膳费八元，算是例外。

费是很可观的，饭量大的同学彼此比赛、赌东道，最高的纪录是两把重的馒头二十五个；至于粮食的糟蹋狼藉，是不消说了。很有些人嫌饭菜不好，经常添菜，如香肠、木须肉、白菜炒肉丝之类，饭菜中发现了苍蝇、头发，起初是照章可以更换的，于是老实些的一发现就换，其次发现了不作声，等待将近吃完时再换，等于多吃一盘；最不成话的是，索性自备苍蝇、头发，于必要时掏出衣兜，放进盘碟；厨房在这方面所受到的损失当然取偿于其他学生的添菜中了。

衣，学校管一个头尾。头，指入校之初学校配买两张床单，一个洗衣袋，无论卧具多么肮脏破旧，加上平时不整理或不及整理的衣服什物，只要有大幅白床单加以掩盖，形成所谓"一包葱"，就不碍观瞻了。尾，指出洋前夕学校发折合美金二百五十元的一笔治装费，每人一份，在上海出发前自己张罗。

一所千把亩的王爷园子里住上起初只二百几十个学生。最多的时候也不过五六百人，居住与游息的条件是足够宽敞的。铁床、钢皮绷、厚草垫，四个人一大间，另有自修室，各有固定的书桌，后来学生多了，自修桌才并到卧室里；图书馆里的座位一直有富余，池边、林下、土山坡上的石磴，到处是读书游息的好去处。满园是花木，九秋的菊花，除园艺工人广泛地培植外，又有一位姓杨的搞斋务工作的职员出色当行地加以指导，尤为量多质美，据说极盛的一年曾培育到两百个品种。记得每年暑假回家，一到开学期近，就一心指望着返校，说明校园的吸引力实在很大。每年也有不少边远省区的同学留京度假，则学校把他们安排在西山的卧佛寺、大觉寺等处，也是十分幽胜的地方。京西郊区活动范围之大与游览地方之多，是尽人而知的。出西直门，从万牲园（一称"三贝子花园"，即今日的西郊公园），迤逦西行，直到西山八大处，一路的各大名胜，当时都已开放，尽管交通不便，只步行、骑驴两途，每逢周末，去的人已就不少。较远的如十三陵、八达岭、潭柘寺、妙峰山，乃至房山县的清陵，也往往有人集体去游览。特别值得一提的是，校园的西邻圆明园，当时虽已成为狐兔的窟穴，而破碎的琉璃砖瓦，片断的白玉雕栏，纷纭狼藉，遍地都是，寿山还相当高，福海还相当深，乃至大红门还像个门，西洋楼还像座楼……成为课余假日闲步的一个最好的区处。至于闲步者的感情反应如何，是作为"汉家陵阙"凭吊一番了事呢，还是对帝国主义强盗感到愤慨而想有朝一日报仇雪耻呢？那就因人而有所不同了。但说也奇怪，对清华附近这样一个引人入胜而又富有刺激的游览地区，却也还有无动于衷的少数同学。

例如，有人告诉我，一九二一级同学，解放前去世的一位有名的物理学家萨本栋，在校八九年，就从没有进过颐和园。有人说他是书呆，也有人说他真是"不窥园"的苦学之人，也许后一说法是更近事实。

学校行政对学生食、宿、游息和课外团体活动的主要管理部门是所谓"斋务处"。中等科的斋务管理特别严。斋务管理人员吃饭和同学一堂吃，夜向熄灯后要到宿舍巡视一周。学生每两周必须缴阅零用账和写家信一次，信即由处中代为付邮，学生所收信件也先经斋务处，然后由处分别纳入特制的多格信箱，一人一格，格有小玻璃门，有锁，信件由后纳入，同学由前开锁取信。犯规记过，三小过合一大过，满三大过开除学籍，这笔账也归斋务处。学年终了，成绩报告书后必附有一些奖惩的记录，奖用评语，有时也用实物，如墨盒之类，无论惩或奖，实际的教育意义都不大，奖尤其是官样文章。我在中等科前后五年，被记过一次小过，也曾得到过奖语，奖语是"言动安详，殊堪嘉尚"八个大字，一条腿的人也自不得不"安详"些了。但这除了算是把以前所记的小过抵消过去，让家长看了舒服些之外，别无作用。总起来说，当时的斋务处已经颇有后来"训导"的臭味。而当时的一个"斋务主任"，外号叫做"陈胖子"的，十多年后，听说终于投到蒋介石的门下，成为所谓"励志社"的一员头目，通过办一系列的所谓连锁食堂搞些勾当。据许多同学反映，直到解放以前不久，他一碰到凡在中等科耽过的同学，不但都叫得上姓名，并且还指得出学号，也正好说明他没有投错人。

清华的学生运动，像许多别的北京学校一样，开始于一九一九年。运动有内因，有外因。外因是当时北洋政府的腐败与卖国行为，是大家都知道的，这里无须多说。只说北京学生，在北京大学同学的倡导下，围打赵家楼的消息传到城外以后，清华学生就立即响应，一面参加进去，从此对北京一地以及全国性的学生运动，就我最后留校的两三年间的情况来说，是无役不与，至少曾进行过同情性的罢课罢考；一面，对内，终于争取到了全校学生会的成立。而在此以前，上面说过，学校所准许的一般性的学生组织只限于各级的级会而已。一九二〇年全国学生会的筹组与成立，清华也自有它的一份。

（一九六二年十月）

# 李 济 1896—1979

字济之,湖北钟祥人。一九一一年考入留美预科学校清华学堂,一九一八年毕业于清华学校,后官费留美。一九二〇年进入哈佛大学人类学系,一九二三年以论文《中国民族的形成》获得人类学博士学位,并于同年返回中国。

## 六十年前的清华　文/李　济

我在清华学堂当学生是从辛亥革命前开始一直到民国七年,可以说是把初中与高中两个阶段的教育都接受了。那个时候的清华,在现在说起来,当然是一个很特别的境界,因为那还是在前清的末年,一般的所谓读书人对于洋教育似乎仍然抱着一个怀疑的态度,一般保守的人都不愿意把子弟送到洋学堂去。我的家庭比较起来是属于进步的家庭,我的父亲虽说在前清受过功名,但他是主张维新的,在未从湖北到北京之前就把我送进了县立的小学。那时候，办学堂是前清维新的一个办法。到了北京以后，我进的是北京的两个中学的一个，就是南城的五城中学。等到清华招考的时候（也就是宣统二年），虽说有很多人不愿意送子弟进洋学堂，但也有一部分人送他们的子弟去考，而我就是一个，并且我侥幸的是考取了，所以，我进清华的时候还是在前清的时候。进了清华半年，暑假以后就遇到辛亥革命。虽说政治上起了变动，清华并未停课，秋天我仍然进了学校。

清华园在北京城的西北，原来是一个属于前清贵族的花园，在圆明园烧毁的时候也曾有部分被焚，但是大部分仍然保存了下来，清华园就是在那里最初建置的。我们当时进清华的时候，不但是没有学费，连膳宿都是由学校供给的。清华由于那个时候是留美预备学校，所授的功课因此重点是在学英文。不过虽说功课的排列是以英文为底子，但是最初别的功课还不是完全用英文，有很多还是用中文讲，渐渐英文程度好一点以后，有些功课也就用英文教了，尤其是科学这方面的课程。

不过，现在回忆那个时候，我觉得在我们那个时间，年龄刚过十二三岁，所受的最大的益处就是在体育那方面。关于体育方面，清华最初自然是受了美国的影响，每天下午都有一个钟头的强迫运动。这强迫运动在最初是随便选，例如：跳、跑，或玩球等都可以。每天下午四点到五点这个时候，一切的讲堂、寝室、图书馆都关门，学生们都必须到操场去活动。另外还有一件事也是清华做得很早的，那就是每天早上八点钟上课，在第二节与第三节课中间有二十分钟休息，其中十五分钟要做柔软体操。那时候是一个美国教员带着全体学生做，做完以后再上第三堂课。这些，在先前，学生只是随着课程做，但是现在想起来，对于我们那个时候学生的体质确是有很大的帮助。因为清华园，不但空气好，而且环境也很幽静，早晨做体操，下午又有强迫运动，在体育方面可说是一个很完善的办法。这是关于一般的安排。

至于所有的课程，那时候最早都是由教务长胡敦复先生安排的。当时的课程重点是在语言文字的学习，不但要能看、能读，还要能听、能讲。除了正式的英文课程以外，因为那个时候的图画教员、体育教员、音乐教员等都是由美国请来的，而这些课程一般都是得学的。在这样的熏陶之下，当然英语的能力无形中就更有进步了。体育方面，那时候每年清华学堂、南开大学和协和学堂三校的联合运动会是全校最感兴奋的事了。例如，关颂声就是当时的二百二十码的健将，是大家心目中的英雄。以后，等我们出洋的时候，清华已经有了体育馆与游泳池。学生要出洋，除了功课要及格，体育方面有五项运动也要及格（例如，一百码要跑多少秒，跳高要跳多高，跳远要跳多远）；假如不及格则要留级，甚至不能出洋。

那么在洋学堂是不是就不重视国文了？这倒也不然。虽说，国文课大半是排在下午，似乎不重视国文，其实，那时候也有很好的教授，我自己亲身经历过的教授就有好几位。有一位是广东的马先生，他说他先前教过梁启超。梁任公在那个时候是中国的第一大名士，他以后反对袁世凯"洪宪运动"，写的文章是哄动一时的。这位马先生说梁启超下笔快得很，他教他的时候，人家做八股，他可以做十六股。等马先生教我们的时候，自然已不做八股文了，而是做一般的文章。我记得我们同班的一位姓谢的广东同学文章也做得很好，马先生说给他一百分不够，要给他一百二十分，这是记忆里一件很有趣的事。但是，我个人确是受过另外一位先生很好的训练，这位先生就是湖南的饶先生。那时候我们已是高等班了，这位饶先生有另外一种教法：上课的时候，他不讲话而只写黑板，把所要讲的话都写在黑板上，两个黑板写完了差不多也就要下课了。他叫每个人选一部自己喜欢读的书读，例如先秦诸子，或者《史记》《前汉书》《后汉书》等，我选的是王先谦的《荀子》。读完书，他要我们做笔记，写心得和意见，每个人他都很仔细地要看。我父亲喜欢讲《孟子》，所以我读《荀子（集解）》他也很感兴趣。我因为《孟子》很熟，所以读《荀子》，一个讲性恶，一个讲性善，我读得非常感兴趣。荀子的理论照现在所讲的逻辑说，确实很多是合理的，所以我写的笔记、写的心得，这位饶先生相当欣赏，常常给我很好的分数和批评。在未进清华以前，在北京五城中学还有一位福建来的国文老师林琴南先生也教过我。我的国文根底就是由这几位先生培植起来的。

日子一年、两年地过去，渐渐快要毕业了，这就紧张了。所谓紧张就是将来出洋到美国去是要学什么？我们那时候叫"留美预备学校"，只要成绩不太坏都可出洋。既然要出洋，问题是出去学什么呢？那时候学生自己可有很大的选择，不像现在学生出国留学有科目的限制，当时留学规定的期限大概是五年，五年都是官费；五年完了就要回国。那时候的学生也都是预备学点东西就回来，没有想在美国待下去的。

在高等班第四年的时候，清华请了一位美国教授教心理学。心理学在当时我们还是一个不知道的名词。我跟心理学教授 Dr. Walcott 学了一年，感觉到非常大的兴趣，并且心理学有好些观念都是我们先前不晓得的，没想过，也没听说的。对于心理学有了一点认识，何不学心理学？所以就决定到美国去学心理学。当然 Dr. Walcott 也帮了忙，并且告诉我哪个学校的心理学最好。那个时候美国心理学最有名的学校是麻省的乌斯特城的克拉克大学，这么就决定了以后就到克拉克大学去学心理学。跟 Dr. Walcott 在一起一年，我们那一班还是第一班接受智慧测验的学生。所以六十年前（一九一八）清华毕业以后，我就进了克拉克大学学心理学，同时在乌斯特城学工业或教育的同学还有六七个。在克拉克大学待了两年，后来改学人类学又到哈佛大学去了。

这是六十年前一般的回忆。要是总说起来，我觉得最大的益处，在健康一面，我虽说没有变成一个运动家，但是因为学校的强迫运动以及早晨十五分钟的体操，对身体是一个很好的教育。至于我们国文的根底，我觉得也是靠教授。例如我有机会跟这位饶先生，还有好些位别的教授，我得了很多益处。至于这个留美预备学校，自然地，英文是一步一步、一年一年地进步，又碰巧跟 Dr. Walcott 学心理学而决定到美国学心理学。到了美国又转变，这自然又是另外的一件事情了。

（一九七八年四月）

# 萧公权　1897—1981

字恭甫，自号迹园，原名笃平，江西泰和人。一九一五年入上海中国基督教青年会中学学习。一九一八年考入清华学校高等科。一九二〇年赴美留学，一九二六年获康奈尔大学博士学位。一九二六年回国后至一九四八年，历任或兼任南方、国民、南开、东北、燕京、清华、北京、四川、光华、华西、政治等大学教授，讲授中外政治思想史等课程。

## 问学清华　文/萧公权

### ·投考清华·

民国七年夏天我在（上海）青年会中学毕业，同时考进了清华学校的高等科三年级。据我所知，那年投考三年级的学生六七十名当中几乎全是各大学（包括南洋和圣约翰）一、二年级的学生。在三年级录取的八名新生当中，我居然侥幸在内，真是考运亨通。其实我能被录取应当感谢我中学的几位先生，尤其是叶楚伧、程万里、何挺然和马瑞琪四位。他们所教课程的内容好像是为我所投考清华的预备。例如何先生所教的中级代数学。他一再叫我们"活用脑筋",看见习题首先要加以分析,决定了解答的途径或方法之后,才着手去做,否则埋头盲目去做,可能白费功夫。碰巧那年清华数学教员海宴士先生(Heinz)所出十道中级代数题目当中,第二和第三两题都是不可解的(insoluble),题目发出之后,我遵着何先生所教,先把十题一一细看一番,在考卷上写明这两题都不可解,用心去解答其余可解的八题。限定的两小时尚未完全过去,我已经完了卷。若干考生因为在这两题上虚耗了许多时间,无法做完十题。又如英文题目当中有一道是要考生把一首英诗,就其原意,但另用字句改写成为散文。有些应考的学生不了解"改写"(paraphrase)这字的意义,于是这一道题便不免得零分。我受了程先生的赐予,在六年级的时候,他已经教我们做改写的习作。拿着这考题便不至于彷徨束手了。国文试题更为凑巧,其中作文的题目,恰好是六年级最后作文一课叶先生给我们的题目。我从记忆中把原作默写出来。原作当中欠妥的地方既经叶先生改正过了,我这一篇应考的作文不但"如出宿构"而且"文不加点"。事后我曾这样想,假如那年青年会中学毕业生有两个人去报考清华,我大约就不在被录取的八名之内了。

何以我一个刚要从中学毕业的学生竟敢报考清华高等科三年级呢？这完全是由于叔玉八哥的鼓励。民国五年他同他的二哥仲乐同时考进了清华，他考进高等科四年级，仲乐考进高等科三年级。叔玉知道我快要从中学毕业了，写信来劝我报名去考高等科三年级。我十分怀疑我有投考的程度。他一再来信鼓励我说："你中学六年级所读的课程与清华二年级极其相似。我相信你的程度足以考取。无论如何，你必须一试，纵然不取，于你并无损害。错过机会，实在可惜。"我终于接受了他恳切的劝勉，大着胆去投考。清华录取的通知书寄到上海时，他已从北京回家准备出国。他看了通知书，高兴极了，对我说："我的话不错吧！后年秋天，我们在美国见面好了。"

## ·两年的收获·

民国七年八月我随同仲乐从上海到北京去清华学校肄（修）业。到了故都之后我们承仲辅二哥（长房冠侯伯父的次子）款待在他的西城寓所住了七八天。我是新生，必须早几天报到，以便办理一切入学的手续。仲乐是旧生，可以在上课前的一两天到校。他说："你还没坐过北京的骡车，这不但价廉，而且方便。行李放在车箱里，你坐在行李前面。'黄包车'虽然快些，但人与行李要分载两车，既多花钱，又不容易照看行李。你坐骡车去好吗？"我觉得他的说法颇为有理（虽然明知他想开我的玩笑，让我这"土包子"坐着这"老古董"去进留美预备学校），便说："好极了，就坐骡车去罢。"到了入校那天的清晨，我告别了仲辅兄嫂，坐上骡车，出西直门，经过海淀，向着清华园前进。车行很慢，我趁此饱看郊外的景物，夹道垂杨为北国风光生色不少。将近十一点钟，到了学校。骡车夫停了车，扶我下去，从校门里出来了两三位领导新生的同学，哈哈大笑说："欢迎，欢迎。坐骡车到清华真是别开生面。"他们指挥校工把我的简单行李拿了下来，搬进预先指定的宿舍里，随后由其中一位（三年级同学陆梅生兄）领我去斋务处报到。

"庚申级"（我们这一班应于民国九年庚申毕业，因有此名称）的同学一共有七十余人。在三年级那一年和我同住一寝室的一共是四个新生。其中有三个是三年级的新同学：陈岱（字岱孙，福州人），富文寿（海盐人），和我自己。剩下一个是北方人张姓的二年级新同学。富文寿兄与我相处得很好，我们约定了在四年级的那一年同住"新大楼"宿舍的一间寝室。此外庚申级同学李翰（字艺均）

和杨荫溥（字石湖）都是无锡人，与我时常见面"论文"。杨石湖兄用他的字作笔名在学生所编辑的《清华周刊》里发表一些文艺性的稿件，李苣均兄和我"见猎心喜"也分别用"石潭""石沤"的笔名投稿。他们是两年当中与我最接近的同学。

庚申级同学毕业游美以后在国内立业成名的不在少数。例如：富文寿（上海小儿科名医）、孟继懋（北京协和医院骨科专家）、陈可忠（化学家，曾任国立编译馆馆长，后任国立清华大学校长）、刘驭万、刘师舜（曾任中华民国驻外大使）、高惜水（原名介清，曾任潘阳东北大学工学院院长，来台后经营实业）都是比较有成就的。其余学有专长，服务各界，成绩彰著者尚大有人在。不幸的是，同级七十余人中至少有八九人已经去世，有五十多人留在了大陆……存亡莫卜。

清华在改组为国立大学以前是一个留美预备学校，高等科二、三年级的程度与那时美国一般大学的一、二年级相当，毕业生到了美国可以插进大学三年级而不至于感到困难。清华课程的门类不多，内容并不高深。教员的学问也不一定渊博，他们授课却十分踏实而认真，学生如不好好用功便不容易及格。国文、英文、美国史是必修的课程，此外有若干选修的课程。

清华特别注重体育，其主要目的不在训练少数运动选手而在普遍地培养学生的体力，用以矫正中国读书人文弱的积病。每天清晨高等科的学生要集合在广场上，由体育教员布汝士先生（Mr. Bruce）领导，做十五分钟的柔软体操（天雨改在体育馆举行），然后才分别到教室里去上课。每天下午四点到五点钟，宿舍、图书馆、教室的门都关锁起来，学生纵然不在操场或体育馆做运动，也得在校园里空气流通的地方散步或坐地。此外还有每星期若干小时由教员分级分组指导的体育课程。我们这一组的体育课程碰巧排在英文课之前，体育运动做完了，布汝士先生还下口令教我们把用过的器械一一放还原处，再去冲一个淋雨浴，才让我们下课。体育馆与高等科的教室相距至少有二三百码，我们飞跑前去上英文课总不免迟到。一方面英文教员屡次责问我们，另一方面体育教员又不肯让我们略早下课。布汝士先生的用意显然在养成我们的良好习惯，锻炼我们的身体，我们虽然口有怨言但心无违志。

学校规定学生平日的体育课程及格方能毕业，毕业前的体力测验达到标准方能遣送游学。民国八九年间的体力测验包括下列五项：（一）百码快跑，（二）跳高或急走跳远（两者任择其一），（三）攀绳，（四）横杠翻越，（五）游泳。规定的标准虽然十分低下（例如百码十四秒，自由式游泳二十码），在运动员看来，不值一笑，但在"老先生"们（我是其中之一）看来，几乎是难于上青天。我们几个"斯文人"，只要天气许可，每天拂晓去操场上加紧练习各人认为最困难的项目。到了六年级的第二学期，我们硬着头皮去参加测验。攀绳、翻杠两项，因为我身体较轻，稍加练习便可以过得去。我在中学时被学校强迫着学了两年的游泳，这一项测验我可以"驾轻就熟"。我下苦功练习的是跳远和百码两项，测验的结果，居然勉强及格。（我的平日体育成绩也低得无可再低，在"优""上""中""下""劣"即 Excellent、Superior、Normal、Inferior、Failure 五等当中，仅免列入"劣"等。）

清华的课程里面有兵操一门，这也是一个特点。学生上操时都穿上草黄色或藏青色的军式制服，拿着木质的步枪去操练。我们的教官是王赓先生，他是美国西点军校（Westpoint）的毕业生，我们的军训也略仿西点的格式。我们虽然没有真刀真枪，操练时倒也"军容壮盛"。有一次北京各校整队游行，庆祝第一次世界大战的终止，清华学生全体参加，一色的制服和整齐的步伐，引起观众的特别注意。这些重视身体发育、培植尚武精神的教育措施，与中国宋明以后的传统观念几乎完全相背。平心而论，这正是医治中国读书人文弱的对症药，未可厚非。

我在清华肄（修）业第一年的第二学期躬逢五四运动之盛，运动的潮流由北京城内各大学冲击到郊外的清华。清华学生当中热烈响应者固然不少，但也有一部分态度冷淡，甚至暗中反对。领道者鸣锣召集同学去开会，有时到者寥寥，于是派人到宿舍里或图书馆里去把一些"书虫"轰出去开会。学生联合会议决发行日报，以利宣传，由北大、清华两校各推代表，共同办理，为避免政府干涉起见，又决定天津法国租界为编辑和印刷的地点。清华方面决定由高等科三、四年级同学推举代表。开会的时候，四年级同学几乎众口一词表示他们不久必须离校到上海去办出国手续，不适于留在京津负责办报。三年级同学也表示因种种理由，不能留校。结果不打算他去的只有四年级的桂中枢，三年级的李榦（家在北京）和我（计划留校读书）三个人。这样一来，问题便自然地解决了。我们三个人便被推为清华的代表，与北大代表去天津合力办报。

桂、李两兄和我会同北大代表周君（北大只派了一人）去到天津，在法租界梨栈大街一爿小旅馆（中和栈）租了几间房间作为编辑部和"记者"们的宿舍，又在法租界觅妥了一家印刷厂替我们印报。两天之后，每天一张的《民钟日报》居然出版了（日期记不起）。内容略仿普通日报，只是篇幅较小，其中包括时评、社论、新闻、小品文字和广告等栏。天津学生会派人负责发行，在北京、天津两处分发。北京政府不久发现了这"地下报纸"，向法国使馆和法租界当局交涉。"民钟"问世不到一个月（究竟多久，我记不起了）便被迫停刊，我参加五四运动和尝试"报馆"生活，于是也告结束。

在"民钟"列行的期间，桂、李两兄和我"夙兴夜寐"分头去采访有关的新闻，撰写评论，编排报页，送稿付印和校对印稿。我们三个人不分彼此，谁能做，就尽力去做。"民钟"居然能够按日准时出版，不误发行。周君似乎以"社长"或"主笔"自居，但既不肯轻于下笔，又不重于做送稿、校对等琐事。（午后他往往外出，深夜才回旅馆。有时我们清晨校稿回来，他还在高枕安卧。）他很喜欢评论我们的工作，讲得头头是道。我们一面洗耳恭听，一面各尽所能，倒也相安无事。

昙花一现的《民钟日报》不过是五四运动中一个渺小的节目，时过境迁，早已被人忘怀了。但短期做过冒牌记者之后，我不知自量，对于"办报"发生了兴趣。民国九年清华学校允许送我进密苏里大学新闻学院肄（修）业，如果后来不因为自己发现我不是做"无冕王"的材料而改学哲学，我很可能成为中国新闻界的一名小卒。桂、李两兄到美后都学新闻学，先后得着新闻学学士的荣衔。他们是有志竟成，我却知难而退。

具有历史意义的五四运动仍旧在北京进行，在城内和郊外各校学生集合在天安门广场上游行的那一天，北京政府下令拘捕为首的人。清华二年级同学罗隆基是活动分子之一，每逢当众演说，他极尽激昂慷慨之能事。听说他也在逮捕的名单里，他立刻决定"走为上计"，在身强力大的清华运动员时昭涵保卫之下，冲出了军警包围的天安门，向东交民巷各国驻华使节的特区"落荒"而去。"时昭涵威镇天安门，罗隆基独走交民巷"，这是五四运动一个略带喜剧性的场面。

清华两年的时间迅速地过去了。民国九年夏初庚申级的同学都到上海去办理出国手续，领护照、验身体、治服装，是其中比较重要的项目。护照由外交部发给。（清华学校隶属于外交部，后来改为国立清华大学才转隶于教育部。）每名学生由学校支付绰有余裕的"治装费"五百银元，家境清寒的同学也不会感受"经济压迫"。检验身体的主要目的是查看学生是否患有传染病，如沙眼、肺结核等症，因为美国法律禁止患这类病症的人入境。（其实在校时所有学生都经校医检查，上海的检查几乎是"官样文章"。）除了办理这些手续外，我们还要参加上海文化团体的欢送会。在上海有家属或戚友的同学更有另外的应酬。

忙了约两个月之后,我们几十个人由王文显先生率领乘中国邮船"南京"号,于八月二十三日离开上海,去"新大陆"求学。

那时照旧法计算,我已经二十四岁了。因为我生长在一个旧式家庭里面,又养成了高度的书呆子习性,虽然面对着一个新时代(一个政治、社会、文化都在动荡的时代),我好像是视若无睹,漠不关心,岂但不关心,在思想上甚至趋于"反动"。我批评提倡白话文学者的言论,认为过于偏激。我不赞成"打倒孔家店",认为反对孔子的人不曾把孔子的思想与专制帝王所利用的"孔教"分别去看而一概抹煞,是很不公平的。现在回想起来,我真是不识时务,但我不能承认我的看法毫无理由。民国二年庄士敦已经这样说过:"当我们欧洲人开始惊异地发现中国的社会和政治思想,中国的道德伦理,中国的艺术和文学都有崇高价值的时候,中国人自己却开始学着把他们文化当中这些伟大的产物加以不耐烦的鄙视。……这是一个令人大惑不解的现象。"

"It is a bewildering phenomenon…that just when we Europeans were realising with amazement the high value of China's social and political philosophy, her ethics, her art and literature, the Chinese themselves were learning to treat these great products of her own civilization with impatient contempt." R. F. Johnston, "A League of the Sacred Hills," *The Nineteenth Century*, February 1913, P306. 庄士敦的政治立场我们不必在此追究,他所说的"现象"确非捕风捉影。民国初年中国人开始学着的"不耐烦鄙视",不久之后便酝酿成熟而发生"全盘西化"一类的主张了。

民国九年以后若干年间国内政治纷紊,内战频起。民国九年的直皖、民国十一年的奉直、民国十三年的江浙、民国十四年的浙奉等战争是其中最显著的例子。国内的现状如此,我只是埋头读书。这并不是因为我没有爱国心,而是因为我有一个自己的看法。国家兴亡,匹夫当然有责;但匹夫要能尽责,必须先取得救国的知识和技能,仅凭一腔热血,未必有济于事。读书应该不忘救国,但救国必先读书。这个看法适用于文人,也适用于现代的军人。我在出国的时候,胸中充满了兴奋(甚至乐观)的情绪,相信游学美国是取得新知识、新技能,因而对于担负"匹夫之责"有所准备的好机会。

我还有另一看法。我认为古人"学而优则仕"这句话有真实性,但在现代的生活中"仕"应当广义解释为"服务社会",不必狭义解释为"投身政治"。政治不是人群生活的全体,政府也不就是国家。"从政"以外尽有个人效忠于国家于社会的行动场地。"匹夫"可以对祖国的经济、教育、科学、文艺等工作有所努力而肩负了"兴亡"的责任。如果我们把"仕"字解作"做官",而说"凡读书而有好成绩的人都去做官",在现代普及教育发达的国家里面,"高材生"不啻"车载斗量",那里有许多政府机关去容纳他们?不但如此,一个"自了汉"如果真能自了,乐业安分,仰事俯蓄,不为国家增加社会经济或政治负担,使政府减少内顾之忧,可以放心放手,用全力去办理内政外交的大事。这何尝不是匹夫略尽兴亡责任之一道?这不是说"自了汉"不关心兴亡。在一个民主国家里,他虽不从政,但可以留心政事,在选举民意代表和政府官吏的时候他可以本着自己的见解和良心去投票,去执行"选贤与能"的义务,这更是匹夫尽责之一道。正因为他自己避开"仕途",具有"管理众人之事"才能的领导人物便可以登进仕途,畅行无阻,充分地用其所长。至于"干禄"的政客,未做官时放言高论,做了官以后不辞"自求多福",同流合污,所谓"穷则兼善天下,达则独善其身"。他们对于"兴亡"未必比"自了汉"有更真实的贡献。曾国藩说李鸿章"拼命做官"。这个判语是否确切,我们不必在此讨论(李鸿章做官时曾替满清政府应付一些外交内政的疑难问题)。但我相信,一般拼命做官的人不但不为国家解决问题，甚至为国家制造问题。说得不客气一点，他们都是"亡国大夫"的胚子。孔子曾说"一孝友于兄弟"，"是亦为政"。他称许颜回，箪食瓢饮，不改其乐；他严斥"子张学干禄"，准许其他门人"鸣鼓而攻之"。我对于"仕"的认识，似乎尚不违背圣人之教。

上述的两个看法，我至今还不觉得有放弃的理由。自问求学数十年，所得甚微，少年的志愿都成了空想。这是由于我学力和能力的浅短，不能归咎于看法的错误。其次，我虽在幼年时曾作过"兼善"的幻想，所幸后来尚有自知之明，知道自己没有"管理众人之事"的才干，因而藏拙安分，"舌耕"自了，无由犯"达则独善"的过失。

我这关于求学和出路的两点认识，或者是我在清华学校两年肄（修）业的最大收获。

（编者注：本文写于二十世纪七十年代末，转引自《问学谏往录》，长沙：岳麓书社，2017年版）

## 梁实秋  1903—1987

号均默,原名梁治华、梁秋实,字实秋,出生于北京,祖籍浙江杭县(今余杭)。一九一五年秋考入清华学校。一九二三年八月毕业后赴美留学。

# 忆清华  文/梁实秋

我在清华读过八年书,由十四岁到二十二岁,自然有不可磨灭的印象,难以淡忘的感情。我曾写过一篇《清华八年》,略叙我八年的经过。兹篇所述,偏重我所接触的师友及一些琐事之回忆。

……我记得,北平清华园的大门,上面横匾"清华园"三个大字。字不见佳,是清大学士那桐题的。遇有庆典之日,门口交叉两面国旗——五色旗。通往校门的马路是笔直一条碎石路,上面铺黄土,经常有清道夫一杓一杓地泼水。校门前小小一块广场,对面是一座小桥,桥畔停放人力车,并系着几匹毛驴。

门口内,靠东边有小屋数楹,内有一土著老者,我们背后呼之为张老头。他职司门禁,我们中等科的学生非领有放行木牌不得越校门一步。他经常手托着水烟袋,穿着黑背心,笑容可掬。我们若是和他打个招呼,走出门外买烤白薯、冻柿子,他也会装糊涂点点头,连说"快点儿回来,快点儿回来"。

校门以内是一块大空地,绿草如茵。有一条小河横亘草原,河以南靠东边是高等科,额曰"清华学堂",也是那桐手笔。校长办公室在高等科楼上。民国四年我考取清华,由父执陆听秋(震)先生送我入校报到。陆先生是校长周诒春(寄梅)先生的圣约翰同学。我们进校先去拜见校长。校长指着墙上的一幅字要我念,我站到椅子上才看清楚。我没有念错,他点头微笑。我想我对他的印象比他对我的印象好。

河以北是中等科,一座教室的楼房之外,便是一排排的寝室。现在回想起来,像是编了号的监牢。我起初是六个人一间房,后来是四人一间。室内有地板,白灰墙白灰顶,四白落地。铁床草垫,外配竹竿六根以备夏天支设蚊帐。有窗户,无纱窗,无窗帘。每人发白布被单、白布床罩各二；又白帆布口袋二，装换洗衣服之用，洗衣作坊隔日派人取送。每两间寝室共用一具所谓俄罗斯火炉，墙上有洞以通暖气，实际上也没有多少暖气可通。但是火炉下面可以烤白薯，夜晚香味四溢。浴室、厕所在西边毗邻操场。浴室备铝铁盆十几个。浴者先签到报备，然后有人来倒冷热水。一个礼拜不洗，要宣布姓名，仍不洗，要派员监视勒令就浴。这规矩好像从未严格执行，因为请人签到或签到之后就开溜，种种方法早就有人发明了。厕所有"九间楼"之称，不知是哪位高手设计。厕在楼上，地板挖洞，下承大缸。如厕者均可欣赏"板斜尿流急，坑深屎落迟"的景致。而白胖大蛆万头攒动争着要攀据要津，蹲蹬失势者纷纷黜落的惨象乃尽收眼底。严冬朔风鬼哭神号，胆小的不敢去如厕，往往随地便溺，主事者不得已特备大木桶晚间抬至寝室门口阶下。桶深阶滑，有一位同学睡眼蒙眬不慎失足，几遭灭顶（这位同学我在抗战之初偶晤于津门，已位居银行经理，谈及往事相与大笑）。

　　大礼堂是后造的。起先集会都在高等科的一个小礼堂里，凡是演讲、演戏、俱乐会都在那里举行。新的大礼堂在高等科与中等科之间，背着小河，前临草地，是罗马式的建筑，有大石柱，有圆顶，能容千余人，可惜的是传音性能不甚佳。在这大礼堂里，周末放电影，每次收费一角，像白珠小姐（Pearl White）主演的《黑衣盗》（*Hooded Terror*）连续剧，一部接着一部，美女蒙难，紧张恐怖，虽是黑白无声，也很能引发兴趣，贾波林、陆克的喜剧更无论矣。我在这个礼堂演过两次话剧。

科学馆是后建的，体育馆也是。科学馆在大礼堂前靠右方。我在里面曾饱闻科罗芳的味道，切过蚯蚓，宰过田鸡（事实上是李先闻替我宰的，我怕在田鸡肚上划那一刀）。后来校长办公室搬在科学馆楼上。教务处也搬进去了。原来的校长室变成了学生会的会所，好神气！

体育馆在清华园的西北隅，虽然不大，有健身房，有室内游泳池，在当年算是很有规模的了。在健身房里我练过跳木马、攀杆子、翻筋斗、爬绳子、张飞卖肉……游泳池我不肯利用，水太凉，不留心难免喝一口，所以到了毕业之日游泳考试不及格者有两个人，一个是赵敏恒，一个不用说就是区区我。

图书馆在园之东北，中等科之东，原来是平房一座，后建大楼，后又添两翼，踵事增华，蔚为大观。阅览室二，以软木为地板，故走路无声，不惊扰人。书库装玻璃地板，故透光，不需开灯。在当时都算是新的装备。一座图书馆的价值，不在于其建筑之雄伟，亦不尽在于其庋藏之丰富，而是在于其是否被人充分地加以利用。卷帙纵多，尘封何益。清华图书馆藏书相当丰富，每晚学生麇集，阅读指定参考书，座无虚席。大部头的手钞的四库全书，我还是在这里首次看到。

校医室在体育馆之南，小河之北。小小的平房一幢，也有病床七八张。舒美科医师主其事，后来换了一位肥胖的包克女医师。我因为患耳下腺炎曾住院两天，记得有两位男护士在病房对病人大谈其性故事与性经验，我的印象恶劣。

工字厅在河之南，科学馆之背后，乃园中最早之建筑，作工字形，故名。房屋宽敞，几净窗明，为招待宾客之处，平素学生亦可借用开会。工字厅的后门外有一小小的荷花池，池后是一道矮矮的土山，山上草木蓊郁。凡是纯中国式的庭园风景，有水必有山，因为挖地作池，积土为山，乃自然的便利。有昆明湖则必定有万寿山，不过其规模较大而已。清华的荷花池，规模小而景色佳，厅后对联一副颇为精彩——

槛外山光历春夏秋冬万千变幻都非凡境
窗中云影任东西南北去来澹荡洵是仙居

横额是"水木清华"四个大字。联语原为广陵驾鹤楼杏轩沈广文之作,此为祁寯藻所书。祁寯藻是嘉庆进士、大学士。所谓"仙居"未免夸张,不过在一片西式建筑之中保留了这样一块纯中国式的环境,的确别有风味。英国诗人华次渥兹说,人在情感受了挫沮的时候,自然景物会有疗伤的作用。我在清华最后两年,时常于课余之暇,陟小山,披荆棘,巡游池畔一周,不知消磨了多少黄昏。闻一多临去清华时用水彩画了一幅《荷花池畔》赠我。我写了一首白话新诗《荷花池畔》刊在《创造季刊》上,不知是郭沫若还是成仿吾还给我改了两个字。

荷花池的东北角有个亭子,这是题中应有之义,有山有水焉能无亭无台?亭附近高处有一口钟,是园中报时之具,每半小时敲一次,仿一般的船上敲钟的方法,敲两下表示是一点或五点或九点,一点半是"当当""当",两点半是"当当""当当""当"。余类推。敲钟这份差事也不好当,每隔半小时就得去敲一次,分秒不爽而且风雨无阻。

工字厅的西南有古月堂,是几个小院落组成的中国式房屋,里面住的是教国文的老先生。有些位年青的教英文的教师记得好像是住在工字厅,美籍教师则住西式的木造洋房,集中在图书馆以北一隅。从住房的分配上也隐隐然可以看出不同的身份。

清华园以西是一片榛莽未除的荒地，也有围墙圈起，中间有一小土山耸立，我们称之为西园。小河经过处有一豁口，可以走进沿墙巡视一周，只见一片片的"萑苇被渚，蓼苹抽涯"，好像是置身于陶然亭畔。有一回我同翟桓赴西园闲步，水闸处闻"泼剌"声，俯视之有大鱼盈尺在石坂上翻跃，乃相率褰裳跣足，合力捕获之，急送厨房，烹而食之，大膏馋吻。

孩子没有不馋嘴的，其实岂止孩子？清华校门内靠左边围墙有一家"嘉华公司"，招商承办，卖日用品及零食，后来收回自营，改称为售品所，我们戏称去买零食为"上售"。零食包括：热的豆浆、肉饺、栗子、花生之类。饿的时候，一碗豆浆加进砂糖，拿起一枚肉饺代替茶匙一搅，顷刻间三碗豆浆一包肉饺（十枚）下肚，鼓腹而出。最妙的是，当局怕学生把栗子皮剥得狼藉满地，限令栗子必须剥好皮才准出售，糖炒栗子从没有过这种吃法。在清华那几年，正是生长突盛的时期，食量惊人。清华的膳食比较其他学校为佳，本来是免费的，我入校那年改为缴半费，我每月交三元半，学校补助三元。八个人一桌，四盘四碗四碟咸菜，盘碗是荤素各半，馒头白饭管够。冬季四碗改为火锅。早点是馒头稀饭咸菜四色，萝卜干、八宝菜、腌萝卜、腌白菜，随意加麻油。每逢膳时，大家挤在饭厅门外,我的感觉不是饥肠辘辘,是胃里长鸣。我清楚地记得,上第四堂课《西洋文学大纲》时,选课的只有四五人,所以就到罗伯森先生家里去听讲,我需要用手按着胃,否则肚里会"呜呜"地大叫。我吃馒头的最高纪录是十二个。斋务人员在饭厅里单占一桌,学生们等他们散去之后纷纷喊厨房添菜,不是木樨肉,就是肉丝炒辣椒,每人呼呼地添一碗饭。

清华对于运动夙来热心。校际球类比赛如获胜利,照例翌日放假一天,鼓舞的力量很大。跻身于校队,则享有特殊伙食以维持其体力,名之为"训练桌",同学为之侧目。记得有一年上海南洋大学足球队北征,清华严阵以待。那一天朔风刺骨,围观的人个个打哆嗦而手心出汗。清华大胜,以中锋徐仲良、半右锋关颂韬最为出色。徐仲良脚下劲足,射门时球应声入网,其疾如矢。关颂韬最善盘球,左冲右突不离身,三两个人和他抢都奈何不了他。其他的队员如陆懋德、华秀升、姚醒黄、孟继懋、李汝祺等均能称职。生平看足球比赛,紧张刺激以此为最。篮球赛之清华的对手是北师大,其次是南开,年年互相邀赛,全力以赴,互有胜负。清华的阵容主要以时昭涵、陈崇武为前锋,以孙立人、王国华为后卫。昭涵悍锐,崇武刁钻,立人、国华则稳重沉着。五人联手,如臂使指,进退恍惚,胜算较多。不能参加校队的,可以参加级队,不能参加级队的甚至可以参加同乡队、寝室队,总之是一片运动狂。我非健者,但是也踢破过两双球鞋,打破过几只网拍。

当时最普通而又最简便的游戏莫过于"击嘎儿"。所谓"嘎儿"者,是用木头楦出来的梭形物,另备木棍一根如擀面杖一般,略长略粗。在土地上掘一小沟,以嘎儿斜置沟之一端,持杖猛敲"嘎儿"之一端,则"嘎儿"飞越而出,愈远愈好。此戏为两人一组。一人击出,另一人试接,如接到则二人交换位置,如未接到则拾起"嘎儿"掷击平放在沟上之木棍,如未击中则对方以木杖试量其差距,以为计分。几番交换击接,计分较少之一方胜。清华并不完全洋化,像这样的井市小儿的游戏实在很土,其他学校学生恐怕未必屑于一顾,而在清华有一阵几乎每一学生手里都持有一杖一梭。每天下午有一个老铜锁匠担着挑子来到运动场边,他的职业本来是配钥匙开锁,但是他的副业喧宾夺主,他管修网球拍,补皮球胎,缝破皮鞋,发售木杖木嘎儿,以及其他零碎委办之事,他是园中一个不可或缺的服务者。

我们的制服整齐美观,厚呢的帽子宽宽的帽沿,烫得平平的。户外活动比较有趣,圆明园旧址就在我们隔壁,野径盘纡，荒纤交互，正是露营的好去处。用一根火柴发火炊饭，不是一件容易事。饭煮成焦粑或稀粥，也觉得好吃。五四之后清华学生排队进城，队伍整齐，最能赢得都人喝彩。

我的课外活动不多，在中二、中三时曾邀约同学组织成了一个专门练习书法的戏墨社，愿意参加的不多，大家忙着学英文，谁有那么多闲情逸致讨此笔砚生涯？和我一清早就提前起床，在吃早点点名之前作半小时余的写字练习的，有吴卓、张嘉铸等几个人。吴卓临赵孟頫的《天冠山图咏》，柔媚潇洒，极有风致；张嘉铸写魏碑，学张廉卿，有古意；我写汉隶，临张迁，仅略得形似耳。我们也用白摺子写小楷。包世臣的《艺舟双楫》、康有为的《广艺舟双楫》是我们这时候不断研习的典籍。我们这个结社也要向学校报备，还请了汪鸾翔（巩庵）先生做导师，几度以作业送呈过目，这位长髯飘拂的略有口吃的老师对我们有嘉勉但无指导。怪我毅力不够，勉强维持两年就无形散伙了。

进高等科之后，生活环境一变，我已近成年，对于文学发生热烈的兴趣。邀集翟桓、张忠绂、顾毓琇、李迪俊、齐学启、吴锦铨等人组织小说研究社，出版了一册《短篇小说作法》，还占据了一间寝室作为社址。稍后扩大了组织，改名为清华文学社，吸收了孙大雨、谢文炳、饶孟侃、杨世恩等以及比我们高三班的闻一多，共三十余人。朱湘落落寡合，没有加入我们的行列，后终与一多失和，此时早已见其端倪。一多年长博学，无形中是我们这集团的领袖，和我最称莫逆。我们对于文学没有充分的认识，仅于课堂上读过少数的若干西方文学作品，对于中国文学传统亦所知不多，尚未能形成任何有系统的主张。有几个人性较浪漫，故易接近当时《创造社》一派。我和闻一多所作之《冬夜草儿评论》即成于是时。同学中对于我们这一批吟风弄月、讴歌爱情的人难免有微词，最坦率的是梅汝璈，他写过一篇《辟文风》投给《清华周刊》，我是周刊负责的编辑之一，当即为之披露，但是于下一期周刊中我反唇相讥辞而辟之。

说起《清华周刊》，那是我在高四时致力甚勤的一件事。周刊为学生会主要活动之一，由学校负责经费开支，虽说每期五六十页不超过一百页，里面有社论、有专论、有新闻、有文艺，俨然是一本小型综合杂志，每周一期，编写颇为累人。总编辑是吴景超，他做事有板有眼，一丝不苟。景超和我、顾毓琇、王化成四人同寝室。化成另有一批交游，同室而不同道。每到周末，我们三个人就要聚在一起，商略下一期周刊内容。社论数则是由景超和我分别撰作,交相评阅,常常秉烛不眠,务期斟酌于至当,而引以为乐。周刊的文艺一栏特别丰富,有时分印为增刊,厚达二百页。

高四的学生受到学校的优遇。全体住进一座大楼,内有暖气设备,有现代的淋浴与卫生设备。不过也有少数北方人如厕只能蹲而不能坐,则宁可远征中等科照顾九间楼。高四一年功课并不松懈,惟心情愉快,即将与校园告别,反觉依依不舍。我每周进城,有时策驴经大钟寺趋西直门,蹄声得得,黄尘滚滚,赶脚的跟在后面跑,气咻咻然。多半是坐人力车,荒原古道,老树垂杨,也是难得的感受,途经海甸少不得要停下,在仁和买几瓶莲花白或桂花露,再顺路买几篓酱瓜酱菜,或是一匣甜成薄脆,归家共享。

这篇文字无法结束,若是不略略述及我所怀念的六十多年前的几位师友。

首先是王文显先生,他作教务长相当久,后为清华大学英语系主任,他的英文名字是 J. Wang Quincey。我没见过他的中文签名,听人说他不谙中文,从小就由一位英国人抚养,在英国受教育,成为一位十足的英国绅士。他是广东人,能说粤语,为人稳重而沉默,经常骑一辆脚踏车,单手扶着车把,岸然游行于校内。他喜穿一件运动上装，胸襟上绣着英国的校徽（是牛津还是剑桥我记不得了），在足球场上作裁判。他的英语讲得太好了，不但纯熟流利，而且出言文雅，音色也好，听他说话乃是一大享受，比起语言粗鲁的一般美国人士显有上下床之别。我不幸没有能在他班上听讲，但是我毕业之后任教北大时，曾两度承他邀请参加清华留学生甄试，于私下晤对言谈之间，听他叙述英国威尔逊教授如何考证莎士比亚的版本，头头是道，乃深知其于英国文学的知识之渊博。先生才学深邃，而不轻表露，世遂少知之者。

巢堃霖先生是我的英文老师，他也是受过英国传统教育的学者，英语流利而又风趣。我记得他讲解一首伯朗宁的小诗《法军营中轶事》，连读带做，有声有色。我在班上发问答问，时常故作刁难，先生不以为忤。

在中等科教过我英文的有马国骥、林玉堂、孟宪成诸先生。马先生说英语夹杂上海土话，亦庄亦谐，妙趣横生。林先生长我五六岁，圣约翰毕业后即来清华任教，先生后改名为语堂，当时先生对于胡适白话诗甚为倾倒，尝于英文课中在黑板上大书"人力车夫，人力车夫，车来如飞……"，然后朗诵，击节称赏。我们一九二三级的"级呼"（Class Yell）是请先生给我们作的：

Who are, who are, who are we?

We are, we are, twenty-three.

Ssss bon-bah!

孟先生是林先生的同学，后来成为教育学家。林先生活泼风趣，孟先生凝重细腻。记得孟先生教我们读《汤伯朗就学记》(*Tonm Brown's Schooldays*)，这是一部文学杰作，写英国勒格贝公共学校的学生生活。先生讲解精详，其中若干情况至今不能忘。

教我英文的美籍教师有好几位，我最怀念的是贝德女士(Miss Baeder)。她教我们"作文与修辞"，我受益良多。她教我们作文，注重草拟大纲的方法。题目之下分若干部分，每部分又分若干节，每节有一个提纲挈领的句子。有了大纲，然后再敷演成为一篇文字。这方法其实是训练思想，使不枝不蔓层次井然，用在国文上也同样有效。她又教我们议会法，一面教我们说英语，一面教我们集会议事的规则（也就是孙中山先生所讲的民权初步），于是我们从小就学会了什么动议、附议、秩序问题、权利问题，等等，终身受用。大抵外籍教师教我们英语，使用各种教材教法，诸如辩论、集会、表演、游戏之类，而不专门致力于写、读、背。是于实际使用英语中学习英语。还有一位克利门斯女士(Miss Clemens)我也不能忘，她年纪轻，有轻盈的体态，未开言脸先绯红。

教我音乐的是西莱女士（Miss Seeley），教我图画的是斯塔女士（Miss Starr）和李盖特女士（Miss Lyggate），我上她们的课不是受教，是享受。所谓如沐春风不就是享受么？教我体育的是舒美科先生、马约翰先生。马先生黑头发绿眼珠，短小精悍，活力过人，每晨十时，一声铃响，全体自课室蜂涌而出，排列在一个广场上，"一、二、三、四,二、二、三、四……"连做十五分钟的健身操，风霜无阻，也能使大家出一头大汗。

我的国文老师当中，举人、进士不乏其人，他们满腹诗书自不待言，不过传授多少给学生则是另一问题。清华不重国文，课都排在下午，毕业时成绩不计，教师全住在古月堂自成一个区域。我怀念徐镜澄先生，他教我作文莫说废话，少用虚字，句句要挺拔，这是我永远奉为圭臬的至理名言。我曾经写过一篇记徐先生的文章，兹不赘。陈敬侯先生是天津人，具有天津人特有的幽默，除了风趣的言谈之外还逼我们默写过好多篇古文。背诵之不足，继之以默写，要把古文的格调声韵砸到脑子里去。汪鸾翔先生以他的贵州的口音结结巴巴地说："有人说，国……国文没没趣味，国……国文怎能没没有趣味，趣味就在其中啦！"当时听了当作笑话，现在体会到国文的趣味之可意会而不可言传，真是只好说是"在其中"了。

八年同窗好友太多了，同级的七八十人如今记得姓名的约有七十，有几位我记得姓而忘其名，更有几位我只约记得面貌。

我在清华最后两年，因为热心于学生会的活动，和罗努生、何浩若、时昭瀛来往较多。浩若曾有一次对我说："当年清华学生中至少有四个人不是好人，一个是努生，一个是昭瀛，一个是区区我，一个是阁下你。应该算是四凶。常言道，'好人不长寿'，所以我对于自己的寿命毫不担心。如今昭瀛年未六十遽尔作古，我的信心动摇矣！"他确是信心动摇，不久亦成为九泉之客。其实都不是坏人，只是年少轻狂不大安分。我记得有一次演话剧，是陈大悲的《良心》，初次排演的时候斋务主任陈筱田先生在座（他也饰演一角），他指着昭瀛说："时昭瀛扮演那个坏蛋，可以无需化妆。"哄堂大笑。昭瀛一瞪眼，眼睛比眼镜还大出一圈。他才思敏捷，英文特佳。为了换取一点稿酬，译了我的《雅舍小品》、孟瑶的《心园》、张其昀的《孔子传》。不幸在出使巴西任内去世。努生的公私生活高潮迭起，世人皆知，在校时扬言"九年清华三赶校长"，我曾当面戏之曰："足下才高于学，学高于品。"如今他已下世，我仍然觉得"世人皆欲杀，吾意独怜才"。至于浩若，他是清华同学中唯一之文武兼资者，他在清华的时候善写古文，波澜壮阔。在美国读书时倡国家主义最为激烈，返国后一度在方鼎英部下任团长，抗战期间任物资局长，晚年萧索，意气消磨。

我清华最后一年同寝室者吴景超与顾毓琇，不可不述。景超徽州歙县人，永远是一袭灰布长袍，道貌岸然，循规蹈矩，刻苦用功。好读史迁，故大家称呼之为太史公。为文有法度，处事公私分明。供职经济部所用邮票分置两纸盒内，一供公事，一供私函，决不混淆。可见其为人之一斑。毓琇江苏无锡人，治电机，而于诗词、戏剧、小说无所不窥，精力过人。为人机警，往往适应局势猛着先鞭。还有两个我所敬爱的人物。一个是潘光旦，原名光直，江苏宝山人，因伤病割去一腿。徐志摩所称道的"胡圣潘仙"：胡圣是适之先生，潘仙即光旦，以其似李铁拐也。光旦学问渊博，融贯中西，治优生学，后遂致力于我国之谱牒，时有著述，每多发明。其为人也，外圆内方，人皆乐与之游。还有一个是张心一，原名继忠，是我所知的清华同学中唯一的真正的甘肃人。他是一个传奇人物。他嫌理发一角钱太贵，尝自备小刀对镜剃光头，常是满头血迹斑烂。在校时外出永远骑驴，抗战期间一辆摩托机车跑遍后方各省。他做一个银行总稽核，外出查账，一向不受招待，某地分行为他设盛筵，他闻声逃匿，到小吃摊上果腹而归。他的轶事一时也说不完。

我在清华一住八年,由童年到弱冠,在那里受环境的熏陶,受师友的教益。这样的一个学校是名副其实的我的母校,我自然怀着一份深厚的感情。

(一九八一年)

# 西南联大始末记 文/李钟湘

· 在抗战的烽火中诞生 ·

民二十年（一九三一）九月十八日，日本军阀在沈阳发动攻击，不久即成立伪"满洲国"，继之以"冀东事件"，平津便成了中日冲突的中心。至民二十六年（一九三七）七月七日晚，日军又在卢沟桥制造事端，中国的全面抗战，于焉开始。十二天后，战事在北平零星进行。两个礼拜内，宋哲元军队撤出北平，日军未经抵抗，进入了这座古城。七月二十八、二十九日，日军攻击天津，炮轰八里台，并以飞机轮番轰炸，南开校舍全毁。京华两个著名大学：北京大学、清华大学和天津的南开大学，自然无法再留在平津。九月间经三校当局的筹划磋商，决定在长沙组织临时大学，便是联大的前身。

临时大学奉令由三校当局积极筹备，并函商中英庚款董事会筹借一百万元（见"一九三七年八月三十日高壹字第一六二五四号函"）分与西南、西北两临时大学作开办费。中英庚款董事会因一时无法筹足，允各先拨二十五万元，临时大学（西南）乃得展开设校工作。当时计划亦甚简要。

一、校址

大学本部租定长沙圣经学校，可容学生一千人。办公处设于圣经学校宿舍。男生宿舍则借用四十九标，可容千人左右。女生宿舍租用圣经学校附近之涵德女校，可容一至二百人。工学院借湖南大学工学院上课。

二、设备

设备即利用各校迁湘之原有设备，工学院利用湖南大学工学院之机器设备。图书与北平图书馆合作，双方各出五万元，为购置图书之用。防空设备拟利用四十九标之土冈，掘防空壕三十个，每壕容三十人，共可容千人左右。

三、经费

（甲）开办费预算如下：

图书费五万元。理工基本设备费十五万元。其他设备费五万元。

（乙）经常费预算原则如下：薪津60%，房租5%，办公费10%，设备13%~18%，预备12%~17%。

四、组织

（甲）行政组织

本大学筹备委员会设有主席一人,由教育部长兼任之;委员七人至十一人,由教育部聘任之;常务委员三至五人,由教育部就筹备委员中指定之。常务委员组织常务委员会,商决一切行政方针。筹委会设秘书、总务、教务三处,各置主任一人,由教育部就常务委员中指定兼任之,并由主席指定常委一人主持各种事项之执行。

(乙)院系设置

本大学设下列各院系:

(1)文学院中国文学系、外国语文学系、历史社会学系、哲学心理学系

(2)理学院物理学系、化学系、地质地理学系、生物学系、数学系

(3)工学院土木工程学系、机械工程学系、电机工程学系、化学工程学系

(4)法商学院法律学系、政治学系、经济学系、商学系

五、开学

报到:十月十八日起至十月廿四日止

开学:十月廿五日

注册选课:十月廿五日至十月廿七日止

上课:十一月一日

临时大学大体上照上列计划在进行，惟因长沙城内房子不够，遂将文学院设在南岳的圣经学院；工学院土木系设在长沙城内；电机系和机械系因无设备，送到岳麓山湖南大学工学院；机械系航空工程研究班，在南昌航空学校寄读；化学系在重庆大学寄读。原来三大学南来同学一千四百五十九人（包括清华六三八人，北大三四二人，南开一四七人，新生一一四人，借读二一八人）于（民国）二十六年（一九三七）十一月一日正式上课（此日即为后来西南联合大学之校庆日）。三大学教授亦陆续南来。根据柳无忌教授的记忆，当时文学院教授有朱自清（佩弦）、闻一多、陈梦家、叶公超、罗皑岚、金岳霖（龙荪）、冯友兰（芝生）、吴俊升（士选）、罗廷光、周先庚及英人燕卜荪诸先生，后来有陈雪屏、刘崇鋐（寿民）、容肇祖诸先生陆续到校（见柳著《古稀话旧集》），自然还有柳无忌先生。至二十日（民国）计清华七三人、北大五五人、南开二〇人，共一四八人。此时前线军情紧张，后方日夜空袭，临大师生坚苦卓绝，固守岗位，仍然弦歌不辍。但随着上海和南京的沦陷，临时大学在长沙仅一学期，遂于一九三八年二月决定迁往昆明。

从长沙到昆明，分两批进行。一批二百四十四人，组成湘黔滇旅行团，由黄子坚教授任团长，教授有闻一多、许骏斋、李嘉言、袁复礼（希渊）、王钟山、曾昭抡、毛应斗、郭海峰、吴征镒诸先生；同学则分成二大队、三中队，当时湖南省主席张治中特派费时岳领队。队伍于二月十九日出发，步行从长沙经湘西穿越贵州，翻山越岭，夜宿晓行，全程一千六百六十三公里（号称三千五百余里），耗时两月零八日，于四月二十六日到达昆明。赵元任教授夫人杨步伟女士、蒋梦麟校长夫人陶曾谷女士、黄子坚院长夫人和他们的女儿还向第一批到达的师生献花，并给大家做了一顿饺子吃。全体抵昆明后，黄子坚团长宴请全体师生于海棠春饭馆。这乃是我国教育界在抗战期间之一项壮举，钱能钦同学有《西南三千五百里》（商务版）纪其事。另一批八百余人，由长沙乘粤汉、广九铁路到香港，再乘船到海防，由海防乘滇越铁路到昆明，全程约十天。还有三百五十余位学生留在长沙。

一九三八年四月，临时大学奉令改称为国立西南联合大学，简称西南联大。也是因为昆明房子不够，文、法商学院暂设蒙自，假歌胪士洋行上课。当时，云南省的治安不大好，有女同学曾于晚间在小巷遇土匪，因而晚间下课，女同学均有人持红缨枪护送。一学期后，由于敌机轰炸后方各大城市，昆明各中学疏散，联大乃得商借各中学校舍，法商学院和理学院设在昆华农校和昆华师范，文学院亦自蒙自迁回昆明。半年内，在大西门外建筑了文、法商和理学院的简陋茅屋教室和学生寝室，这便是联大的"新校舍"。工学院设在昆明拓东路三会馆——全蜀会馆、迤西会馆和江西会馆，其后全蜀会馆重办小学，男生宿舍又迁到由盐仓改建的民房里。一九三八年十二月，又增设师范学院。至此联大规模已具，教学乃顺利进行。

历史社会系于一九四〇年六月十日，分为历史与社会两系，并和北平图书馆合作，设立"中日史料征集委员会"，广事搜集抗战史料。次年，社会系划归法商学院。

西南联大校务，由北京大学蒋梦麟（孟邻）校长、清华大学梅贻琦（月涵）校长、南开大学张伯苓校长三位常务委员负责主持，梅任常委会主席。张长年在重庆，蒋亦不常在昆明，因而学校大部分行政责任都落在梅的身上。梅先生以坚苦卓绝的精神，从无疾言厉色，亦不慷慨激昂，默默地领导着大学的工作。一九四五年，蒋梦麟出任行政院秘书长，由傅斯年（孟真）继任，傅又荐胡适以自代。一九三九年教务长是樊际昌（逵羽）教授，其后潘光旦教授兼任一个时期，杨石先（绍曾）教授继任。最后杨先生辞职，梅贻琦自己兼任，直至联大解散。训导长查良钊（勉仲）。总务长郑天挺（毅生）教授，是明清史专家。西南联大除常务委员会外，另有教授会组织，由全体教授和副教授组成。

一九四〇年，设立分校于四川叙永，地址在文庙、南华宫、春秋祠、帝王宫、城隍庙等处，分校主任为杨振声（今甫）教授，于（民国）三十年元月上课，后来当时教育部又决定一年级全设昆明，叙永只设先修班四班，当然大学部同学也全部迁回昆明（其后先修班也迁回昆明），联合大学分未久而又合。有一篇回忆文章写道："三大学在平津时代，各有其学风和传统，它们是不同的。但其相同相和之处，又如此之多！正因为'和而不同'的精神，更育孕出联大的优良校风。'自由教学'是它的显著特点。这里所谓自由，并不是错综复杂和散漫紊乱的代名词，而是一种有组织的、负责的、尊重个性和学术独立的自由。不合理的自由，为联大所不取；合理的不自由，同为联大所尊重。"大学教育必须由学校负责人的精神和人格，教师们做学问的认真态度，培育出一种追求真理、热爱自由、优良传统和合乎理性的气氛，来熏陶学生，联大八年始终在这种优良的气氛里成长与发展。

·文学院·

西南联大文学院教授，多是好学深思之士。教授来自三校，各具不同学派的观点，历史上百家杂陈的局面，又在联大复现。教授们各就所长与爱好开课，其特点是学术自由空气的浓厚、课程名目繁多，有宁坐三年牢不愿看一句新词的卫道之士，也有决心改革中国文化的进步学者，而且各有自己的体系。院长冯友兰（芝生），是中国哲学史的权威。他一方面讲中国哲学史，一方面讲哲学研究方法。他的哲学史，陈寅恪在审查报告里说："取材谨严，持论精确。"他分析内圣外王之道，（陆续发表了）《新世论》《新理学》《新世训》等在当时颇有影响的著作。他把人类的行为分为三种：道德的，如爱国助人；不道德的，如出卖国家，陷害他人；非道德的，如一切自然行为。人类的成功，也有三方面：立德——道德的成功，靠努力；立功——事业的成功，靠机运；立言——学问的成功，靠智慧。冯氏讲话有些口吃，一句"学而时习之"的"而"字，要"而"……一分多钟，在同学中传为笑谈。

中国文学系主任，先是朱自清（佩弦），继为罗常培（莘田）教授。其后罗常培教授赴美，由罗庸教授继任。罗莘田教授在声韵学方面的成就，是举国公认的。朱自清（佩弦）教授的散文也是有口皆碑，每个中学生几乎都能背诵他的《背影》。他讲授中国文学史概要和文学批评，有他独到的见解。他不但讲书认真，还坚持要学生写读书报告。他不同意只顾教师自己研究学术。他认为"文化是继续的，总应该给下一代着想，如果都不肯为青年服务，下一代怎么办？"因而认真为学生改笔记，从不缺课。罗庸（膺中）教授温文儒雅，搜集很多资料。他用包剿围攻的方法讲《论语》和《孟子》。他不但深懂文学，对佛学也有很深刻的造诣。如果有机会和罗教授长谈，和听他讲《论语》同样有益。

闻一多教授讲唐诗、讲乐府。他著有《唐诗杂论》《周易义证类纂》《诗经今译》《乐府诗笺》。他用人类学知识讲这些古代民谣。他对金石、诗词都有其独到之处。唐兰教授的中国语文专书研究和文字学，从甲骨到楷书，原原本本道出文字的构造和演变，真不愧为文字学的大师。他授《说文解字》，以菩萨心肠劝同学好好读书。杨振声（今甫）教授专授传记文学。浦江清教授的诗词，由每一个字讲起。此外教授还有游国恩、王力（了一）两位。

当然，还有自称世界上自古至今只有两个半庄子（庄子自己和一个日本教授），而他是其中半个的刘文典（叔雅）教授。刘叔雅教授不但是庄子权威，他的骈体文也不让魏晋人士专美于前。他讲授文选，有时一个字要讲一小时。本来，一个字代表一种宇宙现象，要写好文章，就必须把每一个字认清楚，而且要多识字。副教授有许维遹（骏斋）、陈梦家，教员则有邢庆兰、李广田、李觐高（次峰）、彭丽天、张盛祥、赵西陆、高华年，助教有冯钟芸、王志毅、赵仲邑、孙昌熙、周定一、陈士林、吴宏聪、姚殿芳等，当然也和其他各系一样，八年期间，时有变动。中文研究所则设在距昆明八公里的龙泉镇司家营，几个研究生在默默地做研究工作。

外国语文学系主任本是叶公超教授，叶教授未久去了伦敦，而由陈福田教授继任。外文系为抗战可以说做过一些工作。尤其自"珍珠港事变"之后，美国空军到中国作战，需要大量译员。外语系同学有许多参加译员工作，外语系教授则参加训练译员。系主任陈福田教授，身体壮健，一口华侨国语比英语差得多，哈佛大学毕业，热诚爱国，编有《大一英文》，故不仅联大采用为教本，且作为"大学丛书"风行全国。

教授吴宓（雨僧）讲授欧洲文学史、英国文学史、希腊罗马文学选读、欧洲名著选读、中西诗之比较、人文主义、文学与人生等。他手持从法国带回的手杖，是刘叔雅教授的传人。现在《红楼梦》已成世界学术界研究的对象,吴教授早就成为"红学"权威,可能"红学"(仅就"红学"二字,现在已成为一种学术)是由他开始。某同学在文林街开了一座小饭馆,名曰"潇湘馆"。雨僧教授一气之下,打毁了他的门窗用具。他认为不应该用林妹妹的公馆作饭馆的名字,小饭馆只好关门。

外语系教授还有莫泮芹、潘家洵(介泉)、冯承植(君培)、袁家骅、闻家驷、吴达元、陈铨(涛西)、杨业治(禹功)、陈定民、赵诏熊、傅恩龄(锡永)、林文铮、洪谦、黄炯华(公尚)、李赋宁、薛诚之、衣家骥、刘世沐、贾思培、李华德、徐锡良、陈嘉,还有美籍教授温德(Robert Winter)授英诗及现代诗,英籍教授白英(Robert Payne)授现代小说和伊利莎白时代文学。

人在桥上看月,看风景人在楼上看你
月亮点缀了你的窗子,你点缀了别人的梦

短短几个字,卞之琳教授的新诗,写尽人生哲理。闻一多教授认为卞氏的诗是旷世之作。冯至教授专讲歌德,十分关心国事。柳无忌教授任教仅一年后去了重庆。教员有王佐良、王庆陂、杨周翰、区伟昌,助教有王还、周榆瑞、蒋智存、查良铮、颜锡煆、林同梅、李鲸石、蒋铁云、陈祖文、俞铭传、张振先等。写《未央歌》的鹿桥（吴讷荪），也在联大任助教。杨西昆也曾在联大抱着儿子教大一英文，非常叫座。

哲学心理系主任汤用彤（锡予）教授的《魏晋玄学之研究》《魏晋文学与思想之关系》《魏晋时代圣人之观念》，都是一家之言。他在印度佛学方面也有独到的研究，胖胖的身材，走起路来一歪一歪的，为人正直诚恳。金岳霖（龙荪）教授对逻辑和哲学问题，恐怕除了他吃饭睡觉的时间以外，时时刻刻萦系于怀。他的知识论和"论道"均已享誉国际。冯文潜（柳漪）教授的美学，绝不让朱光潜专美于前，和蔼庄严，令人景仰。贺麟（自昭）教授是研究黑格尔专家，他讲"正""反""和"辩证法，"和"就是矛盾的统一，他认为以"不变应万变"是典型的矛盾的统一。一九四一年清华大学用一连串的演讲庆祝三十周年，哲学方面贺教授主讲。他说："研究哲学如果不以国家为念，仅为哲学而哲学，将是玩物丧志。"他说美国杜威教授七十寿辰，各方哲学家用骂来祝寿，因而他也用"口不择言"来庆祝清华三十年。

冯友兰（芝生）教授前面已说过，他的中国哲学史不必再提。沈有鼎（公武）教授的形而上学，有时不知在讲什么。教授还有郑昕（秉璧）、王宪钧、周先庚、敦福堂、王维诚诸先生，副教授胡世华，专任讲师熊十力，教员郑沛畛、曹日昌，还有助教石峻、任继愈、齐良骥等。

历史学系集三校教授于一处，都是一时人选，八音合奏，五色交辉。梅月涵校长在《复员后之清华（上）》(《清华校友通讯》新卅九期）报告上说："教师皆系当代权威，学子受益匪浅。在校诸教师皆以治学谨严，蜚声士林。"系主任雷海宗（伯伦）教授的中国文化周期论，是划时代的创论，他把中国文化分为二周。所以他讲中国通史讲到淝水之战，这是文化第一周。淝水之战以后，便非常简单地叙述了。他认为那是第一周的翻版。他上课不带片纸只字，仅带一支粉笔。讲春秋战国的诸侯，和西洋中古史几十个国君，名字有长达十几个英文字母的，和他们的起迄年代，信手拈来，从不假思索。他有超人的记忆力和异于常人的见解。他最反对女人干政。他说任何一个国家任何一个时代，只要太后当政，朝政必致不可收拾，古今中外从无例外。他把国际关系分为春秋式与战国式，春秋式讲道义重礼节，"揖让而升，降而饮"，以宋襄公作代表，不鼓不成列；不讲道义专讲袭人不备，白起坑赵卒四十万人，则完全属于战国式。

陈寅恪教授为旷代大师，先就读于美国哈佛大学，又至德国柏林大学和法国巴黎大学研究，终身无任何学位，使他几乎进不了清华国学研究所。他不但能背诵《十三经》之大部分，对每一字均求其正解，而且精通梵文、巴利文，也曾学过蒙文、藏文、满文、波斯文、西夏文及土耳其文，当然英、法、德、日，再加上拉丁、希腊文全精。陈寅恪真是无所不通。昔仲尼博学无所成名，而陈氏博学的重点则在于史。他的著作大半也属于史的方面，在联大授魏晋南北朝史和梵文。貂皮帽、衣狐裘、围围巾、手提蓝布小包袱，坐在南区小教室里，有时微笑，有时瞑目，旁征博引，滔滔不绝。同学如坐白鹿洞中，教室虽无绛帐，却也如沐春风。至于陈寅恪的诗，俞大维说："寅恪先生佩服陶、杜，他虽好李白及李义山诗，但不认为是上品。如果寅恪先生重写诗品，太白与义山诗，恐将被列为二等了。他特别喜好平民化的诗，故最推崇白香山。"记得胜利之后，成都某一家报纸，刊登先生一首七律：

渺渺钟声出远方，依依林影万鸦藏。
破碎山河迎胜利，残余岁月送凄凉。
一生负气成今日，四海无人对夕阳。
竹门松菊家何在，且认他乡作故乡。

这真是一首好诗，令人低徊哦吟，伤感不已。可惜陈寅恪教授在联大仅一年,即因健康关系而他去。

姚从吾教授毕生致力于宋、辽、金、元史,晚年对元史尤有创论,对邱处机特别推崇,在联大讲授宋史和史学方法。毛準(子水)教授史籍名著《史记》和《史通》,并曾教授科学概论。郑天挺(毅生)教授和孟森(心史)教授衣钵相传,授明清史,再传至何鹏毓(耀南)。向达(觉明)教授也授明清史,但对中西交通史享名当世。皮名举、蔡维藩(文侯)两位教授的西洋通史,每课学生挤满一个大教室。皮名举教授用"组织能力"和"发明天才"来决定一个民族之优劣。刘崇鋐(寿民)教授西洋近世史也是权威之论,待人和蔼可亲,热诚爱国。张荫麟教授不但授历史,而且还讲逻辑,仅"1"的独特与发展,就"发展"一个学期。外籍教授葛邦福讲授西洋上古史。王信忠(迅中)教授是日本通,授中日外交史。吴晗(辰伯)和丁则良教授授中国通史。邵循正教授年轻叫座,他对蒙古史颇作了些研究。此外有白约翰(佩之),讲师杨志玖,教员何鹏毓、游任逵、赵玉良、李忻、宋泽、邵景洛等。皮名举教授说,唯有北大、清华才能养住这一群教授。

· 理学院 ·

再说联大理学院,更是漪欤乎盛哉。三校教授聚于一堂,虽然在简陋的环境里,又没有理想的设备,但研究工作何曾一日稍辍!甚至有些位教授专事研究而不开课,难怪当时有人曾责怪联大"囤集教授"。"南清北合,联大开花",一位与三校有渊源的人士,目睹联大盛况,曾为此盛况而如此歌唱,理学院与有荣焉。院长吴有训(正之)调掌中大之后,由饶毓泰(树人)教授兼任。数学系主任江泽涵教授对微分几何有特殊研究,做人态度和蔼,治学认真谨严。华罗庚虽然走起路来"八面威风",但他教授近世代数却是一绝,他的《素数论》曾震惊当世。此外,还有姜立夫、杨武之教授(杨振宁之父)教微积分。姜教授为数学界前辈,江泽涵、申又枨、陈省身诸先生均出其门下。申又枨教授的高等微积分,田方增教授的微分方程,蒋硕民教授的高等代数,刘晋年(伯蕃)教授的积分论,也都非常叫座。还有教授张希陆、程毓淮、许宝騄、赵访熊、陈省身、郑桐荪,副教授赵淞(雨秋),俱是一时之选。陈省身教授不仅著作等身,而且名噪国际,应用数学课程(如电工数学、高等微分方程)在国内西南联大首先开出。英文最好的钟开莱及王湘浩都还是专任讲师。

研究助教则有孙树本，教员有闵嗣鹤、陈鸿远、彭慧云三位先生。助教则有王寿仁、栾汝书、龙季和、虞介藩、伉铁健、刘忻年、钱圣发、施惠同、孙本旺、颜道岸、王联芳、冷生明。

物理系教授更是聚全国之精英。系主任饶毓泰兼任理学院院长，不仅是学术界权威，也擅长于行政。联大、北大的理学院之所以能对学术有最大贡献，树人先生之功不可没。吴大猷教授的近代物理学、原子与分子光谱学、理论物理、电子力学，在世界上的地位不低于国内。朱物华教授的无线电学，霍秉权（重衡）、郑华炽教授的普通物理学，赵忠尧的力学。叶企孙教授不但讲授普通物理、近代物理，他的电磁学也很叫座。王竹溪教授的热学、统计力学是二次大战时新学问。还有周培源、赵忠尧、张文裕、马仕俊、许祯阳诸教授。这样的教授阵容，虽不敢言绝后，但确属空前。以如此之济济多士，才能孕育出诺贝尔奖金得主杨振宁、李政道等学人。讲师有戴文赛，助教有沈寿春、薛琴访、虞福春、卓励、梅镇岳、张家骅、胡玉和、金先杰、王代璠、黄永泰、郭沂曾诸先生。

化学系主任杨石先（绍曾）教授，曾兼任教务长。其后由黄子卿（碧帆）代理，他讲授理论化学。曾昭抡（叔伟）教授讲授有机化学、无机工业化学，他能文能武，文章下笔千言，有求必应，对军事学也有特别研究，整年一袭蓝布长衫，一双破皮鞋。有一次公开演讲，他推断当时欧洲战场盟军登陆地点和时间，深得某盟军军事专家的推许。后来盟军在欧洲开辟第二战场，登陆的时间与曾教授推断仅差两天，而地点则完全相同。教授孙承谔授普通化学，不重考试，但考试时如被发现作弊，处罚可就严了。张青莲教授用由美国自己带来的材料和仪器做重水研究。朱汝华（实君）、高崇熙、邱宗岳（崇彦）、严仁荫、刘云浦，还有中央研究院钱思亮先生也曾任教一时。张为申（伟森）专任讲师，朱汝瑾教授当时也是助教。化学研究，有待于充实之验器，抗战期间，由三校南运者固不多，而战时交通阻隔，采购不易，是以甚感简陋，影响于研究者固甚大也。

生物系主任李继侗教授的普通生物学最为同学所畏惧，普通植物也很难过关，教学严格闻名全校。陈桢（协三）教授的细胞遗传学，对金鱼突变的研究，早已蜚声国际。据说"维他命"一名词，即陈教授所译。教授张景钺（岘侪）是植物学权威，周先庚、沈嘉瑞、杜增瑞、殷宏章、沈同教授发现橄榄所含维他命特别多。吴素萱是副教授，罗士苇、萧承宪、牛满江（渊如）是助教。当时助教有十五人之多。吴韫珍教授因工作忙碌，生活困难，极近于殉道精神而殁于昆明。宁不令人敬佩！

地质地理气象系，因西南地质构造复杂，矿产种类繁多，地层完备，地学系得天独厚，利于研究，故对我国西南地质之研究，未曾因交通阻隔、图书仪器缺乏而少有贡献。其教授个人之研究更有足述者：系主任孙云铸（铁仙）系古生物学专家，有很高的国际地位，对地层说也有独到之处。张席禔（惠之）教授对贵州三叠纪之研究蜚声世界。张印堂（荫棠）教授是中国地理学权威，在联大授中国地理总论，于滇西告急之际，不畏危险，深入江心坡一带作实地调查。袁复礼（希渊）教授学问渊博，足迹遍华夏，讲起学来如天马行空，忽焉在前，忽焉在后。他和冯景兰（淮西）教授，先后赴西康作地质矿产之调查。一九四二年夏，与云南省政府建设厅合作成立云南地质调查所。教授还有王烈（霖之）、王恒升（洁秋），外籍教授米士、苏良赫（赫声）。地理方面有鲍觉民、钟道铭、陶绍渊诸先生。气象方面有赵九章、李宪之（达三）、程纯枢、顾钧禧、高仕功诸教授。后来各教授均有高就，只有李达三教授固守岗位，一家六口，贫困异常，然怡然自得，教授严格，每劝学生多读书少管闲事。助教多达八九人。

· 法商学院 ·

法商学院院长陈序经教授授文化论,他主张全盘西化,不同意"中学为体、西学为用"的主张。他说文化是有机体,不能割裂一部,为此曾和文学院院长冯友兰辩论一阵。结果还是冯先生说,辩论往往是后息者胜而终止。其实我们也觉得全盘西化有问题,仅让你天天吃面包一项,不但小麦不够,而且也受不了。法律系主任燕树棠教授,当年北大四公子之一,到联大时已有老态,甘贫乐道,择善固执,讲授法学概论,以继承儒家道统自居。对"大规模社会秩序之整理",一整理就半年。一学期下来,尚未提出法律是什么。他责怪世界局势的纷扰,政局的不安,是因为他不再讲授国际法所致。有一次公开讲演,他说:"国际公法不教了,国际关系也不谈了,国际上于是乎太乱了。"言下不胜唏嘘。戴修瓒教授的人格,比他的大胡须还美。当年在北京因受理燕树棠先生状告国务总理段祺瑞,和燕树棠教授一起被逐出京师。教授有蔡枢衡(天助)、章剑(化侬)、李士彤、张企泰、赵鸣歧、费青、罗文干诸先生。最令人羡慕的是芮沐教授,他因为兼任律师,收入颇丰。助教仅三四人,学生较少,但有成就的却很多。

政治系主任张奚若(熙若)教授,八字胡须,衣冠楚楚，手不离杖，做人一丝不苟。他教授西洋政治思想史。政治研究室主任钱端升教授，博学深思，授课也材料最多，因而参考书一大堆。期考的时候，要同学把参考书全抱到教室，随意翻阅。但如果平常不熟读，笔下不快，你也休想及格。吴之椿教授的现代政治思想史、英国宪法史，也是叫座的课业。此外教授还有崔书琴、赵凤喈（鸣歧）、邵循恪（恭甫）、王赣愚（贡予）诸位先生。助教仅二三人。

经济系和商学系可以并谈。不但同学人数冠全校，全系多达五百余人，课程方面，多半属于理论方面，教授也最多。系主任陈总（岱孙）教授，高硕英俊，鼻梁稍歪，经常口衔烟斗，以致口唇下搭，处事明快决断，不苟言笑。经济系同学人数虽多，但毕业时问题最少，系同学选课时不容马虎所致。他授经济概论和财政学，上课均在大教室，每课必早到五分钟，立在讲台上，上课铃一响即把当日主题大书于黑板之上，开始讲授。因为听课同学太多，每每有些因上一堂课下课迟或教室远而迟到，则必再约略重复一次，以免迟到同学无法笔记。把他的话按次笔记，便是一本很好的讲义。

赵廼抟（廉澄）教授经济思想史、西洋近代思潮及商业循环，讲到亚当·斯密（Adam Smith），把《原富》一书如何修正用字"wear and bare"改为"bear and wear"都说清楚。以中国之Marshall自居,同学不称赵先生而以Marshall Chow称之。他学问渊博,举止安详,每以藏书丰富自傲,喜欢旧诗。他曾讲一个故事。某教授在美读书时,买到一本最近出版的旧书,颇为自得,他用打油诗来嘲笑他的无知,诗曰:"翁仲如何作仲翁,皆缘书读欠夫功。马金堂玉应难到,只好苏姑作判通。"盖苏州曾有一通判,看见坟前翁仲说成仲翁也。

萧蘧(叔玉)教授讲经济概论与国际贸易,因为讲解过于详细,每学期很少能讲完。秦瓒(缜略)教授教高级财政学和中国财政史,他不高兴上课时,一学期上不了几小时;如果认真起来,一学年不会少一分钟,而且上课一定先同学而到。他曾反驳胡适先生的"井田制度是孟子面壁造谣"的说法。考试的时候,坐在教室手捧报纸,惟恐前面同学吃亏。但以他讲解之有条理,同学上课的兴趣,再加上最低八十九分,根本没有一个人会去抄袭。杨西孟教授的高、初级统计学,也是一门叫座课业,他常常慨叹我们的数学根基太差,比起德国人差得太远。高级统计学如果数学根基不够,真难懂,几乎认为是在讲玄学。他也授数理经济。

周作仁教授讲授高、初级货币银行,态度之认真,真是罕见，一小时下来，力竭声嘶，满身粉笔灰。据传周教授当年丢弃了天津金城银行经理，而悄悄到北大教书，金城银行曾登报寻人。家住在呈贡，有时背负几斤老米，下火车还要跑十几里路。平日寡言笑，但三杯酒落肚，议论大发，由国府主席到法学院院长为止，惟对系主任绝不妄加一辞，说是为保留风度。他对同学非常客气，但考试之认真，有如他的做人。周炳琳（枚荪）教授讲授高级经济理论，教材用 A. Marshall 的 *Principles of Economics*，坐在系办公室逐句讲解，没有考试，每学期交一篇读书报告，最好用英文写，准列甲等。枚荪教授一身正气，赵濂澄教授誉之为"大气磅礴，有所不为，代表北大精神"。戴世光教授也讲初级统计学，并兼主持人口普查研究所。伍启元教授授国际经济政策。伍教授读书过多，腹笥渊博，经济政策旁征博引，对罗斯福总统的四大自由备极推崇，但因广东口音过重，字音难辨，笔记也最难记。往往讲一个问题有三点，却只说了两点，有的同学追问第三点，他说第二点包含两点。他和杨西孟先生，常常对当时经济政策有所建议，往往是"不幸而言中"。

腾茂桐教授伦敦经济学院毕业，以正统派理论授经济概论。丁佶教授系商学系主任，他教会计学最令人难过关，可惜他不善游泳，以致在大普基灭顶，由贺治仁副教授接任。而毕业同学谋事的烦事，便落在经济系主任陈岱孙教授的肩上。徐毓枬教授是英国剑桥大学经济学博士，讲授高级经济学、经济名著选读，大半是高年级或研究生所选读。当时把 Keynes 的"充分就业"观念，也带进了联大。此外还有张德昌教授在联大授课未久而离去，姚嘉椿、周覃祓先生是讲师，助教四五人。

社会系是由历史社会系独立而来，系主任陈达（通夫）教授，讲授社会研究法和社会调查，他和陈序经都开过"华侨问题"。吴泽霖教授授社会学原理和人类学，但他的一项主要工作，是办理译员训练班。以优生学著名的潘光旦教授，当年是清华教务长，学生时期，因踢足球而折断一条腿，因而走路有"三条腿"。他译的蔼理士的《性心理学》，不仅有"信、达、雅"之译笔，也用尽了我国二十四史、野史、笔记、专著、诗词、戏曲、稗官小说细加详注，足见先生读书之功力，学问之渊博，中西之通达叹观止矣！潘先生曾读遍二十四史，也许宗谱收藏最富，因为他要在家谱里找遗传的证据。他的优生学和西洋社会思想史，也是叫座课程之一。社会系教授，在战时为国家做了不少对人口政策有影响的研究和调查。费孝通和李景汉、李树青、戴世光诸先生，全是社会系教授，助教则仅有李植人、袁方二人而已。

## ·工学院·

战前北大没有工学院,南开仅有化工系,所以工学院保持清华风度最浓厚。工学院设在昆明拓东路三会馆(全蜀会馆、迤西会馆和江西会馆),其后全蜀会馆重办小学,男生宿舍迁到由盐仓改建的民房里。同学们努力读书,认真运动。

工学院院长施嘉炀,是水文学专家,他开的堡垒工程、要塞工程均与军事有关。他与阎振兴教授主编之《昆明水工试验研究丛刊》和当时李谟炽教授主编之《公路研究丛刊》均为内容充实,极富学术价值的刊物。

土木工程系设备不够充实,但教授在结构、水力、交通及市政工程方面,颇为理想,且各方面均有研究实验之成绩,并曾为地方工程机关及美军工程部解决若干困难问题,甚至协助云南省开展抗疟工作,而各位教授且不断著述,系主任陶葆楷(作楷)教授之《给水工程学》与《军事卫生工程学》,蔡方荫之《普通结构学》,吴柳生教授之《工程材料学》(《钢筋混凝土设计》他首先将英制改为公制),张泽熙(豫生)教授之《铁路工程学》,均为传世之作。还有王裕光(明之)教授之《坊工地基及房屋》《工程估计及契约》,刘恢先教授之《结构学》,均为一时名著。名建筑师张昌华、衣复得、王龙甫、王明之诸先生，均曾任土木系教授，助教九人，目前多已成名。

机械工程系设有金工、土木、锻工、铸工、造水等厂及热工试验室，是工学院规模最大、学生最多一系。系主任先是庄前鼎，后为李辑祥（筱韩）教授。庄教授的兵器学，李辑祥教授的机械设计制图与原理，刘仙洲老教授的机动学，均副时望。还有王师羲、刘德慕（景竹）、王遵明（直承）、孟广喆（哲公）、董树屏（邱竹）、梁守槃、冯钟豫教授分别授应用力学、金相及热炼、热工学及汽车工程等。褚士荃、甯榥（旭光）两位副教授，授工程画等。此外还有强明伦（叙五）、李宗海两位讲师和助教十余人。机械系同学人数繁多，为工学院各系之冠。当时云南耀龙电力公司，资源委员会昆明电厂，中央机器厂，兵工署第五十三及廿三兵工厂，航空委员会第一飞机制造厂，第十飞机修理厂，云南裕滇纱厂，全有机械系三、四年级同学在实习。

电机工程学系于一九三九年九月添设。章名涛教授兼系主任，赵友民、倪俊、任之恭，都兼过系主任。教授有马大猷（倬道）、倪俊、毛启爽、任之恭、叶楷、钱钟韩、范崇武、张瑞岐诸先生。严晙（晙夫）、钟士模（子范）、陈荫谷、沈秉鲁（葆东）和年轻的徐贤修（浩人）全是专任讲师。课程有电工原理、电讯网路、直流电机、发电所、电磁测验、交流电机、无线电大意、无线电原理、电工及电机实验等。张友熙教授还兼任电讯专修科主任。助教则有唐统一等六人。

航空工程系，是一九三八年七月为战时需要而筹设的，同样造就了不少工程师。系主任王德荣教授，授飞机结构与概论，教授有李锦安、王宏基二位先生。当时航空系本身课业不多，一般性课业则与电机、机械系同学共同上课。王宏基教授之空气动力学，甯榥教授授内燃机、航空发动机等，秦大钧教授也教过空气动力学，教授还有周惠久、金希武、丁履德诸先生。

化学工程系原仅南开大学设有，当时原以为机械系与化学系相拼凑，孰不如今日之无物非化工也。系主任先后为张克忠、苏国桢、谢明山教授。中原理工学院院长谢明山教授授化学工程和化学机械设计，张青莲教授授理论化学，丁嗣贤教授授酸碱工业，陈国符先生授工业化学。张明哲先生此时也在化工系。教授还有潘尚贞、胡志彬、高长庚、赵越寰、周荫阿（铭西）诸先生。钟秉智先生曾任专任讲师。助教则有六人。

一九三九年二月，联大又增设了电信专修科。

## ·师范学院·

师范学院系联大迁昆明后,于一九四〇年设立的,本为培植云南师资。一九四一年十一月,并设置初级部二班,指定云南省教育厅保送八十名学生。院长黄子坚(钰生)教授,曾代表张伯苓的常务委员职务,教授教育概论。有一次广播,他以教育家的立场批评某些联大同学"少年老成",不像青年人,太实际,无理想,缺乏青年人的雄心壮志。

师范学院教育系主任陈雪屏教授。樊际昌(逵羽)教授和周先庚教授授教育概论,任樊祖和继祖(述先)教授分别教授中国和西洋教育史,倪仲方教授授心理卫生、发展心理,陈友松教授讲社会教育,沈履(弗斋)教授授青年心理,胡毅教授教教育统计,教员有严倚云,助教则为陈熙昌等三人,训导长查良钊(勉仲)授青年问题。公民训育系主任由陈雪屏教授兼任,并授教育心理和人格心理等课。后由田培林(伯苍)教授继任,曾作忠先生亦曾任教该系。公民训育系大部分课业,与教育系相同,故教授方面,很难限定某教授属教育系或公民训育系。国文系教授有彭仲铎(啸咸),授国文专书选读《水经注》及各体文习作。沈从文教授著作等身,在联大还是副教授,讲授中国小说史和现代文学。张清常先生也是副教授，但他精通文字学，所以也讲授训诂学。联大校歌即由张教授谱曲，他还长于乐队指挥。当时的副教授还有萧涤非、余冠英诸位先生。英语系教授有凌达扬（廷显）教授，和马葆炼专任讲师。史地系有孙毓棠和陶绍渊（子潜）副教授，赵书文专任讲师，王履常、周简文曾任助教。理化系许浈阳教授兼系主任，黄新民、钱人元先生是教员。师范专修科学科与教授均与师范学院同。师范学院同学除了师院专聘教授外，各学系均同于文、法、理学院。他们不但官费（不同于贷金），而且还要多读一年，真是得天独厚。师范学院并附设小学和中学各一所。

· 联大的学生 ·

西南联大一年级也有军训，每星期有半天军事训练，必修而无学分。

西南联大的体育课，每星期两小时，也是必修但无学分。马约翰教授要我们少穿衣服。昆明的冬天如遇阴天，天气也很冷，但马翁永远是一袭短袖衬衫。他更要我们永不要静止（Boys never quiet）。侯洛荀教授要求我们每一分钟投中十二个篮球，因而有的同学，学分修满，但不能毕业，还要回校补修体育。马启伟、黄中孚、邵子博、王英杰、夏翔、魏丕栋、牟作云都教过体育。

联合大学教授约五百人，来自平津三大学及全国各地，聚集了全国学术界权威。同学两千多人，有者来自后方，有者自沦陷区逃来。根据蒋梦麟的记载：同学们往往不止穿越一道火线，有者乘黑夜偷渡敌人把守的桥梁或河流，被发现而遭到射击，或被逮捕杀头；有者穿越敌人防线而几天吃不到东西，但阻止不住青年人摆脱敌人向往学习的心。这些青年有者经验丰富，有者年龄稍长，个性坚韧。在任何困难环境里，他们的精神愉快，弦歌不辍。常常可以见到师生如父子、同学如手足的感人情景。但有时在一个寝室住了几年，上下床铺不相识的人也不少。

柳无忌教授在他的《烽火中讲学双城记》中说："在中国情形特殊，大学教育没有因为弥漫的战火而中断。这次是不寻常的战争，在敌人侵略下，黄河流域与长江下游两处的锦绣山河与城市相继沦陷，首都两度迁移，各大学也被敌人占领或破坏，学生与教授在后方过着流离奔波的生活。可是民族精神依然兴旺，而'士气'更因炮火的洗礼而变得更刚毅，这是我们在大学内教书时所引以为自满与自豪的。战时的学生，饱尝艰辛，却没有颓废。他们求学的态度是严肃的……"

联合大学同学的生活确是艰辛的。他们大多从沦陷区冒生命危险而来,已如前述。在校生活全赖公费,起初尚足以维持营养,后来物价上涨,连"温饱"二字都很难求。大部分同学只有一套内衣裤,一袭长衫,一条卡其布西裤和一双皮鞋。衣服穿脏了利用午睡时间洗一洗,晒干了再穿,好在昆明一年好天气多。爱穿西服的学生,衬衫只有领子和袖子。每年冬春二季,昆明天气晴爽,且不下雨,因而校内井水干枯,饮水洗脸都成问题。起初学校用两位女工(昆明称"×嫂")分合送热水,其后也免了。再加上宿舍电灯常常停电,图书馆座位不够,因而凤翥街茶馆便成了读书、玩桥牌的场地。但凤翥街狭小,马粪铺地,鸡犬相闻,实在太脏太乱,后来多半转移到文林街去,文林街茶馆便与联大同学结了不解缘。在这种生活环境之下,更使联大同学生活多彩多姿,多半利用课余时间,到外面兼差,于是家庭教师、报馆、邮局、法院,甚至于放午炮、管警报、电报局、办杂志,全有联大同学参与。

联大的学生社团,也是五花八门的。只要不妨碍他人,组织社团出壁报学校全不干涉。喜爱文艺的同学组织文艺社,喜爱新诗的同学组织新诗社,喜爱画画和木刻的同学加入阳光社，文娱团体则有话剧社、联大剧团和青年剧社、联大戏剧研究社，其后有"南针社""木铎社"等。一九四五年秋，由"文艺壁报"作班底，和一部分喜爱文艺的同学演变为冬青社，还请了闻一多、冯至、卞之琳做导师。这年暑假又有了戏剧社。体育方面有悠悠体育社、喷火体育会，工学院则有西南合唱团等。这些团体有时举办辩论会、讲演会，假期举办夏令（或冬令）营，有时也演话剧。

联大的壁报更是琳琅满目，蓬荜生辉，贴满了大门左首的围墙。在当时的环境，办杂志、办报纸，因为纸张贵，印刷费高，不是件容易事，倒不如出份壁报，较为简单。西南联大的壁报，开始于一九三八年秋季工学院的《引擎》和《熔炉》。文法学院迁回昆明，群社出版了《腊月》，跟着便有《联大论坛》。到了一九三九年，壁报就发达起来，有群社的《群声》，明社的《南针》《微言》，木铎社的《木铎》，文艺社的散文半月刊《文艺》《热风》，和《热风》相对的有《照明弹》。新诗社的《新诗半月刊》、阳光社的《画刊》，时常有些心血结晶之作。论坛社的《论坛》，还有一张壁报叫《论衡》，用毛笔写的行书小字。

各社团或各系同学，也常常请对某一方面有独到见解的教授或校外学者来讲演，听讲的每每挤满了大型教室，有时爬满了窗台。

一九四一年冬，日军侵占香港后，许多学人包括陈寅恪教授在内，身陷其中。先是《大公报》发表了一篇社论，谈到香港沦陷，许多学人未能逃出，也谈到寅恪先生不知下落，而某要人竟用飞机运狗。其后有两位同学，在校门口贴出《喊》壁报详述其事，以致激怒了部分同学，于午饭后由昆华农院食堂列队游行。这是联大学生走出校门参加进步活动的一个开端。

西南联合大学两千多同学在昆明，分散在几个地区。

新校舍在昆明北郊大西门外，一九三九年建成，有泥土版筑的围墙，分南北二区，中隔环城马路。北区较南区大约四倍，有大门相对。初时大门尚可关闭，其后风雨侵蚀，无钱修理，门虽设而不关。有校警大队，虚设耳。进大门有土路稍宽，由南向北直通北墙小门。路西为生活区，进门去左边有校警室，面对小操场。操场之北为军训教官室，更北有宿舍约卅二栋，一九四〇年被日机炸毁两栋。每栋宿舍中间为甬道，两旁各置双人木床约十张，可容四十人。两床间有一长条木桌，本为自习之用，但因灯光黑暗，同学多半在茶馆读书，长桌仅供堆置杂物而已。

宿舍长方形，泥土版墙，南北为门，东西各开小洞四五，并竖以木棍，初时冬季尚糊以棉纸，其后棉纸亦免。中竖木棍，仅防君子耳。茅草为顶，每年冬季加盖新草，冬暖夏凉，虽偶有漏雨，同学即在室内撑伞而睡。宿舍之北为厕所及盥洗室，盥洗室空屋一栋，中间设砖架，洗脸在此。洗澡则须于深夜，不怕冷之同学方可为也。旁有一井，雨季有水，干季则于晨起前先为厨子汲去。昆明自秋迄春，晴天无雨，井枯无水，以致饮水为难，同学好坐茶馆之一因也。

到了雨季，尚未踏实的泥土，整个翻起来，到处泥泞，从寝室到教室，图书馆到饭厅。泥巴坑、小水沟不计其数。校舍西有小门，出门小桥流水人家，而师院附中在焉。土路之北端小门，外为铁路，越路为山坡，且小冢起伏，为跑警报之绝好去处。校内土路之东为教室、教务、总务、训导处及图书馆。最后有饭厅二栋。进大门右有青年消费合作社，售零星食物。土路之旁有水池，池旁有树二三株，树旁还有两三块大红石，池内满生青萍，青萍下有时蛙声鼓鼓，亦一景也。春季因无井水，同学以面盆取池水置于床下，晨起去其上面之青萍，下面之泥土，中间之水用以洗脸。

水池旁有广场，为学生聚会之处，月会亦在此；除常委外，政要、学者、贵宾到校讲演之场所。场北有升旗台，台后即大图书馆，可容六七百人，黑木大桌，长板凳。每至考试，天不黑同学便拥在门外等开门。尤其到了晚七时开门前，同学更多，门一开蜂拥而入，大门时被挤坏。盖参考书不多，先到者先借，后到者只有叹气而已。且座位有限，抢不到只好去茶馆，斯亦泡茶原因之一也。

图书馆旁为各系办公室，教务处、注册组、总务处、训导处均在附近。学校大政方针，同学选课贷金请求俱出于此。再北有小水沟，沟北有大饭厅二栋，不仅吃饭且为演戏之所，有桌无凳，八宝饭立而"啜之，亦不以为苦"。想吃饱必须早到，否则只好闻余味而已，然从无因争食而生纠纷也。广场东有一小径，径东墙内有一教室，小径通东北区，亦有教室六栋。图书馆瓦顶，有门有窗，稍具规模。教室则土壁铁皮顶，每遇骤雨则铮铿有声。

出新校舍，越环城马路，进门即为南区。南区在护城沟（无水曰沟）与环城马路中间，也是围以土版墙。南区整个属于理学院，各系办公室、实验室、教室均在其中，另外有校医室，铁皮顶、土版墙，但有门有窗。校医室外面，为生物系实验场所。高崇熙教授改良的剑兰，美而艳，有时盛开其间，为整个南区增色不少。东南有便门，出便门数十步，进城墙缺口西南行，为昆中北院。

北院位于昆明城内，面临文林街，据云为李鸿章祠堂。由文林街进大门有大殿，悬金底黑字"乾坤正气"匾额一方。因而被校方名此殿为"乾坤正气",大型教室也,通史、概论一类课程均在此上课。另一大型教室为昆北南食堂,经济系之会计学、民法概论等大班均在此上课,或供教授学人演讲之所。再进为一运动场,场旁有二层楼,原有单身教授宿舍,后改助教宿舍。宿舍与操场间有矮墙相隔。宿舍之东有小径,路旁荒草没胫,乱石成堆。循小径东北行,有砖造教室数间,尚称整洁,文学院课程多在此。出北院大门,越文林街为南院。

南院在文林街之南,与北院相对,本为高年级同学宿舍,一九四一年后改为女生宿舍,男同学非经许可,休想越雷池一步也。进门有小型操场,原有大教室二间,其一为"南天一柱"。本一大殿,有匾题曰"南天一柱",因以为名焉。一九四〇年夏,日机肆虐,去其屋顶之北半,潘光旦教务长,曾在其南半顶下主持教务。一年级经济概论,亦曾于此讲授。昆南阅览室,亦大教室也。一九四一年后南院改为女生宿舍,男同学可望而不可及矣。

师范学院在昆明城外,凤翥街之西,昆华师范原址。昆师疏散后,即为师范学院所在,房屋较整齐。教授数位,亦居其中。

工学院在拓东路二馆一仓——迤西会馆、江西会馆及盐行仓库。自新校舍穿越昆明城区,步行约一小时可达。

南盐拓东路,北临农田,并有大运动场。虽然庭院楼阁、殿宇庑廊,看起来似甚巍峨,但宿舍——盐行仓库——臭虫之多,令人惊叹,每使初到同学,无防臭虫经验者战斗终夜。三年下来(一年级住新校舍),多成捉虫能手。经济史上谈到欧洲中古农奴生活,夜间睡眠,衣服须盖在被上,床上有很多虫类,大概如此。

附带再来看看西南联大教授的生活。联大的教授尽是当代的权威,已如前述,但他们清苦的生活,必令你不敢相信。一九四〇年至一九四一年,因避日机轰炸,散居各处,他们每天到校上课,至少要走二十里路。根据吴大猷教授的忆述:

> 累不必说了。皮鞋走石子铺的路一天来回二十里,不几天便要打鞋掌。更苦的是袜子。那时我有一条黄卡机布的裤子,膝盖都补上大膏药或补钉。在学校里有些人穿的会好些,但不管谁穿什么,也没有人觉得奇怪。
>
> 我买菜煮饭倒不很怕,最生气的是生不着炭风炉。我知道生火的方法,但实行时有时不灵。有时将未燃的炭放在邻居的火上,等烧红了再拿回自己的炉上。早上有课时,我便提了菜篮和一把秤,带到课堂黑板下,等下了课再买菜回家。有一天好容易买了两条鲫鱼,拿回来放在小

院子水缸前,正要洗它,入房里不过几秒钟,出来时已少了一条鱼。一看,便见一只乌鸦衔了一条鱼飞上房顶了。虽然说,能被乌鸦衔上房顶的鱼大不到哪里去,但正因为鱼不大,两条丢了一条,是很惨的事。

至于联大同学吃的情况呢?一九三八年学生贷金每人七元尚有鸡蛋可吃,一九四四年资金涨到一千元,食的却只有"八宝饭"、老菜叶、毛皮肉。早上稀饭两大桶,花生及盐菜一小盘。午饭四盘菜两桶汤。米由政府配给,砂石、谷子、稗子、糠屑夹杂其中,米色又红,故曰"八宝饭"。买菜在下午三时之后,菜市将散未散之时,残菜剩肉,囊括而归,故菜为老菜叶,猪皮带毛。早上校门前一列长摊的鸡蛋饼和油条豆浆,文林街小吃馆的米线饵块,给了很多的诱惑,但非人人可享。老教授负米数十里外,气竭而不怨,豆芽菜煮豆腐,一家四五口,如此而已。

一九四〇年间日机滥肆轰炸,上课时必须提高警觉。警报一响,立即外奔。警报分三段:"预行""空袭""紧急"。初闻空袭警报而跑,继则闻"预行"而跑,最后胆量稍小之同学,见晴天即开溜,所谓"跑晴天"是也。一日之间,警报有达数小时者,不仅无法上课,甚或终日难得一饱。就在这样的环境里,培植出大批科学家、文学家、哲学家，在教育界、工商界出类拔萃者亦不少，可谓难能矣！

至每年毕业人数，则可根据档案约略统计，但亦仅其大概而已：

一九三八年度毕业三〇五人均为北大、清华、南开同学，联大仅十七人，师范七人。一九三九年一〇六人（恐有误）。一九四〇年一二三人。一九四一年三六五人。一九四二年五一四人。一九四三年四九八人。一九四四年毕业三八六人，从军二九一人。一九四五年三八〇人。

## ·几篇文献·

抗战胜利后，一九四六年四月，准将师范学院独立设置，北大、清华、南开各恢复原校，西南联大于七月一日结束。新校舍大厨房后面土丘下，立起了一座"国立西南联合大学纪念碑"。其文曰：（标点为本书编者所加）

# 国立西南联合大学纪念碑

文学院院长冯友兰撰文

中国文学系教授闻一多篆刻

中国文学系主任罗庸书丹

中华民国三十四年九月九日,我国家受日本之降于南京,上距二十六年七月七日卢沟桥之变为时八年,再上距二十年九月十八日沈阳之变为时十四年,再上距清甲午之役为时五十一年。举凡五十年间,日本所掠吞蚕食于我国家者,至是悉备图籍献还。全胜之局,秦汉以来所未有也。国立北京大学、国立清华大学原设北平,私立南开大学原设天津。自沈阳之变,我国家之威权逐渐南移,惟以文化力量与日本争持于平津,此三校实为其中坚。二十六年平津失守,三校奉命迁移湖南,合组为国立长沙临时大学,以三校校长蒋梦麟、梅贻琦、张伯苓为常务委员主持校务,设法、理、工学院于长沙,文学院于南岳,于十一月一日开始上课。迨京沪失守,武汉震动,临时大学又奉命迁云南。师生徒步经贵州,于二十七年四月二十六日抵昆明。旋奉命改名为国立西南联合大学,设理、工学院于昆明,文、法学院于蒙自,于五月四日开始上课。一学期后，文、法学院亦迁昆明。二十七年，增设师范学院。二十九年，设分校于四川叙永，一学年后并于本校。昆明本为后方名城，自日军入安南，陷缅甸，乃成后方重镇。联合大学支持其间，先后毕业学生二千余人，从军旅者八百余人。河山既复，日月重光，联合大学之战时使命既成，奉命于三十五年五月四日结束。原有三校，即将返故居，复旧业。缅维八年支持之苦辛，与夫三校合作之协和，可纪念者，盖有四焉：我国家以世界之古国，居东亚之天府，本应绍汉唐之遗烈，作并世之先进，将来建国完成，必于世界历史居独特之地位。盖并世列强，虽新而不古；希腊罗马，有古而无今。惟我国家，亘古亘今，亦新亦旧，斯所谓"周虽旧邦，其命维新"者也！旷代之伟业，八年之抗战已开其规模、立其基础。今日之胜利，于我国家有旋乾转坤之功，而联合大学之使命，与抗战相终始，此其可纪念一也。文人相轻，自古而然，昔人所言，今有同慨。三校有不同之历史，各异之学风，八年之久，合作无间，同无妨异，异不害同，五色交辉，相得益彰，八音合奏，终和且平，此其可纪念者二也。万物并育而不相害，天道并行而不相悖，小德川流，大德敦化，此天地之所以为大。斯虽先民之恒言，实为民主之真谛。联合大学以其兼容并包之精神，转移社会一时之风气，内树学术自由之规模，外来民主堡垒之称号，违千夫之诺诺，作一士之谔谔，此其可纪念者三也。稽之往史，我民族若不能立足于中原、偏安江表，称曰南渡。南渡之人，未有能北返者。晋人南渡，其例一也；宋人南渡，其例二也；明人南渡，其例三也。风景不殊，晋人之深悲；还我河山，宋人之虚愿。吾人为第四次之南渡，乃能于不十年间，收恢复之全功，庾信不哀江南，杜甫喜收蓟北，此其可纪念者四也。联合大学初定校歌，其辞始叹南迁流难之苦辛，中颂师生不屈之壮志，终寄最后胜利之期望；校以今日之成功，历历不爽，若合符契。联合大学之终始，岂非一代之盛事、旷百世而难遇者哉！爰就歌辞，勒为碑铭。铭曰：痛南渡，辞宫阙。驻衡湘，又离别。更长征，经峣泽。望中原，遍洒血。抵绝徼，继讲说。诗书器，犹有舌。尽笳吹，情弥切。千秋耻，终已雪。见倭寇，如烟灭。起朔北，迄南越，视金瓯，已无缺。大一统，无倾折，中兴业，继往烈。罗三校，兄弟列，为一体，如胶结。同艰难，共欢悦，联合竟，使命彻。神京复，还燕碣，以此石，象坚节，纪嘉庆，告来哲。

更有一进行曲校歌亦在其中。罗庸教授作校歌，冯友兰教授作"引"及"勉词""凯歌词"，张清常教授作曲。

【引】八年辛苦备尝,喜日月重光,顾同心同德而歌唱。

【校歌词】(满江红)万里长征,辞却了五朝宫阙。暂驻足衡山湘水,又成离别。绝徼移栽桢干质,九州遍洒黎元血。尽笳吹弦诵在山城,情弥切。

千秋耻,终当雪;中兴业,须人杰。便一成三户,壮怀难折。多难殷忧新国运,动心忍性希前哲。待驱逐仇寇复神京,还燕碣。

【勉词】西山沧沧,滇水茫茫,这已不是渤海太行,这已不是衡岳潇湘。同学们,莫忘记失掉的家乡,莫辜负伟大的时代,莫耽误宝贵的辰光。赶紧学习,赶紧准备,抗战、建国,都要我们担当!同学们,要利用宝贵的时光,要创造伟大的时代,要恢复失掉的家乡。

【凯歌词】千秋耻,终已雪。见仇寇,如烟灭。大统一,无倾折。中兴业,继往烈。维三校,如胶结。同艰难,共欢悦。神京复,还燕碣。

(一九八一年)

# 纪念西南联大六十周年　文/赵瑞蕻

一年多以来，我书桌上常放着四本书，我在译述工作之余休息时，总喜欢翻翻它们，引起无限亲切的遐想，使我一再回到那早已消逝了的遥远的苦难岁月，那些充满着抗争和求索精神的激动的日子，那个特殊时代特殊机遇所交织起来的奇丽梦境里。这四本书就是：一、《国立西南联合大学校史——一九三七年至一九四六年的北大、清华、南开》，二、《笳吹弦诵在春城》(回忆西南联大)，三、《笳吹弦诵情弥切》(西南联大五十周年纪念文集)，四、《西南联大在蒙自》。此外，还有好几期西南联大北京校友会和上海校友会编印的《通讯》。这些书刊都附有不少珍贵的老照片、图片、校歌，当年好几位教授老师们的题词和手迹，以及冯友兰先生撰文、闻一多先生篆额、罗庸先生书丹的极为贵重的"国立西南联合大学纪念碑"（这碑文意义博大深远，充满激情，文采斐然，记叙西南联大始末，阐明其精神与成就；此文是冯先生得意之作，定当流传久远，以启迪后人）的复制片等。除《校史》外，每本书和通讯里边都有许多老校友写的回忆录和纪念文章，还有一些难得的史料。《校史》一九九六年十月北大出版社印行，由西南联大北京校友会主编，共有六百多页，是依靠十几位校友辛勤努力，经过十多年的多方面调查研究、搜集资料而编成的一部巨著。可以说，这是我国历史上第一部如此详尽完善，如此有意义的校史，是空前绝后的。说"绝后"，因为西南联大已成为历史陈迹了。然而，西南联大的精神过去存在，现在还存在，将来也会存在，而且应该使之发扬光大的。正如不久前在上海《文汇读书周报》上发表《西南联大与现代新诗》一文的作者鲲西学长所说的："西南联大已是历史陈迹，但它曾哺育和润泽无数莘莘学子心灵的恢弘博大的精神是不会被遗忘的。"说得多好，我完全赞赏他的见解。为《校史》写序的陈岱孙先生更是具体地说明西南联大的卓越成就，光辉的贡献。他着重指出："人们不得不承认西南联大，在其存在的九年中，不只是形式上弦歌不辍，而且是在极端艰苦条件下，为国家培养了一代国内外知名学者和众多建国需要的优秀人才。"

《校史》还有一个特色，就是"院系史"，都由各院系一位老校友负责撰写，倾注了各自的研究、理解和热情，比如外国语言文学系史就是现任北京大学英语系教授

赵瑞蕻和杨苡在昆明南菁中学山坡上合影（1941年秋）

赵蘅/供图

李赋宁学长执笔的。书中将各系历年所开的课程,每门课担任的教师都一一列出;对主要的教授还作了专门介绍,他们的生平学历等,甚至还概括说明他们授课的特色。这里举两个例子。

在外文系里,吴宓先生"讲课的特点是不需要看讲义,就能很准确、熟练地叙述历史事实,恰如其分地评论各国作家及其作品、历史地位和文学价值。他教学极为认真负责,条理清楚,富于说服力和感染力。吴宓主张外文系学生不应以掌握西方语言文字为满足,还应了解西洋文化的精神,享受西方思想的潮流,并且对中国文学也要有相当的修养和研究。外文系培养出了许多杰出的人才,与他的思想感染很有关系"。

叶公超先生授课的特点是:"先在黑板上用英文写下简明扼要的讲课要点,然后提纲挈领地加以解释说明。接着就是自由发挥和当机立断的评论。这种教学法既保证了基本理论和基本知识的传授,又能启发学生的独立思考和探索,并能培养学生高雅的趣味和准确可靠的鉴赏力。叶公超语言纯正、典雅,遣词造句幽默、秀逸,讲授生动。"

以上所引赋宁学长对吴、叶两位老师的讲课特点的简要说明和评论，是完全符合实情的。当年我在蒙自和昆明上吴宓先生的欧洲文学史和叶先生的十八世纪英国文学这两门课时的情景犹淹留心中，具体、明朗、生动、深刻。这会儿我仿佛又亲切地望见他们的音容笑貌了。我又想到吴、叶两位先生这样的教学方式对于今天我们大学里文科（尤其是外文和中文系）是大可借鉴而加以继承发展的，所以我很乐意在这里介绍一下。《校史》最后附有全部学生名单，从哪年到哪年、毕业或肄业、本科或研究所的，都记载得清清楚楚，一查就行。今天国内外人文科学和自然科学界许多著名学者、教授、科学家，还有诗人、作家、翻译家，作出各种贡献，产生过这样那样的影响，已故或尚健在的西南联大同学都可以在这本书里找到他们的名字。

《西南联大在蒙自》由云南蒙自县文化局、蒙自师专和蒙自南湖诗社合编，出版于一九九四年十二月。这是本较新鲜别致的纪念文集，编得挺好，封面很吸引人，印有南湖风景、海关大院内原来的教室和歌胪士洋房里原来的师生宿舍等三张照片。书中收有陈寅恪、钱穆、郑天挺、朱自清、陈岱孙、浦薛凤、柳无忌、杨业治、浦江清等先生的回忆纪念文章和旧体诗；闻立雕的《忆父亲在蒙自二三事》和宗璞的《梦回蒙自——忆冯友兰先生在蒙自》两篇文章。当时南湖诗社发起人之一刘兆吉学长还特地写了一篇《南湖诗社始末》，详细介绍了这个组织的经过和工作（如办墙报、讨论会等）及成员情况。这是一份颇有价值的史料。南湖诗社是西南联大第一个文学社团，是在闻一多和朱自清两位教授热忱鼓舞和亲切指导下进行活动的。《校史》第一篇"概述"里提到这个诗社说："一些爱好诗歌的学生成立了一个诗社，取名南湖诗社。他们请朱自清、闻一多为导师，出版诗歌墙报，还举行了两次诗歌座谈会，讨论诗歌的前途、动向等问题。他们提倡新诗，以写新诗、研究新诗为主，对旧体诗并不反对。……社员有查良铮（穆旦）、赵瑞蕻、周定一、林振述（林蒲）、刘重德、李敬亭、刘寿嵩（绥松）等。后来他们在诗歌创作或研究方面都有相当成就。"上文提到的鲲西学长写的一文中也说："西南联大的诗歌活动是从蒙自南湖开始的。《西南联大现代诗抄》中有周定一的《南湖短歌》就是在当时南湖壁报上发表的，说是发表其实是贴在墙上的。……而我记忆最深的是赵瑞蕻君也贴在墙上的一首长诗，一时间颇为轰动。"（我这长诗就是《永嘉籀园之梦》，后改题为《温州落霞潭之梦》。）这本书里杨业治先生写的《从南岳到蒙自》一文最后还特别翻译了歌德《浮士德》

卷首的《奉献》(Zueignung)一诗。他说:"回忆蒙自旧事,恍如隔世。歌德《浮士德》第一部的篇首《奉献》所述,合我此时情意。译此诗以志怀。"在这里,我想引该诗第二节(全诗共四节)作为六十年前我们师生在那遥远的地方、亲切的南湖湖畔度过的难忘日子的纪念。

> 你们带来了欢乐日子的景色,
> 好一些可爱的人影在那里升起;
> 像一个古老的,半已淹没的传说,
> 初恋和初次的友谊随着来到;
> 唤醒了的旧日痛苦的怨诉,
> 复述着生命的迷宫似曲折的道路;
> 又说起那些命运夺走了美好的时光,
> 先我而逝去的好人。

六十年前,从南岳山中辗转流亡到蒙自湖畔,暂时找了教学读书的安静环境的西南联大文法学院教师和学生中如今仍健在,还能做点事的人不多了,绝大部分的老师教授们已成古人,"先我而逝去"了(vor mir hinweggeschwunden)。我们在蒙自虽然只待了半个学期,但那里的地方色彩和生活情景却在我们大家心上留下了深刻的印象。正如后来朱自清先生在《蒙自杂记》里所说的:"我在蒙自经过五个月,我的家也在那里住过两个月。我现在常常想起这个地方,特别是在人事繁忙的时候。"我在这里再抄一段宗璞《梦回蒙自》一文中关于蒙自风物的描绘,对她父亲冯友兰先生的怀念,以及她自己的感受。

> 蒙自是个可爱的小城。文学院在城外南湖边,原海关旧址……园中林木幽深,植物品种繁多,都长得极茂盛而热烈,使我们这些北方孩子瞠目结舌。记得有一段路全为蔷薇花遮蔽,大学生坐在花丛里看书,花丛暂时隔开了战火。……南湖的水颇丰满,柳岸河堤,可以一观;有时父母亲携我们到湖边散步。那时父亲是四十三岁,半部黑髯,一袭长衫,飘然而行。……在抗战八年艰苦的日子里,蒙自数月如激流中一段平静温柔的流水,想起来,总觉得这小城亲切又充满诗意。……当时生活虽较平静,人们未尝少忘战争,而且抗战必胜的信心是坚定的,那是全民族的信心。

关于蒙自,我那三篇怀念朱自清先生、燕卜荪先生和穆旦的散文里已有较详细的描述,这里不重复了。陈岱孙先生也为《西南联大在蒙自》写了一篇很好的序,我觉得应该把他流露着真情实感的最后几句话引在这里。

当小火车缓慢地从蒙自站驶出时,我们对于这所谓"边陲小邑"大有依依不舍的情绪。直至今日,凡是当年蒙自分校的同仁或同学,在回忆这一段经历时,都对之怀着无限的眷恋。固然环境宁静,民风淳朴是导致这一情绪的一大因素。但更重要的是,在当时敌人深入,国运艰难的时候,在蒙自人民和分校师生之间,存在着一种亲切的,同志般的敌忾同仇、复兴民族的使命感和责任感。这才是我们间深切感情的基础。因此,《西南联大在蒙自》一书所征集文章还不只是个人当年雪泥鸿爪的一般回忆,而实为呈现当年时代史迹的记录。

每当我翻阅这些书刊时,我眼前立刻浮现着六十年前日本帝国主义的铁蹄穷凶极恶地蹂躏祖国大地,抗日烽火高烧,在动荡离乱的岁月中,敌机狂炸下,我们的学校在长沙、南岳、蒙自、昆明等地克服各种艰难,以"刚毅坚卓"(这四个字是联大校训)的精神,坚持教学,勤奋学习,弦歌不辍的景象。西南联大的历史是从一九三七年八月至一九四六年七月,共计八年十一个月,以学年计算正好九个学年。在当时那样动乱的局势中,那样艰苦的办学条件下，三座久负盛名而各有其历史和校风的大学，北大、清华、南开在三位校长蒋梦麟、梅贻琦、张伯苓先生精诚团结、密切合作中，依照当时教育部的指示，共同建立了西南联大；又依靠这三位常委的领导，在全体师生支持努力下，逐步克服了外部种种物资的匮乏，消除了内部某些分歧和矛盾，终于坚持了九年之久。"内树学术自由之规模，外来民主堡垒之称号，违千夫之诺诺，作一士之谔谔"（碑文中语），培育了那么多优秀人才，这真是了不起！在中国教育史上，乃至全世界教育史上创造了奇迹。郑天挺先生在《梅贻琦先生和西南联大》一文中说："三校都是著名专家学者荟萃的地方。……经过长沙临大五个月共赴国难的考验和三千五百里步行入滇的艰苦卓越锻炼，树立了联大的新气象，人人怀有牺牲个人、坚持合作的思想。联大每一个人，都是互相尊重，互相关怀，谁也不干涉谁，谁也不打谁的主意。学术上、思想上、政治上、校风上，莫不如此。"我想郑先生这几句话可以认为是西南联大之所以取得光辉成就的一个很好的说明，也体现了西南联大的办学原则，这就是"坚持学术独立，思想民主，对不同思想兼容并包。校方不干预教师和学生的政治思想，支持学生在课外从事和组织各种社团活动"（《校史》前言）。这也就是上面提及的西南联大精神。其实，西南联大精神就是五四精神,即民主、科学、反帝反封建、爱国主义精神的继承和发扬。这点许多校友写的回忆录和纪念文章里都多多少少地谈到了。一九四三年十二月林语堂先生路经昆明(那时他准备到美国),参观西南联大并讲演,他很激动地对大家说:"联大的师生物质上不得了,精神上了不得!"这句名言一时传为美谈,确是一语道出了当时联大的景况。二十多年后,有个美国弗吉尼亚大学历史系教授约翰·依色雷尔(中文名字是易社强)有一天在哈佛大学图书馆里偶然看到了一本《联大八年》,立即吸引了他,发现战时中国在西南角上居然办了这么一个大学,在如此艰苦的环境中,他便提出一个疑问——为什么在短短八年中竟能培养出这样众多出色的人才?为了研究这个问题,他兴致勃勃地多方搜集资料,访问了五十多位联大教师,两百多个联大同学;还不辞辛劳,远渡重洋,来大陆和台湾七八次,深入调查研究,终于花了十多年时间,完成了一部有七百多页的巨著《联大——在战争与革命中的一座中国大学》(后来是否仍用此书名,是否已正式出版,待考),这也真是一件了不起的事情!他曾对一个访问他的记者说:"西南联大是中国历史上最有意思的一所大学,在最艰苦的条件下,保存了最完善的教育方式,培养出了最优秀的人才,最值得人们研究了。"(请注意这句话中连用了五个"最"字。)后来,一九八八年,他为了纪念西南联大五十周年,还特别写了一篇文章。在这里,我愿意抄几句,且听听一位外国学者朋友怎样评论西南联大吧。

……中国北方知识分子精英的荟萃,使联大顿时成为一所超级大学。……联大的素负盛名的教师自然而然吸引了战时中国最优秀的学生。除了虎虎有生气的文化学术活动以外,联大还成为中国最具政治活力的一个大学。由于联大师生无所畏惧地捍卫了政治自由和学术自由,抨击了重庆的一党专制,联大获得了"民主堡垒"的美誉。……到一九四六年秋天,北大、清华、南开复员回到原先的校园时,联大已为自身在中国现代史上赢得了光辉的一页。然而,联大传统并未在逝去的岁月中冻僵,却已成为中国,乃至世界可继承的一宗遗产。……追随北大前校长蔡元培、清华梅贻琦、南开张伯苓的传统,联大为东西方文化在中国土壤上喜结良缘作出了榜样。……在不到半个世纪以前,就能产生一所具有世界先进水平的大学,这所大学的遗产是属于全人类的。

(全文中译见《云南师大学报》一九八八年十月编印《西南联大暨云南师大建校五十周年纪念特刊》)

我在《南岳山中,蒙自湖畔》那篇纪念穆旦逝世二十周年较长的散文里,曾说"六十年前降临在中国大地上的秋天是灰色的、黑色的、动荡的、凄凉的、悲愤的,兵荒马乱,烽火连天;也是同仇敌忾,充满着反抗呐喊声的"。那时,一九三七年秋天,十月里,北大、清华、南开三座大学师生,再加上不少从别的大学来借读和转学的学生,克服了路途险阻,千辛万苦,流亡到长沙,在一个临时建立起来的学校觅得难得的栖身之地(包括南岳山中的临大分校文学院),继续教学读书。那时,长沙一时就成为三十年代末期狂飙怒涛中我国一大批知识分子密集团聚的一个据点。可是不久,只有三个月西南联合大学原教室旧址短暂的时间,由于强敌深侵,时局紧迫,学校被迫西迁昆明,正如后来《西南联大校歌》里所唱的:"万里长征,辞却了五朝宫阙,暂驻足衡山湘水,又成离别。"这支知识分子大军,其中有许多当时最著名、最有影响的学者专家教授,文化学术界的精英,又开始长征,"兵分两路",水陆并举,经历了前所未有的远距离跋涉,中国五千年历史上空前的知识分子大迁移,最后又都汇合相聚在昆明(联大文法学院蒙自分校于一九三八年八月搬回昆明,与理工等学院合在一起了),那个云贵高原上的春城,五百里滇池边上的一颗明珠。从长沙临大期结束,开始西迁，到昆明西南联大新学年开始，正好半年时间：师生全体虽历艰辛，终于安全到达目的地，未出大事故，这真也是了不起的！更可贵的是，师生经过长途跋涉，深入内地，了解生活景况，民间疾苦；或路经英、法殖民地，亲见丑恶现象，这都不是平时在课本上所能具体地体会到的。这些锻炼，这些不可多得的考验，使师生睁开了眼睛，看得更远，想得更深，更加关心祖国民族的命运，对以后的生活和斗争起了作用。闻一多先生在一封给他父母亲的信中说：

……第五日行六十里，第六日行二十余里，第四日最疲乏，路途亦最远，故颇感辛苦。……如此继续步行，六天之经验，以男等体力，在平时实不堪想象，然而终能完成，今而后乃知"事非经过不知易"矣。至途中饮食起居，尤多此生未尝过之滋味。每日六时起床（实无床可起），时天未甚亮，草草盥漱，即进早餐，在不能下咽之状况下，必须吞干饭两碗，因在晚七时晚餐时间前终日无饭吃。……前五日皆在农合地上铺稻草过宿，往往与鸡鸭犬豕同堂而卧。……

闻先生在一封给一个学生的信中又说：

十余年专业之考据，于古文纸堆中寻生活，自料灵性已濒于枯绝。抗战后，尤其是步行途中二月，日夕与同学少年相处，遂致童心复萌。

朱自清先生一九三八年八月在蒙自为清华第十级毕业生题词中说："……诸君又走了这么多的路，更多地认识了我们的内地，我们的农村，我们的国家。诸君一定会不负所学，各尽所能，来报效我们的民族，以完成抗战建国的大业的。"冯友兰先生的题词中也说："第十级诸同学由北平而长沙衡山，由长沙衡山而昆明蒙自，屡经艰苦，其所不能，增益盖已多矣。"

一九三八年秋天，整个联大总算安顿下来，师生开始新学年的教学和学习，迈入另一阶段的生活境遇中了。那时，学校租借了昆明市郊会馆和不少座中学、专科学校（因避敌机空袭，这些学校疏散到乡下或外县去）的房屋，作为教室、行政办公用屋、师生宿舍等。后来又在昆明城外西北部三分寺一带买了一百二十多亩土地，造了一个新校舍。除了图书馆和两个大食堂是瓦房外，所有的教室都是土坯墙铁皮顶，而学生宿舍和各类办公室统统是土墙茅草屋。就在这片新校舍以及其他租借来的房屋中，在如此简陋的校园里，西南联大师生坚持教学、读书、研究、实验，进行各种各样的活动，开拓了一条空前的爱国、民主和科学，坚持学术独立、思想自由的道路；"创造了战时联合办学的典范，发扬了民主治校的精神"，培养出了一大批"创业之才"（《校史》前言）。也正是那个难忘的秋天，当大家稍稍安定下来的时候，日本鬼子的飞机开始袭击昆明了。一九三八年九月十三日，我们初次听到了空袭警报的凄厉声；九月二十日，敌机九架对准美丽的春城疯狂地投下了炸弹，学校租来作为教职员和学生宿舍的昆华师范学校挨炸了。我那时就住在那里一个住了四十多个同学的大教室里，幸亏我们一听到"预先警报"就往外面田野里跑，躲避了。昆师后院边上有个破落的佛殿胜因寺，被炸了一半；平日中晚两顿饭我们就在寺里围着一张破桌站着吃的。从此以后，敌机时常来骚扰投弹，也因此，"跑警报"便成了我们生活中一个组成部分。汉语中第一次出现了"跑警报"这个新名词。关于"跑警报"，我在作于一九四〇年的那首长诗《一九四〇春，昆明》（这首诗或许是我国新诗中采取现代派手法惟一集中描写日本鬼子轰炸的长诗）和作于一九九五年春《当敌机空袭的时候》一文中已有较详细的描述，这里从略了。

那时，还出现了一个新名词，就是"泡茶馆"，因为坐得很久，所以叫"泡"。"泡茶馆"也成为联大师生（尤其是学生)日常生活中的一个组成部分了。那时,学校附近如文林街、凤翥街、龙翔街等有许多本地人或外来人开的茶馆,除喝茶外,还可吃些糕饼、地瓜、花生米、小点心之类的东西。许多同学经常坐在里边泡杯茶,主要是看书、聊天、讨论问题、写东西、写读书报告甚至论文,等等,自由自在,舒畅随意,没有什么拘束;也可以在那里面跟老师们辩论什么,争得面红耳赤(当然,我们经常也在宿舍里或者在教室里就某件事,某个人,某本书,某个观点展开热烈的辩论,争个不休)。街上也有几家咖啡店,我记得昆师门口有一家"雅座";北门街上那个店叫做"Café chez nous"(咖啡之家)更神气点。我记得燕卜荪先生喜欢独自坐在那儿,边喝咖啡,边抽烟,边看书。不过,师生们多半是走进一个小食店,随意吃碗"过桥米线"或者饵块(一种籼米做的白色糕,切成一片片的,配上佐料),那也是大家时常见面聊天的场所。这些都是联大师生生活中的一部分镜头,是直到如今仍令人怀念的一幅幅风俗画。

我从一九三七年秋入学到一九四〇年夏联大外文系毕业后,立即找到了一个不坏的事儿,在温德(Robert Winter,原清华外文系教授)先生主持下的基本英语学会工作。后又在云南英专教英文(清华校友水天同先生是校长），最后转到岗头村昆明有名的南菁中学教高中一年级英语，直到一九四一年十一月离开昆明上重庆去了。所以，我与西南联大有整三年可喜的缘分——我在昆明待了四年多。如今回忆起来，当年种种情景仍历历在目，仿佛这会儿就呈现在身边似的。根据我的亲身体会感受，或者一些理解——可说不上有什么深刻认识，特别研究——我觉得西南联大的优点长处，也许就用"西南联大精神"这六个字眼吧，可以用下面四句话，三十二个字概括起来，这就是：一、爱国救亡，抗战必胜；二、师生情谊，教学相长；三、民主思想，自由探索；四、中华情结，世界胸怀。关于第一点"爱国救亡，抗战必胜"，不必多说，大家都是清楚、了解的。在这里，我只是想就二、三、四这三点，这三个方面集中结合起来谈谈我的一些感受。重心放在第二点上，因为这是我感受最亲切，得益最深的。

任何学校，从小学、中学到大学，主要的成员是教师和学生，起主导作用的是教师。教师领导学校，担任教学，教育学生，培植人才；教师的职责可以不一样，但目标一致，就是办好学校。西南联大继续坚持北大、清华、南开三校"教授治校"的优良传统，并且在新的条件下，发展了这个传统。从校长到校务委员会、教授会、教务长、总务长、训导长到各院长各系主任、各研究所所长等,都由教授担任。还有个特点,就是教授兼职(总务长、教务长、院长、系主任等)并不增加薪水,照样参加教学工作,课程负担跟一般教授相同。彼此之间是同事,不分什么上下级;他们更不是官,没有官僚味儿。从同学方面说来,他们都是老师,平时一律称为"先生",从不叫什么这个主任那个长。随时随地大家都尊敬地叫梅先生、闻先生、吴先生、叶先生、沈先生……一九三一年梅贻琦先生任清华大学校长时曾说:"所谓大学,非谓有大楼之谓也,有大师之谓也。"后来他又说过:"教授是学校的主体,校长不过就率领职工给教授搬搬椅子凳子的。"这两句名言(也可称为警句)及其所代表着的精神在西南联大仍然得到贯彻。梅先生本人就是一个电机、机械学的专家,一个名副其实的学者、科学家,杰出的教育家,联大主要的领导人。梅先生的人品、学养、办事能力、待人接物,踏实诚挚,谦和沉着,富于责任心,在学校里享有很高的威望。生活又是那么朴素,在昆明经常穿着一件深灰色的长袍走来走去。一九六二年梅先生逝世后,叶公超先生曾写了一篇怀念文章,称梅先生为"一位平实真诚的师友"。叶先生说:"他有一种无我的 Selfless 的习惯,很像希腊人的斯多噶学派 Stoic。他用不着宣传什么小我大我,好像生来就不重视'我',而把他对朋友,尤其对于学生和他的学校的责任，作为他的一切。……最令人想念他的就是他的真诚。处在中国的社会，他不说假话，不说虚伪的话，不恭维人，是很不容易的一桩事。"

上文提到梅先生说过一个大学不是靠大楼，而是靠大师，我认为这是至理名言。过去如此，现在也应该如此，欧美等国也是这样（一九五三年至一九五七年我在德国莱比锡大学任客座教授时，对此点有所了解。该校拥有一批国际著名学者，不少位诺贝尔奖金获得者）。这并不意味着大学不要大楼（在今天很需要许多座现代化的高楼大厦），而是说学校主要是师资力量，必须有好教授，尤其是各专业的大师。西南联大有许多大师，文理工科都有，这只要翻翻《校史》中的院系史部分就可以明白了。当年那些大师的年龄还只是在三十岁至五十岁之间，正处在壮年时期，而他们在科学、文化研究各方面已取得了成就，作出闪亮的贡献了。此外，还有一批跻身世界学术前沿的青年学者，这也是一份高强的力量。依我的感受来说，最可喜最可贵的是当时一般师生之间存在着一种深厚、亲挚、密切、和谐的关系；那样亲切的师生情谊，认真的教学相长的学风应该大书特书，值得我们今天沉思，好好学习的。联大实行"通才教育"，即"自由教育"，强调基础教育和锻炼，十分重视基础课程，许多名教授担任基础课

(比如说，中国文学史、西洋通史等)，也有配合助教进行教学的。必修课外，开了许多选修课，甚至一门相同的课，由一至二三个教师担任，各讲各的，各有其特色，这就有"唱对台戏"的味儿，起着竞赛的互相促进作用了。每个教授必须担任三门课，而且上课时很少照本宣读，主要讲自己的专长、研究心得。平时师生在课堂上见面外，随时可以随意谈天，讨论问题，甚至为某个科学论据某个学术观点争吵起来。

我清楚记得，一九三九年秋，有一天上午，我在联大租借的农校二楼一间教室里静静地看书，忽然有七八个人推门进来，我一看就是算学系教授华罗庚先生和几位年轻助教和学生（我认得是徐贤修和钟开莱，这两位学长后来都在美国大学当教授，成了著名的学者专家）。他们在黑板前几把椅子上坐下来，一个人拿起粉笔就在黑板上演算起来，写了许多我根本看不懂的方程式，他边写边喊，说："你们看，是不是这样？……"我看见徐贤修（清华大学算学系毕业留校任助教的温州老乡，当时教微分方程等课）站起来大叫："你错了！听我的！……"他就上去边讲边在黑板上飞快地写算式。跟着，华先生拄着拐杖一瘸一瘸地走过去说："诸位，这不行，不是这样的！……"后来他们越吵越有劲，我看着挺有趣，当然我不懂他们吵什么。最后，大约又吵了半个多钟头，我听见华先生说："快十二点了。走，饿了，先去吃点东西吧，一块儿，我请客！……"这事足可以说明当年西南联大的校风、学风。这是一个典型的例子，因为它给我的印象太深了，所以直到如今我仍然牢记在心。

我还记得当时哲学系有个朱南铣同学（我跟他较熟悉）书念得很好，真有个哲学头脑，常常异想天开，也会写很不错的旧体诗。他戴副高度近视眼镜，背有点驼。我经常看见他跟他系里沈有鼎教授（数理逻辑专家）泡茶馆，一泡泡半天，海阔天空，无所不谈，有时候也辩论起来，各不罢休。朱南铣有次告诉我他的一些学问是从沈先生的"信口开河"里捡到的。一九四〇年我毕业后，就没有再看见他。后来听说"文革"中，他被下放劳动，一天晚上摸黑走路，不幸掉在池塘里淹死了。

我在这里再一次想起吴宓先生、叶公超先生、朱自清先生和沈从文先生来。关于吴先生、朱先生和沈先生我已写了三篇较长的文章，不重复了。这里再说一下叶先生。他可真是一位既精通英国语言文学（英文说得那么自然、漂亮、有味儿，听他的课实在是享受），又对国学有较深的修养，还善于写字绘画，长于画兰竹，曾说"喜画兰，怒画竹"。叶先生在外表有副西方绅士的派头，仿佛很神气,如果跟他接触多了,便会发现他是一个真诚、极有人情味儿的人,一个博学多才的知识分子。他并没有什么架子,相反的跟年轻同事相处得挺好,乐于助人,而且十分重视人才,爱护人才。这里,我举一个例子:他很欣赏北大外文系一九三八年毕业生叶栻,留他在联大当助教,教大一英文。叶栻是我老乡、温州中学老同学,中英文都很棒。他喜欢英国萨克莱作品,很有研究,写过几篇论文。那时,叶先生和叶栻都住在昆华师范学校(联大教职员和学生宿舍)里,时常见面来往,叶先生有什么事就找叶栻,是十分亲近的。有一次,我正在叶栻住的一间屋子里,看见叶先生敲门进来了,就对叶栻(叶栻字石帆)说:"石帆,我这几天穷得要命,你借我点钱,过几天还你,行吧?"叶栻问他要多少,叶先生说:"五十吧!"叶栻说:"好!……"

我在南岳上学时,除外文系的课程(如叶先生的大二英文,燕卜荪先生的"莎士比亚")外,我选修或旁听了几位教授的课(有时为了好奇,去看看某位名教授讲些什么,怎么讲的,只听那么两三次)。我去听过冯友兰先生讲中国哲学史。他个子较高,一把短胡子,穿件大褂,慢慢儿讲课,有时一句话要讲几分钟,因为他有点儿口吃。可真讲得有意思,妙语连珠喷射,教室里静悄悄的,使人进入哲理境界。我还去听罗庸先生的"杜诗"。罗先生是《论语》《孟子》和"杜诗"专家,有精湛的研究。他声音洪亮,常讲得引人入胜,又富于风趣。那天,我去听课,他正好讲杜甫《同诸公登慈恩寺塔》一诗。教室里坐满了人,多数是中文系同学,我与外文系几个同学坐在最后边。罗先生一开始就读原诗:

> 高标跨苍穹,烈风无时休。
> 自非旷士怀,登兹翻百忧。
> 方知象教力,足可追冥搜。
> 仰穿龙蛇窟,始出枝撑幽。
> 七星在北户,河汉声西流。
> 羲和鞭白日,少昊行清秋。
> 秦山忽破碎,泾渭不可求。
> 俯视但一气,焉能辨皇州?
> 回首叫虞舜,苍梧云正愁。
> 惜哉瑶池饮,日宴昆仑丘。

先生来回走着放声念,好听得很。念完了就说:"懂了吧?不必解释了,这样的好诗,感慨万千!……"其实他自问自答,他从首句讲起,正好两节课,讲完了这首有名的五言古诗。

我眼前出现这么一个场景:罗先生自己仿佛就是杜甫,把诗人在长安慈恩寺塔上所见所闻所感深沉地一一传达出来;用声音,用眼神,用手势,把在高塔向东南西北四方外望所见的远近景物仔细重新描绘出来。他先站在讲台上讲,忽然走下来靠近木格子的窗口,用右手遮着眉毛作外眺状,凝神,一会儿说:"你们看,那远处就是长安,就是终南山……"好像一千三百多年前的大唐帝国京城就在窗外下边,同学们都被吸引住了。罗先生也把杜甫这首诗跟岑参的《与高适薛据登慈恩寺浮图》作了比较,认为前者精彩多了,因为杜甫思想境界高,忧国忧民之心炽热,看得远,想得深。罗先生接着问诗的广度和深度从何而来,又说到诗人的使命等。他说从杜甫这首诗里已清楚看到唐王朝所谓"开元盛世"中埋伏着的种种危机,大树梢头已感到强劲的风声。此诗作于七五二年,再过三年,七五五年(唐天宝十四载)安禄山叛乱,唐帝国就支离破碎了,杜甫《春望》一诗是最好的见证。罗先生立即吟诵:

国破山河在,城春草木深。
感时花溅泪,恨别鸟惊心。

>   烽火连三月，家书抵万金。
>
>   白头搔更短，浑欲不胜簪。

吟完了，罗先生说现在我们处在何种境地呢？敌骑深入，平津沦陷，我们大家都流亡到南岳山中……先生低声叹息，课堂鸦雀无声，窗外刮着阵阵秋风……

在外文系里，吴达元先生是我一生最难忘而受到深刻影响的教授之一。从南岳而蒙自而昆明，我在吴先生教导下，学习法文整整三年，从二年级到四年级。吴先生在全校是以极认真的教学方式出名的，他是一个严格要求学生的典范。我到现在还深深地记住他上课时的样子和神情，仿佛还听得见他叫我"赵瑞蕻，你解释下面几句"的声音，一听我就紧张了，先生的面容立刻浮在眼前。上课时学生回答错了，他便不高兴蹙着眉头说："回去好好准备！"答对了，他就笑眯眯地连声说："trés bien! trés bien!"（很好！很好！）我们从《法语文法大全》(*Fraser and Square: A New Complete Frenth Grammar*)，中经邵可侣（J. Reclus）选注的《近代法国文选》(*Lectures Francaise Modernes*，此书有蔡元培序，一九三二年中华书局出版)，直到四年级时跟吴先生读"三年法文"——采用莫里哀两个剧本 Tartuff（达丢夫，即《伪君子》）和

Amphitryon（安菲特利翁，古希腊神话中一个人物，西布斯城邦的王子），我所受的法语和法国文学的教育是较踏实的，较完善的。吴先生是我的恩师之一，我永远怀念他，感激他！那时四年级有一个上海来的漂亮温柔的陈福英女同学，与我一起上吴先生的课，总喜欢坐在我的旁边，要我多帮助她。每次吴先生叫她念，翻译一段时，她就轻轻地发抖了。我悄悄地对她说："别怕！没关系，慢慢读下去……"她老叫我"Young Poet"（年轻的诗人），几次说"Young poet，你一定要好好帮我闯过法文这一关啊！"当然，靠她自己用功，最后她的"三年法文"还是及格了。其实，吴先生虽然严厉，但他十分直爽，平易近人，极关心学生的学业进步。

一九四四年我在重庆翻译的《红与黑》初版本出版后，寄赠一本给吴先生（那时他在昆明），他很快就写信鼓励我说："你做了一件很不容易的事！在这炮火连天中，这本名著翻译过来会给人带来一股清醒，振作起来的力量。"（这是国内《红与黑》中译本最早的几句评论。你看，当时吴先生的眼光多锐利！他的见解比起解放后许多大大小小文章集中火力批判《红与黑》，说它是一株大毒草，不知高明多少倍了！）一九四九年七月，我和杨苡带了两个孩子到天津我岳母家，几天后我独自到北京拜访沈从文先生，也到清华园看望吴先生，畅谈别后情况，他一定要留我吃中饭，说可以多聊聊。临走时，他送我一本他翻译的博马舍《费嘉乐的结婚》作为纪念。此书我珍藏至今，后来我在南京大学教外国文学史时，曾对照法文原著精读了两遍，惊叹先生译笔忠实而流利，又能保持原作风味。我在课堂上以吴先生的译文朗诵了该剧第五幕第三场费嘉乐有名的独白。一九七三年秋，杨宪益夫妇出狱后不久，我和杨苡到北京探望时，我也到北大燕东园拜访吴先生，那时他已患咽喉癌开刀，声音嘶哑，但仍高兴和我谈谈，我十分难过。三年后，先生辞世了，才七十一岁。

在蒙自时，我还怀着极大的兴趣去听钱穆先生的《中国通史》课，那时他四十三岁，正是盛年，精力充沛，高声讲课，史实既熟悉又任意评论，有独特的见解；说到有趣的事，时不时地朗朗发笑。我记得他说《论语》"有朋自远方来，不亦乐乎"一句里的"朋"不是一般所说的朋友，而是指孔门七十二弟子。一个人的学问有弟子来切磋，那多好。学问本来是集体的，是共同事业。所以古人说"独学而无友，则孤陋而寡闻"，孔子就是看待学生如朋友一样。古代称学生为弟子很有道理。还有，老师去世了——孔子、宋代的朱熹、明代的王阳明死了，主持丧事的人，都是学生，家里人倒反跟在后头。这都是咱们中国文化的优良传统。《校史》上说钱先生"对中国民族文化有精辟的认识和深厚的感情,因而主张民族文化决定历史的进程"。钱先生在他的《回忆西南联大蒙自分校》一文中,提到陈梦家和赵萝蕤夫妇,时常来往谈谈;还特别指出陈梦家热忱地劝他撰写《国史大纲》。他说:"余之有意写《国史大纲》一书,实梦家两夕话促成之。"这点也很可以说明当时同事之间,长者与晚辈之间的美好关系,一种可贵的情谊。

在蒙自时我常看见陈、赵两位在南湖边散步。陈梦家先生教文字学课,穿着蓝布大褂,布鞋,手里老拿着一个灰布包,里头装着书和讲义走进海关大院去上课。他那时对上古先秦史、甲骨文已很有研究了。赵萝蕤学长一九三六年已译了T. S. 艾略特的《荒原》出版,叶公超先生写了一篇极好的序。我那时看见她比较瘦,修长的体态,很潇洒。钱文中说及赵萝蕤从前在燕园时"追逐有人,而独赏梦家长衫落拓,有中国文学家味,遂赋归与"。陈先生在抗战胜利前后,曾到欧美讲学,搜集我国流失在海外青铜器资料,作出了贡献。他解放后在清华任教,后调考古研究所工作,确是一位勤奋有为的学者。可是后来"文革"一开始,他就受迫害蒙冤自杀了,才五十五岁!这样一位热爱祖国文化,上古史、古代神话、甲骨文的专家教授,又是一位很有成就的新诗人,怎么也逃不掉"罪恶的黑手",死于非命!西南联大有许多师生后来受尽折磨,含冤自杀的就有不少个,陈梦家之死也是个例子。一九七八年十一月,在广州越秀宾馆召开全国外国文学工作规划会议时,我和赵萝蕤学长很巧住在靠近的房间里,有较多的机会谈谈。有一次我问她有关陈梦家的不幸事,她不愿多谈,沉默好久。我知道她多痛苦!如今,她也去世了,而她在外国文学方面所作出的贡献,她的《荒原》和《草叶集》等的译介,她与吴达元、杨周翰合编的《欧洲文学史》等业绩将永远留在人间!

《校史》上说:"西南联大集中了北大、清华、南开三所著名大学的著名教授。文科的教授,大多数是中西兼通的学者。专长外国语言文学、哲学、政治学、经济学的名教授,无不具有深厚的国学基础以及对本国国情较深入的了解。擅长中国文史哲方面研究的名教授,有的将外国进行学科研究的方法和手段运用到处理中国传统的学科,已在一些领域取得卓越的成就。"我们文科学生就在这许多教授的循循善诱和潜移默化中,尊师爱徒的优秀传统下,受到了亲切的教育。那时部分教授还在外面自办杂志,如《今日评论》《当代评论》《战国策》等,也在《中央日报》编个文艺副刊,这都是发言据点,制造舆论的地盘。许多老师认真教学外,坚持写东西,沈从文先生是一个。他的《云南看云》就是一篇很有分量很有见解的散文,他指出:"……战争背后还有个庄严伟大的理想……不仅是我们要发展,要生存,还要为后人设想,使他们活在这片土地上更好一点,更像人一点!"总之,他们都是在各自专业中走着一条独立思考,自由探索的道路而取得了各自的成绩的。同学们除了上课听讲外,还参加许多其他活动,组织各种社团(成立了一个联大剧团,曾演出《祖国》、《原野》等,轰动一时)。可以随时随意去听各种政治立场、各种学术观点的公开演讲,演讲者可以"各抒己见,畅所欲言,足以反映学校继承了兼容并包、学术自由的传统,并倡导科学和民主的精神"(《校史·概论》)。我们的南湖诗社后来改称为高原文学社,每两周进行一次活动,吸引了许多同学。或者去参加各种形式的活动,如"七七"抗战纪念会、五四运动纪念会、文艺报告会、诗歌朗诵会、歌咏队等等。校园里还有一个"民主墙",上面贴了各种壁报,五花八门,各有特色。谁都可以把自己的意见和建议,对时局的评论等,甚至把一篇散文,一首诗,一篇小论文贴在上边,看的人很多,教师们也常来看看。闻一多先生写文章,大谈田间,非常赞赏田间的诗,还有艾青(后来他还朗诵了艾青的《大堰河》),认为他们是"时代的鼓手"。他大胆地提出"儒家、道家、墨家是偷儿、骗子、土匪"。他说,在中国历史上屈原是唯一一个有资格被称为人民诗人的诗人。在一次演讲时,他赞扬高尔基和马雅可夫斯基,说这是文学创作的一条大道。一九四四年在纪念鲁迅逝世八周年大会上,闻先生慷慨激昂地说:

从前我们在北平骂鲁迅,看不起他,说他是海派,现在,我要向他忏悔,鲁迅对,我们骂错了!海派为什么就要不得,我们要清高,清高到国家这步田地!别人说我和政治活动的人来往,是的,我就是要和他们来往。

这一切就是西南联大的精神。为了进一步说明这个问题,我愿意在这里再引已故国际数学、哲学著名学者,美国哈佛大学教授王浩学长在《谁也不怕谁的日子》一文中说的几句话:

当时,昆明的物质生活异常清苦,但师生们精神生活却很丰富。教授们为热心学习的学生提供了许多自由选择的好机会;同学们相处融洽无间,牵挂很少却精神旺盛。当时的联大有"民主堡垒"之称。身临其境的人感到最亲切的就是"堡垒"之内的民主作风。教师之间,学生之间,师生之间,不论资历与地位,可以说谁也不怕谁。

尽管那时物价飞涨,生活越来越艰苦,联大师生在外兼职兼课(教家馆等),打工干活维持生活的多得很,比如闻先生替人刻图章,等等。除了少数有钱人家的子女和一些不好好念书,在外边做生意,搞投机倒把的学生(滇缅公路开通时,也有人来回跑仰光,发国难财的,但这些只是极少数、个别人)外,绝大部分同学是清苦的、勤奋的、积极向上的。头几年大家成天穿着黄色校服,因日晒雨打,逐渐褪色,变成灰色了。冷天披件黑棉衣(这都是长沙临大搬家时学校发给学生的),一路穿到蒙自穿到昆明,换洗的衣服少得可怜,这是当年流亡学生的标志。大多数人的住处不必说了,"那时联大的教室是铁皮顶的房子,下雨的时候,叮当之声不停。地面是泥土压成,几年之后,满是泥垢;窗户没有玻璃,风吹时必须用东西把纸张压住,否则就会被吹掉",这几句是杨振宁学长在《读书教学四十年》一文里"扎实的基础,西南联大"一小节中说的。这个后来得了诺贝尔奖金的大科学家年轻时就是在这么个环境中长成起来的。在这里,我想抄录我在一九八八年纪念联大五十周年时写的一首小诗以作印证。

### 西南联大颂

八个年头！那么艰苦，又那么香甜，
在南天，壮丽群山翠湖边，
双层破床，雨漏点灯读书；
师生情谊犹如一泓清泉。
在茶馆里谈心，红了耳朵争论，
追求民主真理，有个共同的信念。
狂炸中仍然弦歌不绝——
联大啊！早已开花结果，在海角天边。

**我多么怀念在西南联大学习那三年珍贵的时间！我多么怀念那许多敬爱的老师们！我多么怀念那许多年轻有为、相亲共进的同学们！在南岳山中，在蒙自湖畔，在滇池边上，在昆明城中，翠湖的堤岸上……我们度过的日日夜夜是值得留恋，永远缅怀的！冯至先生在他的《昆明往事》这篇回忆散文里一开头就这么写着：**

如果有人问我，"你一生中最怀念的是什么地方？"我会毫不迟疑地回答，是"昆明"。如果他继续问下去，"在什么地方你的生活最苦，回想起来又最甜？在什么地方你常常生病，病后反而觉得更健康？什么地方你又教书,又写作,又忙于油、盐、柴、米,而不感到矛盾?"我可以一连串地回答:"都在抗日战争时期的昆明。"

冯至先生一九三八年底到了昆明,正是日寇凶焰越来越烧入内地,武汉失守,广州沦陷,长沙大火以后不久的时候,那时他三十三岁。他在联大边教德文,边研究歌德和杜甫,为他以后的专著作了最充分的准备。艰苦生活和轰炸没有打断他的追求精神,贡献他自己一份力量;他开始创作十四行诗,为现代新诗打开了一条哲理沉思的道路。冯先生指出西南联大"绝大多数教职员都是安贫守贱,辛辛苦苦地从事本位工作"。是啊,安贫守贱,再加上乐道——这个"道"就是思想自由,学术自由,勇于探索,敢于批判。"违千夫之诺诺,作一士之谔谔"既有中华情结,又抱世界胸怀,或者正如吴宓先生所一再强调的"Plain living and high thinking"("生活朴素,思想高超。"原句是英国浪漫主义大诗人华兹华斯的名言),这也都是西南联大的精神。

总之,"联大所以能培养出众多人才,与联大的教育思想、教育制度、学风和政治环境有密切关系"(《校史》第六十九页)。

抗战时期，中国的文化中心在昆明，因为昆明有西南联大。

团结，宽容，互相促进，坚持独立自主精神，追求真理，要求民主自由；愤怒谴责国民党一党专政，贪污腐败和法西斯暴行——西南联大这个"民主堡垒"，不是日寇炸弹所能摧毁的，也不是任何反动腐朽的势力所能消灭的。西南联大知识分子群体所走过的道路及其后来的命运令人感慨不已，值得后人深入研究。我相信一定会有人写出一本专著大书，以启示未来热心的人们。我相信卢梭的一句话——Le temps peut lever bien des voiles（时间会揭开重重帷幕，也可以说"发历史未发之覆"）。最后，引王力先生《缅怀西南联合大学》一诗作为本文的结束语——一首"五色交辉，相得益彰，八音合奏，终和且平"（西南联大纪念碑文中语）的协奏曲：

卢沟变后始南迁，
三校联肩共八年。
饮水曲肱成学业，
盖茅筑室作经筵。
熊熊火炬穷阴夜，
耿耿银河欲曙天。

此是光辉史一页,

应叫青史有专篇。

一九九八年春三月写完

(编者注:本文原题为《离乱弦歌忆旧游——纪念西南联大六十周年》,现将原副题移作正题,转引自同名图书《离乱弦歌忆旧游》,武汉:湖北人民出版社,2008年版)

## 张含英  1900—2002

字华甫,山东菏泽人,著名水利学家。一九一八年,考入北洋大学土木工程系。次年,由于参加五四运动而被校方开除,转入北京大学物理系。一九四八到一九四九年,出任北洋大学校长期间,他按照实事求是的校训精神,保持和发扬了北洋大学严格治校的传统。

# 北洋大学回忆片断  文/张含英

我在北洋大学读书的时间不长,但对它却有着深厚的感情。回忆六十年前的往事,恍如昨日。北洋大学是正式的名称,天津市民习惯叫它"西沽大学堂"。西沽桃花堤,风景宜人,是天津八景之一。沿着曲折的北运河堤岸,春日的桃红柳绿,吸引了多少游人。校门巍峨的钟楼和那金光闪闪的几个大字,每次看到都使我停足注目不已。

走进校门,路两旁高耸成行的白杨树,"哗哗"作响,使人心情愉悦;悠扬的钟声引导着我们的学习和工作。这种优美、恬静的学习环境，我在国外也很少见过。在这里，度过了我一生中最值得纪念的青年时期。

### ·一个志愿考进北洋·

我是山东菏泽人。菏泽是曹州府首县，位于黄河南岸不远的地方。菏泽城外有护城堤，这是因黄河经常决口泛滥而筑的。老人们说，曹州是历来黄河经常泛流的地区，近年不还时常听到黄水涨发的警报吗？清朝咸丰年间改道的大灾难，是他们亲身经历的。我每每站在堤顶向远处瞭望，默想着，思考着，这条哺育中华民族的黄河，怎么又会带来这样大的灾难呢？能不能治理呢？这种原始的、模糊的念头不断在头脑中酝酿着。中学快毕业了，学什么呢？我决定走建设祖国，改造自然的道路。

家乡有在北京大学读书的人，我向他们述说了我的想法，并问他应该考哪个系？他说："土木。"我又问："在全国大学中，哪个大学最好？"回答是迅速和准确的："最好的是天津的北洋大学！"后来我又问了好几个人，大家竟一致推荐去北洋。我暗暗下了决心，好！我一定考北洋。就这样，在我中学毕业后，第一个志愿就是考北洋大学,根本没有第二志愿。那时北洋在天津招生,同时也在北京招生,为了达到一定要上北洋念书的目的,我不但在北京报了名,也在天津报了名。结果我幸运地考上了!当时高兴的心情真是难以形容。

虽然我在中学时学过三四年英文,成绩不错,但进入北洋后,仍然感到困难。这个学校要求很严格,教员很多是外国人,英文、德文、物理、化学等课程全用外语讲授,听起课来很吃力。两门功课不及格就降班,制度掌握得非常严格,毫不通融,所以同学的脑子中,总是考虑着降班这件事。可以说"严格"是北洋的一个特点。

教师中有些"有名气"的人兼课。一般说,教学水平也不一定很高。北洋的毕业生所以能有点真才实学,恐怕和这种严格要求是有关系的。北洋的同学平时很少到校外去活动,顶多偶尔到东北城角大胡同等处转转,大部分同学也就是晚饭后到校旁的桃花堤上走走,一听到钟声(七点钟),便急急忙忙赶回去,不敢稍加停留。在北洋上学,头一年降班的相当多。正因为要求严格,所以基本学科的基础打得比较牢固,这一点给我的印象很深刻。

北洋当时与别的学校不同,它接受了美国教育的影响,由于教员很多是美国人,所以不是间接影响,而是直接影响,把美国大学教育的一套搬了过来。不但在课堂上

北洋大学堂 图/FOTOE

北洋大学内景 图/FOTOE

讲授的是美国教材,课外还介绍了不少欧美科技发展情况,使学生的思想开阔,扩展了知识面。

### ·五四运动后全体学生被开除·

我是一九一八年考入北洋的,听说根据蔡元培的意见,将北洋的法科转入北京大学,同时将北大的工科并入北洋。一九一八年北大最后一批工科学生转入北洋。北大从那时起就没有工科了。

一九一九年伟大的五四运动起来了。广大同学卷入了爱国的热潮中。天津学生受到北京的感染,基于爱国热情,学生运动轰轰烈烈地开展起来。这和当年在天津读书的周总理、邓大姐有密切关系。我个人觉得,天津掀起这样大规模的运动,不是偶然的。拿我来说,我本来是个只知死读书的人,一心只想学点本事,建设国家,算不上个革命青年。可是当运动一起来,我却被时代的浪潮卷了进去,自然而然地行动起来,参加了游行和其他活动。

我记得很清楚,那时白天出去游行,晚上在化学教室——那是个梯级教室开会。我当时不是活跃分子,只是个一般的参加者,总是坐在后排。在开会时,我时常看到有两个男青年走进来,坐在最前排靠门口的座位上,没等开完会,就先走了。我曾问过那两个人是谁,同学告诉我"南开的"。这印象非常深刻,我知道这个运动不是北洋自发的,而是有组织的。

一九一九年的暑假后,运动还在继续。赵天麟校长辞职,由冯熙运继任。这时学校挂牌,将学生全体开除,如有愿意回校继续读书者,要递"悔过书"。我虽然很愿意读书,对北洋大学的感情又很深很浓,但五四运动是关系国家兴亡的大事,是正义的行动,而学校当局对之则采取这样的敌对态度,十分气愤,参加运动没有"过",为什么要递"悔过书"?我毫不犹豫地吐出了一个字:"走!"下一个问题,便是转向何方。虽然想到五四策源地——北京去,但还有待联系。适在这时,北大的中学同学传来了喜出望外的好消息:北大当局表示,"北洋来多少,北大收多少"。于是我就转到北大物理系。除了在马神庙理科活动以外,我还常到红楼文科旁听。那时旁听不受限制,可以自由出入。有的教室站满了人。不过,我在北大只学习了一年多,得到山东省的留学生补助费,便到美国留学去了。

## ·出乎意外地当了校长·

一九四七年,我在南京,忽见报上登出教育部发表我为北洋大学校长的消息。事情完全出乎意料之外,因事先我一点都不知道,既没有人向我通个信息,也没有人来征求过意见。那时只见报载,未见任命,不便有所表示,但看事情发展。谁想任命很快正式发表,我就到教育部去询问究竟。原来,一九四六年春,教育部令准北洋大学复校,聘王宠惠、王正廷、陈立夫、李石曾、凌鸿勋、茅以升等为北洋大学筹备委员,并于五月间任命茅以升为校长。八月,因茅以升不能就职遂命教务长金问洙兼代校长。不久,金问洙辞职,教育部聘训导长钟世铭为代理校长。一九四六年冬,南京教育部虽任命刘仙洲重任校长,但他坚辞不就。堂堂北洋大学的校长一职,竟形成长期代理,全体同学遂派出代表赴京请愿,要求迅速派出正式校长。当时教育部部长是朱家骅,他对我说:"学校要人,没办法。"学生代表则向我诉说北洋大学在抗战期间辗转流离的景况,并愤慨地说偌大的国内知名学府,胜利后已快两年了,竟不派正式校长,形成无人治理现象。这时天津亦有电报催促。睹此情景,深觉虽无能力,但有责任,承担下来努力干,我便二话没说,决定"去"!遂到教育部提出要求：一、要保证经费；二、对教授聘任不能干涉；三、对学校日常业务要少干涉。我说："要我去，得支持我，不然没法干。"当时教育部全部答应了我的要求。

我到天津车站时，全体师生员工都来欢迎我，那个热烈的场面，使我非常激动。在车站我对同学们说："同学们！既然叫我来，不管怎么样，我也要负起责任来，大家一块把学校秩序恢复起来，把学校办好！"

我是个搞工程技术的人，习惯于认真、负责和扎扎实实，办教育我没经验，但我认为在那种混乱的局面中，应竭力办到稳定秩序，先上课。不久学校便恢复了正常秩序。

抗战爆发后，北洋与南开一样，遭到日寇摧毁，损失惨重，一切设备荡然无存。胜利后直到一九四六年四月，学校仍为国民党军队占驻。一九四六年十一月，一年级和先修班才开学上课。所以当一九四七年初我到校时，景物全非昔比，教职员宿舍正在修理，我只身一人来津，就住在教室里，床铺放在讲台上。有的教授和我开玩笑说："校长的房子真大！"那时工作很忙，不但没回到南京的家中去看看，连进城（到市区里）的机会都很少，真是以校为家。

## 同国民党反动派的斗争

一九四八年八月某日清晨四时,学校突然遭到军警包围,警察局的大卡车公然停在学校门口,准备逮捕学生。学生都不出校门,教授们议论纷纷。张国藩、刘锡瑛等教授对国民党这种法西斯暴行表示非常愤慨。学校正常学习秩序已遭干扰,不能上课。这样一直相持到下午,有七八个学生从市区回校,快到校门口时,被军警抓住。校内同学见此情景,一齐上前,将被抓捕的同学从汽车上抢回来。这一下可不得了啦!警察不答应,一定要学校把人交出来,不然就要进校去搜。当时我想,学校绝不能把人交出去,更不能任凭他们进来搜;如果警察进校搜捕,必然与学生发生冲突,打起来非出人命不可。眼看一场惨案就要发生。我请来几个教授商量一下,决定亲自去见警察局长。因为这不仅仅是北洋大学一个学校的问题,弄不好会出大事,当即打电话给警察局长李汉元,要求和他当面研究。到了警察局以后,李说学校至少要交出几个人来方可。我问他:"学生犯了什么罪?把他们交出去,我对同学也交不了差。"交涉很久,两人僵持不下,没有结果。我的态度非常明朗坚决。稍息后,李汉元提出解决意见说:"你能保证学生不闹事吗?"我立即回答:"我的学生根本没闹事，能保证。"李说："保证不闹事，我就可以下令解除包围。"我说："好！一言为定。不过这是我个人意见，还须要校委会讨论通过。"遂立即在警察局长室给学校打电话：因情况迫急，立即召集校务会议，我回校后，即行讨论。

在校务会议上，我向大家说明了和李汉元交涉的情况，并说局势很紧张，我作了保证，因为学生根本没闹事，请大家考虑。会场非常沉静。良久，有一人说："张校长你为什么提出保证呢？"我说："眼看惨案就要发生，我的学生我当然保证。"从出席校务会议教授们的眼神能看出大家是同意这样处理的，但我又等了一会儿，以便大家能充分提出意见，才说："大家如果同意这样处理，我们请学生代表来谈谈。"校务会议通过后，立即请学生代表到会来发表意见。同学们也同意后，我立即在校务会议上打电话给李汉元，告诉他我是在校务会议上打电话给他，大家同意我的保证，请即刻下令解除包围。不到一刻钟，校门外的军警撤退，那时太阳已偏西了。

第二天一大早，有两位教授来找我，说："有四五十个同学已过铁路，到解放区去了。"事情就这样结束了。

后来，学校的经费越来越困难，我已定好飞机票，要到南京去交涉经费。正在这时，教育部有命令迁校的消息。我认为学校不能迁,也不应迁。为了稳定学校情绪,我暂时不能离校,于是把飞机票退了。后来,由于经费长期没拨,学校实难维持,于是我再次决定到南京去催。不久,交通断绝,没法回去。

## ·北洋大学和水利人才·

有人说:北洋大学出了不少水利人才。我认为,如果这个估计接近事实,它有学校的因素,也有社会的因素。北洋大学的工科是有基础的,如前所述。从事水利工作的人大都是土木工程系毕业的,而水利系则是较后成立的。水利系的基础课程和土木系相同,在没成立前,土木系也教授一些水利专业课程。水利系的设立,和当时的社会需要有关,也和我国的历史有关。我国历代对于江河的治理,运道的开凿,农田的灌溉和排涝等事业,都十分重视,并有大量的实践。到了近代,对于华北水系、黄河下游和淮河流域灾害的治理,更提出迫切的要求,并成立了相应的治理机构。尤其在北洋大学所在地的天津,于鸦片战争以后,由于西方国家的入侵,对于海港和海河的治理,引进了西方的科学技术。我国也建立了顺直水利委员会（后改为华北水利委员会），最初还有外国工程师，从事华北各水系的调查研究，规划治理。这就要求大批的土木工程和水利工程人员。那么，北洋大学出来的毕业生就有了出路，他们在实践中逐渐成长。这是在旧社会难有的机会。一般说，那时"毕业即失业"，而这些有实践经验的人，有的又回学校任教或兼课，对于学生的培养，又起着积极的作用。北洋大学在旧社会，相对地说，培养了一批从事水利工作的人员。而在中国共产党的领导下，建立了新中国，各项建设事业蓬勃地发展起来了。这些水利人员也就更能施展才能，在实践中不断锻炼提高，为社会主义建设服务了。

这里要特别指出的是，我国最早培养水利专业人员的，并不是北洋大学，而是张謇在南京倡办的河海工程学校，我国水利界前辈李仪祉从德国留学回来，就在这所学校教书，培养许多人才。以后停办了。不过北洋的土木工程系则更早些，后期出的水利人才也更多一些而已。当然，从目前的需要说，还是远远不够的。希望能培养出更多又红又专的各方人才，为祖国四个现代化作出更大的贡献。

（柴寿安记录整理，一九八〇年四月）

魏寿昆 1907—2014

天津人,著名冶金学家,教育学家。一九二三年至一九二九年就读于北洋大学(天津大学前身),一九二九年获矿冶系工学学士。

## 北洋的学风 文/魏寿昆

我是一九二三年到一九二九年在天津北洋大学读书。当时的学制是小学七年(初等小学四年,高等小学三年),中学四年,大学六年,其中大学预科二年,本科四年。在预科学习数学、物理、化学、英语、德语、国语及制图,二年读完成绩及格后直接升入本科。在本科我读的矿冶工程系(当时称为采矿冶金学科),既学采矿又学冶金,学习课程门类很多。数理力学系的课有高等数学、物理、应用力学及材料力学等,化学系的课有无机化学、分析化学、物理化学及工学化学等，地质系统的课有地质、地史、矿物、岩石及矿床学等，机电系统的课有机械学、热机学、机械设计、机工厂实习及电工学等，土木系统课有测量学、房屋建筑等，采矿系统的课有采矿法、矿山机械、矿山运输及矿山法规及矿业经济等，冶金系统的课有选矿学、试金学、钢铁冶金、有色冶金、金相学及矿冶厂设计等。课程门类多，学生负担重。仅就几方面片断的回忆简记如后。

· 严格要求，严格训练 ·

北洋大学的入学考试及学期、学年考试均以严格著称。当时国内各大学都各自招生，北洋只在北京、天津、上海（有时去广州）几个城市招生，但北洋在校同学则遍于全国各地，远至四川、广东、广西、云南及贵州各省都有，江、浙、闽、赣、湘、鄂同学更不少。当然由于学校设在北方，华北东北近水楼台，学生来源当以此部分人居首位。每年报名投考者数以二三千人计，但只录取一个班仅六十人。另录取一个补习班也六十人，多补习一年考试及格明年即自动升入大学预科学习，所以这些人要读七年才能毕业。这样每次预科一年级有一百二十人，六年之后毕业时（经常三个系）只不过五六十人，淘汰率高达50%~60%。中途落选的人有种种情况，如降级、病退，或因经济困难退学，也有因政局动荡（当时正是北洋军阀混战时期）被迫退学，等等。

## "教授先生，你迟到三分钟！"

教师对学生要求很严，而学校行政对教师要求也很严格。当时在课堂上教师在讲课之前先要点名，点名单放在学监处（即现在的教务处），在上课之前要每位教师亲自去取。学监王龙光（王紫虹）经常对教师进行检查，在上课几分钟之前站在学监处门外，向去取点名单的教师们问声"早安"。有一次，一位美籍教授在上课铃响之后才来取点名单。当时王龙光毫不客气拿着怀表对着这位迟到的教授说："教授先生，你迟到三分钟！"那位教授面红耳赤连忙道歉。从此以后再没有教师敢迟到了。

· 俭朴苦读的学风 ·

北洋大学是一所比较贫穷的学校。校舍是由清朝武器库改造的,并不华丽,经费少,贫苦的同学较多。当时学生每年交学费十元,新"U"形宿舍楼盖成以后每年收宿费十二元,对学年考试成绩超过八十五分的学生,可以免交下学年的学费及宿费。书籍有贷书制的办法,即教科书全部由学校供给,读完一门课后该门教科书可由学生以半价收买,如不愿意要则可交还学校。学生的主要花费是每月的伙食费。伙食由同学自己经营组织食堂,一九二三年我初入学时每月伙食费五元,到了一九二九年毕业时因物价上涨伙食费增加到每月七至八元。因此一个学生如果节俭度日一年有一百元就足够了。可是当时国内其他大学,例如有些教会大学或私立大学,一个学生每年要花费二百至三百元。北洋全部学生住校,校址在天津北郊,离城中心较远,学生很少进城,星期日也死啃书本或做作业。北洋大学一向有俭朴苦读的学风,西装革履的同学极少,绝大多数同学都是长袍布履,花花公子的少爷们不到北洋来读书,他们吃不了那样的苦。

### ·惨淡经营的中流砥柱·

刘仙洲是香港大学荣誉毕业生,专攻机械。在北洋执政的四年(一九二四——一九二八)期间,学生中毁誉兼半,但离校后大多数毕业生对刘仙洲的评价都是有口皆碑。他在北洋四年是呕心沥血惨淡经营的四年,是继往开来中流砥柱的四年。当时正值北洋军阀快临死亡,因之相互倾轧内乱频仍达到了极点。就在这个时期,因内战学校两次被迫停课,而学校经费更是靠不住,经常拿不到。教师拿不到工薪,学校不能按期开学。记得刘校长在开学典礼上曾几次以凄凉的口吻说:"我们现在总算能够开学上课了。"当时教师不仅不能及时按月拿到工薪,而且得到的纸币钞票又有不同的票面价值。北洋经费来自河北省政府,发河北省银行的钞票。但一元河北省银行的钞票只等于中国银行(当时的权威银行)钞票八角,也就是说,河北省银行的钞票的票面价值应打八折。地质教授王霖之在课堂上就和我们讲,他收到了河北省银行钞票,就毫不客气地如数退还,并且威胁学校如果不给他换成中国银行钞票,他就拒绝上课,结果是学校只得给换发中国银行钞票。幸好其他教授、教师们都还能忍气吞声地接受河北省银行钞票,如果全体教师都不接受这种只能按八折票面价值使用的钞票，那百分之二十的亏损学校又怎能担负得起呢？

刘仙洲在北洋四年，除日夜向当局索催经费延喘维持外，他最大的功绩是逐步聘请一些曾在国外留过学的专家以代替美籍教授。北洋自建校以来，几乎都是请的美国人当教授，他们工薪高，一般比中国教授高两三倍，而且按银两计（当时一元银币等于白银七钱二），合同一定就是三年。聘到的人有的是有学问的人，有的却是滥竽充数，学问并不怎么样。北洋入学考试除国语外，全部用英语试题。到校后上课都用英语讲授，用的是美国大学用的教科书。毕业后如有机会可去美国继续学习，当时美国承认北洋毕业的学士学位，不经考试，可直接入研究院。这些美籍教授教课中灌输帝国主义文化侵略思想，更无从结合中国实际进行教学。学生受洋人熏陶，养成媚外思想和自卑感，师生间谈不到密切接触。刘仙洲看到此问题，大胆进行改革，逐步聘请国内专家教授以代替美国人。在当时经费极端困难情况下，多请中国教授也有必要。原因是中国教授可以枵腹从公，不发工薪也来上课，而洋教授按合同办事，月月一个钱也不能少。中国教授仍用英语讲课，同学和教授接近的机会则多了。不少当年聘请的中国教授正是新中国的知名科学家，如石志仁（即石树德，机械专家,曾任铁道部副部长)、侯德榜(化工专家,曾任化工部副部长)、何杰(地质采矿专家,北京矿业学院副院长)、茅以升(桥梁专家,曾任铁道研究院院长,全国科协副主席)、张含英(水利专家,水电部副部长),等等。

刘仙洲特别重视英语科技名词的汉语译名,为此特请来了一些中国专家。因而科技名词特别是工科的科技名词的汉语译名,得以逐步地确定发展起来。

## ·发扬"实事求是"的精神·

"实事求是"是北洋大学的校训。学校行政企图用实事求是的精神治校,同学争取用实事求是的精神学习。北洋校徽是一个钟形红棕色铜牌,中部镶以景泰蓝的工科大楼图样,两旁镶有"实事求是"四个篆体字。由于当时当地的历史条件,"实事求是"的校训不可能得到贯彻实施。北洋的校风是死读书,学校用严格的考试制度压学生,很少顾到学生的全面发展。学生头脑里充满了个人奋斗的思想,在动乱的那个年代努力学得一些技能和知识,期望在毕业后取得糊口之计以立足于社会。纵然如是,北洋大学有着严整不苟的教学计划,丰富完整的课程体系,充实认真的实验设备,认真教学的师资阵容,在过去年代中的确培养出来不少国家建设需要的栋梁人才,在全国矿厂、钢铁基地、铁路、土木、水利、机电以及工程教育各阵地,承前启后,继往开来地作出了一定的成绩。缅怀过去,瞻望未来,在中国共产党的英明领导下,校友们定能发扬"实事求是"校训的传统精神,为早日实现社会主义祖国的四个现代化作出最大的贡献,愿与校友们共勉之!

(一九八〇年)

(编者注:本文原标题为《北洋大学的回忆片断》,现标题为编者所加,以区别前篇标题)

# 后记

历经五载，书稿终于要付印了，此时此刻可谓思绪万千。

记忆将我带回了二十年前。大约是 2003 年春节期间，回乡探亲（那时的我还在北京从事媒体工作），路过长沙，在报社前辈的引领下，我们于念楼锺寓拜访了锺老，那是我与锺先生第一次见面。印象深刻的是，进门映入眼帘的是一张硕大的绿色台球桌，除此之外，四壁全是书。古稀之年的先生，思维敏捷，睿智健谈。先生坦言，自己不喜运动，也不爱旅行，读写之余，与夫人一起打台球，也算是劳逸结合。那次拜访的具体内容已记不太清了，但其中有一句话，至今记忆犹新，"编辑不但要会编稿，还要学会自己写文章"，先生如是勉励作为晚辈的我。

回京之后，陆续向先生约过几次书评稿件。那时先生不用电脑（现在也不用），所有稿件都是手写，由夫人朱纯用"一指禅"敲出电子稿，然后再由夫人用邮件发给约稿人。先生与夫人就是这样数十年如一日地相互扶持，琴瑟和鸣。

2007年的一天,突然接到先生的亲笔信件,得知朱纯老师因病仙逝。自此之后,先生再也没有打过台球。他全身心地投入工作,每天埋首于文字之间,多年的辛劳,终成硕果,《周作人散文全集》《走向世界丛书(续编)》《锺叔河集》等图书的出版都是明证。

承蒙先生厚爱,每有新著出版,笔者都会收到先生于千里之外寄来的亲笔题签赠书。说来惭愧,多年来,受惠颇多,无以为报,所赠样书,也没好好拜读,实在枉费先生美意。

十年后的2017年,笔者告别居住二十载的繁华京城,回到家乡长沙,入职出版社,从事编辑工作。是年暑假,举家南迁,孩子入学,新岗入职,好一顿忙乱,待到稍作安顿,才给先生去电话,告知回乡消息,电话那端传来鼓励和嘉勉之词。对先生的感激之情无以言表,但为适应新环境,整天忙于各种琐碎,苦于俗务缠身,分身乏术,回乡一年之久,都没能登门拜访先生。

2018年9月的一天,北京友人杨小洲偕同付帅来长沙与先生商讨特装定制图书事宜,由此与两位同人一起去拜访了先生。正是这次拜访,促成了本书的出版。拜访行将结束时,出于提携后辈之好意,先生主动提出,自己与夫人合编的《过去的大学》版权到期,问我是否愿意接手出版，令我惊喜莫名。

先生明言，之所以把书稿交给我：其一，该书1982年初版于湖南教育出版社（正是本人目前供职单位），四十年后，回归本家，合情合理；其二，这是先生与夫人联合署名的唯一一部作品，作为湖南人，这部作品理应交给家乡的出版机构出版，从某种意义上说，也算是落叶归根。

关于这部书稿，先生没有过多的经济考量，更多的是对书中文字的喜爱以及对逝去夫人的怀念。为此，他在书上题写了"重版此书纪念朱纯逝世十六周年"的字样，以表达对夫人的怀念。

交付纸质书稿之后，先生嘱咐王平老师发来电子书稿，又联系西安的出版同人戴君先生协同解决书中部分插图的版权问题，并抽空撰写了第四版序言。知名书籍装帧设计家肖睿子主动请缨，担纲封面和版式设计，重新设计了现代感十足的封面，内文排版也更加疏朗，典雅大方。一切都在有序推进。很快，书号也下来了，但CIP数据始终没有消息，我们陷入漫长的等待中，这一等就是五年。直到2023年春节前夕，事情陡然出现转机，CIP数据终于落定。

这是一部名人谈教育的图书，其中的作者包括蔡元培、蒋梦麟、胡适、梅贻琦、罗家伦等，他们通过自己的亲力亲为、亲身感受和实际观察，真切生动地再现了其时名牌学府的办学道路和特有风貌。本书的出版，为了解和研究中国高教史提供了鲜活的第一手资料，对我们思考和推进今天的高等教育改革也有参考和借鉴意义。

过去的大学，是蔡元培、蒋梦麟、胡适当校长的北京大学，是梅贻琦当校长的清华大学，是罗家伦当校长的中央大学，是陈裕光当校长的金陵大学……过去的大学，不是现代人在做总结，谈经验，作评论，而是当时的校长、当时的教师、当时的学生亲身经历的回忆，是蔡元培讲他办大学，潘光旦讲他考大学，林语堂讲他读大学，钱穆讲他从教小学到教大学的经过……

四十年来，该书出过三个版本：1982年在湖南初版，2005年在湖北再版，2011年在北京三版。本书以第三版为底本，沿用原有体例，选文篇幅略有微调。第三版选文40篇，新版在最后部分增加了一篇罗家伦的《蔡元培时代的北京大学》，总计41篇，仍分为三个部分，其中"过去的校长"15篇，"过去的教授"12篇，"过去的学生"14篇；此外，新版增加多幅高清版珍贵照片，较之旧版，新版照片不仅数量大增，质量也大为提升。

需要说明的是，本书在充分尊重原作的基础上，依据现行出版规范，对相关内容进行了如下处理：（一）对错字、漏字、古字、异体字等进行订正;(二)对个别不准确的表述,以"编者注"的形式予以辅助说明。

回望本书的出版过程,途中曲折,其间冷暖,难以言表。是锺老的信任和支持以及他对逝去夫人的深切怀念之情激励我排除万难、全力以赴,没有锺老五年来的鼓励和鞭策,就没有本书的面世。即便在疫情期间,自己身体抱恙的情况下,他仍为推动本书出版不遗余力,多方斡旋,并坚持亲核纸样。先生的敬业精神令我等晚辈景仰。

一路走来,笔者还为诸多关心本书出版的学界前辈、业界同人,尤其是作者后人所感动。他们不仅欣然应允所选文章的授权,而且无偿提供珍贵照片为图书添彩,有的还对文字进行了核校。鲐背之年的陈佩结女士花数周时间用放大镜逐字逐句对父亲陈裕光的万字长文《回忆金陵大学》进行核校,并手写20余条修改意见供编辑参考;远在大洋彼岸的冯岱先生通过邮件多方联络其他家属,以确认祖父冯友兰文章《五四后的清华》的授权事宜,并向亲友寻求冯先生年轻时的高清版肖像,发来供编辑选用;钱婉约教授不仅爽快应允祖父钱穆文章《北京大学杂忆》的授权,而且提供了钱先生20世纪30年代在北京大学工作期间的珍贵肖像;赵蘅女士与姐姐和弟弟商定并确认父亲文章授权后,发来了父亲赵瑞蕻和母亲杨苡在西南联大时期的珍贵合影；天津的张元龙先生通过张伯苓研究会转发了多张父亲张锡祚及其家人的家族合影……对他们的支持和帮助，笔者始终心存感激。

此外，另有许多无声或有形的扶助，因篇幅所限，无法一一致谢，敬请谅解。对诸位的诚挚谢意，已融入书中的字里行间，深沉，久远。

最后，需要特别说明的是，本书乃一部编选类读物，所选文章涉及作者多达40余位，书中部分文章的版权还未及公版期。在学界前辈及业界同人的支持和帮助下，经多方打探，大部分非公版文章已获得授权。遗憾的是，由于时间久远及作者后人移居海外等原因，几经联络，《张、梅两校长印象记》《报考北大前后》等少数几篇文章的版权仍然无法落实。为保持原有选文的完整性，给历史留下一份见证，上述几篇照例收录。若有知情者，欢迎联系我们，查证属实，定将稿酬和样书一并奉上。

对本书的编校工作，编辑虽已尽最大努力，但学识所限，难免存在疏漏、差错，恳请广大读者批评指正。

张件元

2023年8月于长沙

图书在版编目（CIP）数据

过去的大学 / 锺叔河，朱纯编 . —长沙：湖南教育出版社，2023.10
ISBN 978-7-5539-9459-8

Ⅰ.①过… Ⅱ.①锺… ②朱… Ⅲ.①回忆录—作品集—中国—现代 Ⅳ.①I251

中国国家版本馆 CIP 数据核字（2023）第 005933 号

# 过去的大学
Guoqu De Daxue

编　　者：锺叔河　朱　纯
出 版 人：刘新民
责任编辑：张件元
责任校对：刘　源
印装监制：张志涛
书籍设计：萧睿子

| 出 | 版：湖南教育出版社 |
|---|---|
| | （湖南省长沙市韶山北路 443 号　邮编：410007） |
| 网 | 址：www.hneph.com |
| 印 | 刷：长沙超峰印刷有限公司 |
| 经 | 销：湖南省新华书店 |
| 开 | 本：787 mm×1092 mm　1/32 |
| 字 | 数：450 000 |
| 印 | 张：24 |
| 版 | 次：2023 年 10 月第 1 版 |
| 印 | 次：2023 年 10 月第 1 次印刷 |
| 书 | 号：ISBN 978-7-5539-9459-8 |
| 定 | 价：98.00 元 |